中国社会科学院学部委员专题文集
ZHONGGUOSHEHUIKEXUEYUAN XUEBUWEIYUAN ZHUANTI WENJI

创新与思考

郑友敬◎著

中国社会科学出版社

图书在版编目（CIP）数据

创新与思考/郑友敬著．—北京：中国社会科学出版社，2015.4
（中国社会科学院学部委员专题文集）
ISBN 978－7－5161－4853－2

Ⅰ.①创…　Ⅱ.①郑…　Ⅲ.①技术经济学—文集　Ⅳ.①F062.4－53

中国版本图书馆 CIP 数据核字(2014)第 241799 号

出 版 人　赵剑英
责任编辑　卢小生
责任校对　王兰馨
责任印制　戴　宽

出　　版　中国社会科学出版社
社　　址　北京鼓楼西大街甲 158 号（邮编 100720）
网　　址　http：//www.csspw.cn
发 行 部　010－84083635
门 市 部　010－84029450
经　　销　新华书店及其他书店

印刷装订　环球印刷（北京）有限公司
版　　次　2015 年 4 月第 1 版
印　　次　2015 年 4 月第 1 次印刷

开　　本　710×1000　1/16
印　　张　29
插　　页　2
字　　数　461 千字
定　　价　88.00 元

凡购买中国社会科学出版社图书，如有质量问题请与本社发行部联系调换
电话：010－84083683

前　言

哲学社会科学是人们认识世界、改造世界的重要工具，是推动历史发展和社会进步的重要力量。哲学社会科学的研究能力和成果是综合国力的重要组成部分。在全面建设小康社会、开创中国特色社会主义事业新局面、实现中华民族伟大复兴的历史进程中，哲学社会科学具有不可替代的作用。繁荣发展哲学社会科学事关党和国家事业发展的全局，对建设和形成有中国特色、中国风格、中国气派的哲学社会科学事业，具有重大的现实意义和深远的历史意义。

中国社会科学院在贯彻落实党中央《关于进一步繁荣发展哲学社会科学的意见》的进程中，根据党中央关于把中国社会科学院建设成为马克思主义的坚强阵地、中国哲学社会科学最高殿堂、党中央和国务院重要的思想库和智囊团的职能定位，努力推进学术研究制度、科研管理体制的改革和创新，2006 年建立的中国社会科学院学部即是践行“三个定位”、改革创新的产物。

中国社会科学院学部是一项学术制度，是在中国社会科学院党组领导下依据《中国社会科学院学部章程》运行的高端学术组织，常设领导机构为学部主席团，设立文哲、历史、经济、国际研究、社会政法、马克思主义研究学部。学部委员是中国社会科学院的最高学术称号，为终生荣誉。2010 年中国社会科学院学部主席团主持进行了学部委员增选、荣誉学部委员增补，现有学部委员 57 名（含已故）、荣誉学部委员 133 名（含已故），均为中国社会科学院学养深厚、贡献突出、成就卓著的学者。编辑出版《中国社会科学院学部委员专题文集》，即是从一个侧面展示这些学者治学之道的重要举措。

《中国社会科学院学部委员专题文集》（下称《专题文集》），是中国社会科学院学部主席团主持编辑的学术论著汇集，作者均为中国社会科学院学部委员、荣誉学部委员，内容集中反映学部委员、荣誉学部委员在相关学科、专业方向中的专题性研究成果。《专题文集》体现了著作者在科学研究实践中长期关注的某一专业方向或研究主题，历时动态地展现了著作者在这一专题中不断深化的研究路径和学术心得，从中不难体味治学道路之铢积寸累、循序渐进、与时俱进、未有穷期的孜孜以求，感知学问有道之修养理论、注重实证、坚持真理、服务社会的学者责任。

2011 年，中国社会科学院启动了哲学社会科学创新工程，中国社会科学院学部作为实施创新工程的重要学术平台，需要在聚集高端人才、发挥精英才智、推出优质成果、引领学术风尚等方面起到强化创新意识、激发创新动力、推进创新实践的作用。因此，中国社会科学院学部主席团编辑出版这套《专题文集》，不仅在于展示“过去”，更重要的是面对现实和展望未来。

这套《专题文集》列为中国社会科学院创新工程学术出版资助项目，体现了中国社会科学院对学部工作的高度重视和对这套《专题文集》给予的学术评价。在这套《专题文集》付梓之际，我们感谢各位学部委员、荣誉学部委员对《专题文集》征集给予的支持，感谢学部工作局及相关同志为此所做的组织协调工作，特别要感谢中国社会科学出版社为这套《专题文集》的面世做出的努力。

《中国社会科学院学部委员专题文集》编辑委员会

2012 年 8 月

目　　录

一

技术经济学及其在我国的实践
——技术经济学的产生、发展及应用 …………………………（ 3 ）
要学点技术经济学……………………………………………（ 9 ）
试论技术经济学 ………………………………………………（ 11 ）
提高经济效益的理论探索（一）………………………………（ 24 ）
提高经济效益的理论探索（二）………………………………（ 33 ）
提高经济效益的理论探索（三）………………………………（ 44 ）
试论经济效益的处理原则及其最佳标准 ……………………（ 50 ）
再论经济效益的科学含义及其表示方法
——兼论经济效益的量化方法 ………………………………（ 60 ）
技术经济学的发展回顾与趋势展望 …………………………（ 79 ）
技术经济评价的理论探索……………………………………（ 87 ）
论经济效益及其指标体系……………………………………（ 95 ）
关于经济效益指标计算的若干问题 …………………………（104）
经济效益评价与评价方法研究 ………………………………（112）
再论经济效益的意义及其延伸
——兼论提高经济效益的潜力 ………………………………（120）
机遇与挑战并存
——邓后经济形势评析 ………………………………………（131）

二

我国技术选择问题研究 …………………………………………………………（137）
略论我国的技术引进 …………………………………………………………（150）
也谈技术引进
——与杨继绳同志商榷 ………………………………………………………（163）
中国跨世纪的技术进步战略 ……………………………………………………（167）
制定以技术进步为动力的经济发展战略
——一个新思路探索 …………………………………………………………（176）
制定经济发展战略必须有高技术意识 …………………………………………（181）
技术进步与产业结构 …………………………………………………………（187）
技术进步与科技、经济、社会的协调发展
——对日本技术进步的综合考察 ……………………………………………（193）
技术进步与产业兴衰、政策调整
——法国考察之我见 …………………………………………………………（204）
我国经济发展与提高人员素质 …………………………………………………（222）
关于当前人力资源开发的几个问题 ……………………………………………（231）
中国经济体制转换中的人力资源开发 …………………………………………（237）
人力资源：我国未来经济增长的关键 …………………………………………（245）
人力资源开发是特殊资源的开发
——出席澳大利亚国际会议后的思考 ………………………………………（247）
中国通信业的发展机遇与挑战 …………………………………………………（251）
推进信息化：中国进入 21 世纪的核心战略 ……………………………………（257）
电子商务
——全新的商务模式 …………………………………………………………（261）
中国电子商务发展面临的机遇与挑战
——中国电子商务发展的战略思考与对策建议（上） ………………………（265）
网上金融服务的前景与需要解决的问题
——中国电子商务发展的战略思考与对策建议（中） ………………………（270）

建立电子商务中政策法规和信任感的框架
——中国电子商务发展的战略思考与对策建议(下) …………………（275）
电子商务：21 世纪巨大的经济增长点 ……………………………………（279）
日本企业界发展电子商务的举措及其对我国的启示 ………………………（289）
21 世纪的首都现代化 ………………………………………………………（295）

三

合资经营是利用外资、引进外国先进技术的重要形式 ……………………（307）
多角化战略与经营………………………………………………………………（314）
CPR/88/041 项目社会经济调查报告 ………………………………………（319）
中国区域经济发展现状分析与趋势展望
——兼析华南经济圈的发展与经验 ……………………………………（328）
日本企业经营战略的专业考察 ………………………………………………（340）
前路虽漫漫　俄经济露曙光
——访问俄罗斯之我见…………………………………………………（351）
对制定我国能源政策的几点建议 ……………………………………………（355）
如何变“速度型”增长为“效益型”增长………………………………………（365）
如何既实现 6% 的增长速度又能提高经济效益 ……………………………（372）
我国经济发展中亟待解决的几个问题 ………………………………………（383）
要从控制速度入手………………………………………………………………（391）
借鉴国外经验，提高我国经济管理水平 ……………………………………（394）
竞争、开放与技术进步：经济发展的动因
——对澳大利亚考察的基本结论 ………………………………………（400）
经济增长的重要源泉：人力资源的开发与管理
——加拿大学术交流归来的思考 ………………………………………（412）
加快 CDMA 商用网建设促进我国移动通信的高速健康发展 ……………（422）
开放电讯市场宜早不宜迟………………………………………………………（426）

加快有线电视网络产业化是尽快实现“十五”规划、推进
社会信息化的迫切要求
——发展我国有线电视网络与社会信息化的政策建议(上) ……… (430)
推进我国有线电视网络与社会信息化发展的政策建议
——发展我国有线电视网络与社会信息化的政策建议(下) ……… (434)
香港电讯政策与管理考察
——情况、经验与借鉴 …………………………………………………… (437)

技术经济学及其在我国的实践

——技术经济学的产生、发展及应用

（一）

随着科学技术的不断进步，社会经济也不断发展，人们改造自然的能力随之不断增强。在改造自然的实践活动中，普遍性的规律是生产者越来越追求以较少的劳动消耗取得更多的劳动成果。为达到这一目的，人们便研究如何将其劳动（包括脑力劳动与体力劳动）和科学技术密切地结合起来，研究采用何等技术生产效率最高、经济效益最好，这就是说，对技术问题的研究要考虑经济问题，对经济问题的研究也离不开技术问题。我国社会主义经济发展的实践也证明，技术与经济的发展是密不可分的，要发展生产力，必须推广和运用新的先进的技术，淘汰旧的落后的技术，为此，就要不断地开发新的技术。在这种技术的发展、交替、新陈代谢的过程中，不仅要消耗一定的人力、物力和财力，还要消耗各样的自然资源。因此，必然出现以下几种情况：

1. 技术是先进的，各种资源（包括人力资源、物力资源、财力资源）的占用与消耗在不断地减少，使其经济上有利合算。有些引进的新技术和国内创新的某些技术就属于这一类型，可以称为“先进型”。

2. 技术上虽是先进的，但从各种资源的消耗上看是受到限制的，从经济上看是不可取的。这其中有许多内外部条件需要选择，因而可以称为“选择型”。

3. 技术上虽然不是最先进，但经济上比较合理，也容易掌握，我们平常说的适用技术，多数属于这一类型，可以称为“适用型”。

4. 技术上不先进，经济上也不合理，这属于“淘汰型”。

5. 技术上虽不那么先进，但经济上比较合理。对这种技术可以逐渐进行改造，可以称为“改造型”。这类技术在一定时期、一定条件下还起着很大的作用。

上述情况说明，技术与经济在客观上存在着统一与矛盾的关系，这种关系的复杂性在很多情况下，不进行专门研究，不经过科学计算，是难以得出正确结论的。在上述五种类型中，除“淘汰型”外，其他四种类型，无论是“先进型”、“选择型”，还是“适用型”、“改造型”，都需要做认真的研究，才能做出适合国情、利国利民的经济决策。因此，在技术与经济的发展上，就需要有一门专门的科学研究技术促进经济、经济制约技术，以及技术与经济相互促进、相互依存的关系，研究其客观规律，以优选各种技术与经济协调发展的方案。

技术经济学作为一门独立的学科，我国是在 20 世纪 60 年代初期形成的。它的产生既是技术科学与经济科学相互渗透的必然结晶，也受国内外各种边缘科学、交叉科学蓬勃发展的影响。技术经济学所以诞生在 60 年代初期也是有其历史背景的。随着五星红旗在祖国大地的升起，在社会主义的中国便掀起了轰轰烈烈的经济建设与文化建设的高潮，在经济恢复后立即开始了我国第一个发展国民经济的五年计划，由于全国各族人民的努力奋斗，比较好地处理了技术与经济的关系，使这一时期的经济发展取得了较大的成绩，奠定了我国社会主义经济基础。但在后来一个时期，也就是“大跃进”的几年，在我国的经济发展中出现了只重视发展速度、不讲究经济效益的问题。当时我国经济学家孙冶方、于光远和经济学界的其他许多同志，在报纸杂志上纷纷发表文章，提出在各项经济活动中要重视经济效果，要加强经济效果的研究；在生产经营活动中要以尽量少的劳动消耗，取得尽可能多的劳动成果；等等。随着经济效果理论研究的深入，人们越发觉察到，对各种经济问题的研究要渗透到各种技术领域，对各种技术的采用，要受各种经济条件的制约。对这种技术与经济关系的研究与建立专门的学科，在技术与经济的关系处理不当，并给整个国民经济带来重大损失的“大跃进”之后，便显得更加迫切。因此，技术经济学从它诞生那一天开始，就紧紧地与经济建设的正反两方面的经验教训联系在一起。当然，国外一些交叉学科、边缘学科的出现和发展，特别是相近、相似学科的出现与发展也是起了推动作用的。其中影响较大的有苏联的部门经济学、工程建设项目的技术经济论证与评价，美国的工程经济学等。我国的技术经济学有以下五个特点：

第一，技术经济学是一门由自然科学与社会科学互相结合、互相交叉的综合性科学，是技术科学和经济科学互相结合、互相交叉的综合性科学。有的学者把这一点称为“两栖动物”。它所研究的不是纯技术，也不是纯经济，是两者的关系，即研究技术与经济怎样才能更好地结合起来，怎样从技术角度考虑经济问题，又怎样从经济角度考虑技术的选择，或者说，它主要是研究各种技术的综合的经济效益的科学，是研究提高各种技术的经济效益的理论与方法的科学，是揭示与开拓提高经济效益各种途径的科学。因此，它是一门综合性很强的科学。

第二，技术经济学是一门应用性很强的科学。它与经济的发展、技术的选择、资源（包括人力资源、物力资源、财力资源）的综合利用、生产力的合理布局等的关系十分密切。它的研究成果通常是以规划、计划或具体方案、具体措施、具体政策、具体建议的形式出现的。

第三，技术经济学又是一门系统性很强的科学。它的研究首先是把问题置于技术经济的大系统之中，然后，考虑系统内各部分、各环节之间的关系及其相互影响。在研究中要用系统的观点、系统的方法。

第四，技术经济学是一门定量的科学。它的研究是以定量分析为主。决策也是以各种数值为基础的。在研究中要进行许多计算，要采用各种数学公式、数学模型。

第五，技术经济学在某种意义上讲也是一门比较科学。在研究中它总是采用两种以上技术经济方案的比较，并在分析比较中选最优方案、最合理的方案、经济效益最好的方案。

（二）

我国技术经济学的发展经历了一个 N 字形的三个阶段：

第一个阶段是诞生与发展阶段。这一阶段始于经济效果理论的研究与发展，并在此基础上，吸取了我国经济建设正反两方面的经验，也吸取了一些国外的有益的方法，形成了我国技术经济学的理论与方法，使这一学科初具雏形，以独立的学科纳入了我国第二个长远科技发展规划，这是技术经济学的第一个兴旺时期。

第二个阶段是被破坏与夭折阶段。这一阶段主要是指十年浩劫时期。在这一时期刚刚建立并亟待发展的技术经济学，如同整个文化、科学一样，遭到了严重破坏，研究被停止，机构被撤销，理论被批判，使技术经济学这棵刚刚出土的幼苗面临枯竭的危险。

第三个阶段是恢复与繁荣阶段。粉碎林彪、江青反革命集团以后，特别是党的三中全会以后，技术经济不仅获得了新生，而且空前繁荣与发展。近几年来，在技术经济的研究中取得了一系列成果，研究、教学机构、学术团体也不断发展——技术经济学的理论研究不断深入，方法不断完善，学术研究水平不断提高。比如，对经济效益问题的研究，50 年代末期、60 年代初期研究效益多指经济效益，现在研究效益不仅仅是经济效益，不只是“白花花的银子”，还包括社会经济效益、环境经济效益、生态经济效益，要研究整个国民经济的效益；研究效益就要把企业经济效益与社会经济效益、微观经济效益与宏观经济效益、近期经济效益与远期经济效益结合起来进行研究；研究经济效益就要把产出的经济成果、满足人们的需求、物质和文化生活水平的提高等与资源的消耗联系起来综合考察。此外，出版的专著、论文也越来越多。

——技术经济的研究队伍不断壮大，机构不断增多。现在我国不仅有像中国社会科学院数量经济与技术经济研究所这样的综合性技术经济研究机构，还有许多部门的技术经济研究机构，各省、市（区）也成立了一批技术经济研究单位。1981 年，国务院还成立了技术经济研究中心，负责研究、组织、协调全国性的重大的技术经济课题。

——在全国重点理工科大学设置了系和专业（有的叫管理工程系或专业，有的称经济管理工程系或专业），开设了技术经济课程，培养了一批技术经济专业的硕士研究生，中央各部委都先后举办了技术经济研究班、短训班，许多学会办了技术经济讲座，等等。

——继 1978 年 11 月成立全国性的学术团体——中国技术经济研究会之

后，全国各省、市（区）、各部委也都先后成立了技术经济研究会。据初步统计，全国各省、市（区）、各部委成立的技术经济研究会就达53个，会员就更多了。

——有了自己的学术刊物《技术经济》杂志，也有了自己的报纸《经济效益报》（1983年7月前为《技术经济和管理现代化通信》）。

（三）

近几年来，我国技术经济研究有几个突出特点：一是理论与实际应用的密切结合；二是宏观技术经济研究与微观技术经济的密切结合；三是科研部门、高等院校的研究与工厂、企业部门的研究的密切结合。在技术经济研究方面显示出来的这些特点标志着这一学科正在从理论向应用方面发展，向工厂、企业等实际部门渗透，也标志着这一学科已进入一个比较成熟的新阶段。

技术经济学的最大生命力就在于它的广泛应用，在于它与我国现代化建设的血肉之缘。因此，要发展与繁荣这一学科，就要勇于应用，探索应用之路。我国到本世纪末还有16年的时间，在这段时间里，有许多现实的重大的技术经济问题需要我们认真研究。这些问题存在于各个部门和各个方面，也存在于生产和建设的各个阶段。比如，从全国范围看，需要研究和解决的问题有：经济发展的速度、比例、效益、结构以及它们之间的最佳关系问题；生产力的合理布局、合理转移问题；投资方向、结构、效果以及最优规模问题；能源的开源与节流、生产与供应、开发与运输的最优选择问题；技术引进的规模、方式、资金、技术的选择与决策问题；外资的利用与偿还、引进前的可行性研究与引进后的经济评价问题；等等。从部门和企业范围看，需要研究和解决的问题有：企业规模的论证；产品方向的确定；技术设备的选择、使用与更新的分析；原材料的路线选择；新工艺采用的经济效益分析；新产品开发的论证与评价；等等。从生产与建设的各个阶段看，在试验研究、勘测考察、规划设计、建设施工和生产运行等各个阶段都有大量的问题需要研究与解决；在制定综合发展规划、国民经济长期计划以及重大工程项目的建设中，也都需要对各种可行性方案进行技术经济论证、分析、计算、比较和评价，以做出最佳选择。

这几年技术经济学在应用方面是取得了很大的成绩的。比如，在国民经济发展计划方面，增加了一系列的经济效益指标，提出了提高经济效益的措施；在综合发展规划方面，我们从经济、政治、社会、技术、环境、生态、资源等多方面进行了论证、评价；为实现到本世纪末经济发展总目标，进行了专题研究，组织了多学科的综合论证；在大型建设项目（包括引进项目）上进行了有各类专家参加的全面论证；在企业的技术改选方面，从总体规划到实施方案也都开展了技术经济的分析与论证工作。

在这里应当特别指出的是，近几年来我国许多学者把技术经济的应用推向了一个新的高度。比如，有的学者把技术经济应用到经济发展战略的研究中；有的学者把技术经济的应用与企业、部门的管理结合起来；有的学者把技术经济的理论与分析方法用于经济结构、技术结构的研究，把部门的、专项的技术经济问题的研究纳入整个国民经济研究的轨道；等等。这不仅对技术经济理论的广泛应用开辟了新的途径，也大大地丰富了技术经济学的研究内容。总之，技术经济学随着理论的发展、方法论的完善，它的应用止向深度与广度发展。但是，技术经济学在我国还是比较年轻的学科、发展中的学科，还需要众多专家、学者通力合作、深入研究，才能使技术经济学更加完善。

（原载《工业技术经济》1984 年第 4 期）

要学点技术经济学

技术经济学是研究技术与经济矛盾对立统一的科学，是研究技术先进性与经济合理性的最优界限的科学。技术经济学的特点在于研究中的多方案性，它通过对各种方案（综合规划方案、经济计划方案、工程项目的建设方案等）、各种措施（技术改造措施、组织技术措施、经济管理措施等）和各种政策（经济政策、技术政策等）的技术比较、经济分析与效果评价，选择最优方案。

随着我国经济的发展与繁荣，以及技术经济研究的不断深入，技术经济学学科体系在不断完善，理论方法在不断发展，并在四化建设中广泛应用，发挥了显著的作用。然而，我国广大经济管理干部对技术经济的知识还比较缺乏，需要认真地学点技术经济学，才能用全面的观点、科学的观点指导四化建设。

近几年来，人人都讲求经济效益。可是，什么叫经济效益？怎样考察经济效益？是不是高速度就是经济效益？是不是“白花花的银子”就是经济效益？如果高速度的取得是在浪费资源的基础上，“白花花的银子”的取得是在损害社会利益和消费者利益的基础上，就应该加以限制。这里一个重要问题是，速度的增长、产值的提高应该在经济效益提高的前提之下。讲求经济效益首先要讲求整个国民经济的效益，要把产出的成果与满足人民的需求联系起来综合考察，要把经济效益的提高与资源的消耗联系起来综合考察，才是科学的。在社会主义条件下，发展经济要考虑的是速度与效益的统一、部门间的协调、人财物的平衡、资源的节约、人们物质文化生活水平的稳定提高。

当前，许多项目要上马，几十万个企业要改造，对这么多的项目进行全面规划、全面评价是完全必要的。首先，要从整个国民经济的角度出发，既要考虑生产力的合理布局，又要考虑未来的宏观经济效益，不能只从本部门、本企业的利益考虑项目的取舍；其次，不能只是经济的评价，还要考虑社会、地区的综合发展与人民生活水平的提高，考虑生态、环境的平衡与协调，不能顾此失彼。

当代科学技术的迅猛发展，必将带来技术结构以及管理方法、管理手段的重大变化。社会生产力的发展与文明程度的提高，将主要是靠扩大人的脑力，靠提高劳动生产率、提高资源利用率、提高资金利用效果、提高能源利用效果来实现。如果我们能了解和掌握技术经济的基本原理和分析方法，并能在经济实践中加以运用，我国的经济效益就会有较大的提高。

（原载《光明日报》1985 年 4 月 27 日）

试论技术经济学

技术经济学作为一门独立的经济学科，在我国是60年代初期形成的。由于技术经济学与我国社会主义现代化建设关系十分密切，因而学科诞生之后就得到了蓬勃发展，特别是70年代末期以来，从理论方法研究，到应用研究都出现了崭新的局面。现今，学科体系日臻成熟，理论研究不断深化，应用研究迅速发展，方法研究逐渐完善，已成为一门十分重要的理论经济科学，一门为领导提供科学决策理论依据的方法论科学。

一　技术经济学的产生与发展

技术经济学的产生与管理科学的发展有着密切关系。19世纪末20世纪初，泰勒管理思想的形成与发展为技术与经济的协调发展，并从对立到统一奠定了基础。20年代后半期，西方便有一批学者开始研究工程技术中的经济问题，以及经济计算、经济评价的方法等。1930年美国格莱梯教授出版了《工程经济原理》，这是西方研究工程经济的第一本著作。这本书问世后，工程经济作为一门独立的学科得到了迅速的发展，格莱梯教授也被视为工程经济学的创始人。1931年在美国西部田纳西流域规划中创立了“可行性研究”的方法，把对工程技术、工程项目经济问题的研究推向一个新的阶段。1947年美国通用公司工程师迈尔斯又创立了“价值分析”理论，提出了价值分析技术的一整套方法，50年代初得到了极大的发展，称为“价值工程”，这对完善技术经济分析方法起了很大作用。这一时期在苏联，技术经济分析和论证开始出现，并逐渐推广到规划、设计和工程建设项目中，后又被广泛用于企业生产经营各项活动中，逐渐形成了一套较为完整的技术经济论证程序与分析评价方法。这套技术经济论证方法于20世纪50年代传到中国，首次应用在156项重点建设项目的论证中，并在建成投产后取得了较好的经济效果。20 世纪 50 年代末期开始，我国经济学界认真总结了经济建设中正反两方面的经验教训，广泛地开展了经济效果理论方法讨论，当时著名的经济学家孙冶方、于光远和其他许多学者先后发表了大量文章，指出在我国经济建设中要讲求经济效果，要重视经济效果问题的研究。20 世纪 60 年代初，在对经济效果理论方法深入研究的基础上，创立了中国的技术经济学。在 70 年代末 80 年代初，中国技术经济理论工作者与实际工作者又吸取了国外发达国家在这方面研究的有益成果和评价方法，逐渐形成了具有中国特色的技术经济理论与方法论。1978 年、1980 年相继出版了于光远的《论社会主义生产中的经济效果》、徐寿波的《技术经济学概论》等多种专著。近几年，先后发表了数千篇理论文章与应用文章。1978 年成立了中国技术经济研究会，随后又在各省、市、自治区、各部门成立了相应的研究会或分会；清华大学等多所有名院校还创办了技术经济专业，开设了技术经济课程；中国社会科学院和许多部、委都建立了技术经济研究机构。现在全国已具有一支较为强大的技术经济研究、教学队伍，以及从事技术经济应用的各种机构。1981 年国务院批准成立了以著名经济学家马洪为总干事的技术经济研究中心（后于 1985 年与经济研究中心、价格研究中心合并为国务院经济技术社会发展研究中心）。

我国技术经济学的发展经历了一个 N 字形的三个阶段：

第一阶段，亦即创立阶段。这一阶段建立了技术经济研究机构，开展了技术经济研究，并于 1963 年将技术经济研究列入了全国科学发展规划，即繁荣向上阶段。

第二阶段，即“十年浩劫”时期。这一时期技术经济学被否定，技术经济研究机构被撤销，即夭折阶段。

第三阶段，是指粉碎“四人帮”之后，特别是党的十一届三中全会之后。这一时期技术经济界在著名经济学家于光远的倡导下，以北京地区技术经济学界为主，连续开展了技术经济学科体系与基本理论的学术讨论，特别是 1978 年中国技术经济研究会成立后，全国技术经济学界十分活跃，研究也日益向深度与广度发展。近几年来，技术经济学的理论研究、应用研究与方法研究都有长足的进展。

在基本理论研究方面主要表现在：对经济效益理论的研究，技术进步与经济增长、产业结构的研究，新技术革命与对策的研究，技术经济比较理论的研究，技术选择理论的研究，部门技术经济理论的研究等。

在应用研究方面主要表现在：技术经济基本理论与评价方法在发展战略中的应用研究，在地区发展规划中的应用研究，在投资与建设中的应用研究，在领导决策中的应用研究等。

在方法研究方面主要表现在：技术经济评价的方法论研究，工程建设项目的评价方法研究，系统方案效益的综合评价方法研究，评价指标与指标体系研究等。

从技术经济学科近几年的发展看，这门学科正处于方兴未艾、节节上升阶段。

二　技术经济学的研究对象

由于技术经济学是一门年轻的新兴学科，发展历史还不长，有许多问题尚在研究探索之中，所以，对其研究对象、学科性质等，目前看法还不完全一致，表述也不尽相同。笔者认为，技术经济学是研究技术与经济相互关系及其矛盾对立统一的科学，它通过对各种实践活动的技术分析、经济比较和效益评价，寻求技术与经济的最佳结合，确定技术先进、经济合理的最优经济界限。有的学者认为，技术经济学是研究各种技术方案、技术政策、技术措施经济效果的科学，又称技术经济学为经济效果学；也有的认为，技术经济学是研究技术因素与经济因素内在联系、相互匹配的科学。

技术经济学既是理论经济学的一个重要分支，又是一门实用性较强、与“四个现代化”建设关系密切的应用经济学。因此，在现实经济战略研究、产业政策与产业发展研究、对外技术经济活动、规划设计与项目评价、新技术开发与产品研制以及企业生产经营中，无不广泛应用技术经济的基本理论与分析评价方法。世界各国经济发展实践表明，经济增长的主要因素是技术进步，而在技术进步与技术选择中，既要考虑技术本身的先进程度及其延续时间、技术寿命的长短，还必须同时考虑经济上的有利合算，以及由于该技术的应用推广所带来的经济效益的大小；在技术开发与新产品研制中，既要了解技术性能、工艺流程、产品的功能与可靠性，又要了解该技术能提供的经济成果与可能消耗的各种资源，以及产品产出与资源投入的关系。对这些问题的研究也是当今世界各国发展新技术、高技术面临抉择的首要问题。

由此看来，技术经济学是立足经济、研究技术，是各种技术赖以生存、发展的科学依据，通过对各种实践活动的技术经济评价，以达到技术先进条件下的经济合理，经济合理基础上的技术先进，达到技术与经济的协调发展、最佳结合。所以，技术经济学是技术科学与经济科学相互交叉的一门科学，是自然科学与社会科学的共同领域，是横跨技术与经济两大学科的“两栖动物”。

中国技术经济学既然是一门独立的科学，就应有自己的特点，应有独到之处。技术经济学与其他学科相比，有以下五个特点：

（一）综合性较强

它研究的不是纯技术，也不是纯经济，是技术与经济的共同领域，是两者之间的关系，研究技术先进、经济合理的各种技术方案、规划方案、设计方案、引进方案等的可行性、最佳性问题。在研究中，既涉及宏观与微观的经济效益问题，也涉及近期与远期的经济效益问题，甚至还涉及资源效益、环境效益、社会效益等各个方面，因此技术经济研究的本身就是综合性研究。

（二）应用性较强

它研究如何将技术更好地、更加广泛地应用于经济建设，服务于经济建设，如何以尽量少的人力、物力、财力资源取得尽可能多的经济成果，如何做到资源的最优利用。在技术经济研究中，所用的大量数据、信息资料都来自生产技术实践，它的最终成果通常是以规划、计划，或具体的技术方案、措施、政策以及各种建议等形式体现的。因此，它在经济学科中既属于理论经济学，又属于实用经济学。

（三）系统性较强

它将研究的各种技术经济问题置于一个大系统之中，用系统的理论、系统的方法加以研究，并从系统的观点进行抉择、选优。如评价整个国民经济的发展规划或地区发展规划时，应先进行农业、工业、交通运输、科学技术、文化教育等系统的效益评价，然后再把各子系统放到经济、社会、环境、资源等综合的大系统内进行研究、分析与论证，并以综合经济效益的优劣进行选优，这是技术经济的一个突出特点。

（四）定量性较强

它研究的结果主要是以定量形式表示出来，因而在研究中常采用数学方法、数学模型等；在采用定性与定量结合来判断方案优劣时，还应尽量将定性指标定量化，转定性为定量。在研究中，特别是评价重大规划项目、工程建设项目、引进项目时，由于数据之多，计算量之大，而必须采用电子计算机进行模拟、计算，以定量结果提供决策依据是技术经济的又一特点。

（五）比较性较强

它对任何一个技术方案、技术措施、技术政策都要进行技术比较、经济分析、效益评价，并在多方案中通过比较、分析和评价选择最优方案。技术经济学这一特点被广泛地应用于工程建设项目的论证与决策，用于扩建、改建项目的论证与决策，用于技术引进项目的论证与决策，用于战略规划、地区规划等的论证与决策。这一特性也被广泛地应用于企业多种生产工艺方案、多种生产方法、多种劳动组合、多种科学配方等的选择、比较。有比较才有科学决策，有科学决策才能有良好的经济效益。技术经济学的这些特点决定了这一学科不仅能够存在、发展，而且有着广阔的发展前景。

三　技术经济学的基本结构

技术经济学之所以能立足于经济学科之林，不仅有它自己的研究对象、学科特点，还有自己独特的学科结构、研究内容以及研究方法。

（一）技术经济学的学科结构

技术经济学的完整体系应为“理论—方法—应用”的三位一体结构。

1. 技术经济基本理论。主要是指原理部分，这里主要包括：

（1）经济效益理论。主要研究经济效益的科学概念与表示方法，经济效益的最佳标准，经济效益指标与指标体系的设计与设计原则，经济效益指标的分类、计算，各种指标的相互转化与可比换算，经济效益的评价与评价方法，以及提高经济效益的途径与措施，等等。

（2）技术进步理论。主要研究技术进步的作用和意义，对国民经济增长与产业结构变化的影响、技术进步的定量分析，以及依靠技术进步发展经济、改造现有企业的措施，等等。

（3）技术选择理论。主要研究技术选择在技术发展中的作用和意义，技术选择的依据和原则，如何运用技术经济分析方法对技术先进性与经济合理性进行综合分析、评价，特别是在技术引进中如何考虑我国的基本国情，使引进的技术在技术上先进适用、生产上安全可行、经济上有利合算、社会上有利无害。

（4）技术转让理论。主要研究技术转让的内涵与外延、技术转让的分类与转让形式、技术转让对经济发展的影响，以及技术转让的经济效益的分析和评价，如何借鉴国际各国之间技术转让的经验，等等。

（5）技术经济比较理论。主要研究技术的选择和评价、经济效益的计算和分析，以及各种技术方案抉择时应遵循的基本原则和可比原则，并研究实物、价值、时间等方面的可比换算。

（6）技术经济评价理论。主要研究技术经济评价在国民经济中的意义、评价的分类和原则、评价指标与指标体系的设计、评价方法及其方法选择等。

（7）技术经济决策理论。主要研究如何将技术经济定量（有时是定性与定量相结合）分析结果用于各种技术方案的决策，采用哪些方法、哪些程序进行决策，如何使决策科学化、民主化。

（8）时间价值理论。主要研究时间呆滞期理论及其对技术经济评价的影响，研究不同时间对工程建设项目经济效益的影响与影响程度，研究时间的折算、折算系数及其确定，等等。

2. 技术经济评价方法。技术经济分析评价方法是很多的，在不同的技术经济实践活动中往往采用不同的方法，现今国内外采用的方法多达上百种，常见的也有几十种。根据我国现有技术水平与管理水平，以及各行各业在实践活动中所总结出来的卓有成效的方法，归纳起来，最常见、最通用、最简便易行的方法有三种，即经济效益评价法、方案比较评价法和直观判断评价法。掌握这三种基本评价方法就可以对任何技术经济活动进行评价，并依据评价结果进行方案抉择。

（1）经济效益评价法。这是技术经济最核心的研究内容。这种方法的实质主要是通过定量分析、定量计算来确定与比选各种技术方案的优劣，并依据经济效益的大小作为各种方案选择的重要标准。经济效益评价方法很多，我国目前常用的就有比率评价法、差额评价法、百分率评价法、利润率评价法、投资回收期评价法、费用效益评价法、增量评价法等。

（2）方案比较评价法。这也是技术经济评价中应用较广的一种方法。它对于产量不同、质量不同、时间不同、经营费用不同、投资不同、追加投资不同等各种方案进行可比换算，并通过各种不同技术方案的比较评价，选最优方案，经济效益最好的方案。这种方法现已有一套完整的工作程序和比较计算方法，可用于各种情况、各个部门，是技术经济评价中不可缺少的一种方法。

（3）直观判断评价法。这是一种主要以技术经济工作者本身的直观判断为基础，凭他们的丰富经验和渊博的学科知识判断其方案的优劣。这种方法主要是借用“评分”或“指数”作为评价尺度与标准，并以总分的多少判断其方案的优劣和决定方案的取舍，从而将定性分析转向定量分析，使定性指标定量化。这种方法目前国内外均有广泛的应用。最常见的直观判断法有：加法评分法，即将评价项目所得的分数值相加；连乘评分法，即将评价项目所得分数相乘；加乘评分法，即将评价项目先分为大项目、小项目，然后小项目相加，大项目相乘；除法评分法，即将项目评分数值，用除法确定综合目标值；加权平均法，即将项目按其重要程度分别给予权数，突出评价重点，然后加权平均。

上述三种评价方法在现实经济中都有广泛应用。但需要指出，这三种评价方法在技术经济评价中又经常连用、互相补充，吸收各种评价方法之长，使评价结果更为可信。

除上述三种方法外，还有不确定性分析法、系统分析法、价值分析法、可行性分析法等。

3. 技术经济实际应用。技术经济的理论方法在国民经济各部门的应用是十分广泛的，如各种技术政策、产业政策的制定与论证，新技术开发、新产品研制的评价与论证，部门引进工程的评价与论证，资源开发利用的评价与论证，行业、部门技术改造与设备更新的评价与论证，企业经济规模的评价与论证，技术发展、技术选择的分析与论证，生产力合理布局、合理转移的分析与论证，等等。在企业技术经济活动中的应用也极为普遍，如对企业生产潜力的技术经济分析，企业技术改造的经济性分析，企业技术引进经济效益分析，企业提高劳动生产率的技术经济分析等。近几年来，随着技术经济理论研究的蓬勃发展，应用研究发展尤快，效果也十分明显，主要表现在：

（1）技术经济理论方法在发展战略研究中的应用，如对发展总目标的确定与评价、分目标的协调与重要程度的排序，以及为达到上述目标的内外部条件的分析研究。

（2）技术经济理论方法在地区发展规划中的应用，如山西重化工以及能源基地综合发展规划的论证评价，各省、市、自治区的规划论证等。

（3）技术经济理论方法在投资与建设中的应用，如投资前的可行性研究，投资期的规划论证，投资运行期的分析评价，以及各阶段的经济效益分析评价。

（4）技术经济理论方法在领导决策中的应用，如提供领导数量分析结果，以及科学决策的依据，使其各种技术方案的决策达到技术上先进、经济上合理、生产上可行、社会上有益。

（二）技术经济学的研究内容

技术经济学的研究内容是十分丰富的，它既包括西方工程经济学、苏联东欧的部门经济学、日本的经济性工学、英国的业绩分析等研究内容，也包括欧美的管理经济学、公共经济学，日本的经营工学、生产工学，苏联的生产组织学、技术定额学的一些内容。但中国技术经济学研究的内容还有许多是我国学者的创造与革新，也有许多是我国科学遗产的继承，因而有着浓厚的中国特色。技术经济学的研究内容，从宏观看，它主要包括：

经济效益与经济发展速度、比例、结构的关系，以及它们之间的最优比例；生产力的合理布局、合理转移及其论证分析；投资选择、投资结构与投资效益的关系；能源的开发与供应、生产与运输、节约与替代；技术引进各种方案的论证分析；外资的利用与偿还，引进前的可行性研究与引进后的经济效益分析；产业结构与产业政策的研究与选择；等等。从微观看，它主要包括：企业规模的研究与论证；行业、部门发展规划的研究与论证；厂址的选择与论证；产品方向的确定与论证分析；技术设备的选择、使用和更新的分析；原材料路线的选择与论证；新技术、新工艺的选择与经济效益分析；新产品开发的论证与评价；等等。

（三）技术经济学的研究方法

技术经济学也是一门提供方法与方法论的科学，因而它对各种技术经济实践活动的研究具有鲜明的直观性、数量性和比较性，它的研究方法可普遍应用于其他经济学科。这些方法主要是：

1. 系统综合法。它是将研究对象置于一个系统内，并采用系统分析、因素分析、因果分析、需求分析、人均分析、弹性分析等方法进行研究，然后对系统研究成果进行整体分析与最优分析，以整体最优为准则选择最佳方案。这种方法在经济社会发展战略、地区发展战略、技术发展战略、技术发展规划，以及技术研制、推广与应用等活动中有广泛的应用，是一种以定量为主、定量与定性相结合的研究方法。

2. 方案比较法。它是技术经济方法中应用最广、最成熟的一种，现已有一套比较完整、比较成熟的工作程序与评价方法。它主要通过：（1）对待选方案的选择与比较；（2）内外部各种条件的选择与比较；（3）技术经济指标与指标体系的选择与比较；（4）最优方案的选择与比较等，对完成同一任务、同一经济活动目标而进行技术经济分析、评价。如对产量不同、质量不同、投资不同等的方案比较，对满足需要不同、消耗费用不同、价格不同、时间不同等的方案比较，对投资期、投产期、达产期不同的方案比较，等等。

3. 效益评价法。它主要通过成果与消耗、所得与所费、产出与投入的对比分析，并最后选择经济效益好的利国益民的技术方案。

四 技术经济学与社会主义现代化建设

当技术经济学作为一门新兴学科闯入经济学领域的时候，当技术经济的理论方法应用于经济建设的时候，人们惊异地发现，技术经济学与社会主义现代化建设有着十分密切的关系。因此，人们在总结历史经验，特别是近几年的新鲜经验之后得出一个有益的启示：要想避免经济决策的失误，要想绘制出科学的规划蓝图，要想取得社会生产与分配的最佳效果，要想耗用尽量少的资源（包括人力、物力、财力资源）获得尽量多的经济成果，就不能不学点技术经济学。

世界各国的经济发展实践表明，要现代化就要开发新技术、应用新技术，不断完善新技术，这就需要建立一排排厂房，引进一组组先进技术，改造一个个现有企业，淘汰一批批陈旧设备。然而，厂址如何布局、技术如何选择、改造如何进行，是需要通过技术经济研究才能确定的。要发展哪些技术、引进哪些技术、淘汰哪些技术也都不能主观臆断、无根据地拍板定案，同样需要进行多方案比较，有比较才能有科学决策，有科学决策才能有良好的经济效益。

世界各国的经济发展实践还表明，在过去数百年、数千年的历史长河中，社会生产力的发展与经济效益的提高主要是靠经验的积累、生产技能的提高、操作规程的改进等；从20世纪以来，尤其在今后的社会经济发展中，将主要靠科学、靠技术、靠知识、靠信息。在现代化大生产中，各级领导如果没有技术经济知识、没有经济效益观点、没有技术与经济相结合的整体概念，要领导社会主义现代化建设将是十分困难的。为了说明技术经济学与四化建设的血肉关系，我们将从下述三个方面进行论述：

（一）技术经济学是科学决策的基础

近几年，在讨论我国经济建设中经济效益差的原因时，有些学者提出，主要是“决策失误加上‘左’的思想影响”，笔者认为，这种看法是有一定道理的。比如，过去一些重大的工程项目（包括重大引进项目）不征求或很少征求各类专家的意见，不进行可行性研究和技术经济论证，对项目未来的经济效益不作全面的科学的分析，就仓促上马、动土开工，因而造成投产后有的缺动力，有的缺原料，有的项目由于“先天不足”而生产能力远不能正常发挥；特别是在前几年的技术引进项目中，很多不进行可行性研究与技术经济论证就拍板定案、臆断决策，这是难免不失误的。这里笔者无意去责备那些愿意加快“四化”进程而热心引进的人们，但应当指出，现代化要靠科学理论、科学方法、科学程序，也要尊重科学规律。正确的决策来源于正确的评价，正确的评价来源于可靠的技术经济论证与可行性研究。我们知道，要上一个项目和引进一项工程，首先要进行投资前期的可行性研究，然后才能进行投资决策及其后续工作，如谈判、报价、签约等。如不经过这一科学程序，就谈判签约，甚至动土开工，其结果不是上当受骗、工期拖延，就是技术与经济脱节、经济效益差，尽管个别项目可能取得较好的经济效益，那也是出于偶然。我们记得，“一五”时期的“156”项重点工程都是经过全面的技术经济评价的，这些项目投产后经济效益都比较好，对我国经济的发展也都起了重要作用。后来，由于“左”的思想的影响，把技术经济评价的一套完整的程序与做法全部给毁掉了，使项目的工程评价无所遵循，给国民经济带来了重大损失。近几年来，由于发展生产、繁荣经济的需要，大批的项目（包括引进项目）要上马，许多外商要求合资或独资，几万个企业要改造，这么多的项目要不要全面规划、全面评价？笔者认为不仅是需要的，而且是必需的。首先，应对各类项目要求有可行性研究报告，并从整个国民经济的角度出发，考虑生产力的合理布局、合理转移，考虑未来的经济效益。在此基础上的决策，才是科学的、有客观依据的。因此，科学的决策应该在评价之后，而不是在评价之前。优秀的经济领导者不仅要熟悉这一程序，还应掌握各种评价方法。

（二）掌握了技术经济学，就能使技术先进性与经济合理性融为一体

在社会主义现代化建设中，一个极其重要的问题就是选择什么样的技术。从技术经济的观点看，就是技术上先进可行，经济上有利合算。就是说，在选择技术时不仅要了解其技术性能、质量、结构、流程、配方，以及技术图纸、工艺资料，还要了解采用该技术后的产品成本高低、利润大小，材料的综合利用、能源耗费状况，以及投资回收，等等。如果片面认为，技术越先进越好，机械化、自动化程度越高越好，或片面追求“高、精、尖”技术，不从经济合理的标准去评价、去选择，就很可能上当受骗，或者买进来一个大包袱（如“电老虎”、“油老虎”、“煤老虎”型技术），或者“进食”要求太高，国内无法保证（如吃精饲料的技术等），造成设备技术闲置，生产能力不能发挥，给国民经济带来重大损失。因此，在选择技术，尤其是引进技术时，应遵循技术先进性与经济合理性相一致的原则，单纯强调某一方面都是不能接受的。从这一原则出发，考虑到我国现有国情、国力，在技术选择，尤其是引进技术的选择中应选择：先进适用型的，既考虑先进，又要适用；节约资金型的，既考虑先进，又要节约资金、节约外汇；技术节能型的，既考虑技术先进，又要节约能源；物资消耗节约型的，既考虑先进，又要注意各种物资的综合利用、节约代用；“三废”自我处理型的，既考虑先进，又要能控制或处理“三废”；生产安全型的，既考虑技术先进，又要重视生产的安全，保障劳动者的身心健康；等等。

根据上述标准，进行多方案的技术经济比较，并通过比较、择优选定技术先进、经济合理的技术方案。

（三）掌握了技术经济分析方法，就能正确理解与评价效益与速度的关系

这里应首先弄清楚什么是效益，什么是速度。有人认为，“速度就是效益”，“产值就是效益”，实际上这是一种误解。我们知道，经济效益一般是指经济活动中经济成果与消耗的资源总量之比，或简称为“所得”与“所费”、“产出”与“投入”之比。这就是说，确定经济效益大小的有两个因素，一个是经济成果，一个是资源消耗，只有将“成果与消耗”联系起来综合考察才是经济效益的科学概念。产值只是一种经济成果，是构成经济效益的一个因素，因而产值的多少不等于经济效益的好坏，这完全是两个经济概念。而速度又是另一个经济概念，它是用产值增长率表示的相对概念，只表明经济成果的年度（或某一历史时期）增减情况，并不表明资源的消耗情况，更不表明“成果与消耗”的比较情况，因而速度快绝不等于效益就一定好。其次，是否速度越高越好，对这一问题的回答，按技术经济的观点，是否定的。因为速度的高低仅决定产值的大小，而产值的增长可以是浪费大量资源取得，可以是消耗大量劳动取得，也可以是靠耗费大量资金取得，如果只是“量”的增长，而不是“效益”、“效率”、“生产率”的提高，那么这种速度越高，给国民经济带来的损失就越大，就必然出现“速度越高越糟糕”的局面，也必然造成资源（特别是能源与原材料）短缺、部门比例失调、人财物的紧张，最后造成整个国民经济的比例严重失调，回过头来，又迫使我们调整、降低速度。1958—1959 年经济发展的特高速度、1978—1979 年“引进规模”的膨胀均属这种情况。这就是说，如果速度的增长、产值的增长是在提高经济效益的前提下，是在合理利用各种资源、不断提高劳动生产率的前提下，则这种增长是我们所需要的。如果高速度的取得是在浪费资源的基础上，是在损害社会利益、破坏生态平衡的基础上，那么这种增长就应制止，甚至用行政办法、经济杠杆以至于法律手段制止这种增长。

在我国三十多年的社会主义建设中，我们有宝贵的经验，也有沉痛的教训，有经济蒸蒸日上的时期，也有经济不景气，甚至使国民经济蒙受重大损失的时期。在未来的社会主义现代化建设中，如果我们能了解和掌握技术经济的基本原理和分析方法，并能在经济实践中运用这些理论与方法，我国生产和建设中的经济效益就一定会有较大幅度的提高，社会主义的生产目的就一定会在更高的水平上实现。

（原载《经济学新学科概览》一书，世界知识出版社 1988 年版。题目在此改为“试论技术经济学”）

提高经济效益的理论探索(一)

为实现2000年经济发展总目标，我们面临着的一个重要课题就是如何提高经济效益，如何结合我国现有国情，吸取国内外经济发展的经验与教训，特别是吸取我国近几年来在提高经济效益方面的新鲜经验，持续稳定地提高经济效益。笔者认为，提高经济效益的途径是很多的，蕴藏在各个部门、各个企业、各个环节、各个方面的提高经济效益的潜力也是很大的，只要我们善于挖掘、精心组织、科学管理，提出一些提高经济效益的方法和措施，工业生产、物质流通以及各个领域的经济效益就会有一个较大的提高，我国的经济就会有较大的增长，人民生活就会逐渐得到改善，劳动人民的积极性也会得到充分的发挥。下面我们将从理论与实践的结合上，探索在我国现实经济水平的基础上，提高经济效益的几个根本方向问题。

一　变“粗放”型为“集约”型

变粗放型经营为集约型经营，不断提高集约化经营的比重，是提高经济效益的一个重要途径。然而，在我国经济发展过程中对这一问题是逐渐才认识到的。

（一）粗放型经营屡见不鲜

从固定资产投资到最终产品产出的全过程看是，浪费太大。比如：

新中国成立以来，用于基本建设的投资达数千亿元，这些投资是否都形成了固定资产了呢？没有。形成固定资产的只有一部分，即1962—1978年平均只为68.5%，也就是说，有31.5%的投资没有形成固定资产。

在形成的生产性固定资产中，是否都形成了生产能力了呢？没有。比如，1974年来某部门投产的33个项目中，达到设计能力的只有15.2%，达到设计能力 50%—80% 的占 33.3%，达到生产能力 50% 或以下的占多数。粗略计算一下，在形成的生产性固定资产中，也只有 50% 左右形成了生产能力。

在形成的生产能力中，是否都发挥作用了呢？没有。比如，当前由于缺电有 20%—30% 的生产能力不能发挥，由于供水不足的、企业管理不好的、“吃不饱”的、销路不好的、运输解决不了的等多种原因，还要受到影响，也就是说，生产能力只能利用 50%—60%。

生产出来的产品是否都满足社会需要了呢？没有。比如，在产品中不合格品（废品和降等产品）仍占有不小的比例，据有关部门统计，高者可达 30%—40%。

生产的合格品是否都能如数到达消费者手中呢？没有。比如，由于缺乏市场调查，产品不对路，由于包装不好而损坏，由于运输服务质量差而损坏，还有积压在仓库里，等等，使生产的合格品不能如期如数地送到消费者手中。

产品到达消费者手中，是否又都能为国家创造财富呢？没有。比如，有一部分没有形成固定资产，在形成的固定资产中有一部分没有形成生产能力，在形成的生产能力中又有一部分没有发挥或没有充分发挥作用，如此等等，周而复始……但是，又为了盲目追求速度，扩大基建规模，又不得不紧缩人民消费，提高积累率，重生产轻生活，这就又挫伤了群众的积极性，反过来又使工业生产与建设的经济效益不断下降。如此不良循环，使我们付出了极大的代价，浪费了不少资源。

从社会生产的物资消耗看，不断上升，比如，每百元国民收入消耗的物资总量，“一五”时期为 79 元；“二五”时期为 103 元；“调整”时期为 94 元；“三五”时期为 92 元；“四五”时期为 107 元；“五五”时期为 127 元，即从“一五”时期的 79 元上升到“五五”时期的 127 元。当然，这里有很多因素，除有的因素是可以剔除不正常的因素之外，我们物资消耗的比重仍是一直上升的。

从资金利用效果看，不断下降，比如，每百元资金（包括固定资产与流动资金）提供的利税，“一五”时期为 31.9 元，“二五”时期为 31.6 元，“四五”时期为 25.2 元，“五五”时期为 23.1 元；每百元积累提供的国民收入，“一五”时期为35元；“二五”时期为1元；“调整”时期为57元，“三五”时期为26元，“四五”时期为16元，“五五”时期为22元。不难看出，资金的利用效果是不断下降的，而且下降的幅度也是比较大的。

从能源利用效果看：效果很差，比如：“一五”时期每吨标准能源提供的国民收入为1167元，“二五”为517元，“三五”为707元，“四五”为576元，到“五五”时期已下降为529元，即比“一五”时期下降了一倍还多；与国外一些国家相比，差距就更大了，比如根据有关资料计算，每万元产值能耗1975年法国、联邦德国、日本为6.2—8.2吨，美国、英国、苏联为12.9—16.3吨，而我国在20吨以上；每度电创造的国民生产总值，西德为2.66美元，法国为2.49美元，日本为1.99美元，英国为1.30美元，苏联为1.17美元，美国为1.04美元，印度为0.94美元，而我国只有0.87美元（以上为1979年数字）；燃料热能利用率日本为50%，我国只有28%（1978年数字）；发电厂本身用电，日本为4.5%，我国是7.57%；电网线损率日本为6.4%，我国是9.2%；农业用电线损率联邦德国为5.1%，我国是20%；等等。这都说明我们能源的利用效果是很差的。

（二）集约型经营势在必行

宝贵的历史经验和党的十一届三中全会以来的新鲜经验都告诉我们，解决上述问题唯一正确的办法就是调动各方面的积极性，采用各种卓有成效的措施与办法，进行集约化经营。所谓集约化经营就是节约型的经营，就是节约人力、物力、财力型的经营，就是节约资源型的经营。

1. 集约化经营是提高经济效益的重要源泉。它表现在以下几个方面：

（1）集约化经营表现在社会生产上就是不断增加社会生产的经济成果，不断增加社会物质财富。在社会物质资料生产中，投入的资源（包括人力、物力和财力资源）与科学技术相结合，就必然产生一种结果，这种结果反映在经济上就是经济成果、经济效益。毫无疑问，在这一过程中力争以较少的劳动消耗（包括活劳动消耗和物化劳动消耗）得到更多更好的满足社会需要的劳动成果，是天经地义的。因此，在现实经济中，我们在国家统一计划的财力平衡、劳力平衡、物质平衡、资源平衡的条件下，通过对人们的劳动与投入资源的合理组织（包括宏观上的合理组织和微观上的合理组织)，提高了经济效益，这本身就是增加了社会物质财富。

(2) 集约化经营表现在人力资源的利用上就是不断提高劳动生产率，不断提高科学技术在经济增长中的作用。

在社会的发展与变革中，劳动生产率的提高起着重大作用。它既表明人类改造自然的能力，表明科学技术在改造自然中的作用，也表明人类在改造自然中所取得经济成果的大小。目前，在国外靠劳动生产率的提高而带来国民经济增长所占的比重越来越大。比如，工业发达国家靠劳动生产率的提高而增加的国民收入占国民收入增长总额的85%—90%，工业部门一般在90%以上。根据我们的匡算，我国从1983年起，若社会劳动生产率每年递增3%，则到1990年可比1982年多增加国民收入1000多亿元。

(3) 集约化经营表现在物力资源的利用上就是不断降低物资消耗水平，不断降低产品成本。

在我国现实经济中，单位产品的物资消耗指标总是呈上升的趋势。比如，1982年在99项主要单位产品物耗指标中，有33.3%的指标不仅没有降下来还有所上升①；1982年工业可比单位成本原计划降低2%—3%，但实际只降低0.04%②。这里，一方面和我们的管理水平低、设备与工艺落后、原材料及燃料动力价格波动等有关；另一方面也和我们消耗比例不甚合理、各种燃料动力的消耗结构不甚合理、优质结构材料所占比重低等有关。因此，在未来的经济发展中，提高物力资源利用的经济效果的任务便是十分艰巨的，潜力也是很大的。如以1980年为基础，剔除价格因素，创造每百元国民收入的物耗每年下降1%，则到1985年仅由于物耗的下降而多创造国民收入就可达160多亿元。

(4) 集约化经营表现在财力资源的利用上就是不断提高基本建设投资的经济效果，不断提高资金利税率，不断降低流动资金占用率。近几年来，财政状况虽在年年好转，但资金利用的效果并不理想，表现在投资规模大、战线长、效果差、资金利税率下降等。例如1982年国家计划建成投产的80个大中型项目中，有33个没有建成；固定资产交付使用率由1981年的

① 参见王春正《中国经济年鉴》(1982)，《中国经济年鉴》(1983)，经济管理杂志社1983年版，第Ⅰ—61页。

② 同上书，第Ⅰ—50页。

86.6%下降到74.4%；房屋竣工率也由1981年的52%下降到50.5%；工业企业每百元产值实现的利税由1981年的25.5元下降至1982年的24.6元。这说明，一是资金的利用效果差，二是提高资金利用的潜力也很大。根据我们的计算，“六五”期间，每百元资金若多提供利税1元，在此期间就可多增加国民收入170多亿元；如果工业企业每百元产值占用的流动资金每年下降1元，在此期间就可少占用流动资金160多亿元。

（5）集约化经营表现在能源的利用上就是不断提高能源的利用效果，不断降低单位产品的能耗。

在社会生产中，不断提高能源的利用效果（即提高单位能源创造的国民收入水平），或者不断降低能源的消耗（包括总量的消耗、单位产品的能耗），一方面可以直接节约资金，降低成本；另一方面又可将节约下来的能源用于其他物质生产部门，创造更多的社会需要的产品。这里，一个节约，一个增加，经济效益是很大的。过去由于我们对节能工作重视不够，加之我们的生产技术和设备落后、管理不善等，使单耗不断升高，利用效果不断下降。比如，在“一五”时期每吨标准能源提供国民收入1167元，到“五五”时期下降至529元，这就是说，如果我们能把能源利用效果提高到“一五”时期的水平，我国的国民收入就可提高1倍。

2. 堵塞各种浪费漏洞，是对经营活动进行集约化控制与监督、提高经济效益的一个重要方面。目前，企业中的浪费是比较严重的，有些甚至是触目惊心的。它表现在各个方面、各个环节上，如原材料和辅助材料上的浪费，质量上的浪费，工时利用上的浪费，能源消耗上的浪费，水资源利用的浪费，专项工程建设上的浪费，管理费用上的浪费，废品回收上的浪费，资金占用上的浪费，设备利用上的浪费，更为突出的是劳动力的浪费、管理人员的浪费、工程技术人员利用不合理造成的浪费——人才的浪费，等等。这种种浪费并非存在于一两个企业、部门，而是到处可见。因此，笔者认为，必须采取强有力的措施和办法，包括行政上的措施和办法，经济上的措施和办法，甚至法律上的措施和办法，强化集约化经营，对企业的经营活动进行集约化控制与监督，堵塞各种浪费的漏洞。比如，可以通过下达指令性或控制、指导性指标，对各部门、各企业的经营活动进行集约化的控制与监督，使各部门、各企业都办成原料节约型的，能源节能型的，资金占用节省型的，例如对企业可下达以下指令性或控制、指导性指标：企业利税的增长速度、优质品率的增长速度应快于产品产量的增长速度，能源利用效果的增长速度应快于能源消耗的增长速度，企业全员劳动生产率的增长速度应快于工资总额的增长速度，等等。

（三）不断提高集约化经营比例

当世界各国的地下宝藏被强度开采之时，当各种生物资源被大量消耗和破坏之时，当人们的消费水平不断提高之时——如每时每刻都在耗用大量的能源、占用越来越多的物资、耗费各式各样的消费品等，世界各国的经济学家、环境科学家无不研究和提出各种途径，控制物质资源的消耗，降低单位产品的消耗、物耗，不断提高社会劳动生产率，等等。国外有人提出“反经济增长”的理论，有人提出经济的“零速增长”，有人提出“控制消费”，有人还提出采用各种经济杠杆、行政手段、税收政策，甚至要以法律的形式保护自然资源。不管这些学派出自于什么目的，都明确地指出了那种以消耗大量物质资源的粗放式的生产经营活动给人类造成的灾难。为此，世界各国随着生产力的发展、科学技术的进步，也都逐渐向集约化经营。在我国，由于多种原因，这一严重的问题尚未被各级领导和综合计划部门所重视。笔者认为，必须从现在起，从各综合计划部门做计划、规划时就应体现和提高集约化经营的比例，这里首先需要解决的有以下几个问题：

1. 改变各种不合理的比例、结构。比如，部门内部的各种生产比例、消耗比例；各种燃料动力的消费结构；增加优质产品的比重，特别是增加优质结构材料的比重；增加采用先进技术的比重。再如，在机械制造行业中，提高集约化比例表现在提高联合机械的生产能力、生产高效专用机床和组合机床，采用先进锻压设备、自动化管理设备、提高劳动生产的设备，等等。

2. 提高集约化经营的中心环节是提高劳动生产率。在我国各类企业中，“一个人的活两个人干”的现象是比较普遍的，在客观上好像提高劳动生产率是没有指望的，人们对提高劳动生产率也就置于脑后了。其实不然，据我们的调查，各单位各企业提高劳动生产率的潜力是很大的。在苏联靠劳动生产率的提高而增加的国民收入占国民收入增长额的85%—90%，占工业产值增长额的90%，其中，石油加工、煤炭工业、有色金属等全部增长额，都是靠提高劳动生产率而取得的。根据我们的计算，如果在“六五”期间，劳动生产率每年递增3%的话，仅这一项就可多增加国民收入570亿元以上。可见，提高劳动生产率的意义是非常重大的。当然，在提高劳动生产率的同时，也必须研究解决劳动就业开辟新的就业门路问题。

3. 国民收入的增长速度应快于基本建设投资的增长速度。新中国成立以来，都是基建设投资的增长速度快于国民收入的增长速度的，这在很大程度上反映了我国扩大再生产的类型是属于粗放的、资金占用较多的类型。比如，我国1953—1979年，基建投资平均每年递增9.5%，而国民收入平均每年只递增6%，即国民收入增长与基建投资增长的比值只有0.63，比苏联“八五”的0.95低0.32，比“九五”低0.04，比“十五”低0.09，比“十一五”（计划）低0.7—0.87。值得注意的是，苏联在第十一个五年计划中，十分重视国民收入的增长，他们把国民收入的增长与基建投资的增长之比值从第十个五年计划的0.72提高到1.33—1.5。这个数字对我们是有启发的。当然要提高这一比值，需要做许多工作，但关键在于社会生产和投资结构的合理化，提高技术改造资金在总投资中的比重，以保证在较短的时间内取得资金利用的最佳效果。

（四）研究动态比例，求得动态平衡

要不断提高集约化经营的比例，就必须切实做好整个国民经济的平衡，这个平衡就是按比例，按比例发展就是最快的速度。在国民经济的大系统中，每个部门、行业，乃至各经济单位、工程建设项目，在其健康发展中，除需有一个合理的自身比例外，还要有一个本部门的发展与其他部门发展的比例关系。对于这种比例关系的研究，以前我们多采用孤立的、静态的方法。这种研究是必要的，但是现在看来，只用静态的观点、方法去研究是不够的，还必须把各个经济部门的速度和效益，在相互的运动中用动态的观点、方法去研究。

1. 逐渐缩小工业与农业增长速度的差异。这是因为农业的发展与工业的发展和整个国民经济的发展有着密切的关系。我国经济能否稳定持续地增长，在很大程度上取决于农业是否能稳定持续的增长，这是我国经济建设实践证明的一条真理。目前，世界各国都在尽量提高农业发展速度，以逐渐缩小与工业增长速度的差距。比如我国1953—1979年，工业每年递增10.5%，农业每年递增仅为3.4%。即工业增长为农业增长的3.09倍。1950—1977年，苏联工业增长为农业增长的2.94倍，法国为2.36倍，美国为2.36倍。英国工农业增长速度是一样的。又如，苏联1951—1965年工业与农业每年平均增长速度相差6.5%，到1966—1980年则缩小为4.7%；我国1952—1965年，工业与农业的增长速度相差9.8%，到1965—1979年则缩小为5.2%。这说明，我国农业的发展速度与工业的发展速度从历史发展的观点看还是不够协调的。

2. 能源工业部门和交通运输部门的增长速度要与整个国民经济的增长速度相协调，发展也应超前。这一问题已被经济发展实践所证明，也被人们所逐渐认识。比如，我国在1953—1979年，工农业总产值平均每年递增8.2%，原煤每年递增8.8%，发电量每年递增14.5%，原油每年递增22.5%。这说明能源的发展是超前的（至于超前系数或弹性系数多大为宜，要看这一时期的经济、技术发展水平）。为什么能源要超前发展呢？这是因为能源：一是先行部门、基础部门；二是能源开发需要一定的时间；三是煤炭、油田、天然气的开采都要考虑经济上的可能性和技术上的可行性。因此，各国用于能源的投资占整个工业部门的投资比重约1/3。苏联在1971—1975年占32.3%，到1976—1980年又提高到38.5%。我国今后的发展也应重视这种动态变化。

3. 国民收入的增长速度要与工农业总产值的增长速度相协调。国民收入的增长不能是靠大幅度地增加劳动资源，或者是大量消耗活劳动和物化劳动，而主要应走集约化经营道路，变粗放经营为集约化经营，使国民收入的增长速度与工农业总产值的增长速度相协调。

4. 在工业部门内部的民用和文化生活用品的增长速度要高于整个工业部门的增长速度，高于重工业部门的增长速度（在整个调整时期和在今后比较长的时期都是这样），充分体现发展消费品生产的重要意义。比如，在机械制造与金属加工部门中，民用和文化生活用品的增长（无线电的增长，电讯器材的增长，电子工业的增长等）都要比上述整个部门的发展速度快一些。

5. 生产工具的生产发展速度要快于整个生产资料生产的增长速度，这是因为生产工具是生产力的一个重要因素，它既是生产力发展水平的尺度，也是划分社会经济时期的标志。采用先进的生产工具等于延长劳动者的四肢，从而可以大幅度地提高劳动生产率。因此，在第一部类中，提高了生产工具这部分产品的增长速度，就是提高了动态比例得以实现的保证程度。

6. 科学技术、文化教育的发展速度要与国民经济发展速度相适应。这对于科学技术、文化教育比较落后的我国来说，更是十分重要的。智力投资在我国应当提高，并应把它看作宏观经济效益的“储存”。当前，我们在经济发展中有许许多多的技术问题、技术经济问题、经济问题亟待研究解决，关键的是组织各地区、各部门的技术协作，积极开展科学研究、联合攻关，为国民经济的发展提供新技术、新设备、新材料、新工艺、新能源，为提高宏观经济效益提供科学的依据、科学的方法、科学的经营与管理。

（原载《工业技术经济》1985 年第 2 期）

提高经济效益的理论探索(二)

二　变"外延"型为"内涵"型

对现有企业进行技术改造是发展经济的一项极其重要的方针。

正如赵紫阳同志在《政府工作报告》中指出的那样："对现有工交企业进行技术改造和设备更新，既能改变重工业任务不足的状况，使当前的经济发展保持一定的速度，并且增加新的生产能力；又能使我国的工业生产技术达到一个新的水平，为今后整个国民经济的现代化创造条件，储备力量，这是使我国经济走向顺利发展的一个关键。"国内外的经验都证明，技术改造不仅可以使工艺技术不断进步、产品不断升级换代、管理水平不断完善，而且可以使社会生产的经济效益不断提高、社会积累不断扩大、物质财富不断增加。因此，技术改造是增加生产、开辟财源、节约建设资金的一条发展国民经济的重要途径。

（一）今后扩大再生产应主要靠"内涵"

充分发挥现有企业的作用，坚持走技术改造的路子，是我国现代化道路的一个重大问题。我国现已拥有40万个工交企业，工业固定资产1980年比新中国成立初期的1952年增长了26倍，在这些固定资产中，有一部分技术设备还是比较先进的，这是一个不小的物质技术基础。然而，我们现有企业的生产潜力远远没有发挥出来，与国外一些国家相比，差距是很大的。比如，每元固定资产所提供的国民收入，我们只有0.41元，而苏联是1.2元，比我们高两倍；日本能源消耗总量和我国差不多，但是国民生产总值日本为我国的4倍多。当然，这里有一些不可比因素，如产业结构、产品结构、技术结构、能源结构、消费结构等，但都说明差距是很大的，蕴藏在现有企业的潜力也是很大的。这里一个重要问题，就是要对各行各业进行一系列的重大技术改造，对陈旧设备进行更新换代，对工艺流程进行技术改革，对技术结构加以改变，对耗能高的设备不断改造、更新。

我国现有的工业企业大体分两种情况：一种是新中国成立前的老企业，这些企业新中国成立前后靠自力更生又得到了发展，它们生产的产品直接为生产、生活服务，并为群众所欢迎。但设备一般都比较陈旧，技术也都比较落后，然而管理有一定水平，经济效益一般也比较好。另一种是新中国成立后国家投资兴建的企业，这些企业一般规模较大，技术设备当时也比较先进，但大手大脚，浪费严重。一位外国专家参观我们某个工厂后很有感触地说："想不到这个厂的设备这样好，也想不到管理得这样糟。"多年来，由于我们对科学技术在现代化生产中所起的作用认识不足，严重忽视技术改造，走的是重新建轻改造、重新厂轻老厂的道路，不仅对第一种情况的企业没有很好地进行设备更新和技术改造，就是对第二种情况的企业也是只讲利用，不重视改造，使设备老化、技术陈旧、工艺落后、产品多年一贯制，特别是实验装置、测试手段、计量条件之差，都严重影响了社会生产的经济效益。经济发展的实践说明，现代化的过程，就是不断进行技术改造的过程，这同自然界生物进化一样，技术也要不断更新换代。科学要向前发展，技术要新陈代谢，这是一个不以人的意志为转移的客观规律。任何技术与设备，不管多么先进，如果不去发展、不去改造，先进的技术过了几年也就变成了落后的技术。因此一个国家经济发展的道路也好，现代化过程也好，都是对技术不断改造的过程。美国的现代化就是对老企业进行技术改造的过程。他们在老企业装上新的仪表、新的控制系统，采用新技术、新工艺，从而使产品质量不断提高，生产成本不断下降。日本第六大企业松下电器公司，也是由于不断进行技术改造、设备更新而逐步发展起来的。今天，我国要实现四个现代化，从整个国民经济来说，要对整个物质生产领域进行全面的根本性的技术改造，这种改造不能只是"外延"的扩大，而主要应是"内涵"的改造，不是在原来的工艺技术水平上增人、增设备，而是要广泛采用新工艺、新材料、新技术、新能源、新装备，依靠人们的聪明才智，有目的、有计划地进行老企业的技术改造。江苏省南通市就是很好的例子。新中国成立 30 多年来，这个城市始终坚持年年搞改造，年年有发展，经济效益提高很快，全市工业产值从1949年的4600多万元增加到1981年的23.5亿元，增长了49倍，其中，据分析，有80%以上是通过技术改造扩大生产能力和增加花色品种取得的。到1981年的三十二年，国家给市的地方工业投资1.65亿元，同期上缴国家积累达38.5亿元，为国家投资的23倍。再如，常州柴油机厂充分利用原有的工业技术基础，连续十几年的艰苦奋斗，持续不断地进行技术改造、技术创新，大量采用新技术、新工艺取得了明显的经济效益。这十几年来，他们自制各种专用设备400多台，占全厂设备的一半以上；使全厂生产、技术面貌焕然一新，不仅铸造生产彻底改变了“肩挑手抬小车拉、弯腰弓背蹲着干”的落后状态，主要零部件的机械加工除采用机械化、自动化生产流水线外，也都实现了“多刀一次车、多面一次铣、多孔一次镗、多眼一次钻、多丝一次攻”。由于他们十几年如一日地走技术改造的道路，使生产突飞猛进，企业经济效益显著提高：1966—1979年的13年间，全员劳动生产率增长了5.4倍，平均每年递增5.4%；成本每年递降3.5%；给国家提供的积累为所用全部资金的7倍，产品质量1979年获国家银质奖章，1980年获金质奖章。如果我们全国的现有企业都能像南通市、常州柴油机厂那样坚持技术改造，那我国的经济就一定能很快地振兴起来。

（二）要走新路应主要靠“改造”

扩大再生产可以是以外延型为主的，也可以是以内涵型为主的。

新中国成立初期和以后的一段时间，由于旧中国遗留下来的是残缺不全的、极端薄弱的烂摊子，那时，我们一方面要医治战争创伤，要“发展经济、保障供给”，要逐步改善群众生活；另一方面还要奠定我国工业化的基础。因此，扩大再生产的进行主要是依靠新建企业，即多采用外延方式，这在当时是十分必要的。但是，经过全国人民三十多年的艰苦奋斗，我国已建立起一个独立的、比较完整的工业体系和国民经济体系，已有40万个工交企业，今后的扩大再生产应着重于内涵型，提高经济效益也主要依靠挖掘现有企业的潜力，调动各行各业对技术改造的积极性，真正走出一条投资少、见效快、经济效益高的新路子。赵紫阳同志在全国科学技术奖励大会上的讲话中明确指出：“今后搞经济建设，不能走老路，要走新路，不要把宝押在扩大外延上，主要应当靠内涵。”他还说：“这一点很重要，一定要搞清楚。老厂必须进行技术改造。他们是汪洋大海。如果汪洋大海的面貌不改变，老是处在落后状态，整个技术经济指标就无法达到先进的水平。”① 这就是说，我们从指导思想到具体经济工作，都要把实现2000年的经济发展目标和提高经济效益的主要途径放在内涵上，不要寄托于外延上的扩大。从这几年的经济发展看出，要把指导思想转到以内涵为主的轨道上来，还要做很大的努力。比如，在1982年全民所有制固定资产总投资中，基本建设投资占65.7%，技术改造与其他措施的投资占34.3%，而在技术改造与其他措施的投资中真正用于技术改造的又只占60%，这就是说，真正用于技术改造的投资占全民所有制固定资产总投资的比例仅仅是20.6%②。这一比重与国外一些国家相比，差距是很大的。如果我们再从这笔真正用于技术改造的投资所发挥的效益来看，与经济发展目标对我们的要求，与提高经济效益的要求，其差距将会更大。从1982年具体数字分析的结果表明，要走新路，要靠“改造”，一个是要增加“改造”投资比重（虽然国家财政上暂时还有困难，但在安排上是可以改进的）；另一个是要合理使用“改造”投资（在投资结构、投资方向、投资规模上都需进一步调整与控制）；再一个是要提高“改造”投资效果（这一问题更是长期存在、亟待解决的）。对于广大企业来说，就是要根据燃料动力的供应情况、原材辅料的保证情况、机械设备的完好情况、生产效率的发挥情况、时间的有效利用情况，挖掘现有生产潜力，提高企业的经济效益；根据企业生产能力配套成龙、填平补齐情况，挖掘改造后的生产潜力，提高企业的经济效益；根据企业的工艺改进、设备更新情况，挖掘更新后的生产潜力，提高企业的经济效益；根据企业的经营状况、管理水平等情况，挖掘经营管理的潜力，提高企业的经济效益。到2000年，若能在变外延型为内涵型上做一番努力，我国的经济效益定将有较大的改观。

---

① 赵紫阳：《经济振兴的一个战略问题》，转引自《中国经济年鉴》（1983），第Ⅰ—146页。

② 这里的数字是根据《中华人民共和国国家统计局关于1982年国民经济和社会发展计划执行结果的公报》中的有关数字计算出来的。

（三）“改造”的路子越走越宽

我们的国家是在一个比较穷、底子比较薄、生产水平比较低的基础上搞社会主义建设的，是在广大人民群众节衣缩食的情况下搞现代化的。因此，我们不仅应该主要走内涵型的扩大再生产之路，还要把提高经济效益放在首位，要在多方案的比较中选经济效益最好的技术改造方案。为达到这一目的必须重视下列几个问题：

1. 要搞好资金、技术、重点、时间的选择

（1）资金的选择与使用问题。技术改造中首先碰到的问题就是资金问题。目前资金的来源，主要是折旧基金，企业自有资金，银行贷款，国家拨款，利用外资（如合资经营、合作生产、补偿贸易、来料加工、来件装配、租赁业务、外汇贷款和信托筹资等）。在资金选择中最重要的：一是把资金真正用到技术改造上，不能再去建新点、铺新摊子，或者是搞“厂内外延”，要把资金用到国民经济影响较大的、有现实意义的、花钱少见效快的项目上去。二是要提高资金利用的效果，一元钱等于两元钱用。目前，我们资金利用的效果是很不理想的，拿基建来说，一元钱的基建投资，只能形成七角多钱的固定资产，而一元钱的固定资产，又只能增加产值九角多钱。因此，提高投资效果是缓和当前资金紧张状况的有效途径，利用资金越好，回收的越快，技术改造的资金也就越来越多。

目前，有两条经验是值得推广的：一是有些省市，部门或企业，把各种渠道的资金捆起来使用，保证重点，效果很好。比如，天津色织公司，就是集中提取和使用生产基金与折旧基金的，它对在技术改造中推进企业化和发挥企业性公司的优点，加速技术改造步伐均起了重要作用。他们对银行贷款实行统借统还的原则，这就是说，在还款期间，全公司每个企业都承担了一部分还款的责任，而在更新改造完成并见到成效以后，其他企业也能从更改企业的生产发展中得到一定的利益和报偿。这样把全公司的力量集中起来进行设备更新和技术改造，充分显示了企业性公司的优越性。二是以贷款为主拨款为辅，能用贷款的尽量采用贷款，以保证资金的合理使用，加快资金的周转。不管是采用哪种方式，关键问题是选准项目，做好可行性研究，把钱用在刀刃上。

（2）技术与设备的选择问题。我们在技术与设备的选择上，即要考虑技术的先进性、实用性，又要考虑经济上的合理性、最佳性，要技术上先进可行，经济上又有利合算。那种片面地理解技术越新越好，越先进越好，而不作全面的技术经济分析的做法是盲目的，也是危险的。技术改造固然是要不断用新技术、先进技术改造落后技术的，用新设备、先进设备更新陈旧的设备，在改造中也要不断采用国内外的科技成果，但必须适合于我国生产力发展水平，必须是从本部门的实际出发，从现有的技术水平、管理水平的实际出发。这就是说，对技术与设备的选择必须经过认真研究，选择适合本国国情及本地、本部门条件的“适用技术”和“关键技术”，同时，还必须注意各种技术间的相互转移和渗透，注意用综合性技术代替简单性技术。任何一项新的技术在别国或别的省、市、自治区应用成功，经济效益好，不等于在你那里也一定成功，经济效益也一定好。这一点必须引以为戒。

（3）重点与时间的选择问题。就整个国民经济来说，技术改造的重点与时间的安排不应人为的主观的臆断，而应该根据国民经济发展的需要、制约经济增长的因素来确定。不能是头痛医头，脚痛医脚。整个技术改造要有一个总体设想、通盘规划，要考虑技术改造的发展方向，预期达到的技术水平，所要采取的技术政策、装备政策，要按照国民经济各部门在经济发展中的内部联系，既要作好比较切合实际的、比较有把握的全国性的决策，也要做好部门、企业的决策；要研究经济建设中有重大经济效益的关键性的技术改造课题。如能源是国民经济的先行部门，整个经济的发展在很大程度上决定它的增长速度。我国目前一方面单位消耗很高，另一方面能源的浪费也相当惊人，因此，开展以节约为核心的技术改造就理所当然地成为重点；进一步发展和扩大消费品生产，提高产品质量，增加花色品种，是满足人民需要、回笼货币、增加财政收入的重要来源，也必须十分重视这一行业的技术改造。机械工业是向各部门技术改造提供装备的部门，因此，机械工业本身的改造也是刻不容缓的；加强环境保护、治理“三废”，也是技术改造的重要内容。各省市地区的改造重点应根据本地区的经济发展之需要而确定，比如辽宁省的重点放在能源的生产与节约、改变重工业的服务方向、改革产品结构上；上海技术改造的重点放在节约能源和加强纺织工业的染整后处理工艺上；天津技术改造的重点放在发展轻纺工业和节能、节水上；等等。总之，各省、市、自治区企业都应从实际出发，按轻重缓急，量力而行，并经过技术经济论证和多方案比较择优而定。

2. 要与工业的调整、改组相结合

目前，我国工业管理体制的一个很大的弊病就是地区、部门分割、层次重叠、体系林立、重复生产、大而全、小而全，国内市场也被地区、部门分割得七零八落。这种全能化的管理、组织形式，很不利于采用新工艺、新技术，使很大一部分固定资产闲置、浪费，经济效益自然也比较低，这和现代化大生产是不相适应的。近几年来，国内有一些省市把技术改造与工业调整、改组密切地结合起来，不仅生产上得快，生产能力得以充分发挥，其经济效益也是很好的。如天津色织行业，公司成立以前，各企业的产品分工很不合理，主要表现在以下两个方面：一是“一种产品，多家生产”。例如，仅女线呢一类产品，有时多达 10 个企业同时生产，开台多的 120 台，少的只有 20—30 台。二是“一个企业，产品多样”，以色织五厂为例，这个仅有 100 多台织机的小厂，就同时生产条格府绸、半绒府绸、华达呢、女线呢等五六种产品。在这种“小而全”的生产方式下，不仅生产效率提高受到限制，而且对提高产品质量，扩大花色品种，提高劳动生产效率，降低产品成本影响很大。按专业化原则成立公司后，通盘考虑了全行业的技术改造，本着“行业品种要多、企业品种要专”的原则，确定每个企业只生产一类或相近的两类产品，公司把各厂的生产发展基金集中起来，统一管理使用，有步骤、有重点地进行全行业的技术改造：

（1）适应产品升级升档的需要，改造关键设备，为提高产品质量奠定了牢固的基础。他们紧紧抓住影响产品质量的两个关键，对染纱设备和后整理设备进行了全面的更新改造，拆除了染缸槽，代之以高温高压染色机；摔掉了碱罐，搞了两条后整理生产线。如第一染纱厂去年改造完成了 10 台 100 公斤高温高压染纱机，日产能力从 55 件增加到 90—100 件，其中 5 台全年增加产值 111.6 万元，利润 42.4 万元。第二染纱厂从英国引进 21 台（套）染筒设备，日染纱能力由 100 件增加到 180 件，改造第五染整厂，增加定型、烧毛、烘焙、氧漂、退浆等 16 台设备，从日本引进 SST 树脂整理机，使后整理能力从组建时的年整理纯棉布500万—800万米增加到3000万—3500万米，并增加化纤整理能力2500万米。由于染纱设备容量加大，染纱能力大于织布能力，消灭了瞎、花、乱；由于加强了后整理环节，就为提高色织产品的质量创造了有利的条件，并提供了可靠的保证。

（2）按产品的专业化分工，逐步更新布机和专用辅助设备。色织公司根据21个织布厂产品分工情况，一方面组织公司和厂两级设计人员，从国内外市场的调查入手，改进产品设计，增加各种新颖的花色品种；另一方面为保证设计方案实现，有步骤地进行了布机和专用辅助设备的更新和改造。如色织12厂分工生产出口涤棉细纺布，1980年用200台1511M型52时宽幅布机更新了原来使用的老式窄幅丰田布机240台，产值增长了18%，利润增长45.8%，出口产品增加50%。色织四厂专产绒类产品，引进了五台起绒机更换了新中国成立前的老设备，创出了名牌产品；色织六厂专搞来料加工生产坚固呢和礼服呢，更新了56寸布机，增添了浆染联合机和高速整经机，保证了产品的升级换代，生产的菊花牌礼服呢被评为银牌产品。与此同时，他们填平补齐，购置了多臂多梭、筒子、浆纱机等专用设备，把367台白色织机改造成为色布织机，基本保证了该公司色织产品品种发展的需要。

（3）结合设备更新，进行厂房改造。色织公司所属生产企业都是老厂，再加上地震的破坏，厂房破旧的情况相当严重，很难适应新设备新工艺的要求。该公司进行技术改造的一条重要经验就是把厂房改造和设备更新及生产的合理组织和布局结合起来。如1981年进行色织三厂、四厂、八厂的改造时，结合304台布机的更新，改造厂房面积15694平方米，其中，色织三厂的厂房改造分两期进行，第一期包括土建工程1600平方米和增加75寸布机80台，第二期工程是改造附属车间，再增加75寸布机80台。现在，该公司大部分厂房都进行了大修和改建。这样，随着设备的更新和厂房的改造，生产布局、工艺流程基本合理。

（4）填平补齐，改造附属设备。色织分司在改造主体和专用设备的同时，还根据需要和可能，填平补齐，改造了附属设备。该公司原来几乎没有什么空调设备，过去采用喷雾措施调节车间温湿度，不但效果差，而且对职工健康和设备都有较大影响。经过技术改造，装置了空调设备，冬送热风，夏送冷气，生产和劳动条件大为改善，增大了容积，节约了煤炭。

由于天津色织公司的技术改造方针和计划符合实际、方向明确、目标集中、实施有方，短短几年，就使得该公司的生产技术面貌发生了很大变化，无论是设备状况，还是厂房条件，都初步具备了现代化水平，做到了步子大，效果好。

3. 要充分利用国外先进技术

对整个国民经济进行技术改造，是一项艰巨而复杂的任务，它不仅需要大量的资金，还需要技术、科研、试验、设计制造、检测手段等多方面的配合。目前在我国财政比较紧张的情况下，如何解决上述问题？笔者认为，把技术改造与利用外资、引进技术结合起来是一条很好的途径。根据国内已有的经验说明，做好这一工作会带来很好的经济效益。这是因为：一是我们搞技术改造需要一批适用的但又先进的技术，去更新改造原有的设备、技术、工艺，或去提高产品的质量，增加产品的花色等，但这些技术有的是国内目前还不能制造，还力所不及的，需要借助于“外力”解决。二是我们搞技术改造的资金有限，每年能够提供的用于技术改造的资金和所需资金相比，差距是比较大的，如果我们在技术改造中能利用一部分外资，引进我们技术改造所需的关键技术，即会减轻我们财政上的某些困难，又得到一些关键技术，是一箭双雕的事。三是引进的技术要发挥技术优势，取得良好的经济效益，也需要有一定的条件，这好比种子要生根发芽必须有肥沃的土壤，要使发了芽的幼苗茁壮成长又必须有辛勤的园丁，没有土壤和园丁，再好的种子也是不会生根发芽、开花结果的。我们的老企业就是引进的技术可以生存的“土壤”和发挥效果的重要阵地，因此，技术改造与引进技术相结合是相辅相成、互相依存、取得良好经济效益的重要途径。根据我国现有的经验，技术改造与引进技术相结合的做法可归纳为以下几种：

第一，为了扩大企业的生产能力。

这部分设备的进口对于新兴工业部门，轻工部门，效果尤为明显。比如手表工业，它是我国的新兴工业，从设备的设计、加工制造到测试手段都比较落后，只靠国内的设备与技术扩大生产能力也是有困难的。目前，手表的各种机床，有许多国内不能制造生产，能制造的也多质量低、成本高、无附件，用户不愿用。因此，各手表厂生产能力的扩大，大部分是靠进口一些专用设备。南京手表厂在1969—1979年，先后从瑞士、西德、日本进口了150多台专用设备（包括自动车床、滚齿设备、精密测量仪器等），占全厂设备总数的14%以上，产量从1969年的12万只增至1979年的130万只，即增长了9.8倍，平均每年递增26.9%。青岛手表厂，从1975年以来，也先后进口了100多台各种专用机床，产量从进口前的1974年的10万只猛增到1979年的61.5万只，增长了5.2倍，平均每年递增43.8%。再如，烟台罐头总厂，原空罐车间的制罐能力只能满足生产需要的一半，造成空、实罐生产的严重不平衡，特别是水果旺季季节（如洋梨上市）缺口更大。从意大利进口了空罐生产线和封罐机以后，空、实罐生产基本平衡，生产如虎添翼，产量几乎翻一番。

第二，为了填补企业的技术空白。

企业在生产中时常遇到一些技术障碍，要解决这些技术问题，有的是国内目前还力所不及的，需要借助于“外力”进口某些设备，填补国内空白。如制革行业进口的片皮机、拉软机、磨革皮、鞣皮机；皮鞋行业进口的绷楦机、刻楦机；服装行业进口的钉扣机、锁眼机、喷雾电熨斗；手表行业进口的摆整平衡仪；印刷工业进口的分色印刷机；等等。江苏、山东的同志认为，这部分设备的进口是必不可少的，它不仅对老企业的改造起着重要的作用，而且大大地促进了整个部门的技术的发展。

第三，为了解决企业的关键技术，提高产品的质量。

江苏、山东有些企业是全国闻名的，其生产的产品有的是国内的重要机床，有的是出口商品，因此，对产品的精度、质量要求都很严格。如济南第二机床厂在生产重型压力机时，因国内热处理技术落后、材质差、制造工艺过不了关、电器元件质量不合格等原因，使重型压力机质量过不了关，精度达不到要求。从意大利进口了一台具有70年代水平的镗铣床以后，即提高了质量，也达到了精度。再如，山东省的花生酱生产，以前因油脂分离现象超过标准，影响出口。1977年从美国进口了一台设备解决了这个问题，出口量从1000吨增加到1500吨，同时，效率提高一倍，花生利用率提高21%，含水量降低0.6%。

第四，为了增加产品的花色品种。

我们出口商品的花色是比较单一的。如罐头行业生产的凤尾鱼就是椭圆罐，午餐肉就是方罐，水果就是圆罐等，很影响我们出口销量。自从进口了自动制罐机以后，又根据国内外市场的需要，对原设备进行了改进，现可生产多种罐型：7114#、304#、306#、7110#、781#、756#等使出口罐头的花色品种大为增加。皮革行业在磨革机、拉软机、削匀机、熨平机进口以后，生产的皮革厚薄均匀、皮面绒毛较细、较丰满，过去生产的二层革一般只用于做劳保手套，现在生产的二层修面革、绒面革、里革和服压革，为制鞋、皮件增加了皮源，使粗皮变成了细皮，低档皮变成了高档皮。

第五，为了解决企业的薄弱环节。

一个企业往往由于某个生产环节比较薄弱，而影响整个企业的经营活动，甚至影响社会的产销。如南京罐头厂番茄酱罐头的生产，由于原设备生产效率很低，特别是在番茄生产的旺季，一方面出口供不应求；另一方面又有大量番茄由于加工能力薄弱而腐烂，影响番茄的生产。为解决番茄生产这个薄弱环节，更新陈旧的番茄生产设备，他们从意大利进口了一台番茄酱制罐机，使工效提高了6倍，这不仅基本解决了番茄上市旺季季节的销路，又支援了外贸出口。

第六，为了改进包装装潢。

我国出口商品的包装装璜落后，直接影响我国的外贸声誉与外汇收入。国外用户反映，我们是“一等原料，二等产品，三等包装，四等价钱”。青岛啤酒畅售世界36个国家，但过去由于包装差、啤酒商标扫金不牢易脱落，外商反映较多，对啤酒声誉有所影响。为解决商标与包装问题，增加出口换汇，该厂进口了联邦德国“海得堡”印刷机，保证了商标金色不落，客户反映很好。现青岛啤酒不仅打入西欧诸国，在美国市场也很受欢迎。济南花纸厂，从日本进口了丝绸印刷机后生产丝绸花纸新颖，装饰陶瓷产品后美观大方，畅销国外，外销价格每件可多卖2—3美分，1000万件就可多创外汇20万—30万美元。

（原载《工业技术经济》1985年第3期）

提高经济效益的理论探索(三)

三　变“盲目”型为“科学”型

近几年来，我国经济上出现了许多可喜的变化，取得了比较显著的成绩。但也要看到，经济效益差的状况尚未得到根本的改变，这里有很多内外部的条件及其各种制约因素。从主观方面分析，各级决策中、基本建设中、产品生产中等存在的盲目性，是导致经济效益差的一个重要原因。因此，要提高经济效益，就必须：

（一）变盲目决策为科学决策

一个项目该不该建设、什么时间建设以及建设投产后的燃料动力来源、交通运输保证、产品销售渠道、对未来的社会经济影响等，都应事先进行详细的可行性研究与技术经济论证；同样，某个项目要不要改造、什么时间改造、怎样改造、改造所用技术与设备的选择、产品改造后在国内外所占地位以及由此改造带来的经济效益（包括直接经济效益与间接经济效益）等，也都应事先进行可行性分析与技术经济论证。因此，作为综合经济部门和决策机构必须持以科学的态度，严格地按照客观规律办事，否则，必将带来决策的失误，而决策失误是最大的失误，所导致的经济损失将数以万计。有的学者在描述这一失误时说：“如果建筑施工中的损失以百字号计，则建筑设计中的损失将以千字号计，那么决策失误的损失就要以万字号计。”这是有道理的。根据中国人民建设银行的调查发现，1979—1981 年建设投产的 560 个大中型工程和单项工程中，不能正常发挥经济效益的有 176 项，占投产项目总数的 31%。据分析，不能发挥正常经济效益的主要原因是领导决策的失误；忽视建设前期的准备工作，没有认真地进行可行性研究以及计划不严密、综合平衡搞得不好等。比如，在不能正常发挥经济效益的176项中，由于勘察设计不周的有22项，占13.1%；由于建设不同步，能力不配套的有30项，占17.0%；由于产品销路不畅、生产任务不足的有42项，占23.9%；由于原材料、燃料动力不足的有41项，占23.3%；由于工艺落后、设备不过关、工程质量差的有21项，占11.9%；由于其他原因的有19项，占10.8%。这说明，决策的科学性对经济效益的好坏有着重要影响。

（二）变盲目生产为社会需要生产

不顾社会需要的盲目生产是提高经济效益的大敌。我们知道，在社会主义制度下，搞经济建设的最终目的就是改善人民的生活，因而生产目的只能是为人民及其需要，即满足人们的不断增长的物质和文化生活的需要，这也是提高经济效益的重要前提。近几年来，我们在社会生产中虽一再强调经济效益问题，但很多还是重产值、重速度、轻效益，不顾社会需要而盲目生产。以1982年为例，工农业总产值年增长8.7%，而国家财政收入只增长3.2%；工业产值增长7.7%，而平均每百元产值实现的利润、税金却由上年的25.5元下降至24.8元；工业品收购总额增长3.4%，但同时成品库存（这里指国营工业企业消费品的成品库存）增长了30%，其中，不适销的商品比上年增长20.7%①。说明在生产中的盲目性不克服，提高经济效益是难以实现的。

（三）变盲目建设为技术经济论证后建设

我国工业生产与建设中经济效益差的一个重要原因是盲目建设、重复建设。转产时“大家都上”，停产时“大家都下”，建设什么项目不经过技术经济论证，转产什么项目也不进行技术经济分析。据有的资料报道，某一大区自行车厂就有80多家，但受群众欢迎的只是少数几家；全国电冰箱厂已达百余家，群众较为欢迎的也只有那么几家；甚至有的省份烟厂就上

---

① 参见《中华人民共和国国家统计局关于1982年国民经济和社会发展计划执行结果的公报》、《1982年中国经济》、《1982年国内商业》，转引自《中国经济年鉴》（1983），第Ⅰ—48、49页；第Ⅰ—58、61页；第Ⅰ—76页。

百家、酒厂上百家、纸厂上百家……这种盲目建设、重复建设的现象可谓到处可见、比比皆是。仍以1982年为例，在当年施工的10万元以上的建设项目中，新开工的项目就占45%，而且在新上的项目中，多数属一般加工工业，其中，又有相当大的部分是技术落后、物资消耗高、产品质量差，甚至产品不适销对路。这不仅是扩大了基建规模，拉长了战线，增加了能源负担，而且必将影响整个社会生产的经济效益。

（四）变部门劣势为部门优势

一个国家经济的发展是要发挥自己的优势、依靠自己的优势的，如日本的经济发展不是靠本国的自然资源，而是靠“人脑+电脑”；美国的经济发展靠“人才+科技”；中东一些国家的经济发展却主要靠“资源”、靠“石油”；一个地区、部门的发展也离不开这一规律，即发挥优势、变劣势为优势。一个部门、一个企业的规划发展不应是面面俱到、全而又全的，而应是有特色、有名牌，有自己的拳头工业、拳头产品，这是经营决策、发展战略的重要问题之一，也是科学决策的一个重要方面。这里领导人员与经济管理人员的重要职责一是寻找、总结、利用本部门的优势发展生产、提高经济效益；二是认真研究如何变劣势为优势，克服“劣势”的影响，并把其影响降低到最低限度。

在我国经济建设中，要彻底变盲目性为科学性，是可以大幅度地提高社会生产的经济效益的。但要解决这一问题，至少应进行以下四个方面的工作：第一，要进一步加强工程项目（包括新建项目和改造项目）的可行性研究与技术经济论证，把工程项目从规划到实施、从技术到经济、从现实到未来的研究和评价与提高经济效益结合起来。第二，要加强决策的科学性，必须听取多方面专家的意见，真正把决策建立在科学研究与社会实践的基础上。第三，要加强技术经济政策的研究，如能源政策、资源政策、引进政策、技术改造政策、进出口政策、发展消费品政策等。第四，要加强社会结构与经济结构合理性的研究，并从宏观经济效益的角度，研究产业结构、产品结构、技术结构、能源结构、消费结构、进出口结构、智力结构、就业结构等。

四 变"封闭"型为"开放"型

(一) 变"封闭"为"开放"是经济发展的必由之路

世界各国经济发展的实践证明，在科学技术日益发展的当今世界，经济落后的国家要赶上工业发达国家，必须从国外引进先进技术，充分利用世界各国先进的科学技术成果，使其本国得到借鉴、创新和发展，这是世界各国工业现代化的一条捷径，是带有规律性的普遍现象。通过引进，可以越过技术发展的若干中间阶段，以较低的代价，掌握世界新技术。美国的兴起是借助于欧洲的技术，第一次世界大战后德国经济的恢复和发展是靠英美的帮助，第二次世界大战后的日本尤为明显，它大量引进美国的技术，使本国经济突飞猛进，一跃成为世界资本主义第二经济大国。我国三十多年来经济发展的实践也证明，从我国的基本国情出发，有计划、有目的、有选择地引进国外先进技术，博采世界各国技术之长，是经济、技术发展的必由之路，也是加速社会主义建设的一条不可缺少的重要途径，可以使我国赢得时间、提高起点，在充分利用国外最新科学技术成就的基础上，建立和发展我国的科学技术体系。

(二) 我国现实经济水平与外国的先进技术相结合使生产如虎添翼

我国现已有 40 万个工交企业，有相当的技术基础和管理条件，有现成的厂房和安装机修力量，许多企业可以靠自己的力量很快地熟悉和掌握进口的设备和引进的先进技术，发挥其生产能力；许多企业的科研、设计力量都比较强，具有革新、创新的条件，能够比较快地进行研制、仿造，使之本国化，起到母鸡下蛋的作用。例如常州 253 厂，1966 年从英国进口了一台生产聚树脂的设备，生产能力 500 吨，他们不仅很快地掌握了设备性能，而且又经过改造、革新，把生产能力提高了一倍，达到 1000 吨，之后又在改造、革新的基础上仿造了 3 套，1979 年全厂的生产能力已达到 4000 吨，比原来进口设备提高 7 倍。1966—1969 年，该厂工业总产值平均每年递增 25.4%，玻璃纤维产量平均五年翻一番，利润增长 15 倍，平均每年递增43.6%。再如，青岛手表厂，1975年进口的多工位铣床，一次加工24个工位，相当于原设备14台，进口的多工位钻床为原设备工效的120倍，进口的镶钻机，比原设备提高工效3倍多。

（三）开放带来了显著的经济效益

不论是“一五”时期的历史经验，还是近些年的新鲜经验都表明，对外开放、引进外国的先进技术和进口设备，一般都能带来比较显著的经济效益。比如青岛纸箱厂，原设备用纸360克/平方米，进口的日本D3型双壁瓦楞纸板制造机用纸仅为300克/平方米，每平方米纸壳节约0.4元，一年只这一项就可节约200多万元，也只这一项就可赚回设备进口的全部价款；其生产的啤酒箱，原来是两条两接头，每只箱子接头处用纸壳5厘米，进口的设备是一条一接头，接头处只需留4厘米，就这一项每年可多生产啤酒箱4万多个。再如，山东制革行业进口了片皮机以后，出革率提高了30%—40%。除经济效益之外，开放还带来了经济的生机、先进的管理、生产的增长。

五　变“生产”型为“经营”型

变生产型为经营型是企业提高经济效益的一个重要途径。一般来说，在存在商品经济的条件下，只有市场上有销路，才能生产，才值得生产。我们知道，每个社会主义生产企业都要用自己的商品参加整个社会的经济循环，用自己的商品参加商品的交换过程，只有在这个交换过程中，企业广大职工所创造的价值才能被社会所承认，才能得以实现。这就是说，每个企业的生产活动本身就带有经营的特征。当你进行生产时，就要考虑你生产的产品的社会需求，就要对产品市场进行分析，研究市场的需求变化，甚至要了解社会的潜在需求；当你进行新产品的开发时，就要考虑你的未来产品是“长线”还是“短线”，如果是长线，就应立即停止开发，否则盲目建设（或盲目改建、扩建）、盲目生产，势必出现销路不畅、产品积压。比如，我们生产牙膏，其目的就是要通过销售，满足人民对牙膏的要求。这样，在生产牙膏时，就要考虑：（1）影响牙膏市场的因素主要是人口数量及其增长情况。此外，还有经济条件，文化水平，卫生习惯，年龄分布，外界环境影响等。（2）对牙膏的需求量，本市需求和省外供应数量，本市需求又要考虑市区、近郊与远郊的实际销量。（3）本市牙膏的市场份额，广大用户对该种牙膏的喜欢程度，等等。这就是说，生产时就要同时考虑市场，考虑社会需求，考虑销售，考虑产品的经营，过去那种为指标、为产值、为上级领导而生产→积压→资金周转缓慢→社会经济效益差的倾向是需要认真克服的。几年来，仍有一些单位由于重速度、轻效益，重生产、轻经营，重账面、轻销售，使物资积压十分严重，大大超过定额储备。据有关部门资料，1979 年全国钢材、煤炭等类主要物资、机电产品、内贸和外贸四大库存的增长速度达 44%，这一速度远远超过了国民经济的增长速度，有的地区物资超储积压总值数倍于本地区的当年收入。此外，我国企业的库存量也超储严重；如我国企业库存量与固定资产总值之比为 1∶1，而日本一般企业只为 1∶2.5。

由于没有经营观点，许多企业生产的产品不适销对路，使产品积压在库、呆滞在流通领域中，导致流动资金占用越来越多、资金周转越来越慢。据计算，我国 1978 年国营工业企业流动资金只周转 2.96 次，商业流动资金只周转 1.94 次。而据有关部门考察，日本芝浦厚板加工中心的资金每年周转 38.3 次，京阪水泥制品厂的资金每年周转 32.5 次，一般物资供销企业的资金每年周转近百次。可见，变生产型为经营型对加速资金周转、提高经济效益是有着重要意义的。

（原载《工业技术经济》1985 年第 4—5 期合刊）

试论经济效益的处理原则及其最佳标准

经济效益既是一个十分复杂的理论问题，也是一个涉及整体与局部、动态与静态、横向与纵向、存量与增量、短缺与过剩、经济与社会、内部与外部等利益相关的现实问题。因此，我们在深入研究经济效益时，一方面需掌握一些基本原则，以处理各种经济效益形态、不同经济效益表现的各种关系；另一方面需掌握基本的经济效益评价的方法准则。

一　处理经济效益的基本原则

由于经济效益有宏观与微观之分，有远期与近期之别，有直接经济效益与间接经济效益之差异，又有经济效益与社会、生态、环境效益之不同形态，因而，反映在现实经济中就时常出现一致与不一致，协调与矛盾，甚至严重对立等现象。不论从哪个角度、在哪个时段分析评价经济效益，都将发现各部门间、各时段间经济效益的不一致性，而且，这种不一致性是大量的、普遍存在的客观现象。为便于分析、探索处理各种不同类型经济效益的基本原则，我们将常见的五对矛盾双方逐一加以论述。

（一）处理宏观经济效益与微观经济效益的原则

这里宏观经济效益是指全社会的经济效益、整个国民经济的经济效益，微观经济效益既指部门、地区经济效益，又指企业及更小经济单位的经济效益。为研究两者之间的关系，我们设宏观经济效益为A，微观经济效益为B，这样，在A与B之间，便可能出现以下四种情况：

（1）$A\uparrow B\uparrow$

（2）$A\uparrow B\downarrow$

（3）$A\downarrow B\uparrow$

(4) $A\downarrow B\downarrow$

式中：↑表示经济效益好；↓表示经济效益不好。

在这四种情况中，第一种情况是宏观经济效益好，微观经济效益也好，很容易决策；第四种情况是宏观经济效益与微观经济效益都不好，这种情况也不言自明，属于当然淘汰之列。现在需要进行比较、分析、评价并最后决策的是第二、第三种情况。

——若某项目从宏观看，有利于生产力的合理布局，有利于生产力的合理转移，或有利于产业结构的合理调整，有利于资源的有效配置与合理调运，可改善整个国民经济的供求关系，可使结构效益明显提高，这时宏观经济效益明显是好的。但对部门、地区、企业来讲，或因技术能力不能发挥，或因管理素质低下，或因资源不能综合利用、有效利用，或因部门、企业无动力机制，或因内外部环境不能很好协调等，使微观经济效益不好，即属于第二种情况。

——若与上述情况相反，即第三种情况：微观经济效益好，宏观经济效益不好。出现这种情况：一种是微观的短期行为所致；另一种是不顾全国一盘棋，不考虑生产力的合理布局，不考虑企业发展的合理规模，不考虑资源的合理利用所致。这种经济活动的指导思想是“近水楼台先得月”。上述两种情况在我国现实经济中到处可见。作为有计划的商品经济，首先要考虑的是宏观计划与布局、宏观经济效益，尤其对一些基础产业部门，在我国又是瓶颈产业，其宏观经济效益、后发经济效益十分明显，对这类项目应予支持、应予保护。一些重复建设、盲目建设的轻纺项目、家用电器项目对微观部门来说，由于价格与地方保护等原因，可能微观效益较好，但从宏观角度、资源配置优化角度、规模经济角度看，不仅不应予以支持、保护，还应在治理整顿中，该合并的合并，该转的转。因此，在处理宏观经济效益与微观经济效益时，既要考虑宏观有益，也要微观有利，当两者出现矛盾时，要微观服从宏观，企业、部门、地方服从整个国民经济，并且最后以宏观经济效益的好坏决定取舍。

（二）处理远期经济效益与近期经济效益的原则

这里远期经济效益一般是指 10—15 年以后的经济效益，可以指宏观经济效益，也可指微观经济效益；近期经济效益一般是指 2—3 年或 3—5 年内，可指宏观经济效益，也可指微观经济效益。当然这里的远期与近期是动态概念。远期经济效益与近期经济效益也有以下四种情况：

(1) $C\uparrow D\uparrow$

(2) $C\uparrow D\downarrow$

(3) $C\downarrow D\uparrow$

(4) $C\downarrow D\downarrow$

式中：C 表示远期经济效益；D 表示近期经济效益；↑表示经济效益好；↓表示经济效益不好。

在这四种情况中，第一种情况是远期经济效益好，近期经济效益也好，是最理想的方案；第四种情况属远期经济效益不好，近期经济效益也不好，是淘汰方案。现在需要分析、评价，并最后决策的仍是第二、第三种情况。

——远期经济效益好，潜在经济效益好，符合整个国民经济生产力布局，符合资源有效配置规律，如能源、交通项目，经济实力增长项目等便属于此类。但近期经济效益不好，工期长、见效慢、投资大、回收期长。这种项目在体制不完善、机制不健全的情况下，特别是国家调控能力较差、没有相应的政策保证时，当远期经济效益与近期经济效益发生矛盾时，就可能被一些近期经济效益好的短、平、快项目，短期经济行为所代替，这属于第二种情况即 $C\uparrow$、$D\downarrow$。

——近期经济效益好，如一些工期短、投资少、回收快的项目，由于市场发育不健全、价格不合理、地区分割、保护落后等原因，使这类项目受一些部门、地区、企业的重视。但从远期看，既不符合生产力布局原则，也不符合资源最优分配原则，将带来交通、能源的更加紧张，带来原材料的更加奇缺，这便是第三种情况的典型案例。

笔者认为，在处理远期经济效益与近期经济效益的关系时，应本着近期有益，远期也有利的原则，当两者出现矛盾（如第二、第三种情况）时，要近期服从远期、眼前服从长远，并以远期经济效益好决定优先顺序与项目取舍。

（三）处理直接经济效益与间接经济效益的原则

一般也可以理解为内部经济效益与外部经济效益。在现实经济中，直接与间接、内部与外部常处于矛盾的焦点，它既涉及横向与纵向、动态与静态、存量与增量等利益的相关，也涉及新建与改造、原地改造与移地扩建等利益的相关，甚至它们之间的矛盾可决定一个经济单位（部门或企业）能否继续存在与发展的特大问题。因此，对这一对矛盾双方的分析很有现实意义。

同以上两种利益相关的双方一样，它也存在四种情况，对第一种与第四种情况的分析方法与结论也基本相同，因此，在此舍弃掉。现在重点分析第二种与第三种情况。

——直接经济效益好，即对本部门、本地区或对本企业的经济效益好，但对左邻右舍、相关单位与相关企业的经济效益有损害，就是说，一方经济效益是在牺牲另一方经济效益的前提下取得的，这种现象在西方资本主义国家里可说是到处可见，比比皆是。“大鱼吃小鱼，小鱼吃虾米”、“不是你吃掉我，就是我吃掉你”，这被看成是天经地义的，不可抗拒的，甚至称之为“经营之道”。然而，在社会主义制度下这确是一个十分复杂、难度极大的课题，它一方面涉及经济理论问题，如对社会主义“竞争”的理论研究，也涉及经营战略、经营方式、经营手段的理论与实践问题。对此必须进行具体分析、具体研究。比如，在对外贸易中就应以民族利益为重，不应在牺牲同行业利益的基础上追求本部门、本企业的直接经济效益；在国内市场上应有产品质量的竞争，产品服务的竞争，产品价格的竞争，在事实上已存在也应承认“直接经济效益”与“间接经济效益”的利害冲突。因此，也就不能简单地以直接经济效益好与间接经济效益不好作为判断标准与处理原则。

——对第三种情况：“直接经济效益不好、间接经济效益好”也要作具体分析，既不应简单肯定，也不应不加分析地予以否定。如原材料生产部门的经济效益一般不如原材料加工部门的好，木材生产部门也不如木材加工部门，特别是精细加工部门的经济效益好。农业也是如此，粮食生产部门不如粮食加工部门的经济效益好，等等。由此引出的问题是：对生产部门（含原材料生产、能源生产、木材生产、粮食生产等）来说直接经济效益不如间接经济效益好，“生产部门亏损加工部门赚钱”的例子屡见不鲜。对此情况需作认真研究分析。从宏观经济角度看，虽应以整个国民经济的经济效益好为原则，对微观经济部门、地区、企业予以政策优惠；从微观经济角度看，应服从国民经济大局，在内部挖潜、内涵改造、内部机制、内部经营管理上下工夫，以不断提高经济效益。

因此，在处理直接经济效益与间接经济效益时，应首先考虑直接效益好，间接效益也好，既要内部有益，也要外部有利；当两者出现矛盾时，虽一般主要应考虑直接经济效益好，但应以不损害相关部门、企业的效益为原则，同时还必须从宏观经济角度考虑：整个国民经济的经济效益好坏、直接效益与间接效益的损益情况。

（四）处理经济效益与社会效益的原则

这也是一个十分复杂的问题。这里一方面是缺乏比较基础：经济效益可定量，社会效益难以定量，尚缺乏科学的定量办法；另一方面是社会范围太大、太广，对其边际尚难以界定。因此，我们这里的研究属于模糊研究，甚至带有主观臆断倾向。然而这类问题到处都有，又不能不进行研究、不予以匡算。对这类问题进行分析、比较、评价、选择是不可回避的。

用上述分析方法我们先舍弃掉第一、第四种两种情况，因为第一种情况属于必然选择，第四种情况属于自然淘汰，这是不容置疑的。所以，我们把研究重点放在第二种与第三种情况。

——第二种情况，即经济效益好，社会效益不好。这种情况也很复杂，它与人们对经济与社会关系的认识，以及认识的深化有直接关系。在过去数百年、数千年的历史长河中，人们十分重视物质生产部门的经济效益，重视人类社会的物质财富的增加。但当人类进入20世纪以来，特别是近二三十年以来，人们对社会就业、人口质量、生活质量等认识的不断提高，对人均寿命、识字水平、就业比率、出生与死亡的变化等在某种意义上讲已超过对经济增长的期望，其在经济发展战略中的地位日益显著提高。因而，已不能简单地把经济效益的好坏作为决策项目取舍、方案选优的主要依据，甚至有社会效益重于经济效益的评价趋势。在社会主义条件下，尤其特别重视“安全生产”的社会评价指标。所以，对“经济效益好与社会效益不好”的情况必须进行具体分析后而定。

——第三种情况，即经济效益不好，社会效益好。这是直接关系到社会利益的再分配问题。一般来说，作为微观经济部门（含部门、地区、企业等）是不予考虑的，在多方案选择中亦属淘汰方案。然而，由于人们对生活质量提高的要求，对社会服务的要求，对衣、食、住、行、用的要求等在不断变化，有社会效益高于经济效益之趋势。因此，在评价标准、评价指标的重要程度上也应有新的观念。如修建地铁，对微观经济部门来说是一个投资大、工期长、回收慢、经济效益不好的投资选择，但由于地铁的社会效益显著：运营效率高，且准时省时，减少地面拥挤，解决乘车难、行车难、停车难、走路难问题，减少地面气体污染与噪声污染（与汽车相比），可大量节约能源，等等，所以世界各国，特别是人口众多、工业发达、科技密集、教育发达的大城市都毫无例外地发展与修建地铁，因此，一项经济活动能否继续存在与得到发展，一项科技开发、一项创新能否得到推广应用，已不单纯地决定于经济效益的好坏，还必须考虑，甚至更主要的是看对社会是否有利、有益，这已改变了传统的经济观念。

因此，在处理经济效益与社会效益时，既要经济上有利，也要对社会有益。当两者出现矛盾时，一般虽重视从经济效益的好坏进行决策，但至少不应损害社会效益；从发展看，应更重视社会效益的好坏，并在改善经济效益的同时，以社会效益的好坏、大小决策取舍与优选顺序。

（五）处理经济效益与生态、环境效益的原则

生态、环境问题已越来越严重地制约着经济的发展、资源的开发、生活的质量。当人们追求最优经济效益时，时刻都碰到生态、环境的激励与困扰。优美、幽静的环境可激发人们的劳动热情与创作环境，同样，被严重污染的环境也可使人们的创作精神受到压抑。因此，在经济效益问题的研究领域中不可回避的现实问题，是如何处理好经济效益与生态、环境效益问题。

经济效益与生态、环境效益往往是对立的、矛盾的双方。我们知道，发展经济就要开发与利用各种矿物资源、生物资源，而矿物资源属于非再生资源，用一点就少一点；生物资源虽有再生能力，属于再生资源，但由于森林的过伐、草原的过牧、土地的沙化等，均已严重地影响着生态、环境。在过去的若干个世纪里，人类社会的发展，经济的增长，许多是靠破

坏生态、污染环境、浪费资源取得的。目前世界面临的“人口、粮食、环境、资源、能源”五大问题，实际上就是经济发展与生态环境问题。我国激烈争论的“三峡”大型水电项目的“上与不上”、“建与不建”，实质就是“经济与生态环境的矛盾”，就是在经济效益与生态、环境效益发生矛盾时如何处理、如何评价，以及如何协调、如何决策问题。过去人们以经济效益好坏作为决策的依据，不考虑或很少考虑生态、环境效益问题，但近二三十年来，人们已越来越认识到生态环境的重要，在工程建设项目评价时也增加了生态环境评价的内容，特别是在人口密集的特大城市的产业发展上，无不考虑生态、环境的影响与变化。因此，在处理经济效益与生态环境效益时，虽要考虑经济效益，但不应带来生态失衡、环境污染为基本原则。从未来发展看，特别是在政治、经济、文化、科技中心，在人口密集的大城市，虽也应考虑经济效益问题，但应更加重视生态环境的改善。对于破坏生态环境而带来严重污染的项目，不管经济效益多么显著，都应予以制止。

二　经济效益的最佳标准

根据经济效益的理论概念和表示方法可以看出，经济效益与人们在经济实践活动中所取得的劳动成果（或经济成果）成正比，与劳动消耗（或消耗的资源总量）成反比。从这一基本概念出发，欲使经济效益最佳，可采用下述数学分析、推理方法。

1. 在分子不变时，缩小分母，其值增大，即取得同样多的经济成果所消耗的资源（包括人力、物力、财力资源）总量少，表明经济效益好。其一般表达式为：

$$JX=\frac{LC\rightarrow}{LX\downarrow}\qquad\text{最佳标准（Ⅰ）}$$

式中：JX 表示经济效益；$LC\rightarrow$表示经济成果不变；$LX\downarrow$表示资源总量消耗下降。

根据这一原则与标准，在企业规模或产量、产值不变和基本不变的情况下，要提高经济效益就应在“降低消耗”上出主意、想办法，要么降低人力消耗，要么降低物力消耗，要么降低财力消耗，或虽有的资源消耗上升，有的资源消耗下降，但总消耗水平应是下降的。为此，必须：（1）制定合理的劳动定额、先进的物资消耗定额，建立一整套劳动管理、物资管理的规章制度与管理办法，持续开展以节约原材料、节约能源为核心的技术改造与技术革新活动，加强工艺改革，开展能源、资源的合理利用、综合利用等。（2）提高人员素质，提高劳动效率，完善生产、劳动组织，优化劳动组合，激励劳动者的劳动热情与生产积极性，改革用人制度，打破“大锅饭”，改进按劳分配，反对平均主义等。（3）合理有效地利用资金，加速资金周转，建立与完善企业内部的经济核算制，提高资金的利用效率等。（4）建立与完善企业的动力机制系统、技术进步机制系统，等等。

2. 在分母不变时，增大分子，其值增大，即消耗一定的资源总量所取得的经济成果多，表明经济效益好。其一般表达式为：

$$JX=\frac{LC\uparrow}{LX\rightarrow}\qquad\text{最佳标准（Ⅱ）}$$

式中：$LC\uparrow$ 表示经济成果增加；$LX\rightarrow$ 表示消耗的资源总量不变。

根据这一原则与标准，当企业的各种资源（包括人力资源、物力资源、财力资源）虽有保证但不可能有新的增加的情况下，要使经济效益最佳，一方面要有效利用各种资源、提高资源的利用率，使其在资源消耗不增加的情况下生产出更多的符合社会需要的产品；另一方面要在改善产品花色品种、提高产品质量上提措施、想办法。比如不断开发新产品，不断提高产品的优质品率，建立健全全面质量管理制度，开展上质量、上水平、上技术的技术进步活动等，即在资源消耗总量不变的情况下提高附加价值，将原产品从重、大、厚、长转向轻、小、薄、短，将原产品从单花色、少花色转向多花色。

3. 在分子、分母同时增长时，使分子增长快于分母增长，其值增大，即：在经济成果与消耗的资源总量同时增加的情况下，成果增长的幅度大于消耗增长的幅度，表明经济效益好。其一般表达式为：

$$JX=\frac{LC\uparrow\uparrow}{LX\uparrow}\qquad\text{最佳标准（Ⅲ）}$$

式中：$LC\Uparrow$ 表示经济成果增长的速度较快；$LX\uparrow$ 表示消耗资源总量的增长。

根据这一原则与标准，要提高经济效益，最主要的途径有以下三个：

第一是提高劳动生产率，即提高时间的利用效率，提高时间的有效利用率。提高时间的利用效率，一是指时间总量的利用情况；二是指单位时间的利用情况；提高时间的有效利用率，主要是指单位时间内产出的有效（或有用的）劳动成果。

第二是提高工作质量，这里主要是指提高办事效率、工作效率，提高信息传递速度与信息处理质量。

第三是提高各种物资资源的利用效果，包括资源的有效利用、循环利用、综合利用、废物利用，使物尽其用、财尽其力。

4. 在分子、分母同时下降时，使分子下降速度慢于分母下降速度，其值增大，即：在经济成果与消耗的资源总量同时下降的情况下，消耗下降的幅度快于成果下降的幅度，表明经济效益好。其一般表达式为：

$$JX=\frac{LC\downarrow}{LX\Downarrow}$$ 最佳标准（Ⅳ）

式中：$LC\downarrow$ 表示经济成果下降；$LX\Downarrow$ 表示消耗资源总量的下降幅度较大。

根据这一原则与标准，要提高经济效益，主要应在提高物资资源利用率上下工夫，开展有效利用资源、节约资源等革新活动。如开展以节能为中心的技术改造活动，包括技术设备节能、工艺节能、产品耗能、管理节能等；开展以节约各种原材料为目的的技术进步等创新活动，包括原材料节约、原材料替代等。当然微观经济部门还可考虑在总产量下降时，开发一些附加价值高的产品，开发一些附加价值高的花色品种，以弥补产值的下降。

5. 在分子增长、分母下降时，其值增大，即：降低资源消耗的同时，扩大经济成果，表明经济效益好。其一般表达式为：

$$JX = \frac{LC\uparrow}{LX\downarrow}$$ 最佳标准（V）

式中：$LC\uparrow$ 表示经济成果提高；$LX\downarrow$ 表示资源消耗下降。

根据这一原则与标准，要提高经济效益，需从技术与管理两方面做大量的工作，既要在技术进步、技术改造、技术引进、技术开发、技术推广与应用等方面开展革新、创新活动，又要在科学、技术、劳动、资源的管理等方面进行深入细致的研究，使科学技术活动与人们的智力劳动、创造性劳动密切地结合起来。这当然是一种最理想的情景，在现实经济中并不多见，如在指令性产值（或产量）指标扩大的同时，又要求部门、企业压缩消耗与占用，节约原材料、资金等。但应当说，对一些管理很差、消耗很高、浪费很大，而潜力又十分明显的部门、企业来说，却可以办到，而且也应该办到。

总之，掌握经济效益最佳标准及其分析思路、方法，对各级领导、企业管理人员、工程技术人员均有重要的现实意义。在我国现代化建设转到以提高经济效益为中心的轨道上来以后，人们不仅重视经济效益的提高，还应学会分析与掌握提高经济效益的方法，善于根据企业、部门的技术装备与人员素质情况，目前的技术水平与管理状况，以及与同行业的差距，提出切实可行的措施和办法来。因此，这五条经济效益最佳标准及其分析方法不仅可以帮助各级领导、经济管理人员在提高经济效益面前摆脱踌躇不前的困境，而且可以指导企业、部门在提高经济效益上步入一个新的台阶。

（原载《效益与管理》1990 年第 3 期）

再论经济效益的科学含义及其表示方法

——兼论经济效益的量化方法

近几年来，经济效益问题越来越被人们所重视，追求良好的经济效益已成为国家、部门、企业甚至个人的奋斗目标。但由于对经济效益理解上的差异，其追求方式、改革的措施、提高的途径，以及制订计划、规划的重点也各不相同，当然也就出现了两种截然不同的结果：一种是顺乎意愿，经济效益不断提高；一种是事与愿违，经济效益越发下降。因此，只有弄清经济效益的真正含义，才能对经济效益予以科学的表述与数量化运算。

一

我们知道，人们从事任何一项经济活动，一方面要消耗和占用或投入一定量的活劳动与物化劳动，如投入一定量的劳力，消耗和占用一定量的原材料、燃料动力，磨损一定价值的厂房设备等；另一方面也将相应的得到或产出一定量的劳动成果，如各种物质产品、价值产品、劳务产品等。研究经济活动中所取得的劳动成果与劳动消耗或“产出与投入”的这种关系便是经济效益研究的基本内容。因此，经济效益的科学含义是：人们在经济实践活动中的劳动成果与劳动消耗（含占用，下同）之比①，或产出的经济成果与消耗的资源总量（包括人力资源、物力资源、财力资源）之比，

① 这里消耗与占用本是两个概念，在计算经济效益时理应区别，但由于“消耗必须首先占用、占用是为了消耗”的“你中有我、我中有你”的奥妙关系，加之消耗与占用的重叠，笔者认为，区分消耗与占用没有理论意义，对现实经济中存在的“占用多、消耗少”的不正常现象可通过各种政策、措施、手段加以解决。因此，本研究中“消耗”含有占用之意，但舍弃了“占用”。

亦可简称“成果与消耗之比”、“产出与投入之比”。经济效益好意味着取得同样多的劳动成果，消耗的劳动较少，或者占用与消耗同样多的劳动，取得的劳动成果较多；反之则相反。这是对经济效益的一般理解，尽管有各种不同的表述，但无实质性差异。

然而，在现实的经济生活中，人们并不都是这样理解经济效益的，且时常出现误解、曲解、偏离，以致颠倒等情况。

——误将“钱”视为效益，有了“钱”就有了效益，“钱”多效益就好，“钱”少效益就差。因此，持这种观点的人认为，提高经济效益就是“一切向钱看”，提高经济效益的手段就是捞钱的“路子”，就是“财源茂盛”，于是就不择手段、无所顾忌、不顾党纪、不要国法地捞钱，至于产品质量、花色品种、社会影响、消费者利益统统置于脑后。这种理解经济效益的人有的是无知，不懂经济效益的真正含义；有的是别有用心，借提高经济效益之名，行“满足私欲”之实，不论是前者还是后者，都是有害的。当然，也有的把“钱”理解为收入，他们认为，提高经济效益就是增加收入、多创收。这种理解也是不科学的，因为收入只是一种成果，只是构成经济效益的一个要素，既不是也不等于经济效益。所以，钱≠经济效益。

——误将“有”（相对“无”而言）视为效益，以前没有，现在“有”了，就是有了经济效益，若“有了很多”经济效益就很好。如在某一地区挖出了煤或打出了油，就认为有了经济效益；或者如同一位幽默大师的画“一台大吊车上钩着一条小鱼”。在这种观点影响下，一时矿区乱挖、森林乱伐、资源乱用、人力浪费等现象屡见不鲜：在50年代末60年代初全国出现的大炼钢铁、数千万人上山找矿；70年代末某些地区出现的大片森林被乱砍滥伐；80年代初某矿区出现的破坏资源性的挖煤运动；以及多种多样不计成本、浪费资源的如同用一台大吊车钓鱼的经济活动仍到处可见。笔者认为，不论是“从无到有”还是“有水快流”都不应视为经济效益，也不是经济效益。所以，有≠经济效益。

——误将“快”视为效益，“越快”等于经济效益越好。如经济发展速度快、建设规模增长快、固定资产增加快、城市产值增长快等，都认为是经济效益好的表现。其实这种理解经济效益不仅片面，而且也是非常有害的。因为快是相对于慢而言，“快与慢”和“好与坏”不是恒等的，也就是说，快不都一定好，慢也不都是坏，该快的要快（即当一切条件具备、组合合理、配置最优时），不该快的快了相反会给国民经济带来损失，如果国民经济各部门、各产业间的结构比例已失调、发展已不平衡，在此情况下，发展越快、规模越大经济效益就越差。同样，固定资产的增长、城市产值的增长，如属协调发展、按比例增长属于正常，但如果不该增长的增长了，不该发展的产业发展了，则就越发造成比例、结构的失调、环境的恶化，这将孕育着更大的投入、花费更大的代价。所以，不应把提高经济效益放在“快”字上，因此快≠经济效益。

——误将“利”视为效益，“利大”就是效益好。这里我们并不反对通过合理经营、市场销售，在经营成果中扣除成本所获的利润是经济效益的重要来源和组成部分，但那种“不顾质量”、“不顾需求”、“假冒”、“以次充好”，甚至损人利己、唯利是图、损公肥私等获得的“利”绝不是经济效益，提高经济效益也绝不应采取这样的手段。在社会主义制度下，我们首先要讲求社会公德、产品信誉、职业道德，要讲国家利益、集体利益，各生产、销售、服务部门都要对社会负责，对人民负责，那种把“利”看做经济效益，于是见利忘义，这对社会、对集体、对个人都是有害的。对企业、部门来讲，为追求“经济效益”、“利大”的产业、产品，不顾交通运输、能源、原材料有无保证，不顾市场的容量与饱和程度，而大上特上，无疑将给国家、整个社会带来损失。因此，笔者认为，利≠经济效益。

——误将产值视为效益，产值高效益就好，产值增长快就意味着经济效益提高得快。这种看法在很长一段时间、很多人中间、很多部门顽固地体现着。因此，在一个时期，追求产值、追求外延扩大再生产的倾向到处可见，比比皆是。为此而竞相争投资、搞新建，不顾国家、部门的承受能力而盲目引进、扩大生产规模。其实，产值只是一种经济成果，是构成经济效益的一个因素，它并没有同生产这些产值的资源投入多少联系起来，更没有同资源利用情况联系起来。因此，产值不是也不应该是经济效益。在我国现实的经济发展中，产值的增长多是由于量的扩大，而主要不是效率的提高、质量的提高。比如在社会总产值的增长中有相当一部分是各部门、各省市地区重复生产、盲目生产带来的虚增长，且在这种增长中有的是没有原材料保证、没有交通运输保证的增长，有的是靠资金与劳动的大量投入而带来的增长，有的是靠生产结构向粗放型、向简单加工型转化所带来的增长，有的是靠钻政策空子而带来的增长，等等。这都说明，产值的增长并不等于经济效益的提高，因此，可以得出这样的结论：产值≠经济效益。

——误将产量视为效益，产量扩大了就是经济效益好了。在这种观点的影响下，内涵改造不如翻新扩建，翻新扩建不如推倒重建，推倒重建不如引进新建。在一段时期，盲目引进、盲目建设、重复引进、重复建设成为“提高经济效益”的主要途径，持这种观点的人认为，只要规模扩大了，产品产量就增加了；产品产量增加了，经济效益就上去了。其实，产量也只是一种成果，是实物形式表现的一种成果。产量的增加只是一种经济成果的扩大，它并没有同扩大这些产量而增加的投入联系起来，没有同增加的投入进行比较。因此，既不是经济效益，也看不出经济效益是好还是坏。只要把增加产量（不管是采用哪种方式）这类生产经济活动放到经济效益的科学定义中就不难发现：产量≠经济效益。

——误将速度视为效益，增长速度快效益就好。这种观点在我国可说是根深蒂固，有很大的舆论市场。持这种观点的人只承认速度与效益的统一性、一致性，看不出速度与效益的矛盾性、不一致性，甚至完全对立的一方面。他们认为，经济效益的提高应在一定的增长速度中实现，但不承认或没有意识到过高的增长速度、不适宜的增长速度会带来经济效益的下降，甚至带来急剧下降。我们知道，速度是一个重要的经济概念，它一般是用产值的年增长率表示的，主要说明产值的年度增减情况，并不表明资源的消耗情况，更不表明“成果与消耗的关系”、“产出与投入的关系”。我国四十年来的经济建设表明，高速度增长年份（如 1958 年的增长速度为 54%，1959 年的增长速度为 36%）是以浪费资源、损害社会利益、破坏生态平衡为代价的；还表明，凡速度过高的时期就是经济不景气的时期，或结构严重失调，或供需矛盾尖锐。如“二五”时期，近几年的经济过热时期，到头来不得不重新调整、降低速度。因此，一个国家的经济发展速度多高为宜，应以提高经济效益为出发点，在经济效益稳定提高的基础上确定经济发展速度。由此我们不难得出结论：速度≠经济效益。

二

由于人们对经济效益的不同理解甚至曲解，已造成不同程度的影响。如片面追求产值、片面追求速度已成一种顽症，非下大力气克服不行；“一切向钱看”的弊病如同吸了精神鸦片，毒瘾越来越重，必须从政策措施、行政干预、法律手段等方面加以制止、杜绝；片面追求企业的大规模、高产量，从而竞相争投资、重新建、搞外延性扩大再生产，或大搞盲目建设、重新建设、盲目引进、重复引进已给整个国民经济带来严重后果，不从宏观指导上进行控制也很难奏效。因此，为正确理解经济效益的科学含义，笔者认为，首先应遵循以下三个基本原则：

1. 成果与消耗相联系原则。这是经济效益的本质所在。人们在进行任何一项经济活动，首先要投入要消耗一定的资源，随后又获得一定的产出、一定的成果。在进行经济效益分析评价时，要害就是将成果与消耗、产出与投入进行比较，看其：（1）成果（产出）>消耗（投入），或者$\frac{成果}{消耗}>1$；（2）成果（产出）<消耗（投入），或者$\frac{成果}{消耗}<1$；（3）成果（产出）=消耗（投入），或者$\frac{成果}{消耗}=1$。通过这样的比较后，方可看出经济效益是好是坏，该项活动是继续进行，以致发展，还是中止这项活动。如果不进行这样的比较，不将成果与消耗、产出与投入相联系，我们就无法判断其优劣、好坏。其实，这是一条人类自古以来就奉行的原则。然而，奇怪的是，在人类科学技术蓬勃发展的当今世界，有些人在研究、分析、评价经济效益时，却忘记了这条“成果与消耗相联系”的基本原则，忘记了比较的基础，甚至时常出现前面所列举的不该发生的一些错误。我们在这里再一次强调这一原则的目的就是使人们在考察与计算经济效益时、设计经济效益指标与指标体系时记起这一原则，即将劳动成果与劳动消耗联系起来综合考察，不能再用“钱”、“有”、“快”、“利”、“产值”、“产量”、“速度”这样的指标去评价经济效益，也不能再用单独的成果指标（如总产值、总产量、销售收入等）和单独的消耗指标（如能源消耗总量、材料消耗总量、工资总额等）去进行经济效益的规划，

只有把这两种指标联系起来综合考察（如每吨标准能源提供的产值、每单位材料提供的产值或产量等）才符合经济效益的含义。

2. 有用成果原则。在对经济效益的理解与表述时，涉及的另一个问题是对“劳动成果”或“产出”的理解。这是对经济效益理解与计算的一个要素。广义上讲，这种成果或产出应理解为满足社会需要的最终产品，符合社会主义生产目的的最终产品，它可以表现为实物产品，可以表现为价值产品，也可以表现为劳务产品。实物产品是以产品产量、花色品种、质量等级、专利件数、“标准产品”等表示；价值产品是以价值形式表示的实物产品；劳务产品既可以价值形式表示，也可以实物形式表示。至于在经济效益计算时采用哪种形式可看具体需要。比如，进行综合效益评价、宏观效益评价时常用总产值和净产值的概念，在部门、行业，特别是同部门、同行业除采用“价值”外，也常用实物形式进行评价与分析；在第三产业、服务行业常采用销售收入、纯收入等指标。

这里有争议的问题是“什么是成果”？是否指产业部门创造出来的全部成果。从技术经济的角度看，全部成果分为有效成果与无效成果，有效成果指社会需要的、符合社会主义生产目的的成果，又可称之为“有用成果”，无效成果指那些不符合社会需求的，或长期积压在库的不合格产品，或等待回笼的废品。因此，笔者认为，在计算经济效益时，只能将有用成果与劳动消耗相比，不能将全部成果与劳动消耗相比，这将激励人们的有效劳动，鼓励劳动的高质量、高效率，同时也是对无效劳动——废品与不合格品的否定。因此，这一“有用成果”原则将是正确理解经济效益科学含义必须遵循的又一重要原则。不遵循这一原则就等于不遵循工作质量、产品质量，不遵循工作效率，当然也就失去了“效益”本身的科学内容。

3. 全部消耗原则。这是对经济效益理解与计算的另一个要素。我们知道，经济效益中的“消耗”或“投入”包括人力、财力、物力的全部消耗，或人力、财力、物力资源的全部投入。这里一方面是指在生产经济活动中实际消耗的人力、财力、物力，如燃料、动力、原料、材料，各种劳力消耗与各项劳务，以及被磨损了的并以折旧价值体现的各种生产设备、非生产设备、辅助设备等；另一方面也包括多占用的燃料、动力、原料、材料和多占用的劳动力，即有的以占用的流动资金形式，有的以其他资金占用的形式出现。所以要包括“占用”这部分，是因为由于某部门多占用了，其他部门就无法占用，也就无法消耗了，尤其在稀缺物资、高智力劳动者、资金奇缺时，对这部分多占用的人、财、物的计入具有极其重要的意义，有的学者认为应以“影子价格”、“边际效益”进行计算，这种看法是有道理的。正是科学理解经济效益中的投入包括“消耗”与“占用”两部分，所以有的学者在表述经济效益时特地把“占用”突出出来，这也是不无道理的。但由于“占用”这一部分的内容的计算十分复杂，有时又难以与消耗相区别、相分离，而且占用本身的实际功能又是为了在生产活动中进行“消耗”，所以，又似无单独强调之必要，在综合经济效益、宏观经济效益的评价与分析时，特别是进行事前经济效益的分析评价时，既很难区别，也没有很大的实际意义。只有在微观经济评价，或进行人力、物力、财力资源、能源资源等利用效益评价时才有这种必要。所以，在理解经济效益时，可抽象为“成果与消耗”、“产出与投入”之比，无须细分为“消耗”与“占用”。但这里一个重要问题是：消耗是指全部人力、物力、财力的消耗，既包括实际消耗掉的，也包括多占用的人、财、物资源。

三

根据经济效益的内涵与理论表述，我们可将经济效益的表示方法概括为下述四大类与 12 种表示方法。下面将对这 12 种表示方法的数学表达式、量纲要求、衡量标准、适用范围等逐一论述。

（一）比率表示法

比率表示法是以除法形式表示经济效益的一种方法。这种表示方法的最大特点是以双计量单位表示，属技术经济指标，又可分为下述两种：

1. 比率表示法（Ⅰ）。这是最常见、最普通的一种表示方法，是指劳动成果（产出）与劳动消耗（投入）之比，并以比值的大小表示经济效益的高低。

（1）数学表达式为：

$$JX_{(1)} = \frac{LC}{LX} \tag{1}$$

式中：*JX* 表示经济效益；*LC* 表示劳动成果；*LX* 表示劳动消耗。

（2）量纲要求：以价值/价值（元/元、元/百元）表示，即劳动成果以价值形式表示，如从宏观经济角度看，可以工农业总产值、国民生产总值、国民收入、社会总产值等表示；从中观或微观经济角度看，可以工业总产值、农业总产值、部门总产值、企业、公司总产值、总销售收入、营业收入等表示；劳动消耗也以价值形式表示，如分别以资金总投入、固定资产投入、流动资金投入、消耗总费用、总成本表示，或以单项消耗计算的工资总额、消耗的能源总值、消耗的材料总值等。这时计算出来的经济效益均以双计量单位表示。如社会积累的经济效益用每百元积累资金提供的国民收入增加额（元/百元）表示；固定资产利用的经济效益用每百元固定资产（原值或净值）提供的产值（元/百元）表示；流动资金利用的经济效益用每百元流动资金提供的产值（元/百元）表示；等等。

以价值/实物（元/吨，元/立方米，元/公斤等）表示，即劳动成果以价值形式表示（如前所述），而劳动消耗以实物形式表示，如消耗的能源用“吨标煤”表示，消耗的木材用“立方米”表示，消耗的有色金属用“公斤”表示，消耗的电力用“度”表示，消耗的活劳动用“工日或工时”表示，等等。这时计算出来的经济效益指标均以“价值/实物”的双计量单位表示，如能源利用的经济效益用每吨标准煤提供的产值（元/吨标准煤）表示；原材料利用的经济效益用每立方米或每公斤原料提供的产值（元/立方米、元/公斤）表示；等等。

以实物/实物（件/工日、克/度、公斤/米等）表示，即劳动成果以实物形式表示，如生产完成多少件，织布多少米，发电多少度，钢生产多少万吨，煤生产多少吨标准煤，粮食产量多少万斤，等等；劳动消耗也以实物形式表示，如消耗的活劳动用“工日或工时”表示，消耗的能源用多少吨标准煤，消耗的电用多少度，消耗的水泥用多少吨，等等。这时计算出来的经济效益指标均以“实物/实物”的双计量单位表示，如纺织原料利用的经济效益用棉布用纱公斤/米表示；活劳动利用的经济效益用每工日或每年生产多少件（件/工日或年）表示；在农业上常用的一个劳动日可耕田多少亩（亩/工日）；发一度电用多少克标准煤（克/度）表示；等等。

以实物/价值（吨/元、度/元等）表示，即劳动成果以实物形式表示，如一次能源总产量多少万吨，或总发电量多少亿度，机床总产量多少万台，生产匹布多少万米，生产粮食多少万斤，等等；劳动消耗以价值形式表示，如资金总投入多少万元，消耗总费用、总成本多少万元，消耗工资总额多少万元，占用流动资金多少万元，国民经济总投资多少万元，等等。这时计算出来的经济效益指标均以“实物/价值”的双计量单位表示，如世界各国常用的表示能源利用的经济效益指标，每万元国民生产总值消耗的能源数量（吨标煤/万元），或每万元国民生产总值耗电多少度；每万元固定资产投资消耗水泥多少吨、消耗钢材多少吨、消耗木材多少立方米；企业每生产百元（或万元）产值消耗的原材料（或公斤，或米，或立方米）、燃料（吨煤，或度电），等等。

应当指出，双计量单位表示法是经济效益指标的一个突出特点，我们可根据双计量单位的多种表示方法设计多种既可带共性，又可带特殊性的经济效益指标。这也是研究经济效益十分重要、必须掌握的基础知识。

（3）衡量标准：该表示方法属正指标系列，比值越大越好，符合人们的习惯，其衡量标准为：$JX\geqslant1$，即领导决策和方案取舍时，首先要考虑的就是 $JX\geqslant1$，如果是在多方案选择中进行抉择时，也必在 $JX\geqslant1$ 的方案中选最优或次优方案。

（4）适用范围：这种表示方法是经济效益最简单也是最常用的一种，它被广泛地用于物质生产领域和非物质生产领域，广泛地用于凡有“劳动”存在的一切领域。我们知道，任何与劳动相联系的活动都属经济活动，而在所有的经济活动中又都有“成果产出”与“资源投入”。凡有这种“产出”与“投入”关系的一切领域，都可以用这种方法表示与计算其经济效益的大小与优劣，而且，它还可以用于“事前”评价、“事中”评价、“事后”评价，甚至用于“跟踪”评价。

2. 比率表示法（Ⅱ）。该表示法与表示法（Ⅰ）相反，是指劳动消耗与劳动成果之比，属反指标表示法。它与比率表示法（Ⅰ）不同点有三：

一是数学表达不同。该法表达式为：

$$JX_{(2)}=\frac{LX}{LC} \qquad (2)$$

二是衡量标准不同。由于该表示方法属反指标系列，其比值是越小越好，衡量标准：$JX \leqslant 1$，决策与方案取舍的标准也是 $JX \leqslant 1$。在现实经济生活中，往往出现这样的情况：表述经济效益时用“投入与产出”之比，但计算时又是“产出与投入”之比，这是不对的，应当把表述与计算统一起来，这是由于有正反指标的区别。

三是适用范围有别。该法多用于“消耗”指标，如每万元国民生产总值消耗的能源（吨标煤）是越低越好，不是越高越好，也符合人们的习惯用法。

（二）差额表示法

差额表示法是以减法形式表示经济效益的一种方法。这种表示法由于是以绝对量形式表示的，因而它的最大优点是简单、易算，一目了然，既可用于生产领域，也可用于流通、消费领域。这种方法也有下述两种之分：

1. 差额表示法（Ⅰ）。这是非物质生产部门，特别是商业、服务业广泛应用的一种方法。它是以劳动成果（销售收入、营业收入、总产出等）与劳动消耗（销售费用、营业支出、总投入等）之差表示，并以差额大小表示经济效益高低。

（1）数学表达式为：

$$JX_{(3)} = LC - LX \tag{3}$$

式中：符号表示如前。

（2）量纲要求：这种表示法的量纲要求十分严格，即不论是劳动成果还是劳动消耗的量纲都必须以价值形式（元或万元）表示，方可相减计算。从宏观经济角度看，劳动成果或总产出可以是以价值形式表示的财政收入、国民收入、社会收入等；从中观或部门经济角度看，可以是以价值形式表示的部门、行业销售、营业收入；从微观或企业经济角度看，可以是以价值形式表示的具体企业、公司的销售、营业收入。劳动消耗也必须是以价值形式表示的财政支出、国民支出、社会支出，或部门行业、企业公司的销售支出、营业支出等。这时计算出来的经济效益均以净收入、销售利润或营业利润表示。

（3）衡量标准：该表示方法属正指标系列，符合人们的心理习惯，其衡量标准为：$JX \geqslant 0$，且越大越好。领导决策与方案取舍时，首先应考虑的是：差额大于零，如果是多方案选择，则应以差额大小为序，确定最优与次优方案。

（4）适用范围：这种表示法是经济效益最简单、最古老、最普遍、最易懂的表示方法。自古以来就被广泛用于各种物质生产部门与非物质生产部门，特别适用于商业，服务、饮食业等。由于计算结果是以“利润”形式出现，因此，利润大小就表明了经济效益的高低。在这里，利润 = 经济效益，利润指标当然也就是重要的经济效益指标了。那种在经济活动中只算政治账、不算经济账、不研究成果与消耗之间的关系，不重视“利润”的倾向显然是极端错误的。目前，又出现了另一种倾向，即把利润额的大小视为经济效益的唯一表现，于是乎扩大外延、扩大规模、扩大生产能力、扩大产品产量成了一种顽症，似乎是由于这些“扩大”，表面上利润额增加了，经济效益就提高了，可哪里知道，这种利润额的增加是好、是坏，经济效益是提高了还是下降了，还要看新增产出与新增投入之比，如前者大于后者，经济效益是好的，但前者若小于后者，就需坚决抵制，更不用说对交通运输、能源、原材料，以及社会的影响等。所以，这种方法的应用是有局限的，特别是由于生产规模、技术装备水平、人员数量与质量等方面的差异，造成客观上的利润额差别甚大，因而影响着经济效益的真实水平。这样，在衡量不同规模、不同技术装备水平、不同内外部条件的企业、行业的经济效益时，便不宜采用“利润额”指标。在现实经济评价中，时常采用利润率指标，这就需要同时采用其他方法、其他指标以资补充。

2. 差额表示法（Ⅱ）。这是一种反指标表示法。它是以劳动消耗（销售成本、营业支出、总投入等）与劳动成果（销售收入、营业收入、总产出等）之差表示，与（Ⅰ）法一样以差额的大小表示经济效益的高低。但数学表达、衡量标准、适用范围都有差异。数学表达式与差额表示法（Ⅰ）相反，为：

$$JX_{(4)} = LX - LC \qquad (4)$$

衡量标准也与差额表示（Ⅰ）法截然不同，是由于该表示方法属反指标系列，其衡量标准为：$JX \leq 0$，且负值越大越好。这时，领导决策与方案取舍时，应考虑的是：差额小于零，如果是多方案选择，则应以差额负值最大为优。这里值得注意的一个问题是：人们经常用“投入”、“产出”表示经济效益的概念，即习惯说的“用最小的投入获得最大的产出”，还经常听见甚至是经济方面的专家也喜欢说“用最小的消耗取得最大的效果”①，但如果采用这种表述，就应按 $JX \leqslant 0$，且以负值越大为最优，才符合逻辑。这提示我们，一个科学概念的表述，与其衡量标准必须相一致。否则，将会得出错误的结论，起码是逻辑上的混乱。对此应予以重视。

适用范围虽同差额表示法（Ⅰ）同样适用，同样可表示经济效益的好坏。但由于差额表示法（Ⅰ）是以利润形式出现，所以，应用很广，特别适用于商业服务等行业。而表示法（Ⅱ）应用就不那么广泛，只是与人们的习惯说法“用最小的消耗取得最大的效果”或“以最小的投入获得最大的产出”相一致。对于经济工作者来说，应正确区别是“正指标”系列，还是“反指标”系列，表述与衡量标准是否相一致，是否符合逻辑概念。表示法（Ⅱ）与表示法（Ⅰ）的应用区别在于：表示法（Ⅱ）多用于表示“亏损”、“赤字”、“逆差”；表示法（Ⅰ）多用于表示“盈利”、“结余”、“顺差”。

（三）差额—比率表示法

差额—比率表示法是以相对形式表示经济效益的一种方法。也是一种应用十分广泛、适用于一切物质生产部门与非物质生产部门的经济效益表示方法。它又分为以下两种表示法。

1. 差额—比率表示法（Ⅰ）。该法是以利润—消耗弹性表示的一种常用方法，是具有差额、比率两种表示方法之特点，即分子的量纲必须以价值形式表示，但分母的量纲既可以价值形式，又可以实物形式，并以比值的大小表示经济效益的高低。

（1）数学表达式为：

$$JX_{(5)} = \frac{LC - LX}{ZX} = \frac{LR}{ZX} \tag{5}$$

式中：LR 为利润额；ZX 为总消耗；其他符号表示如前。

（2）量纲要求：分子的 LC 与 LX 的量纲必须一致，且必须以价值形式

① 严格地说，这两种表述都不科学，尤其对定量研究经济效益来说，是不可取的，但作为原则可以理解。

（元、万元）表示方可相减。其中 LC 一般指销售收入、营业收入，LX 一般指销售成本、营业成本，两者相减后便是利润；分母 ZX 可有两种表示：

一是表示消耗的人力、物力、财力等资源总量，包括活劳动消耗与物化劳动消耗的总和，即与分子中 LX 相同，这时的量纲必须是价值形式，计算出来的经济效益指标将是成本利润率。

二是表示各种资源的总消耗或单项消耗，这时的量纲可以价值形式表示，如可分别以资金总投入、固定资产投入、流动资金投入表示，也可以单项消耗计算其经济效益，如消耗的工资总额、消耗的能源总值、消耗的材料总值等。这时计算出来的经济效益是双计量单位表示的经济效益，如每百元资金创造的利润、每百元固定资产创造的利润、每百元流动资金创造的利润等；若以单项投入计算，其经济效益指标为：每百元工资消耗提供的利润、每百元能源消耗提供的利润、每百元材料消耗提供的利润等。

分母 ZX 的量纲可以实物形式（吨、立方米、公斤、度、工日或工时等）表示，如消耗的能源用“吨标煤”表示，消耗的木材用“立方米”表示，消耗的有色金属、贵金属用“公斤”表示，消耗的电力用“度”表示，消耗的活劳动用“工日或工时”表示，等等，这时计算出来的经济效益是以双计量单位表示的，如消耗每吨标煤创造的利润；消耗每立方米木材创造的利润；消耗每公斤金属材料（含贵金属材料）创造的利润；消耗的每度电创造的利润；消耗的工日或工时创造的利润；等等。

（3）衡量标准：该表示方法属正指标系列，即 $LC-LX\geqslant 0$，且越大越好；其 JX 的衡量标准是：$JX\geqslant 0$，且越大越好。领导决策与方案取舍时，应以创造的利润大小排序，确定最优与次优方案。

（4）适用范围：由于这种表示方法具有差额、比率法的优点，所以它的应用也极为广泛，既可适用于物质生产部门，也可用于非物质生产部门。这种表示方法的最大特点是：①避免了差额表示法中的利润大小受生产规模、技术装备水平、人员数量与质量的影响，从而带来的经济效益的不真实性；②以利润率指标（成本利润率、资金利润率、投资利润率等）评价经济效益既可在同行业内进行比较，也可在不同行业进行比较，这对于选择投资项目、投资机会、投资方向有重要意义；③它具有双计量指标的优点，特别是将各种资源消耗与所创造的利润联系起来，所以，它是一个目标明确便于提高利润水平的直观效益指标，对各种资源的合理利用、有效利用、综合利用起着重要作用。正由于这些特点，使这种表示方法具有较强的科学性、较广泛的应用性。

2. 差额—比率法（Ⅱ）。该法是以利润—成果弹性表示的一种常用方法。它的特点是将利润与总成果联系起来，对提高利润水平、提高产品质量、利用原有能力生产更多的产品等有重要意义。它与差额—比率法（Ⅰ）不同的是：分母为总成果，其数学表达式为：

$$JX_{(6)} = \frac{LC - LX}{ZC} = \frac{LR}{ZC} \tag{6}$$

式中：ZC 为总成果。

（四）百分率表示法

百分率表示法也是以相对量形式表示经济效益的一种方法。这种表示方法应用极为广泛、普遍，且适用于生产、流通、消费等各个部门、这种方法又分下述6种：

1. 有效量—总量表示法（Ⅰ）。这是以百分率形式表示经济效益的一种方法，它表明有效成果占总成果的比重，属正指标系列。

（1）数学表达式为：

$$JX_{(7)} = \frac{YC}{ZC} \tag{7}$$

式中：YC 为有效成果；ZC 为总成果。

（2）量纲要求：量纲必须一致，或以价值/价值表示，或以实物/实物表示。

若有效成果为以价值形式的利润，总成果也为以价值形式表示的总产值、销售收入、工业产值等，则计算所得的经济效益指标将分别为产值利润率、销售收入利润率、工业产值利润率等；若有效成果为以实物形式表示的优质品、一等品、合格品等，总成果也是以实物形式表示的总产品数量，则计算所得的经济效益指标将分别为产品优质品率、一等品率、合格品率等。

（3）衡量标准：该表示法属正指标系列，衡量标准是百分率越大说明经济效益好或有效率越高，或者相反。

（4）适用范围：多用于生产物质产品的各个部门。这种方法简单、易算、易懂，因而应用范围十分广泛。

2. 有效量—总量表示法（Ⅱ）。这是以百分率形式表示经济效益的第二种方法，它表明有效成果与资源（包括人力资源、物力资源、财力资源）消耗的比例关系，属正指标系列。与方法（Ⅰ）不同的是：方法（Ⅰ）分母为总成果，方法（Ⅱ）分母是总消耗，或单项消耗，其数学表达式为：

$$JX_{(8)} = \frac{YC}{ZX} \tag{8}$$

式中：ZX 为总消耗。

如果有效成果为利润，消耗为总成本（即包括活劳动消耗与物化劳动消耗）时，则计算出来的经济效益指标将是成本利润率；如果有效成果为利润，消耗分别为资金、工资、奖金等，则计算出来的经济效益指标将分别为资金利润率、工资利润率、奖金利润率等。

3. 有效量—总量表示法（Ⅲ）。这是以百分率形式表示经济效益的第三种方法。它表明有效消耗与总成果的关系，属反指标系列。

（1）数学表达式为：

$$JX_{(9)} = \frac{YX}{ZC} \tag{9}$$

式中：YX 为有效消耗。

（2）量纲要求：量纲可以价值/价值形式表示，也可以实物/价值形式表示。

如果有效消耗为价值形式表示的工资、原材料消耗、能源消耗、物耗成本等，总成果为价值形式表示的总产值，则计算出来的经济效益将分别为每百元产值的工资含量、每百元产值的原材料含量、每百元产值的能源含量、每百元产值的物耗成本等。

如果有效消耗为实物形式表示的吨标煤、公斤、立方米、工日或工时等，总成果为价值形式表示的总产值，则计算出来的经济效益将分别为每百元产值实物消耗量，如百元产值能耗（吨/百元）、百元产值耗金属材料（公斤/百元）、百元产值耗木材（立方米/百元）、百元产值耗时（工时/百元），等等。

（3）衡量标准：该方法属反指标系列，百分率越低说明经济效益越好，或者相反。

（4）适用范围：多用于物质生产各个部门。

4. 有效量—总量表示法（Ⅳ）。这是以百分率形式表示经济效益的第四种方法，它表明有效消耗与总消耗的比例关系，属正指标系列。

（1）数学表达式为：

$$JX_{(10)}=\frac{YX}{ZX} \tag{10}$$

（2）量纲要求：量纲必须一致，且必须以实物/实物形式表示。

如果有效消耗为产品重量，总消耗为原材料重量，则经济效益指标便为原材料利用率；

如果有效消耗为设备利用数量、设备完好数量，总消耗为设备总数量，则经济效益指标为设备利用率、设备完好率。

（3）衡量标准：该表示方法属正指标系列，其百分率越大说明原材料利用的经济效益越好，百分率越小说明原材料利用的经济效益越差。

（4）适用范围：常被应用于物质生产各个领域。

5. 无效量—总量表示法（Ⅰ）。这是百分率形式表示经济效益的第五种方法。它表明某种生产经济活动的无效程度，属反指标系列。

（1）数学表达式为：

$$JX_{(11)}=\frac{CS}{ZC} \tag{11}$$

式中：CS 为成果损失量。

（2）量纲要求：量纲必须一致，或以价值/价值形式表示，或以实物/实物形式表示。

如果成果损失量是以价值表示的废品总值、返修产品总值、不合格品总值等，总成果为总产值，则计算出来的经济效益指标为百元产值的废品含量、百元产值的返修品含量、百元产值的不合格品含量等；

如果成果损失量是以实物表示的废品数量、返修品数量、不合格品数量，总成果为产品总数量，则计算出来的经济效益指标为废品率、返修品率、不合格品率等。

（3）衡量标准：该方法属反指标系列，百分率低说明经济效益好；反之则相反。

（4）适用范围：该方法被广泛地应用于物质生产各个领域。

6. 无效量—总量表示法（Ⅱ）。这是用百分率表示经济效益的第六种方法。它表明资源损失（或浪费）程度，即资源损失占资源总消耗的比重。属反指标系列。

（1）数学表达式为：

$$JX_{(12)}=\frac{ZS}{ZX} \tag{12}$$

式中：ZS 为资源损失量。

（2）量纲要求：量纲必须一致，通常以实物/实物形式表示。

如果资源损失量以实物表示的钢材多少吨、木材多少立方米、能源多少吨（标准煤）等，总消耗同样为钢材多少吨、木材多少立方米、能源多少吨标准煤时，则计算出来的经济效益指标将分别为钢材损失率、木材损失率、能源损失率等。

（3）衡量标准：该表示法为反指标系列，所以，百分率低表明经济效益好，百分率高表明经济效益差。

（4）适用范围：这种表示方法主要用于某些物质生产领域，特别是建筑部门。

为了给广大读者对这四大类 12 种表示方法以清晰的印象，我们将它们的数学表达式、量纲要求、衡量标准、适用范围等汇成下表（见附表）。

四

上面我们研究了经济效益四大类共 12 种表示方法。这 12 种表示方法相关性很强，既可交替使用，也可相互补充。但在使用时应注意下列四条基本原则：

（1）数学表达与理论概念相一致原则。这是一条最基本的原则。从这 12 种表示方法我们可以发现，数学表达都是建立在“成果与消耗”、“有效量与总量”、“无效量与总量”之间的比例关系上，这无疑是符合经济效益的基本概念的，也是模型建立的理论基础。

（2）表示方法与量纲要求相一致原则。在这 12 种表示方法中，对量纲要求都是很严格的，而每一种表示方法有一定的量纲要求。比如，比率表示法可以任何形式表示的双计量单位，既可以价值形式，也可以实物形式，还可是实物/价值、价值/实物等；但百分率表示法中除有效量—总量表示法（Ⅲ）外，均要求量纲一致。

（3）衡量标准与实际应用相一致原则。在所研究的12种表示法中有的属于正指标系列，有的属反指标系列，正指标与反指标各有各的功用，但在实际应用中必须考虑衡量标准的这一特点。如消耗类的经济效益指标多采用反指标，成果类的经济效益指标多采用正指标。

（4）表示方法的相关与互补原则。在这12种表示方法中，许多是相关的，也有的方法使用是有限制条件的，如以差额表示法计算出来的利润指标，就可因生产规模的大小，技术装备水平的高低而差别甚大，这就必须同时使用利润率指标和其他经济效益指标，以资补充。

附表：

经济效益的12种表示法

序号	名　称	数学表达式	量纲要求	衡量标准	适用范围	备注
N/n	1	2	3	4	5	6
一 1	比率表示法 比率表示法(Ⅰ)	$JX_{(1)}=\frac{LC}{LX}$	1. 以价值/价值表示； 2. 以价值/实物表示； 3. 以实物/价值表示； 4. 以实物/实物表示	≥1,越大越好	适用于一切物质生产部门与非物质生产部门	1. 属正指标 2. 双计量表示
2	比率表示法(Ⅱ)	$JX_{(2)}=\frac{LX}{LC}$	1. 以价值/价值表示； 2. 以价值/实物表示； 3. 以实物/价值表示； 4. 以实物/实物表示	≤1,越小越好	适用于物质生产部门与非物质生产部门	属反指标
二 3	差额表示法 差额表示法(Ⅰ)	$JX_{(3)}=LC-LX$	量纲必须一致,必须以价值形式表示	≥0,越大越好	多用于非物质生产部门,特别是商业、服务业等	属正指标
4	差额表示法(Ⅱ)	$JX_{(4)}=LX-LC$	量纲必须一致,必须以价值形式表示	≤0,负值越大越好	多用于非物质生产部门,特别是商业、服务业等	属反指标
三 5	差额—比率表示法 差额—比率表示法(Ⅰ)	$JX_{(5)}=\frac{LR}{ZX}$	1. 以价值/价值表示； 2. 以价值/实物表示	≥0,越大越好	适用于一切物质生产部门与非物质生产部门	属正指标

续表

序号	名　称	数学表达式	量纲要求	衡量标准	适用范围	备注
N/n	1	2	3	4	5	6
6	差额—比率法(Ⅱ)	$JX_{(6)}=\frac{LR}{ZC}$	1. 以价值/价值表示; 2. 以价值/实物表示	≥0,越大越好	适用于物质生产部门与非物质生产部门	属正指标
四 7	百分率表示法 有效量—总量表示法(Ⅰ)	$JX_{(7)}=\frac{YC}{ZC}$	量纲必须一致,或以价值/价值表示,或以实物/实物表示	百分率越大越好	多用于物质生产部门	属正指标
8	有效量—总量表示法(Ⅱ)	$JX_{(8)}=\frac{YC}{ZX}$	量纲必须一致,以价值/价值形式表示	百分率越大越好	适用于物质生产部门与非物质生产部门	属正指标
9	有效量—总量表示法(Ⅲ)	$JX_{(9)}=\frac{YX}{ZC}$	1. 以价值/价值表示; 2. 以实物/价值表示	百分率越小越好	多用于物质生产部门	属反指标
10	有效量—总量表示法(Ⅳ)	$JX_{(10)}=\frac{YX}{ZX}$	量纲必须一致,以实物/实物表示	百分率越大越好	多用于物质生产部门	属正指标
11	无效量—总量表示法(Ⅰ)	$JX_{(11)}=\frac{CS}{ZC}$	量纲必须一致,或以价值/价值表示,或以实物/实物表示	百分率越小越好	多用于物质生产部门	属反指标
12	无效量—总量表示法(Ⅱ)	$JX_{(12)}=\frac{ZS}{ZX}$	量纲必须一致,以实物/实物表示	百分率越小越好	多用于物质生产部门	属反指标

(原载《数量经济技术经济研究》1990 年第 9 期)

技术经济学的发展回顾与趋势展望

中国技术经济学作为一门独立的经济学科是在60年代初形成的，但作为一门经济学科得到真正发展与繁荣的黄金年代还是在改革开放之后。由于技术经济学与现代化建设、经济增长质量、产业结构优化、资源合理配置、科学决策等关系十分密切，因而近十多年来，从理论方法研究到实际应用都取得了重大进展。目前，学科体系日臻成熟，理论方法不断完善，实际应用逐渐拓宽，现已成为一门重要的不可替代的理论经济学，同时又是一门为领导决策提供科学依据的应用经济学。

本文的目的有三：一是想认真地总结一下过去，把技术经济学发展的进程作一历史的描述和科学的概括，特别从1978年制定全国“技术经济和管理现代化”规划至今17年间，不仅应对其理论发展进行总结，更应对理论的应用进行评价；二是对当今技术经济学研究的热点与重点谈点看法，以期将技术经济研究推向一个新的研究阶段，使其研究质量与研究深度上一个新的台阶；三是想对学科的发展前景作一个“预测性”描绘，并对学科发展提出若干建议，以使技术经济学在实现“科学技术是第一生产力”中发挥更大的作用。

一　学科发展回顾

技术经济学是我国学者倡导与创立的，它来源于50年代从苏联引进的技术经济分析方法。这种方法首先在工程建设项目中应用，后又被广泛用于企业生产经营活动中。50年代末60年代初，我国经济学界认真总结了经济建设中正反两方面的经验教训，强调在我国经济建设中一定要讲求经济效果（益）、重视经济效果（益）。在对经济效果（益）问题深入研究的基础上，创立了技术经济学，所以，有的学者曾把技术经济学又称为经济效果学。然而刚刚创建的新兴的技术经济学，还没有等她成长、壮大、发育成熟就被“文化大革命”砸得稀巴烂，如同婴儿被扼杀在摇篮之中一样，直至粉碎“四人帮”后才重新获得新生，并经过中国广大技术经济理论工作者与实际工作者的积极努力和潜心研究，才取得今天这样蓬勃发展的大好局面。因此，中国技术经济学是经历了创立、夭折、恢复、发展、繁荣等若干阶段。这里特别指出的是，改革开放后的17年里，由于西方现代经济理论与科学分析评价方法的大量引进，给技术经济的理论研究注入了活力，提供了许多可资借鉴的分析方法，为学科的发展、繁荣起了重要的作用。这一时期的学科发展带有如下鲜明特点：一是中国学者的自主研究与国外引进相结合，即通过广大技术经济工作者的深入研究、探索和个别理论方法的引进（如影子价格、可行性研究、价值工程、不确定性分析、敏感分析等），极大地丰富了技术经济理论，完善了技术经济分析评价方法，已初步建立起有中国特色的学科体系。二是引进与消化吸收、创新相结合，如中国学者在研究与消化吸收西方“可行性研究”的基础上，经过改进后制定了中国工程建设项目评价的“方法与参数”，并结合对“三峡工程”、“京沪高速铁路”等超大型项目的评价，研制了一套“超大型工程建设项目评价”的理论与方法。三是理论研究与现代化建设实际相结合，如对经济效益理论与评价方法的研究、技术进步与产业结构问题的研究、生产率与经济增长问题的研究、技术选择理论与评价的研究；系统方案效果评价理论的研究等，都是从现代化建设的实际出发的，为我国现代化建设提供了许多有价值的政策建议与战略选择方案。四是课题选择与国外前沿课题相结合，如资源优化配置研究、技术与经济一体化趋势研究、经济与环境协调发展研究、产业发展高值化研究、人力资源开发与管理研究等课题都具超前性，都是当今世界各国研究的热点。

二　主要成就与进展

改革开放以来，技术经济学不论在理论方法上还是在实际应用上，都取得了长足的进展。

在理论研究方面，主要表现在：

1. 对经济效益理论的研究，包括经济效益的科学概念与表示方法，经济效益的最佳标准，经济效益的指标与指标体系，经济效益的分类、各类指标的转换与可比计算，经济效益的评价与评价方法，以及提高经济效益与遵循客观规律的关系，提高经济效益与提高劳动生产率、提高资源利用效益、提高资金利用效益、提高能源利用效益的关系，提高经济效益的基本途径与措施，等等。

2. 对技术进步理论的研究，包括技术进步的内涵、系统规律及其对经济发展、产业结构变化的影响，技术进步对经济增长贡献的定量分析，技术进步发展战略，依靠技术进步发展经济、改造现有企业的措施，等等。

3. 对技术选择理论的研究，包括技术选择在技术发展中的作用、意义，技术选择的原则、依据，如何运用技术经济分析方法将技术先进性与经济合理性结合起来，在技术引进中如何考虑我国的基本国情，根据技术选择的基本原则，使引进的技术在技术上先进可行、经济上有利合算、生产上安全适用、社会上有利无害或少害。

4. 对技术转让理论的研究，包括技术转让的内涵与外延，形式与分类，技术转让对经济发展的影响，技术转让的经济效益分析、评价，如何借鉴国际技术转让经验发展本国经济，等等。

5. 对技术经济评价理论的研究，包括项目评价理论的完善，评价原则与分类，评价指标与指标体系，评价方法与方法选择，建立了一套较完整的大型与超大型项目的评价理论与方法，等等。

6. 对技术经济比较理论的研究，包括技术经济比较的原则、可比计算，以及“实物”与“价值”间可比换算，不同时段的诸多指标的技术经济比较，等等。

7. 对技术经济决策理论的研究，包括决策理论、决策程序、决策方法、决策验证，特别是在定量决策的研究上，成果十分显著，它已成为各级决策、多级决策不可缺少的依据。

8. 对时间价值理论的研究，包括时间呆滞期理论及其对技术经济评价的影响，时间因素对工程建设项目（含新建项目、改建项目、扩建项目）经济效益的影响及其影响程度，不同时段的换算及换算系数的确定，等等。

9. 对生产率理论的研究，包括生产率的概念界定、测算与测算方法，以及它对经济增长、增长质量的影响及其影响程度。

10. 对人力资源开发与利用的研究，这是技术经济研究的一个崭新领域，它把对“人”的研究视为一种智力密集的特殊资源进行开发，并作为现代经济增长三大要素（劳力、资本、技术进步）中含量最高（因为资本要素、技术进步要素都与人的素质、人力资源的质量密切相关）、价值系数最大的一个要素进行开发与管理、教育与培训、配置与重组，等等。

在方法与方法论研究方面，主要表现在：

1. 对经济效益评价方法的研究，它是贯穿技术经济评价始终的一种方法，是将取得的经济成果与资源消耗总量进行综合考察的一种分析评价方法。这种方法的实质主要是通过定量分析、比选方案优劣和最后确定方案。经济效益评价法又分为历史考察法、差额计算法、方案比较法、比率评价法、费用效益评价法、专家评分评价法、利润率评价法、投资回收期法、增量评价法、综合评价法等。

2. 对工程建设项目评价方法的研究，它是可行性研究的一项重要内容，也是项目决策、审批的重要依据。这种方法是在广泛吸取国外评价方法的基础上，经过我国学者与实际工作者的改进与完善，创立了一套基本适合我国国情的评价方法，对工程建设项目评价的通用化、标准化、中国化，以及对提高投资效果均起了重要作用。

3. 对系统方案效果评价方法的研究，它对多目标评价起重要作用。过去在进行多目标评价时，由于要求不同、目标各异、计量单位不统一，很难进行综合评价、给决策提供科学依据。现技术经济理论界已基本解决了定性指标定量化问题、不同计量单位的定量目标转化问题、目标相对权重的测定问题，等等。

4. 对评价指标与指标体系的研究，包括宏观、中观、微观技术经济评价指标体系研究，经济效益综合评价指标体系研究，技术进步评价指标体系研究，产业结构评价指标体系研究等。

在应用研究方面，主要表现在：

（1）技术经济理论方法广泛用于各种技术政策、产业政策的论证与评价；

（2）技术经济理论方法广泛用于投资建设项目的论证与评价；

（3）技术经济理论方法广泛用于生产力布局、转移的论证与评价；

（4）技术经济理论方法广泛用于经济规模的论证与评价；

（5）技术经济理论方法广泛用于资源开发利用的论证与评价；

（6）技术经济理论方法广泛用于行业（企业）技术改造的论证与评价；

（7）技术经济理论方法广泛用于技术引进的论证与评价；

（8）技术经济理论方法广泛用于设备升级换代的论证与评价；

（9）技术经济理论方法广泛用于新技术开发、新产品研制的论证与评价；

（10）技术经济理论方法广泛用于企业经济、技术潜力的分析、论证与评价；

（11）技术经济理论方法广泛用于发展战略的研究，如发展总目标的确定、论证与评价，分目标的协调与重要程度的排序等；

（12）技术经济理论方法广泛用于各级领导的决策中，提供领导决策用的数量分析结果和经过论证的科学依据。

三　当前研究热点与重点

当前技术经济研究的热点颇多，但重点是那些对社会经济发展影响较大的研究，与经济高质量增长密切相关的研究，与提高综合国力、提高劳动生产率、提高物资生产率、提高资金生产率、提高能源生产率、提高环境质量为目标的研究。其中，重点课题主要有：

1. 信息化与经济发展研究，这是一项全球性的重大课题。随着信息化与信息技术的迅猛发展，各国之间的竞争将更加激烈，高速高效的转运、传递的“信息高速公路”必为世界瞩目，这是因为它将对经济发展提供超常规、超高速的发展机遇，将使人类经济社会发生巨大变革。因此，我们必须从现在开始就以较大精力、以较多投入进行“信息化与经济发展”的研究，这将是一个难得的、一个可赢得时间跨越“按部就班”式的发展机遇。

2. 生产率与经济增长质量研究，这是一项世界各国现代经济学家研究的热点。它将通过经济增长质量的研究，剖析增长要素的构成与质量、生产率增长所占份额、技术进步系统功能的实现程度。

3. 产业结构合理化、高级化研究，这是与经济高质量增长密切相关的研究课题。我国长期以来经济增长质量不高、经济效益低下固然有多种原因，但产业结构不合理、低级化是一重要原因。通过此项研究提出我国产业结构合理化、高级化的基本思路，给出我国产业发展的系统模型。

4. 技术进步动力与机制研究，通过对各种不同类型企业的调查与跟踪计算，提出完善我国技术进步动力机制系统的系列建议与政策思路。

5. 产业结构变化与技术选择研究，根据产业结构合理化、高级化的要求，以及我国技术改装、技术升级所面临的严峻任务，一方面将出现产业结构的巨大变化；另一方面要求与之配套的相应技术与技术储备，这就需要研究结构变化与技术选择的相关关系、依存原则，给出技术发展的层次变化与系统选择模型。

6. 资源有效利用与合理配置研究，这将是人类越来越重视的问题，其原因是矿物资源不断减少，生物资源屡遭破坏，资源环境严重恶化，为此，人们加强资源的有效利用与优化配置，加强科技含量与智力密集，可以预计，对人力资源的开发、管理及合理配置的研究必将成为本世纪末21世纪初的最热门的领域之一。

7. 环境保护与经济协调发展研究，这是目前世界各国，尤其是发达国家极为重视的研究领域之一。环境保护与经济发展既有负相关关系，也有正相关关系。该课题的重点就是把环境保护放在经济发展的大系统中，既作为制约因素也作为激励因素，测定它的影响及影响“度”，建立中长期的环境保护与经济发展的系统模型。

四　学科发展趋势与展望

由于技术经济学与现代化建设关系密切、应用性很强，这就决定了技术经济有极为广阔的发展前景：发展速度将越来越快，研究领域将越来越宽，决策者将越来越离不开它。

1. 理论应用越来越广。技术经济研究不是纯技术，也不是纯经济，是技术与经济的共同领域，是研究各种技术方案、规划方案、设计方案、引进方案的技术先进与经济合理融合的可行性、最佳性问题，研究中既考虑宏观，也考虑微观；既考虑近期，也考虑远期；既考虑经济效益、资源效益，也考虑社会效益、环境效益，因此，这种理论越来越被人们所接受，这种研究也越来越被经济学工作者和科学技术工作者所采用。

2. 方法应用越来越普及。技术经济是将所研究的问题置于一个大系统之中，用系统方法、数学方法、各种数学模型进行研究，研究结果多是以定量形式表示出来，对必要的定性指标也尽量采用“定性指标定量化”、变定性为定量，在判断方案优劣时既考虑定量结果，也考虑定性分析结果，因此，它具有很强的科学性。

3. 超前研究将成规律。技术经济学的重大贡献在于它的“超前性”，提供的结果具有“超前意思”。这即是说，对任何战略方案、规划方案、项目方案、技术方案等的研究都在“事前”进行技术比较、经济分析、效益评价，并在多方案的比较中择优。技术经济的这种超前研究特性必将成为一种规律，让人们去学习它、掌握它、遵循它。

五　学科发展建议

为加速我国改革开放和现代化建设的步伐，经济研究必须走在前面，必须对经济趋势进行超前研究，对经济政策进行“事前”的分析论证，对将出现的一些问题提出“预警”措施。在这些方面，技术经济学不仅可以提供理论支持、科学方法，还可提出有数量分析结果的可供选择的方案。因此，对技术经济学的发展，我们提出如下三条建议：

1. 应给予技术经济学科发展以更大的重视：因为它是经济高质量增长的好参谋。

技术经济是从事“超前研究”、“多方案的事前评价”、“择优选好”的科学，所以，它不论是现阶段，还是在未来时期，都将对经济增长提供最优方案与最佳选择。对这种学科的发展必须予以特殊的重视与倾斜。

2. 应更有效地推广技术经济研究方法：因为它可提供定量研究与定性研究相结合的可信度高的决策依据。

技术经济研究方法的最大特点是“系统综合、方案比较、效益评价”，即以定量为主，且主要提供定量依据的科学，所以，这种研究较之传统的定性研究或以定性为主的研究更为科学、更为全面，更值得推广提倡。

3. 应让更多的决策者学会技术经济评价方法：因为它是技术先进性与经济合理性的融合。

技术经济学是决策者提供可信度高的决策思路与决策方法的科学，也是提供经济评价的方法论的科学。决策者做出正确决策的最重要的标准就是把技术的先进性与经济的合理性融为一体，如技术引进若没有技术的先进性就将失去赶超的可能性，没有经济的合理性就将失去引进的可行性。所以，对于决策者来说，不仅应转变常规决策观念，还应熟练掌握一套科学的决策评价方法。

综上所述，技术经济学正处于方兴未艾、节节上升阶段。可以预料，技术经济学在整个经济发展中、在协调经济与技术、技术与科学、科学与政策、政策与管理、管理与实施、实施与效益、效益与结构、结构与速度等关系上一定会起着越来越大的作用，学科本身的发展也一定会更加繁荣、更加完善。

（原载《数量经济技术经济研究》1995 年第 6 期）

技术经济评价的理论探索

一 技术经济评价的意义与内容

对任何一项有意义的实践活动，都需要从各方面进行论证与分析，并通过论证与分析选择较为满意的方案。这种论证、分析、选择满意方案的过程就是评价。从技术角度论证、分析、选择称为技术评价；从经济角度论证、分析、选择称为经济评价；从社会角度论证、分析、选择称为社会评价；等等。至于在什么样的条件下进行经济评价，在什么样的条件下进行社会评价、技术评价，就要看客观需要与实际可能。比如，对长远发展规划，国民经济五年计划的评价就应是全面的评价，其中包括经济、社会、技术、资源、环境等各方面评价，甚至有时还要从政治、军事等方面进行评价；对工程建设项目（包括基建项目、改造项目、技术措施等项目），主要应从经济方面进行评价（包括国民经济评价与企业经济评价）；对新技术、新产品的开发，则主要从技术与经济相结合的角度进行评价，力求在技术先进条件下的经济合理，在经济合理基础上的技术先进。

评价研究是一门新兴的学科领域，它是在新技术日新月异、新产品层出不穷的情况下发展起来的。由于现代技术的迅猛发展、管理方法管理手段的日臻完善，人们为达到同一个目的和满足同一个需要，可有诸多方案供选择；由于开发新技术、发展新产品需要花费大量的人力、物力、财力，并在研究开发过程中存在着许多不确定性因素和各式各样的风险，因而不仅需要从竞争能力、市场销路等方面进行论证与分析，还必须从未来技术与产品所带来的经济效益方面进行论证分析，为解决这些复杂而艰巨的任务，就要进行科学的评价，以为科学决策提供可靠的依据。通过多年的实践证明，评价可以最有效地选择各种技术方案（包括规划方案、计划方案、设计方案、建设方案、政策方案、措施方案等），并在研究开发项目中可以极大地降低研制费用、减少与避免风险，所以，它对发展科学技术、促进经济发展具有重大意义。

近几年来，随着评价的理论与方法的进一步完善，它的应用也越来越广，已远远超出于新技术、新产品开发的范围。现在评价的理论与方法越来越广泛地被用于经济社会发展战略的评价，科学技术发展规划的评价，对各种技术方案、技术措施、技术政策的评价，对研究开发成果的评价，以及各项经济活动的经济效益评价，等等。为了使科学技术朝着有利于人类文明和社会进步的方向发展，对于发展战略的评价、科学技术发展规划的评价、各种技术方案的评价，都已超过技术评价和经济效益评价的范围与内容，还要同时考虑从生态、环境的角度进行评价。这也是评价理论与方法需要研究探索的重要课题。

技术经济评价的内容是极为丰富与广泛的，从国民经济的远景发展规划的制定到一个企业的工艺路线、技术路线的选择无不需要评价。现根据评价的范围、性质、目标，将评价内容归纳为以下四大类：

1. 对各种技术方案、技术措施、技术政策、技术项目的评价。通过评价为技术方案的选择、技术措施的实施、技术政策的制定、技术项目的取舍提供科学的依据。

2. 对工程项目的经济效益进行技术经济分析。包括对投资前期、投资期、投资运行期等各阶段经济效益的分析。

3. 对基础研究、应用研究、开发研究及其成果的评价。通过对比、分析、研究确定发展方向，预测发展目标与发展前景。

4. 对经济发展战略、远景发展规划、地区综合开发方案的评价。为认识未来、规划未来提供科学的依据。

二　技术经济评价的分类

对各种实践活动可根据不同的要求，进行各式各样的评价。由于评价过程是一项科学性、逻辑性都很强的创造性的活动，因此，要求理论工作者与实际工作者通力合作、协调完成。为完成评价的要求，需将评价作如下分类：

1. 按要求分，可分为经济评价、技术评价、社会评价、资源评价、环境评价等，即从各种不同角度、按不同要求所进行的各种评价。经济评价是指对完成一项技术方案或同一个经济目标所取得的劳动成果（或经济成果）与劳动消耗（或消耗的资源总量）之比的评价；技术评价是指对技术的先进程度、可靠程度、各种技术性能指标的评价；社会评价是指对劳动就业、卫生保健、文化生活等方面的评价；资源评价是指对自然资源的合理开发利用、保护、恢复、扩大、再生产等方面的评价；环境评价是指对环境污染程度、生态平衡状况、水源水质的保护等方面的评价。

2. 按时间分，可分为事前评价、事中评价、事后评价。事前评价属预测性评价、探索性评价，是投资前期的评价，由于这时还未进行试验研究，也没有试验所得数据，因此，评价数据的来源主要是有关资料、相关数据以及生产、设计等部门的意见；事中评价属“进行中”的评价，是施工设计中的评价、投资期的评价，如发现问题应立即采取对策，或改进，或中止，或弃掉；事后评价属投资运行期的评价，是将设计能力与实际完成产量相比较，将经济效益各项指标的预测值与实际达到的经济效益指标值相比较，看其是否符合投资要求、设计要求，等等。

3. 按性质分，分为定性评价与定量评价。定性评价是以评价人员的主观判断为基础的一种评价方法，是以“评分”或“指数”为评价尺度而进行的评价；定量评价是以经济计算结果为基础的一种评价方法，是以各种经济效益指标为尺度，通过“成果”与“消耗”、“产出”与“投入”的分析，来对各种实践活动进行评价。由于这种评价科学性较强、客观性较强，所以，在实践中应用也较为普遍，既能用于事前评价，也能用于事中评价与事后评价。

4. 按判断标准与满意程度分，分为二元型评价与多元型评价，属定性评价，或定性与定量相结合的评价。二元型评价多用于社会调查、社会评价，如评价只要求回答“是”或“否”、“好”或“不好”的情况下便经常采用这种评价法。多元型评价常用于效果与功能的评价，常用的评价法又有三元型、五元型与多元型。如评价足球比赛的结果，是采用胜者得 2 分，踢平得 1 分，负者得 0 分，最后以得分多少排列名次，这属三元型；对住房满意程度的评价（属功能评价），可分五类标准进行调查，如最满意的打“+2”分，比较满意的打“+1”分，一般打“0”分，不满意的打“-1”分，很不满意的打“-2”分，最后加总，如在“0”分以上说明比较满意，在“0”分以下说明不够满意或多数不满意，这属五元型评价法，是定性与定量相结合的评价；如果设置更多指标或更多评价标准，同样可以主观判断为基础，采用专家评价法，以“评分”或“指数”为尺度进行评价。

三　技术经济评价的程序

为了提高技术经济评价的科学性与客观性，避免评价人员的随意性，应严格按照一定程序进行。技术经济评价的程序可大致归纳为下述六个步骤：

1. 确定评价机构与人选。这是首要的一环。由于评价活动是一项目标—时间—投入—产出的庞大的系统工程，而且涉及技术、经济、社会、环境、生态等各个方面，需要鉴别、选用大量经济数据和技术参数，在大量的计算后还要编制全部经济、技术文件，对一些不确定性因素进行分析和作出判断，等等，因此评价人员的素质、知识面与知识渊博程度和评价结果的可靠性、适用性有重大关系。我们应该选择那些有较强的分析能力、创造力、洞察力，以及有较高的理论水平、丰富的实践经验的专家作为评价人员，并组成由这些人员为主体的评价机构。

2. 确定评价项目。由于评价是一项有目的的活动，因而选择评价目标、确定评价项目就是一项十分重要的环节。评价项目的选择应主要考虑与提高经济效益有关的项目（如能提高经济成果，扩大经济成果的项目，有利于节约人力、物力、财力、能源、自然资源的项目，可提高生产效率的项目等），对提高人们物质文化生活水平影响较大的项目（如有益于提高产品质量的项目，有利于生活的多样化、高效化的项目，有利于提高人们的生活质量的项目等），能改善人们的劳动条件与社会环境的项目（如可减轻体力劳动的项目，可减少公害、减少工伤事故的项目，能改善卫生保健、医疗条件的项目等），有利于资源合理利用、综合利用的项目，等等。

3. 制定评价标准。在选定评价项目以后应制定相应的评价标准。在制定评价标准时要考虑科学、适用的原则，要广泛听取专家们的意见，要考虑定量标准与定性标准的密切结合。在需要时还可把评价标准分成“级别”，或分成“主次”，对一些定性标准要考虑可否使定性标准定量化，等等。

4. 选择评价方法。由于评价方案、评价目标、评价项目的不同，可选择各种不同的评价方法，加之评价理论与方法论的完善，许多针对各种评价目标的方法不断涌现，因此，选择的范围很广、可供选择的方法也很多。评价方法的正确选择一般是采用专家征询（或称特尔斐法），集中多数专家的意见确定的，或采用“背靠背”的征询，或通过召开专家座谈会提出意见，集中多数意见后征得评价人员的同意，最后确定评价方法。当然，在实际运用过程中，还将不断发生变化，评价人员还要根据情况的变化修正方法、完善方法。

5. 分析评价结果。评价结果应回答：（1）方案是否可行，市场条件、内外部条件、人财物的保证条件、管理条件等是否具备；（2）采用该方案时经济效益是否良好，企业部门经济效益与国民经济效益是否都有保证；（3）对社会是否带来了危害和弊病，如危及人民健康、造成水源水质污染、影响植物生长、造成交通事故，等等。

6. 优选满意方案。根据评价结果优选出技术比较先进、经济比较合理、生产比较可行、社会比较有益、资源比较节约、环境比较好的方案。

四　技术经济评价的广泛应用

技术经济评价是一个崭新的学科领域，它是在新技术日新月异、新产品不断涌现的过程中逐步发展与完善起来的。我们知道，一项新技术的研制、一项新产品的开发，以及研制开发新技术、新产品的速度与规模，不仅取决于人力资源、物力资源、财力资源等投入数量的多少，还取决于这些资源合理利用、有效利用、综合利用的程度，这后一方面因素在近二三十年来起着越来越重要的作用。在当今世界各国之间的技术引进中，那种浪费资源的技术（或称资源密集型技术）、耗能多的技术（或称能源密集型技术）多被严加控制、不受欢迎，可称之为不受欢迎的技术。在其他各种条件、各项指标都比较理想时，也可因该技术耗资源、耗能源过多而被淘汰。这是需要评价的一个方面。另外，一个国家、一个地区、一个部门、一个企业如果跟不上新技术发展的形势，不能较快地更新技术、开发研制新产品以满足社会的需要，就可能在国内外市场上失去竞争能力、减少利润，甚至企业被关、停、并、转。这就是说，新技术的发展、完善和新产品的开发、研制的评价，不仅要考虑本国、本部门、本企业的人力、物力、财力资源的利用情况与资源潜力，还要考虑技术的发展、产品的市场与销售以及未来技术与产品带来的经济效益，等等。60年代以来，世界各国由于科学技术的发展创造了大量的物质财富，丰富了人们的物质文化生活，加速了社会的发展，但也同时给人们带来了一系列的弊病，如社会公害、环境污染、生态恶化，等等。为趋利避害，使社会发展、科学技术发展、新产品的研制，有利于人类的文明与进步，有利于人们生活质量的提高，还要对科学技术发展所带来的不利影响进行技术经济评价，通过评价了解“新技术”的生命，新产品的功能，了解新技术、新产品的经济效益与社会效益，同时还要了解这些新技术、新产品带给人类、社会、环境的不利影响，尤其通过评价要查明对整个国计民生有重大影响的因素。这是需要评价的又一个方面。

由于这种种“需要”，使得技术经济评价理论与方法的应用越来越广，范围越来越大：

——由于评价多在“事先”进行，带有预测性质，所以，被广泛应用于社会、经济发展规划、地区发展战略的评价：应用于科学技术发展规划、人才发展战略的评价；

——由于评价侧重于技术与经济的结合，即考虑技术的先进性，又考虑经济的合理性，所以，被广泛应用于“新建”与“改、扩建”的抉择、技术改造方案的选优、技术引进方案的取舍、新技术研制目标的制定、新产品开发方向的确定，等等；

——由于评价既可在“事前”进行，也可在“事中”、“事后”进行，所以，被广泛应用于不同历史时期经济实践活动的经济效益评价，通过评价挖掘提高经济效益的潜力，指出提高经济效益的途径；

——由于评价包括技术评价、经济评价、环境评价、生态评价、社会评价，甚至包括政治、国防等因素，所以，被广泛应用于领导决策系统；

——由于评价是一项政策性很强的研究领域，体现对各种技术方案、技术政策、技术实践活动的客观评价，并提供科学依据和参谋意见，所以被广泛应用于综合经济部门的宏观管理与控制，各种计划与各种政策的制定、完善，等等。

我国的技术经济评价始于50年代，其评价方法与程序都是从苏联引进的。当时引进的156项基本上都进行了技术经济评价。但是1958年以后很长一段时间，由于“左”的错误思想的影响，取消了技术经济评价与技术经济论证，特别是在重大工程项目的建设上随意性很大，“领导意图”代替了科学决策，使国民经济蒙受严重损失。在党的工作重点转移到现代化建设上来以后，从中央领导到企业、部门领导都很重视技术经济评价工作，一个决策科学化的局面正在逐渐形成，这是一个十分可喜的情况。

由于世界科学技术的迅猛发展，并面临着突破性技术的巨大冲击，世界各国都非常重视技术经济评价工作，其应用也十分广泛。在苏联，不仅有一套完整的技术经济评价方法，还有一套系统的评价工作程序。比如，对技术开发的评价，要求对下述五个阶段，即制定技术任务书阶段、制定技术建设书阶段、进行试验研究阶段、研制开发成果阶段、开发成果应用阶段分别进行评价。在美国和西欧各国，对技术经济评价（这里指与我们的技术经济评价类似的技术评价、财务评价）也极为重视，并且应用极广，已成为科学技术管理部门、经济管理部门的一项重要工作。近一二十年来，美国相继采用了各式各样的评价方法、工作程序，其中影响较大的是美国国立工程科学院提供的评价方法和程序。

五　技术经济评价方法

技术经济分析评价方法是很多的，在不同的技术经济实践活动中往往采用不同的方法，现国内外采用的方法多达上百种，常见的也有几十种。根据我国现有技术水平与管理水平，以及各行各业在实践活动中所总结出来的卓有成效的方法，归纳起来，最常见、最通用、最简便易行的方法有三种，即经济效益评价法、方案比较评价法和直观判断评价法。掌握这三种基本评价方法就可以对任何技术经济活动进行评价，并依据评价结果进行方案抉择。

1. 经济效益评价法。这是技术经济最核心的研究内容。这种方法的实质主要是通过定量分析、定量计算来确定与比较各种技术方案的优劣，并依据经济效益的大小作为各种方案选择的主要标准。经济效益评价方法很多，我国目前常用的就有比率评价法、差额评价法、百分率评价法、利润率评价法、投资回收期评价法、费用效益评价法、增量评价法，等等。

2. 方案比较评价法。这也是技术经济评价中应用较广的一种方法。它对于产量不同、质量不同、时间不同、经营费用不同、投资不同、追加投资不同等各种方案进行可比换算，并通过对各种不同技术方案的比较评价，选最优方案、经济效益最好的方案。这种方法现已有一套完整的工作程序和比较计算方法，可用于各种情况、各个部门，是技术经济评价中不可缺少的一种方法。

3. 直观判断评价法。这是一种主要以技术经济工作者本身的直观判断为基础，凭他们的丰富经验和渊博的学科知识判断其方案的优劣。这种方法主要是借用“评分”或“指数”作为评价尺度与标准，并以总分的多少判断其方案的优劣和决定方案的取舍。从而将定性分析转向定量分析，使定性指标定量化。该方法目前国内外均有广泛的应用。最常见的直观判断法有：加法评分法，即将评价项目所得的分数值相加；连乘评分法，即将评价项目所得分数相乘；加乘评分法，即将评价项目先分为大项目、小项目，然后小项目相加，大项目相乘；除法评分法，即将项目评分数值，用除法确定综合目标值；加权平均法，即将项目按其重要程度分别给予权数，突出评价重点，然后加权平均。

上述三种评价方法在现实经济中都有广泛应用。但需要指出，这三种评价方法在技术经济评价中又经常连用，互相补充，吸收各种评价方法之长，这使评价结果更为可信。

除上述三种方法外，还有不确定性分析法、系统分析法、价值分析法、可行性分析法等。

（原载《效益与管理》1998 年第 1 期）

论经济效益及其指标体系

经济效益问题是生产建设、经济发展中的一个极其重要的理论问题与实际问题。我们必须对经济效益问题从理论到实践、从方法到措施有一个比较深刻的了解，诸如什么叫经济效益、经济效益有哪些表示方法、怎样衡量经济效益、经济效益指标的设计应该遵循的原则、衡量经济效益的指标体系，等等。

一 经济效益的基本概念

经济效益是一个十分广泛、无所不在的问题。它既存在于生产领域，也存在于流通领域和消费领域；既存在于经济活动中，也存在于非经济活动中。比如生产建设中的经济效益，既可进行定性分析，又能进行定量计算，且其好坏与人们的物质文化生活水平的提高息息相关；尤其在实行对外开放政策中，信息的准确和及时传递，对商品的生产与销售起着极其重要的作用；同样，智力投资、科技投资也可以带来很大的经济效益。

那么，何谓经济效益？笔者认为，经济效益就是指经济实践活动中取得的劳动成果与劳动消耗之比，或产出的经济成果与投入的资源总量（包括人力资源、物力资源、财力资源）之比。通过“成果与消耗”、“产出与投入”的比较，就可得出评价各种实践活动的量的准则，这个准则就是经济效益。因此，讲求经济效益是从事一切经济活动的基本方针。

（1）用尽量少的人力、物力、财力消耗，取得更大的经济成果；

（2）用与过去的相同的人力、物力、财力消耗，取得更多的经济成果；

（3）为取得与过去同样多的成果，消耗比过去少的资源。

达到了上述目标，就意味着取得了良好的经济效益。

经济效益有多种形态，而且分类十分复杂。一般按下述方法进行分类：

（1）按部门分，有工业经济效益、农业经济效益、建筑业经济效益、运输经济效益、商业经济效益、食品业经济效益，等等。同样，在这些部门中还可细分不同行业的经济效益。

（2）按层次分，有宏观经济效益（全社会经济效益、整个国民经济效益）、微观经济效益（一个企业、一个单位、一个项目、一个措施的经济效益）和中观经济效益（地区、部门的经济效益）。

（3）按时间分，有近期经济效益（2—5 年）、中期经济效益（5—15 年）与远期经济效益（15 年以上）。

（4）按受益面分，有直接经济效益与间接经济效益。直接经济效益主要指内部经济效益和部分外部直接受益的部门、单位；间接经济效益主要指社会经济效益、环境经济效益、生态经济效益，等等。

（5）按评价标准分，有国民经济效益与企业经济效益，国民经济效益是指某项实践活动给整个国民经济带来的收益，如国民收入等；企业经济效益是指该实践活动给企业带来的收益，如净产值、纯收入等。

（6）按业务关系分，有纵向经济效益与横向经济效益，纵向经济效益是指该实践活动给本系统、本行业带来的效益；横向经济效益是指该实践活动给地区，给跨系统、跨行业部门带来的效益。

（7）按决策要求分，分为事前经济效益、事中经济效益、事后经济效益和跟踪经济效益。事前经济效益指投资决策前估算的经济效益，是为投资决策服务的；事中经济效益指生产建设过程中或设计施工过程中的经济效益，是为提高生产建设、设计施工经济效益服务的；事后经济效益指建成投产后的经济效益，是为研究分析经济效益、挖掘经济效益潜力服务的；跟踪经济效益指对建成投产后项目的经济效益情况跟踪若干年，并观察其稳定程度与变化情况。

在研究和处理上述各种经济效益的关系时应考虑以下原则：

（1）宏观经济效益与微观经济效益相结合，既要宏观有益，也要微观有利，要微观服从宏观、企业服从国家，并以宏观经济效益好坏决策取舍。

（2）远期经济效益与近期经济效益相结合，既要近期有益，也要远期有利，要近期服从远期、眼前服从长远，并以远期经济效益好坏决策取舍。

（3）直接经济效益与间接经济效益相结合、内部效益与外部效益相结合，既要直接效益好，也要间接效益好；既要内部有益，也要外部有利。虽主要应考虑直接效益好，但应以不损害外部、不损害相关部门利益为原则。

（4）经济效益与社会、环境、生态效益相结合，既要经济上有益，也要社会、环境、生态上有利，虽主要应考虑经济效益，但应以不损害社会效益、不带来环境污染、不造成生态失调为原则。

二　经济效益的表示方法

根据经济效益的理论概念与表述，其表示方法可概括为以下三种：

1. 比率表示法：这是最常见的一种表示方法，一般表达式为：

$$\text{经济效益（I）}=\frac{\text{劳动成果}}{\text{劳动消耗}}$$

这种表示方法的最大特点是多以双计量单位表示：

（1）若劳动成果以价值形式表示，如工农业总产值、国民生产总值、国民收入、社会总产值或工业产值、农业产值、销售收入、营业收入等，劳动消耗也以价值形式表示，如资金总投入、固定资产投入、流动资金投入、消耗总费用等，则经济效益表示为“价值对价值”（元/元）的双计量单位。

（2）若劳动成果以价值形式表示，而劳动消耗以实物形式表示，如吨、立方米、公斤等，则经济效益表示为“价值对实物”（元/吨、元/立方米、元/公斤等）的双计量单位。

（3）若劳动成果以实物形式表示，劳动消耗也以实物形式表示，则经济效益表示为“实物对实物”（件/工日、克/度、公斤/米等）的双计量单位。

（4）若劳动成果以实物形式表示，而劳动消耗以价值形式表示，则经济效益表示为“实物对价值”（吨/元、度/元等）的双计量单位。

双计量单位表示法是经济效益研究的一个突出特点，也是技术经济指标区别于一般经济指标的显著特征。

2. 差额表示法：它是以绝对量形式表示经济效益的一种方法。其一般表达式为：

经济效益（Ⅱ）=劳动成果－劳动消耗

这种表示方法要求劳动成果与劳动消耗的量纲都必须以价值形式表示（如元、万元等），方可相减计算。

由于这种表示方法简单、易算，所以无论在生产领域，还是流通领域，都经常把利润指标视为最重要的经济效益指标。然而，这一指标往往由于生产规模与技术装备水平的不同，其利润额差别较大，因而影响着经济效益的真实水平。这样，在衡量不同规模、不同技术装备水平的企业的经济效益时，便不宜采用利润额指标，而时常用利润率指标，这就是需要同时采用其他方法、其他指标以资补充。

3. 百分率表示法：这是以相对形式表示经济效益的一种方法。其一般表达式为：

$$\text{经济效益（Ⅲ）}=\frac{\text{劳动成果}-\text{劳动消耗}}{\text{劳动消耗}}$$

这种表示法的特点是劳动成果和劳动消耗的量纲都必须是价值形式（如元、万元等），方可进行计算。

百分率表示法的应用是极其广泛的。例如，成本利润率、资金利润率、工资利润率、奖金利润率、产值利润率、销售收入利润率、工程产值利润率、原材料利用率、产品优质品率、产品合格率、设备利用率、产品返修率等。

从上述三种表示方法可以看出：

（1）在衡量经济效益时，必须把“成果”与“消耗”联系起来综合考虑，那种把“成果”大小视为经济效益好坏是不对的。比如，产值的高低与增长速度快慢并不说明经济效益好还是不好，也不能说明经济效益增长幅度是大还是小；同样，销售（营业）收入的大小也不代表经济效益的好坏，因为它们只是成果指标，并没有与消耗联系起来综合考虑。

（2）利润额是经济效益的重要指标，但不是唯一指标，它只是经济效益的一种表示方法，如果只用这一指标去衡量经济效益，那将是不全面的，甚至是片面的。

三 经济效益的最佳标准

从经济效益的表示方法可以看出，经济效益与人们在经济实践活动中所取得的劳动成果（或经济成果）成正比，与劳动消耗（或消耗的资源总量）成反比。由此得出经济效益最佳标准：

1. 取得同样多的经济成果消耗的资源（包括人力、物力、财力资源）总量少，表达式为：

$$\text{经济效益最佳标准（Ⅰ）}=\frac{\rightarrow}{\downarrow}$$

式中，→表示经济成果不变；↓表示资源总量消耗下降。
即当企业规模或产量、产值不变的情况下，要提高经济效益就应在“降低消耗”上出主意想办法。

2. 消耗一定的资源总量所取得的经济成果多，表达式为：

$$\text{经济效益最佳标准（Ⅱ）}=\frac{\uparrow}{\rightarrow}$$

式中，↑表示经济成果增加；→表示消耗的资源总量不变。
即当企业的各种资源虽有保证但不可能有新的增加的情况下，要提高经济效益，一方面是有效利用各种资源、提高资源的利用效果；另一方面是在改善产品花色品种、提高产品质量上提措施、想办法。

3. 经济成果与消耗的资源总量同时增加的情况下，成果增长的幅度大于消耗增长的幅度，表达式为：

$$\text{经济效益最佳标准（Ⅲ）}=\frac{\substack{\uparrow\\\uparrow}}{\uparrow}$$

式中，$\substack{\uparrow\\\uparrow}$ 表示经济成果增长的速度较快；↑表示消耗资源总量的增长。
即要提高经济效益，最主要的途径一是提高劳动生产率、提高工作质量；二是提高各种物资资源的利用效果，使物尽其用、财尽其力。

4. 经济成果与消耗的资源总量同时下降的情况下，消耗下降的幅度大于成果下降的幅度，表达式为：

经济效益最佳标准（Ⅳ）$=\dfrac{\downarrow}{\substack{\downarrow\\ \downarrow}}$

式中，↓表示经济成果下降；$\substack{\downarrow\\ \downarrow}$表示消耗资源总量的下降幅度更大。

即要提高经济效益，主要应在提高物资资源利用率上下工夫，开展有效利用资源、节约资源等革新活动。

5. 降低资源消耗的同时，提高经济成果，表达式为：

经济效益最佳标准（Ⅴ）$=\dfrac{\uparrow}{\downarrow}$

式中，↑表示经济成果提高；↓表示资源消耗下降。

即要提高经济效益，需从技术与管理两方面都进行大量的工作，既要在技术进步、技术改造、技术引进、技术开发、技术推广与应用等方面开展革新、创新活动，又要在科学、技术、劳动、资源的管理等方面进行深入细致的研究，使科学技术活动与人们的智力劳动、创造性劳动密切地结合起来。

四　经济效益指标的设计原则

经济效益指标是多种多样的，必须根据经济发展的客观需要，设计一套科学的经济效益指标与指标体系。

在设计经济效益指标时，必须遵循下列基本原则：

1. 科学概念要确切。同经济效益的科学概念一致，含义确切，计算范围明确。指标的数量取决于实际经济部门的需要和理论研究的深度。

2. 指标设计要适用。适应现实经济发展水平、计划水平、统计水平、管理水平，与统计、会计核算的口径一致，方便计算。

3. 计算方法要明确，不仅设计科学的指标，还必须有明确的计算方法、表达方法，建立具有普遍意义的数学模型，并根据计算要求编制出计算机软件，以能在电子计算机上进行高速运算。

4. 所用数据要可比。即指标与指标体系，应在满足需要、时间、价格、消耗费用等各项数据可比条件下进行，要注意将不可比因素转化为可比因素，并应尽可能地与国内同行业，甚至国外同行业的指标进行分析、比较，以便找出差距，挖掘经济效益潜力。

5. 部门之间要通用。在国民经济各部门、各企业之间，虽各具特点，甚至千差万别，但它们之间有一个共同的特点：可以根据他们的共性——成果的产出与资源的投入来设计部门间的通用指标。

五 经济效益指标与指标体系

人们分析一个工程建设项目、评价一个计划、论证一个发展规划，衡量一个部门、一个企业的各项生产经营活动，判断各种设备、各种物资、各种资源的利用状况与利用程度都要有一个标准和度量尺度，这个标准与尺度就是指标。但在评价、分析、论证各种方案与各项生产经营活动时，用一两个指标进行衡量、比较是很不够的，需同时采用若干个指标，才能评价其全貌，才能为决策提供科学依据。为此，需要设立若干个相互联系、相互制约的指标或指标组，构成一个评价体系，并运用这一体系去评价各种技术经济实践活动。

建立一套科学的经济效益指标与指标体系对国民经济各部门、各行业以及各企业都有着极其重要的现实意义。首先，它有利于把一切经济工作转移到以经济效益为中心的轨道上来，有利于纠正盲目追求产值、追求速度的不良倾向。其次，它有利于经济的真正发展，并把这种发展建立在人们的创造性劳动和科学技术进步的基础上，而不是建立在浪费资源、破坏资源，违背自然规律和破坏生态平衡的基础上。最后，它有利于调动各方面的积极性，发挥知识分子的骨干作用。

为使建立的指标体系既有科学性、权威性，又有适用性、可比性，其指标体系必须考虑包括劳动利用、物资利用、资金利用、能源利用四个方面指标的完整体系。

1. 劳动生产率或劳动占用率。劳动生产率是指每一个在册人员提供的产值或产量，即：$劳动生产率=\frac{产值或产量}{年平均在册人数}$

劳动占用率是指每单位产量或产值占用的劳动量（或工时），它是劳动生产率的倒数，其表达式为：

$$劳动占用率=\frac{工日或工时}{产值或产量}$$

2. 材料生产率或材料占用率。材料生产率是指每单位材料（或材料费用）提供的产值或产量，其表达式为：

$$材料生产率=\frac{产值或产量}{材料（或材料费用）}$$

材料占用率是材料生产率的倒数，是指每单位产值或产量占用的材料，其表达式为：

$$材料占用率=\frac{材料（或材料费用）}{产值或产量}$$

3. 能源生产率或能源消耗率。能源生产率（又称能耗产值）是指每单位能源提供的产值或产量，其表达式为：

$$能源生产率=\frac{产值或产量}{消耗的标准能源}$$

能源消耗率是能耗生产率的倒数（又称产值能耗），是指每单位产值或产量消耗的能源，其表达式为：

$$能源消耗率=\frac{消耗的标准能源}{产值或产量}$$

4. 固定资产生产率或固定资产占用率。固定资产生产率是指每百元固定资产提供的产值或产量，其表达式为：

$$固定资产生产率=\frac{产值或产量}{固定资产总值}$$

固定资产占用率是指每单位产值或产量占用的固定资产，它是固定资产生产率的倒数，其表达式为：

$$固定资产占用率=\frac{固定资产总值}{产值或产量}$$

5. 流动资金生产率或流动资金占用率。流动资金生产率是指每百元流动资金提供的产值或产量，其表达式为：

$$流动资金生产率=\frac{产值或产量}{占用流动资金总额}$$

流动资金占用率是流动资金生产率的倒数，是指每百元产值或每单位产量占用的流动资金，其表达式为：

$$流动资金占用率=\frac{占用流动资金总值}{产值或产量}$$

6. 工资生产率或工资占用率。工资生产率是指每百元工资提供的产值或产量，其表达式为：

$$工资生产率=\frac{产值或产量}{工资总额}$$

工资占用率是工资生产率的倒数，是指每百元产值或每单位产量占用的工资总额，其表达式为：

$$工资占用率=\frac{工资总额}{产值或产量}$$

7. 资金利润率。资金利润率是指每百元资金提供的利润，其表达式为：

$$资金利润率=\frac{利润}{资金总额}$$

8. 奖金利润率。奖金利润率是指每百元奖金提供的利润，其表达式为：

$$奖金利润率=\frac{利润}{奖金}$$

9. 产值利润率。产值利润率是指每百元产值提供的利润，其表达式为：

$$产值利润率=\frac{利润}{产值}$$

10. 产品优质品率。产品优质品率是指优质产品数量占总产量的比重，其表达式为：

$$产品优质品率=\frac{优质产品数量}{产品总数量}$$

上述十项指标在应用中既可以单项用，如企业劳动生产率在某一时期内是提高了还是下降了，能源生产率是提高了还是下降了，也可以进行全面评价。

（原载《技术经济与管理研究》1987 年第 2 期）

关于经济效益指标计算的若干问题

一　关于计算基础不一致情况下经济效益指标的换算

指标的计算既可以价值形式，也可以实物形式表达。但不论哪种形式都要有计算基础，符合可比条件，否则将无法计算、无法比较、无法评价。这里头等重要的是可比性问题，它包括计算基础是否一致，是否有比较计算的条件，怎样将不可比的因素转化为可比因素，等等。要建立计算的基础，实现可比转化，必须进行实物产量折算、产值折算、时间折算。

1. 以实物形式计算时要注意折算成标准实物产量。由于各厂矿企业的生产条件不同，资源条件差异，或生产同类产品但产品规格不同等情况，需将实物产量折算成标准实物产量后，才可进行比较计算。这种换算通常采用下列公式：

实物产量 = 标准实物产量 × 折算系数

或

折算系数 = 实物产量/标准实物产量

例如，煤炭标准实物产量是每公斤发热量为 7000 大卡，如果某矿每公斤发热量为 8000 大卡，则折算系数 = 8000/7000 = 1.143；如果每公斤发热量为 6000 大卡，则折算系数 = 6000/7000 = 0.857。这种“折算”也较普遍地用于其他部门与行业，如在粮食部门，每 2.5 公斤薯类折算成原粮 0.5 公斤；在纺织部门，把不同支数的棉纱件数按不同的比例折算成 20 支纱的件数；等等。

2. 以价值形式计算时要注意折算成可比价格。在进行不同时期的总产值计算时，往往由于不变价格的水平不同，而不能直接比较计算，此时必须用同一年的不变价格进行换算，通常采用下列公式：

按 1970 年不变价格计算的某年总产值 = 按 1957 年不变价格计算的某年总产值 × 换算系数

或

换算系数 = 按 1970 年不变价格计算的某年总产值/按 1957 年不变价格计算的某年总产值

3. 在进行投资计算时要注意折算到同一个时期。由于资源条件、交通运输条件、各项基础设施的保证程度，以及投资贷款能力的限制等原因，投资往往是分期分批进行的。但是，资金投放时间不同，将直接影响贷款的还本付息与期限。因此，在经济效益计算时就应将不同时期的投资贷款额折算到同一个时期。过去很长一段时间，由于我国投资多属拨款，没有利息的压力，是一次拨款还是分期拨款没有什么本质差别，甚至投资用好用坏也都一样。在这种拨款体制下，投资效益一般较差。近几年来，由于将国家无息拨款改为银行贷款，使贷款者不得不考虑贷款的利息压力，尤其是借用外资时，还本付息的压力很大，逾期不还，还要付“罚息”。这就提示人们：向银行贷款也好，向国外贷款也好，都必须考虑时间因素，用多少贷多少。

在进行经济效益计算时，为了将不同时期的投资折算到同一时间，或折算到未来某个时间（称时值或未来值），或折算到现在的时间（称现值），世界各国都普遍采用以下两个基本公式：

（1）时值公式，亦称复利终值公式。按这一公式可将历年投资贷款折算到未来某一时间的本利和，累计一次偿还。其一般表达式为：

$$S = P(1 + i)^n$$

式中：S 为投资（或贷款）到期后累计一次偿还的本利和，称时值；P 为本金，即一次贷款的金额，称现值；i 为年利率；n 为计息期（年）。

（2）现值公式。按这一公式可将历年投资贷款折算到现在的价值。其一般表达式为：

$$P = \frac{S}{(1 + i)^n} = S \cdot \frac{1}{(1 + i)^n}$$

式中：符号表示与前相同。

在进行了上述转化计算后，便可投入对人力、物力、财力、能源等方面指标的具体计算。

二 关于劳动利用经济效益指标的计算

劳动利用效果是反映劳动有效利用状况的经济效益指标。这一指标的变化与科学技术水平、技术装备水平、经营管理水平、生产组织水平、资源条件、生产条件、人员素质以及管理体制、计划体制等多种因素有关。

劳动利用效果是指一定时期内（年、季度、月、日）产出的经济成果与投入的劳动量之比，在单位时间内投入的劳动量少，表明劳动利用效果好；投入的劳动量多，表明劳动利用效果差。

劳动利用效果的计算方法有下述两种：

1. 以生产率形式表示的劳动利用效果，即劳动者在单位时间内提供的产品价值（有时是劳务价值）或产品数量，称劳动生产率。劳动生产率高，表明劳动利用效果好；劳动生产率低，表明劳动利用效果差。它的经济意义和计算方法为：

劳动生产率＝产值（元）或产量（产品量）/劳动者人数［人（人年、人月、人日）］

劳动生产率按计算的范围分为：①全员劳动生产率，以社会全体劳动者计算的称社会全员劳动生产率，以部门、企业全体劳动者计算的称部门、企业全员劳动生产率；②工人劳动生产率，以全社会工人计算的称社会工人劳动生产率，以部门、企业工人计算的称部门、企业工人劳动生产率；③基本工人劳动生产率，以全社会基本生产工人计算的称社会基本工人劳动生产率，以部门、企业基本工人计算的称部门、企业基本工人劳动生产率。

劳动生产率按计算的时间分为：①以年度为计算期的称年劳动生产率；②以季度为计算期的称季度劳动生产率；③以月份为计算期的称月劳动生产率；④以日为计算期的称日劳动生产率；⑤以小时为计算期的称小时劳动生产率。

2. 以消耗率形式表示的劳动利用效果，即劳动者生产单位产品所消耗的劳动时间，称劳动消耗率。消耗率高，劳动利用效果差；消耗率低，劳动利用效果好。它的经济意义和计算方法为：

劳动消耗率 = 消耗的工时数（工时）/产品产量（单位产品）

劳动生产率与劳动消耗率指标都是重要的经济效益指标。它表明科学技术水平、管理水平与采用新技术的速度、效果，企业、部门的科学管理水平与采用现代科学管理方法、手段的状况。这对指标的明显特点是简单、明晰、易懂。

上述两种指标在实际经济工作中都有广泛的应用，劳动生产率指标应用范围更宽更广。

三　关于资金利用经济效益指标的计算

资金利用效果是反映资金占用与消耗状况的经济效益指标，是指资金在一定时期内（年、季度、月）所提供的有用成果。有用成果（如总产值、净产值、产品产量、劳务价值等）多，表明资金利用效果好；有用成果少，表明资金利用效果差。资金利用效果的大小与许多因素、条件有关，如资源条件、科学技术水平、管理水平、人员素质、社会环境、政策措施、管理体制、经济机制系统，等等。

资金利用效果的计算方法一般有下述四种：

1. 以比率形式表示的资金利用效果：主要有社会积累资金利用效果，社会全部资金利用效果，固定资产利用效果，流动资金利用效果等，它们的经济意义与计算方法为：

（1）社会积累资金利用效果一般用每百元积累资金提供的产值表示，提供的产值多效果好，提供的产值少效果差，即：

资金积累利用效果 = 产值［总产值或净产值（元）］/积累资金平均总额（百元）

（2）社会全部资金利用效果一般用每百元资金提供的产值表示，提供的产值多效果好，提供的产值少效果差，即：

全部资金利用效果 = 产值［总产值或净产值（元）］/固定资产平均总值 + 流动资金平均占用总额（百元）

（3）固定资产利用效果一般用每百元固定资产提供的产值表示，提供的产值多效果好，提供的产值少效果差，即：

固定资产利用效果 = 产值［总产值或净产值（元）］/固定资产平均总值（百元）

也可利用其倒数，即每百元产值占用的固定资产表示。

（4）流动资金利用效果一般用每百元流动资金提供的产值表示，提供的产值多效果好，提供的产值少效果差，即：

流动资金利用效果 = 产值［总产值或净产值（元）］/流动资金平均占用总值（百元）

也可利用其倒数，即每百元产值占用的流动资金表示。

2. 以利润形式表示的资金利用效果，即一定时期内总收益与总成本之比，利润高表明资金利用效果好，利润低或无利润表明资金利用效果差。其经济意义与计算方法为：

利润 = 总收益 - 总成本

影响利润水平的主要因素有：总收益水平、总消耗水平、价格水平，在比较资金利用效果时应扣除价格波动因素。

3. 以利润率形式表示的资金利用效果，即一定时期内利润总额与全部资金（包括固定资产平均总额与流动资金平均占用总额）之比，可区别为社会平均资金利润率，企业、部门资金利润率，它们的经济意义与计算方法为：

（1）社会平均资金利润率 = 社会利润总额/社会全部资金；

（2）企业、部门资金利润率 = 企业、部门利润总额/企业部门全部资金。

影响资金利润率的主要因素是利润总额和资金占用总量，在资金占用总量一定的情况下，利润大则表明利润率高，即资金利用效果好；或者相反。在利润总额一定时，资金占用多则表明利润率低，即资金利用效果差；或者相反。

4. 以周转率形式表示的资金利用效果，即一定时期内资金在生产、流通过程中运动的速度，运动得快即周转次数多，表明效果好；或者相反。周转率一般用资金在一定时期内周转的次数表示，或用资金周转一次所需要的天数表示。它们的经济意义和计算方法为：

资金全年周转次数 = 年产品销售总额/年资金平均占用总额

资金周转一次所需天数 = 365 × 年资金平均占用总额/年产品销售总额

影响资金周转率的主要因素是年销售总额与资金占用总额，在资金占用额一定时，销售额越高周转越快，资金利用效果就越好；或者相反。在销售额一定的情况下，资金占用越少周转越快，资金利用效果就越好；或者相反。同样的道理，资金周转一次所需天数越少效果越好，所需天数越多效果就越差。

在实际经济工作中，资金周转率一般是按占用的流动资金计算，这是不全面的。这种计算只表明流动资金利用状况。要考核与评价整个资金的利用效果，需按全部资金计算。

四　关于物资利用经济效益指标的计算

物资利用效果是反映物资利用状况的经济效益指标，是指一定时期内（年、季度、月）投入生产经济活动的某物资所提供的有用成果。在一定时期内提供的有用成果（如总产值、净产值、物资总量、产量总量、劳务总值等）多，表明物资利用效果好；或者相反。一个国家、地区、部门、企业的物资利用效果好坏与许多条件、因素有关。

物资利用效果的计算方法一般有以下三种：

1. 以生产率形式表示的物资利用效果，即一定的物资重量（或容积、长度）投入生产过程所创造的产值称物资生产率。提供的产值多表明物资利用效果好；或者相反。它的经济意义和计算公式为：

物资生产率 = 产值［总产值或净产值（元）］/物资重量（吨）［或容积、长度（立方米、米）］

这一公式在实际经济工作中应用较广，它可用于原料、辅助材料、燃料动力以及投入生产过程的各种物资。

2. 以消耗率形式表示的物资利用效果，即用单位产值（元、百元、万元）消耗的物资重量表示，称物资消耗率。消耗的物资少效果好，消耗的物资多效果差。它的经济意义和计算公式为：

物资消耗率 = 物资重量（吨）［或容积、长度（立方米、米）］/产值

[总产值或净产值元（万元）]

这一公式在实际经济工作中也广泛应用。物资消耗率是物资生产率的倒数。如机械制造部门每万元产值消耗多少吨钢材，家具业中每万元产值消耗多少立方米木材，等等。

3. 以利用率形式表示的物资利用效果，即用产品中包含的物资重量与消耗的物资总量之比来表示，称物资利用率。产品中包含的物资数量多，效果好；数量少，效果差。它的经济意义和计算公式为：

物资利用率 = 产品中包含的物资重量/消耗物资总量

这一公式在原材料部门应用较广，如木材加工行业中的木材利用率，等等。

随着科学技术的进步，工艺过程的完善，管理水平的提高，物资利用效果也在不断提高。具体表现在近一二十年物资生产率的大幅度提高，物资消耗率的暴然下降，物资利用率的显著上升。在现实经济工作上，如果出现了与上述趋势相违背的情况，各级领导就应及时查明原因，并提出改进措施，使其生产经济活动符合客观经济规律的要求。

五　关于能源利用经济效益指标的计算

能源利用效果是反映能源有效利用程度的经济效益指标，是指在一定时期内（年、季度、月）产出的经济成果与投入的能源总量之比。在产出一定量的经济成果时，投入的能源少，表明能源利用效果好；在投入一定量的能源资源时，产出的成果多，表示能源利用效果好；反之则差。

能源是生产、生活的重要物质基础。由于世界各国能源消耗量的成倍增长，以及能源资源的大量消耗与减少，提高能源利用效果和节约能源就成为各国经济发展中的一项极其重要的任务。

由于能源有一次能源（指自然界中存在的天然能源，如煤炭、石油、天然气、风能、水能、核能、太阳能、生物技能、潮汐能、地热能等）和二次能源（指由一次能源转化来的人工能源，如电能、热能、机械能等）之分，且各种能源的热值不同，给能源利用效果的计算、比较带来困难与不便。为便于计算、比较与评价，世界各国均采用“标准煤”的概念，即将不同热值的能源都换算成“标准煤”单位，然后再进行计算、比较与评价。

能源利用效果的表示、计算方法一般有下述三种：

1. 以生产率形式表示的能源利用效果，常用每吨标准煤提供的产值或产量表示，称能源生产率。每吨标准煤提供的产值（或产量）多，表明能源利用效果好；提供的产值（或产量）少，表明能源利用效果差。这种表示法又称能耗产值法，是世界各国常用的一种方法。它的经济意义和计算方法为：

能源生产率 = 产值［总产值或净产值（元）］/标准煤消耗总量（吨）

式中的标准煤消耗总量有时也可由电消耗总量表示（元/度）。

2. 以消耗率形成表示的能源利用效果，常用每万元产值消耗的标准煤表示，称能源消耗率。每万元产值消耗的标准煤少，表明能源利用效果好；消耗的标准煤多，表明能源利用效果差。这种表明方法又称产值能耗法，也是世界各国常用的一种评价法。它的经济意义和计算方法为：

能源消耗率 = 标准煤消耗总量（吨）/产值［总产值或净产值（万元）］

式中的标准煤消耗总量有时也可用电消耗总量表示（度/万元）。

3. 以有效利用率形式表示的能源利用效果，指煤炭、石油、天然气等能源物资的含热值与其转换为有用热能、机械能的比例关系，常用百分率表示。百分率高表明能源有效利用率高；或者相反。如日本能源有效利用率为 57%，美国为 51%，西欧共同体国家为 40%，我国为 30% 多，说明我国能源的有效利用率比较低。

提高我国能源利用效果，是一项极为紧迫的任务，不仅需要从技术上、设备上不断改进与完善，如采用新技术，尤其采用节能新技术、改造现有技术、改进生产工艺，还要从宏观管理上、经济机制上不断改进与完善。

（原载《数量经济技术经济研究》1987 年第 9 期）

经济效益评价与评价方法研究

（一）

经济效益评价就是对一项有意义的社会经济实践活动，从各方面进行论证、分析与计算，并通过论证、分析与计算选择较为满意的方案。

经济效益评价研究是一门新兴的学科，它是在新技术日新月异、新产品层出不穷的情况下发展起来的。由于引进、消化、吸收新技术，开发新技术、发展新产品都需要花费大量的人力、物力、财力，并在这类社会经济活动中存在着许多不确定性因素和各式各样的风险，因而不仅需要从竞争能力、市场销路等方面进行论证与分析，还必须从未来技术与产品所带来的经济效益方面进行论证、分析与计算，为科学决策提供可靠的依据。通过多年的实践证明，经济效益评价可以最有效地选择各种引进项目与开发项目，可以极大地降低引进与开发费用、减少与避免风险，所以，对发展科学技术、促进经济发展具有重大意义。

近几年来，随着经济效益评价理论与方法的进一步完善，它的应用也越来越广，已远远超出于新技术、新产品开发的范围。现在评价的理论与方法越来越广泛地被用于经济、社会发展战略的评价，科学技术发展规划的评价，对各种技术方案、技术措施、技术政策的评价，对研究开发成果的评价，以及各项经济活动的经济效益评价，等等。为了使科学技术朝着有利于人类文明和社会进步的方向发展，对于发展战略、科学技术发展规划、各种技术方案的评价，都已超出经济效益评价的范围与内容，要同时考虑从社会、生态、环境效益的角度进行评价。

（二）

对各种社会经济实践活动可根据不同的要求，进行各式各样的评价。由于评价过程是一项逻辑性很强的创造性的活动，因此，要求理论工作者与实际工作者通力合作、协调完成。

——经济效益评价可分为事前评价、事中评价、事后评价。事前评价属预测性评价、探索性评价，是投资前期的评价；事中评价属“进行中”的评价，是施工设计中的评价、投资期的评价，如发现问题应立即采取对策，或改进，或中止，或摒弃；事后评价属投资运行期的评价，是将设计能力与实际完成产量相比较，将经济效益各项指标的预测值与实际达到的经济效益指标值相比较，看其是否符合投资要求、设计要求，等等。

——经济效益评价又分为定性评价与定量评价。定性评价是以评价人员的主观判断为基础的一种评价方法，是以“评分”或“指数”为评价尺度而进行的评价；定量评价是以经济计算结果为基础的一种评价方法，是以各种经济效益指标为尺度，通过“成果”与“消耗”、“产出”与“投入”的分析，来对各种实践活动进行评价。由于这种评价科学性、客观性较强，所以，在实践中使用也较为普遍，既能用于事前评价，也能用于事中与事后评价。

（三）

根据我国现有的计划水平、统计水平和管理水平，可用来评价经济效益的方法，笔者认为主要有以下几种。

1. 历史考察法。它是利用现有的统计数据、统计报表、文献资料，对一个时期（或一个历史阶段）的部门、企业的经济效益进行对比分析，指出经济效益的水平。这种方法主要是通过一系列指标或指标组的计算，反映基期与报告期、报告期与历史发展平均水平、最高水平的经济效益情况，或是与同行业中相类似的企业，或是与生产同类产品但具不同生产条件的企业，进行经济效益的比较。

2. 差额计算法。它是以绝对量形式（但必须是价值形式）评价经济效益水平的一种方法。这种评价方法的基本模式有以下几种：

（1）以劳动成果与劳动消耗，或产出与投入的差额表示，其基本形式为：

经济效益 = 劳动成果 - 劳动消耗

或经济效益 = 产出 - 投入

如果企业的劳动成果为销售收入，劳动消耗为生产成本，则企业的经济效益 = 销售收入 - 生产成本 = 利润。

（2）以年度节约额表示，这是苏联常用的一种评价方法，其基本公式为：

$$\ni = (\ni_1 - \ni_2) \cdot A_2 = [(C_1 + E_H K_1) - (C_2 + E_H K_2)] \cdot A_2$$

式中：$\ni$——年度节约额（经济效益）；$\ni_1$、$\ni_2$——基础方案与新方案的折算费用；A_2——新方案的产量；C_1、C_2——基础方案与新方案的成本；E_H——标准投资效果系数；K_1、K_2——基础方案与新方案的投资额。这种方法多用于两种方案的比较，如技术改造方案与原方案相比，或新建方案与改造方案相比，等等。

（3）以可能收入与可能支出的差额表示，基本表达式为：

经济效益 = 可能收入 - 可能支出

这种评价方法多用于非物质生产部门。

（4）以项目整个寿命期中的资金流入量与资金流出量的差额（即净现值）表示，其数学表达式为：

$$NPV = B - C = \sum_{t=1}^{n} [b_t(1+r)^{-t}] - \sum_{t=0}^{n-1} [C_t(1+r)^{-t}]$$

式中：NPV——净现值；B——项目整个寿命期的资金流入量；C——项目整个寿命期的资金流出量；b_t——t 年资金流入；C_t——t 年资金流出；r——贴现率；t——第 t 年；n——项目整个寿命周期。

这种评价方法多用于几个方案的比较，即取净现值大的方案为经济效益好的方案。有时也可用于单方案（即不与其他方案相比较），这时差额（净现值）大经济效益就好；反之则差。

（5）以净效益表示，其基本形式为：

净效益 = 总收益 - 总费用

这里的收益（或称效益）分两部分：一部分是直接效益；另一部分是间接效益。费用（或称成本）也分相应的两部分，即直接费用与间接费用。除上述两部分外，有时还计算第三部分，即相关效益与相关费用。这种方法中的直接效益与直接费用的计算是比较容易的，但间接效益与间接费用的计算很困难，有时根本无法定量计算，如对人的生活、工作、学习环境的改善所带来的效益就是很难确定的。至于相关效益与相关费用的计算就更难以区别。鉴于此，这种评价方法的应用是有较大局限的。

3. 方案比较法。它是经济效益评价的主要方法之一。这种方法通常用于事前评价，即对经济效益的事先估算，并根据估算结果进行方案选择的一种方法。方案比较进行的步骤一般是：确定目标，选定对比方案，选择判断指标，根据对比结果进行抉择。

下边是几种常见的方案比较方法。

（1）产量不同的方案比较评价方法：比如：一个产量 100 万，一个产量 500 万，在这种情况下如何进行评价呢？这就是方案评价需要解决的问题。一般可采用两种方法：一种方法是计算单位产品的投资［投资（元）/单位产品］；一种办法是计算单位产品的成本［成本（元）/单位产品］。用单位产品的投资和单位产品的成本进行比较，就可以解决在不同产量情况下的评价。

（2）质量不同的方案比较评价方法。一般采用使用效果系数进行评价。

该系数确定方法为：

$$K\text{（使用效果系数）}=\frac{E_1\text{（新方案使用效果）}}{E_0\text{（原方案使用效果）}}$$

（3）时间不同的方案比较评价方法。就是把时间因素考虑进去，进行时值和现值的计算，其换算公式如下：

时值：$S=P(1+i)^n$

现值：$P=\frac{S}{(1+i)^n}=S(1+i)^{-n}$

式中：S——时值；P——现值；i——贴现（折现）率；n——年限。

（4）经营费用不同的方案比较评价方法。两个企业经营费用不一样，一个总成本高一点，一个总成本低一点，或者同一个企业，这几年费用和前几年费用不一样，这时如何进行评价、比较？首先考虑对变化部分的评价，不变部分可以不去评价，固定成本如车间管理费、固定资产折旧、计时工资等是基本上不变化的，这些就可以忽略不进行评价；而对变化部分如计件工资、燃料费用、动力消耗、原材料消耗等就要进行评价，就是说要对超过部分进行评价。

评价公式是：

$$\Delta c = \sum_{j=1}^{n} \Delta c_j$$

式中：Δc——经营费用总差额；Δc_j——经营费用中某项费用的超出部分；n——各方案经营费用中不相同的费用项目。

（5）投资不同的方案比较评价方法。由于某一项目的改造，不同方案的投资是不一样的。这时如何进行评价？一般方法是舍去相同的部分，评价不同的部分。在投资中分为直接投资和间接投资，有时还要考虑相关投资。直接投资部分，有一部分是相同的，或变化不大的，这部分我们就可以忽略，只评价不同的那部分。评价的方法为：

$$\Delta K = \sum_{j=1}^{n} \Delta K_j$$

式中：ΔK——投资总差额；ΔK_j——某项目的投资差额；n——各方案投资额不同的构成项目。

（6）追加投资不同的方案比较评价法。一般是用追加投资回收期进行评价。其原理是：一个企业产量的增长伴随着投资的增加，或者说一个企业的产品成本的降低是人们随着采取的措施而得到的。也就是说追加投资回收期短的经济效果就好，追加投资回收期长的经济效果差，具体按下列公式进行计算，即

$$t_g = \frac{K_2 - K_1}{C_1 - C_2} = \frac{\Delta K}{\Delta C} \text{或} E_k = \frac{C_1 - C_2}{K_2 - K_1} = \frac{\Delta C}{\Delta K}$$

式中：t_g——追加投资回收期；ΔK——投资增加额；ΔC——费用节约额；E_k——追加投资效果系数。计算出来的追加投资回收期如不超过国家和部门标准投资回收期，或追加投资效果系数大于国家和部门规定的标准投资效果系数视为好的方案；否则，就是不合理、不经济的方案。

4. 比率计算法。它是经济效益评价的最普通的方法，既可用来进行事前评价，也可用来进行事中与事后评价。评价的标准是比值大于1，比值越大，经济效益越好，反之则差，一般表达式为：

$$\text{经济效益}=\frac{\text{劳动成果}}{\text{劳动消耗}}=\frac{\text{产出}}{\text{投入}}$$

这里也可采用劳动消耗/劳动成果或投入/产出表示法，但这时的评价标准是比值小于1，其比值越小，表明经济效益越好，或者相反。

5. 费用效益评价法。它是西方国家评价经济效益的一种主要方法。这种方法与比率计算法不同之点有二：一是它考虑了时间因素，采用动态计算方法，而前者未考虑时间因素，计算是采用静态方法；二是此法是用于事前评价，为投资决策服务的，而前者既可用于事前评价，也可用于事中评价、事后评价。由于工程建设项目的效益是逐年实现的，费用也是逐年投入的，因此，为了便于比较计算，便将效益与费用一律都折成现值，即称贴现。这种方法的数学表达式为：

$$B=\frac{b_1}{1+r}+\frac{b_2}{(1+r)^2}+\cdots+\frac{b_n}{(1+r)^n}=\sum_{t=1}^{n}\left[b_i\ (1+r)^{-1}\right]$$

$$C=C_0+\frac{C_1}{1+r}+\frac{C_2}{(1+r)^2}+\cdots+\frac{C_{n-1}}{(1+r)^{n-1}}=\sum_{n=0}^{n-1}\left[c_t\ (1+r)^{-1}\right]$$

$$\text{效益费用比率}=\frac{B}{C}=\frac{\sum_{n=1}^{n}\left[bt(1+r)^{-1}\right]}{\sum_{t=0}^{n-1}\left[c_t(1+r)^{-1}\right]}$$

公式中的符号表示如前。

这一评价方法中的重要环节是贴现率 r 的选择问题。在西方一般是采用利率，但是，对于不确定性因素较多、风险较大的方案则要采用高贴现率（比如20%—30%，在特殊情况下还可高于30%）。

6. 专家评价评价法。这是一种定性与定量相结合的评价方法。它首先将根据评价对象的具体要求选定若干个评价项目，再根据评价项目订出评价标准，每个标准分别用5分、4分、3分、2分、1分（或百分制）记下，各位专家将以此为标准分别给予一定的分值，最后以各个方案得分多少为序决定取舍。

评价法有许多种，一般根据评价项目、评分标准的划分与评分计算方法的不同，分为以下几种：

（1）加法评分法。它是将评价项目所得分值累计相加，以总分的多少决定先后顺序和采纳与否。其数学表达式为：

$$S=\sum_{i=1}^{n}S_i\longrightarrow\text{最大化}$$

式中：S——方案的总分；S_i——项目评分的分数；n——评价项目。

（2）连乘评分法。将各项目分值相乘，以乘积的大小决定方案的取舍，这是一种灵敏度较高的评价方法。其数学表达式为：

$$S=\prod_{i=1}^{n}S_i\longrightarrow\text{最大化}$$

（3）加乘评分法。这种方法的特点在于：先将所需评价的项目分成大项目，大项目中再分成小项目，计算时先小项目相加，而后再将小项目之和与分值连乘，最后以乘积的大小决定优劣。它的数学表达式为：

$$S=\prod_{i=1}^{m}\sum_{j=1}^{n}S_{ij}\longrightarrow\text{最大化}$$

式中：S_{ij}——i 项目中的 j 项目（$i=1-m$，$j=1-n$）；m——大项目数；n——小项目数。

（4）加权评分法。这种方法可靠性比较高，因而应用的也较广泛。它的特点是对评价项目按其重要程度分别给予权数，突出评价重点，加权平均后以最大者为优。加权平均法的应用很广泛。其数学表达式为：

$$S=\sum_{i=1}^{n}S_iW_i\longrightarrow\text{最大化}$$

式中：S——方案总分；i——评价项目数（由 1—n 个）；S_i——评价项目的评分数；W_i——评价项目的权重。

以上几种评分法究竟如何使用？这要视具体情况而定。如对灵敏度高的用连乘评分法，对灵敏度不太高、重要程度差不多的用加法评分法，对重要程度相差很多的就必须用加权评分法。

7. “利润率”评价法。它是在西方各国颇为流行的一种评价方法。它既可用于事前评价，也可用于事后评价。一般形式为：

$$\text{利润率}=\frac{\text{年利润}}{\text{投资额}}$$

该式即为投资利润率，可用作事前评价（为决策提供依据）。如分母为资金总额，即为资金利润率；如分母为成本，即为成本利润率，等等，可用于事后评价。美国从1975年以后大约每2—3年评一次全国管理优秀的企业，它用的主要评价指标就是利润率指标，以利润率的高低反映企业的经济效益水平、经营管理水平。

8. 投资回收期法。它是一种不考虑时间因素的评价方法，是投资利润率的倒数。其一般形式为

$$投资回收期（Ⅰ）=\frac{投资总额}{销售利润}$$

$$投资回收期（Ⅱ）=\frac{投资总额}{销售利润+税金}$$

还有一种计算方法是把折旧也加进去，即销售利润加税金再加折旧。投资回收期计算的结果为年，它的经济意义就是投资几年能回收，回收快的经济效益就好，回收慢的或根本不能回收的经济效益就差。

9. 增量评价法。这是一种借用方法，相当于西方经济学中的边际效益分析。此法对研究生产力合理布局与确定企业最优生产规模等，具有重要意义。

10. 综合评价法。在实际评价中往往是几种评价方法并用，如：事前评价可采用比率计算法或费用效益评价法与专家评价法结合起来并用；事中与事后评价可采用历史考察法与投资回收期法、利润率法并用，也可与方案比较法、差额计算法并用。这种多种评价方法并用的评价方法称为综合评价法，也是应用最广、最普通的方法。

（原载《数量经济技术经济研究》1986年第4期，本文略有修改）

再论经济效益的意义及其延伸

——兼论提高经济效益的潜力

（一）

我国经济发展的实践证明，经济效益是评价各项实践活动的有效尺度和客观标准，是评价各种实践活动的基本原则和科学依据，从技术经济角度看，它也是各种技术得以生存、发展、推广、应用的客观要求。这是由于一项新技术的研制、一个技术方案的采纳、一个技术措施的实施、一个技术政策的执行，都离不开资源的投入，离不开资金的占用与消耗，离不开各种物资的使用，也离不开人的劳动及其消耗。人们在这些实践活动中力求达到：（1）用尽量少的人力、物力、财力消耗，取得尽可能多的经济成果；（2）用与过去相同的人力、物力、财力消耗，取得比过去更多的经济成果；（3）为取得与过去同样多的成果，消耗比过去少的各类资源。通过“成果与消耗”、“产出与投入”的比较研究，可得出评价一切经济实践活动的量的准则。这个准则就是经济效益的大小。经济效益大表明该实践活动的成效显著，则活动可继续进行，甚至扩大、发展；经济效益小表明该实践活动的成效不显著或没有成效，则应对其活动进行控制、限制甚至停止。在我们这样一个人口多、底子薄与资金紧缺、资源不足的国家里，若要保持国民经济持续、协调、稳定的增长，只有走提高经济效益的发展经济之路。

经济效益问题是生产建设中一个极其重要的理论问题与实际问题。这里所以要重新认识、加深认识，是因为它在改革与发展中具有十分重要的现实意义，也是在改革与发展中亟待研究解决的重大课题。称之为“重大课题”是因为经济效益问题关系到：（1）各种方案（如规划方案、建设方案、引进方案、生产方案、工艺方案、产品开发方案等）的决策是否科学；（2）各类项目（如新建项目、改造扩建项目、替代项目等）评价与取舍的论据是否充分；（3）各种各样的生产、技术、经济、服务等活动（如各类物质生产活动与非物质生产活动等）是否得以进行与发展；（4）正在制定的各项政策（如各项技术政策、经济政策、发展政策等）是否能贯彻、实施；（5）各种措施（如改革措施、激励措施等）是否可行；（6）采用的各种手段（如调控手段、管理手段、职能机制等）是否有效；（7）各种资源（如人力资源、物力资源、财力资源、信息资源等）的利用是否最优；（8）生产要素的组合是否效益最大；（9）时空与产业布局是否合理；（10）运力调配网络是否最佳；等等。这种关系到“方案决策”、“项目评价”、“活动准则”、“政策实施”、“措施制定”、“手段选择”、“资源利用”、“组合方式”、“时空布局”、“运力调配”问题的研究具有重大的现实意义和理论价值。

然而，上述“十大关系”的研究既涉及一系列的基本理论，诸如经济效益的基本概念、经济效益的各种形态、经济效益的表示方法、经济效益的最佳标准、经济效益指标体系的设计、提高经济效益与遵循客观规律的关系、提高经济效益的基本方向等；也涉及一系列的分析方法、计算方法、评价方法，诸如提高经济效益的诸因素分析、经济效益的计算方法，以及经济效益的多种多样的评价方法等。这里值得重视的是对这些问题从认识到实践、从理论到方法、从政策到措施都亟待研究解决。比如，“产值”是不是经济效益？产值的增长是不是等于经济效益的提高？企业提高经济效益是否就是追求产值速度的增长？经济效益的表示是不是就是一个“钱”字？怎样正确认识与处理速度与效益的关系？如何正确表示、科学度量经济效益？衡量经济效益应该用哪些指标与指标体系？这些指标体系如何设计、如何定量计算？如何评价和采用哪些方法进行评价？进行经济效益评价时如何将定性评价与定量评价相结合？如何将定性评价转为定量评价？应该指出的是，由于对经济效益的不同理解、不同表示，或采用不科学的分析评价方法，往往导致错误的决策，得出错误的结论。因此，越是讲求经济效益，就越应弄清、掌握经济效益的基本理论与分析评价方法（对这一问题将专门论述，这里不再展开）。

近几年来，随着国民经济的繁荣与发展，一方面经济效益问题得到广泛重视，并在现代化建设中、在2000年的经济发展目标中、在整个国民经济与部门的经济发展战略的论证中、在重点项目的规划设计中、在工程建设项目与技术引进的可行性分析中、在新技术的研制与推广中、在新产品的开发研制中越来越多地采用“以效益取舍”、“以效益决策”，这是非常可喜的，也是科学技术进步的表现。另一方面，我们也必须清楚地认识到，不论在宏观经济决策中，还是在重大建设项目与引进项目中，对项目未来的经济效益不作全面、科学的分析论证，就仓促上马，因而有的项目建成投产后由于种种原因生产能力不能完全发挥，这种没有或缺乏经济效益观念的现象也比比皆是。当代科学技术的迅猛发展，特别是电子计算机的广泛应用，将带来技术结构、技术政策以及管理方法、管理手段的重大变化，这种技术与管理的变化必将以惊人的速度创造出更大的社会生产力，引起社会经济、社会结构的巨大变革。为迎接这场声势浩大的社会经济变革，从现在起我们就应把“效益”、“效率”、“质量”放在极其重要的地位。如果说，在过去若干个世纪里，社会的发展、物质财富的增长主要是靠扩大人的体力和大量消耗各种资源取得的，那么，从现在起直至今后数百年的时间里，社会生产力的发展、经济的增长、文明程度的提高，将主要是靠人的智力、靠提高劳动生产率、提高资源利用效益、提高资金利用效益、提高能源利用效益取得，一句话，就是靠不断提高经济效益去取得。而不断提高经济效益的关键，在于人们对经济效益知识的掌握、运用与实践，并通过实践又上升到理论，再用理论指导实践。在我国四十年的经济建设中，我们有经济蒸蒸日上、效益比较好的时期，也有经济不景气、效益差的时期。我们对现实经济中的经济效益问题分析得越深刻，提出的提高经济效益的措施和办法的适用性、可行性就越大。

（二）

经济效益问题既存在于生产领域，也存在于流通领域和消费领域；既存在于物质生产活动中，也存在于非物质生产活动中。这里人们共识的结论是：经济效益是无所不在的。只是有些经济效益问题影响大、涉及面广，有些影响不大、涉及面不广；有些可准确计算，有些只能定性分析。比如生产建设中的经济效益就是一个很实际又很敏感的问题，既可进行定性分析，又能进行定量计算。有些大型项目、超大型项目的建设如不详细论证其事前、事中、事后的经济效益，就可能给国家、给社会带来重大损失；而举办一次展销会，可多花些钱也可少花些钱，但这种经济效益的影响面和波及面不那么大。又如，发展信息产业，其经济效益十分巨大，尤其在实行对外开放政策中，信息的准确和及时传递，对商品的生产与销售起着极其重要的作用，有时一个短时间的贻误就可能造成重大的经济损失，一个及时而准确的信息可能会带来数以万计的效益；同样，智力投资、科技投资也可以带来很大的经济效益。由于物质生产部门的经济效益更为复杂、具体，因此，我们将把研究的重点、分析的目标、案例的选取主要放在物质生产部门（当然，分析方法也同样适用于非物质生产部门）。下面我们将对物质生产领域的几个带有普遍性的问题进行论述与分析，并从中探索提高经济效益的潜力。

1. 生产要素配置的经济效益问题

生产要素的不同配置及其合理与否不仅影响企业、部门的经济效益，甚至影响到整个国民经济的经济效益。从生产要素的存量看，同样数量的机器、设备，同样多的人力，同样的原料、燃料、动力的供给条件，由于不同的技术布局、不同的技术组合与不同的管理方法，所取得的经济效益是不同的，有时差别甚大。从生产要素的增量看，如不考虑内在能力、内部条件的可能，不考虑产品市场、社会需求，不考虑产业部门间的协调，不考虑部门的综合发展及其对产品结构、产业结构的影响，就可能造成“不缺钙补钙”、“不缺糖补糖”的现象，使整个国民经济严重失衡，经济效益也必将随比例、结构的失衡而急剧下降。因此，在经济效益研究中，对生产要素配置与经济效益之间的关系，应以配置效益的好坏为出发点与落脚点。从经济效益方面详细地论证分析，并将“优化理论”引进这一论证分析中。当前，提高生产要素配置的经济效益，最核心的问题是：（1）生产要素存量的调整与改造，即对现存的生产要素、当前的产业结构进行合理调整，以结构（指存量要素）效益最大为目标函数，进行要素调整和必要的改造，这里一个极其重要的问题就是如何发挥存量要素的作用与潜力；（2）生产要素增量的调控与配置，即对要素增量进行宏观指导与合理配置，以配置（指增量要素）效益最大为目标函数进行统筹与优选。应当指出，在对“增量”配置的经济效益进行论证分析时，既要进行事前的经济效益分析，即考虑未来一段时间的增量配置效益的“优”、“良”与“一般”，也要考虑对存量要素效益的影响是好是坏，是正是负，同样要重视要素本身效益的发挥情况，如人、财、物、资源、能源、信息等的效益状况，等等。

2. 工艺类型选择的经济效益问题

在技术科学高度发展、管理科学迅速发展的当今世界，在物质生产的各个部门，可供选择的工艺方案、工艺类型多种多样，甚至在生产要素完全相等的条件下，工艺方案、工艺类型也会有多种选择，加之内外部的生产协作、交通运输、原料供给、管理水平、人员素质等的不同，工艺类型更是千差万别。在这千差万别的工艺类型选择中，人们不容置疑地选择对自己“有利”、对企业“有利”，有时也考虑对部门“有利”的方案、类型。但由于种种原因，尤其在经济行为、个人任期目标短期化的某个时期，很少考虑对整个国民经济、整个社会，甚至对未来发展、子孙后代的影响。至于这种“有利”是否属于经济效益好，暂且不论，但可以肯定的是，在现有领导素质、现有管理素质、现有企业素质情况下，在对经济效益尚不能科学理解与掌握的情况下，至少对工艺类型的经济效益（更不用说宏观的，远景的经济效益）尚不能进行科学、详细的论证与分析。因此，我们这里提出“工艺类型与经济效益”问题，应该说是一个带有普遍意义的问题，也是在未来的企业经济、部门经济，甚至整个国民经济的发展中需要重视与有待解决的一个重要问题。我们知道，在工艺类型选择中，过去很长一段时间是遵循“生产可行”、“技术先进”的原则的，即首先考虑的是该工艺在生产上是否便于操作，是否能安全生产，技术上是否有所改进，效率是否有所提高，这无疑是正确的。但随着经济学的发展，特别是工程经济、技术经济学的蓬勃发展与广泛应用，以及经济性工学、费用效益分析、盈亏平衡理论等的引进，人们越来越察觉到，不算“经济账”是不行的。因此，在各种方案评价（包括工艺方案的选择）中都增加了“经济合理”的原则，即对“方案”的投资及其回收、成本及其效益、贷款及其偿还，以及各式各样的投入及其产出等进行分析、比较、评价，并在分析、比较、评价中选投资少、见效快的方案，选经济效益最佳的方案。然而，由于人口数量的大幅度增加，以及人们对生活质量不断提高的要求越来越强烈，由于物质生产各个部门创造物质财富的同时，只重视近期的、眼前的、部门企业的经济效益，因而带来了环境的恶化、城市的噪声、大气的污染、水质的下降。由于这种环境改善、噪声控制、污染治理、水质净化需更大的投资、更多的人力、更高的技术，而这类投资、人力、技术的投入又转给物质生产部门本身，这样，又必须从整个社会的角度，算“总投入”的经济账。所以，在选择工艺类型时，选择“无污染”或“少污染”的工艺将是生产发展与社会发展的需要，也是“讲求”经济效益的需要。

3. 工序能力平衡的经济效益问题

在物质生产领域，生产某一产品往往需要多种工序。如在机械制造部门，就需铸造、锻压、加工、装配等工序，森工采伐部门就需采伐、清林、集材、造材、运材等工序。然而在生产中往往由于各工序间的能力不配套成龙，使有的能力过剩，有的能力不足，结果造成综合生产能力过小，甚至有的工序成为“卡脖子”环节，轻者造成人力、物力、财力的浪费，造成经济效益不好及下降，严重不平衡的则会带来停工、停产以致带来重大经济损失。因此，对物质生产部门来说，工序能力是否平衡、是否能不断地调整工序能力，是生产能力能否正常发挥的重要环节。如果生产能力不能正常发挥，或者投产后较长一段时间还达不到原设计能力，就谈不上“良好经济效益”。当然，工序能力的平衡是相对的，一般多指静态的平衡。随着企业技术不断进步，企业自主开发能力的不断提高，工序能力平衡应是动态中的平衡、发展中的平衡。随着企业生产能力的不断扩大，即主体生产能力的不断扩大，其他工序能力应逐渐与主体能力相适应。这里有两个问题值得重视：一是工序能力的扩大是采用何种方式，是依靠外延的扩大还是依靠内涵效率的提高；二是工序能力的利用是重数量的增长还是重质量的改进、花色品种的增加。因此，在研究工序的生产能力与经济效益的关系时，应遵循下述两条原则：（1）协调原则，即对工序能力的不断协调，如协调主体生产能力与其他工序能力的关系，协调某一工序能力的变化所带来的各种关系的变化；（2）效率原则，即工序能力的利用要讲求效率、讲求质量，不讲效率的能力本身就是一种浪费，而且能力越大，浪费就越严重。

4. 交通运输网络的经济效益问题

从经济效益观点看，交通运输网络的布局、密度、走向等对经济效益有很大的影响，因此，交通运输问题一直是技术经济研究的重要领域。许多经济学家、数学家用线性规划方法解决运输网络合理、有效地组织货物运输问题已取得重大成就。然而，在我国现实经济中，由于各种因素的制约，由于内外部条件的制约，由于各类管理人员的素质等，这些问题并没有很好解决。从宏观经济看，交通运输类型的选择与综合利用，如铁路运输、公路运输、航空运输、水路运输等类型的选择、网络配置与综合利用，长途（包括远洋）运输与短途运输的方式选择与衔接等，至今没有很好解决，加之原有运输网络的布局不够合理、密度不均，是导致我国长时期以来交通运输比较紧张、制约国民经济发展的一个因素。从微观经济看，运输类型的选择、原材料质量要求与运输距离等都影响企业、部门的经济效益。所以，从宏观到微观都有一个运输网络优化问题。我国现阶段的经济仍处于工业化初期阶段，在这一阶段内，国民经济各部门对基础原材料产业的需求正处于不断上升的过程，而基础原材料产业部门又恰恰是对交通运输部门依赖程度较大的产业，加之中国的国土面积大、各地区经济发展不平衡，因此，在今后较长一段时期内，中国的经济发展将取决于交通运输业的发展程度。近几年，我国经济发展中出现的一些问题，如能源紧张、原材料短缺等，都与交通运输有直接关系。当前要解决这一重要问题，一是要从发展上、“开源”上想办法，即把交通运输业作为我国重点的优先发展产业，从资金投入、产业政策、技术进步等方面提供条件、环境加以解决；二是从“内在效率”上、“网络效益”上想办法，尤其在我国建设资金处于紧张状态的情况下，采用后一种方法，不仅是符合国情的，而且是势在必行的。所以，用经济数学的方法、模型的方法优化交通运输网络，解决全国物资的合理调运问题，解决能源、原材料的按质、按量、按需、按时的运输问题，应成为宏观经济管理部门、物资派遣调运部门、交通运输部门的一项极其重要的提高经济效益的措施。

5. 综合资源利用的经济效益问题

资源是一个广义的概念。在技术经济研究中，一般指人力资源、物力资源与财力资源总称。由于能源资源的急剧下降与世界能源的极度紧张，又往往把能源资源与人力、物力、财力资源单独并列出来。因此，这里论述的综合资源利用，将包括人力资源利用、物力资源利用、财力资源利用与能源资源利用。一个国家、一个地区、部门、企业的资源利用情况与许多条件、因素有关，如资源条件、生产条件、科技水平、装备水平、管理水平、人员素质以及管理体制、经济机制等。但一个明显趋势是，随着科学技术的进步、工艺过程的完善、装备能力的增加、管理水平的提高，资源综合利用效果不断提高，具体表现在近二三十年物资生产率的大幅度提高、物资消耗率的不断下降，这也是社会经济和科学技术发展的必然结果。然而，在现代化建设中，由于资源需求量的大幅度增长，而各种资源，尤其是矿物资源的供给又在以惊人的速度下降，已给人类带来忧虑不安，经济学家、环境学家、社会学家中的一些悲观派甚至提出在经济发展中要“零速增长”、“负增长”，提出“控制消费”、“缩减消费”，他们担心资源会“用尽”。这些学者尽管过于悲观，把人类“消费”看得过重，而对科学技术的惊人发展、人类的创造力、开发能力估计过低；但他们对资源的过量消耗、资源的浪费提出的警告应当引起人们的高度重视，事实上，当今世界综合资源的利用水平是不高的，利用效率是很低的，经济效益也是相差十分悬殊的。如世界各国森林资源的利用率高者50%—60%，低者只达1/4左右；据有关资料介绍，现在世界上每人每年从自然环境中取出8吨矿物资源，而其中又有2.5吨作为废弃物排出。目前资源的这种利用状况给人们提出反思：能否在现有资源总量消耗的情况下，提高产出的经济成果？或者，在产出同样多经济成果时，尽可能少的消耗各种资源？因此，在研究资源利用时应遵循合理利用、综合利用、循环利用的原则，以边际效益最佳为目标和衡量标准，使其物尽其用，科学用料，在不增加资源和少增资源的情况下，获得更多更好、价值更高的劳动成果。

6. 各类人员组合的经济效益问题

劳动组织、人员组合一般属于管理问题。劳动组织的合理程度、人员组合的科学程度，影响着劳动者的时间利用与利用效率。因此，时常出现由于各类人员劳动组合的不同，其劳动生产率差别甚大；同样，也时常出现在各类资源供给、要素存量相同或基本相同的情况下，由于劳动组织、生产组织的差异，造成经济效益的不同。出现这类情况并非异常，它是各管理要素，主要是人、知识、经验、技巧等配置合理与否的必然结果。在现实生活中，在各种竞赛活动中，经常碰到“弱胜强”的情况也属人员配置、要素组合的成果反映。在各项经济活动中，存在着如何发挥各类人员优势的问题。此外，经济活动的另一特点是，经济目标（如生产任务量、定额，或应完成的产量、产值，当然最好是经济效益指标等）往往是固定或基本固定的，在这种情况下，人员的组合应遵照：（1）劳动生产率最高原则，即适宜人数以及采取何种组合的方式方法，才能达到生产率最高；（2）投入最少原则，即为完成上述目标，怎样才能使其劳动投入为最少。通过上述分析不难看出，优化劳动组合确实是提高经济效益的一个重要途径。

7. 劳动时间利用的经济效益问题

当今世界已普遍承认，时间是一种十分宝贵、十分重要的可用资源。中国几千年来流传的“一寸光阴一寸金，寸金难买寸光阴”，就是对时间价值的一种评价。“时间就是效率”、“时间就是金钱”的提法虽不是很科学的，但的确启迪人们只要合理利用时间、科学利用时间，就可创出好的经济效益，甚至可创造出比原来高得多的经济效益。为在时间利用上挖掘经济效益的潜力，现从以下四个方面进行分析：（1）利用时间的数量，即对一个人来说，时间是有限的，假若一个人整个一生可供利用的时间为96000个小时，浪费一个小时就少一个提供使用价值的“小时”，珍惜每一个小时就等于可多创造一个小时的价值成果。（2）掌握时间的质量，即在人生可利用的时间里，其时间质量是有差别的，如青年时期，在劳动上往往速度快、效率高，但劳动质量和创造的效益受经验、技能、知识、信息量等因素的制约；中年时期，经验、知识、技能、信息量等都优于青年时期，因而在工作效率、质量上一般都较青年时期为高；老年时期则有相互矛盾的状态，既有优于中、青年时期的特点，也有接受新鲜事物迟缓，知识、经验老化等不足。另外一年四季、一天早中晚都有一个什么时间做什么事最适宜的时间质量问题，如何把握住适应于自己年龄、身体状况的有利时机也是一个很实际的问题。（3）提高时间的效率，即如何在所消耗的时间内创造更多的符合社会需要的产品，使自己在“岗”一个小时就有一个小时的成效，甚至在“岗”一个小时就不断创造出比前一个小时更多的劳动成果。（4）创造效益的最佳机遇，这既是个人的追求，也是管理者的责任。上述分析可以得出一个无须证明的公理：时间利用与经济效益呈相关关系，即时间利用得好经济效益就好；时间利用得不好经济效益就不好。

8. 生产设备配套的经济效益问题

在物质资料生产中，由于生产过程需要多种工序，甚至每个工序还要有若干种作业，而工序与作业的生产能力又应与前后工序、作业生产能力相协调，否则就会造成或者能力过剩或者能力不足。然而不论是前者还是后者，对生产部门来说都将是一个能力上的浪费，前者浪费该工序、作业的能力，后者浪费与之相配套的工序和作业的能力。这两种浪费实际上也都是投入上的浪费。因此，在物质生产过程中，要提高经济效益，首先就要少投入，而要少投入就必须工序间、作业间的生产手段、生产工具、生产设备在能力上协调。那么，如何才能达此目的？这就是我们这里讲的生产设备配套问题。“配套”的原意是指把若干相关的事物组合成一个整体，有人称为“配套成龙”，即将各有关部分或相关事物搭配成为完整的系统，将这一思想用于生产设备的制造上，使之生产上所需要的各种机械配合起来进行成套生产，即成套设备的生产。我们知道，任何一个生产过程都是一个系统工程、系统网络，在这个系统工程中毫无疑问也应遵循这一思想。但遗憾的是，在现实经济发展中，这种“配套”的思想并不是每位经济工作者都有的，也不是每个经济决策者都以此标准进行科学决策。在现实经济中出现的许多问题都是与此相关的。从宏观经济看，整个国民经济的建设规模是否与建设资金相配套，技术引进规模的大小是否与国内人民币相配套，其技术水平是否与国内安装、机修等各项服务相配套，专业设备的生产是否与通用设备的生产相配套，新建、扩建、改建是否与交通运输能力、原材料保证能力、能源供给能力等相配套，等等。从微观经济看，企业、部门各种生产设备是否相配套，如铸造、锻压设备是否与加工设备相配套，加工设备是否与装配设备相配套；企业扩建与改建是否与企业资金相配套；企业扩大生产能力是否与企业现有生产能力（特别是主体设备能力）相配套，是否与运输、能源、原材料供应等相配套，等等。在当前和今后的经济发展中，如果能在生产设备配套（特别是设备能力）上采取一些措施、制定一些政策，就完全可以在不增加或少增加投入的情况下，获得较多较大的产出，就完全可以在现有设备的水平上取得更加显著的经济效益。

上面我们对物质生产领域一些带有普遍性的问题，包括内外部环境、条件，以及这些环境、条件的配置、优化等，从经济效益的观点进行了分析研究，并通过分析研究给出了当前提高经济效益的基本思路及其潜力所在。如果我们各级领导人员、经济管理人员、工程技术人员，从宏观到微观、从部门到企业都能重视“生产要素配置”、“工艺类型选择”、“工序能力平衡”、“优化运输网络”、“资源综合利用”、“人员优化组合”、“有效利用时间”、“生产设备配套”等，并从中找出问题解决问题，那么，我国生产与建设中的经济效益一定会有较大的提高，我国的经济也一定会在持续、稳定、协调的道路上健康发展。

（原载《数量经济技术经济研究》1990 年第 5 期）

机遇与挑战并存

——邓后经济形势评析

1997 年 2 月 19 日晚 9 时，中国杰出领导人、改革开放总设计师邓小平与世长辞了。他对中国现代经济发展做出的巨大贡献将永载史册。就在此时此刻，可能有许多政治家、企业家，甚至经济学家、战略家都在关心中国的未来发展、中国经济的走向，有的还在猜测邓小平的逝世会不会影响中国的经济发展？会不会影响中国改革开放的进程？对此，作为一个普通的经济学家谈谈我的看法，并对“邓后”的经济形势作一简要分析。

一 经济形势严峻

第一，我持乐观态度。这里一是中国人的心态良好——生活改善、市场繁荣、物价稳中有降；二是中国经济的持续发展——经济增长、价格回落、农业取得好的收成；三是多种经济齐头并进——“东方不亮西方亮”，国有经济遇到困难非国有经济蓬勃发展。

第二，我也认为经济形势严峻，主要表现在投资规模过大、经济增长速度过快。我一直认为中国经济增长速度不宜超过 6%—7%，这是由中国人员素质、资源状况、生产效率所决定的，超过这一增长速度必然要采取扩大规模（包括投资规模、生产规模）的形式、用资源的代价换取较高的速度，其结果必然是经济效益低下。这种用过量的投入换来的高的经济增长也必然潜伏着极大的危险性。这种危险性在“邓前”存在，“邓后”也存在。

第三，机遇与挑战并存。1997 年是香港回归的大喜之日，它即将带来大陆经济发展的巨大机遇，也将是对大陆经济发展的巨大挑战。如果能执行贯彻“一国两制”，如果能处理好大陆经济持续发展与香港地区经济繁荣的关系，如果大陆经济能在调整结构、提高效率上狠下工夫，就可以顺利发展，朝着人们所期望的方向发展。但如果没有把握好这一机遇，只看到多年高速发展取得的成绩，而没有分析其高速发展背后的危险性，其后果将是难以想象的。

第四，关键是实事求是、尊重客观规律。中国在经济发展中吃大亏的就是不实事求是、搞虚报浮夸，用政治干扰经济。这种“不实”作风和工作方法至今犹存。在中国，坦白地说，政治影响经济、干预经济的事例比比皆是，因此，一个伟大的政治家、领导者的思想与作风确实影响着方方面面。

邓小平对中国的改革开放做出的巨大贡献不仅体现在当今的经济发展与社会进步，还体现在他的改革开放思想，特别是依靠科学技术发展经济的思想已深入人心，从这个意义上讲，邓小平的逝世不会对中国的经济发展产生大的波动。但也由于“过去的印象”、“过去的做法”，重大的政治事件也影响着某些经济活动，如对股市的影响、对外国投资的影响等，也是可以理解的。

第五，“事在人为”，这对外国投资者来说是极为重要的。在中国把钱投在何处、投向哪个产业部门，投资多少、规模多大均在于决策者本人所为，如果决策前进行周密的可行性研究、进行多方案的技术经济论证，就可以把握投资点、投资量、投资机会，就可在激烈的市场竞争中占有一席之地。

第六，1997 年的经济预测数字让人满意，但经济运行中存在的问题令人担忧。

按中国社会科学院预测，1997 年国内生产总值的增长率为 10.3%，全社会固定资产投资增长率为 19.2%，商品价格零售价格指数上涨率为 6.7%，财政收入增长率为 17.3%，居民存款余额增长率为 31.5%，对外贸易：进口将增长 9.6%，出口将增长 9.2%。

二　国有企业困难重重

应该说，这种预测结果令人满意，但当前中国经济发展最大难题：一是国有企业困难重重，二是社会保障体系还很不健全，至今没有找到好的解决办法。1996年国有企业（对全国38万乡级以上独立核算企业统计）实现利润比上年下降36%以上，亏损额上升50%。

与此同时，停产、半停产企业和下岗待岗人员增多，再加上离退休人员增多、收入偏低，以及城市中存在的大量的流动人口等，由此而引发出来的社会问题比以往都有所增加，如果这些问题解决不当，必然影响社会安定与经济发展。

（原载新加坡《联合早报》1997年2月21日）

二

我国技术选择问题研究

近几年来，无论在技术引进中，还是在现有企业的技术改造中，都比较重视技术选择这个重要环节，并都不同程度地对选择的技术进行论证。但也看到，在技术选择中盲目决策、主观决策、领导决策的状况尚未得到根本性改变。在技术选择中由于决策失误而带来经济、社会损失的现象也到处可见。这就是说，对技术选择问题从理论到实践都有许多问题值得研究，连续引进114条电视机生产线就是其中一例。众所周知，技术选择的过程是众多专家、多种知识、综合分析、全面论证的结果，而绝不是哪一级领导、哪一个权威个人所能决策的。比如，选择某项技术既要考虑技术的先进性、适用性，生产的可行性、安全性，但又不能以技术论技术、以工艺论工艺、以设备论设备，或仅以技术的先进程度决定取舍，还必须同时考虑其经济的合理性、社会的有益性、资源的节约性、生态的容忍性，使技术上先进可行、经济上有利合算、社会上有益可取、资源上综合利用、生态上保持平衡。这说明，选择一项新技术，不仅要了解技术性能、质量、可靠性程度、工艺流程、化工配方，以及技术图纸、工艺资料，还必须同时了解投产后的经济效益，如成本高低、利润大小、投资回收、能源耗费、原料消耗，以及各种社会效益、生态变化等。如果不对选择的技术进行详细的可行性研究与综合论证，就无法知道该技术投产后能为国家创造多少积累、带来多大的经济效益与社会效益，当然也就很难判断选择的技术给社会带来的是发展还是污染。因此，对技术选择必须持科学态度，必须坚持民主化、科学化，必须严格按客观规律办事。

一　技术选择的必要性

技术的合理选择不仅在技术进步中占有重要地位，而且对提高整个国民经济的经济效益也有重要意义。

目前，摆在国民经济面前的一项严峻任务就是改造40多万个现有企业，不断用先进适用的技术武装数以百万、千万计的乡镇、村镇企业，在这项量大面广的技术经济活动中选择什么样的技术？是高精尖技术，还是适用技术？是先进技术还是中间技术？是技术密集型、资金密集型、知识密集型技术还是劳动密集型技术？这在理论界是有不同看法的。笔者认为，无论选择何种技术都应从本国的国情、国力出发，考虑本国的吸收能力、开发能力、研制能力，考虑本国的生产组织能力、技术管理能力、技术与管理的协调能力，选择与本国经济、技术、社会各方面条件相适应的技术。这是因为技术选择本身就是一项庞大的经济社会系统工程，对它的评价与决策涉及诸多领域、诸多因素、诸多条件。若技术选择得好，既先进适用又物美价廉，既能提高技术水平又能创造更好的经济效益；若在技术选择中不考虑本企业、本部门的技术水平与配套能力，而盲目追求“最先进”的技术，结果必然是要么由于生产能力不配套成龙，造成设备、技术闲置，不能发挥应有的设计能力，造成资金浪费、外汇浪费，要么由于管理水平低、人员素质差，造成先进技术与落后管理的矛盾，或者造成“大马拉小车”，带来消耗大、效益低。这两种情况在我国现实经济中屡见不鲜，因此，技术选择不仅直接关系到宏观经济效益的好坏，而且直接关系到企业如何发展、企业如何在竞争对手如林的情况下立稳、站住，企业如何在产品质量上技压群芳、脱颖而出。

在技术选择中一个十分重要的问题是博采世界各国技术之长，走技术发展的捷径，尤其是当今世界技术发展日新月异，设备翻新越来越快，在这技术飞快发展的世界里，发展中国家要发展、要缩短与发达国家之差距，只靠本国的技术水平、技术力量、技术基础，只靠本国的技术研制、技术转移是远远不够的。目前，我国广大企业要自我改造、自我完善、自我进步，首先碰到的问题就是选择什么样的技术，发展什么样的技术，引进什么样的技术，用什么样的技术来改造现有企业？用国内技术还是国外技术？是自己研制，还是引进他国？世界各国经济发展的经验和我国已有经验，特别是近几年的新鲜经验均已证明：引进国外的先进技术与设备，博采各国技术之长是提高我国技术水平、提高技术进步经济效益的一个极好的办法。但各国的技术引进也告诉我们，技术引进一定要作好技术选择，不能饥不择食地什么都引进。我国前几年的技术引进就曾出现这种情况。所以，必须对技术选择予以高度重视，并应采取一系列政策予以保证。这是因为，技术引进本身就是一个复杂的“投入产出”系统工程，既有资金、外汇投入，各种资源投入，又要通过这种“投入”获得更多的“产出”。为此，就必须选择、比较，并通过选择、比较达到少投入、多产出的目的。

二　技术选择的基本原则

在社会经济发展中，有许多东西需要我们认真研究、择优选择。比如，从国外引进技术与购买设备，首先要抉择的就是输出技术国家的各种条件、包括各种技术数据、参数，对原材料的质量要求，应用条件等是否适合引进技术国家的条件，是否符合引进技术国家的需要。我们知道，输出技术的国家卖你技术其主要目的，一想赚钱，二想打入你的市场，但它还想保持对引进国家的技术优势与竞争能力，也就是说，他既想输出技术但又怕培养起一个新的对手。因此，在国际上输出技术往往附带许多限制性的条款，如有的技术只限你在本国使用，不准输出，也不准转让；有的技术秘密、化工配方向引进国家严格保密，只供用，不泄“方”，有的要你从每年的利润中提成一定比例给他，甚至有的还要你按一定比例提成若干年；还有些“不平等”条款，如输出国家要求你改进了技术要通告他，但他改进技术可以不通知你，等等。对引进技术国家来说，在技术引进中，一想少花钱，二想得到更多的东西，三还想在技术上赶超他。这样，就需要认真分析、比较，并在分析比较中选择对自己有利的方案。再如对技术输出国家的选择，各种条件的选择，设备价格、贷款方式、利率、期限的选择也都需要认真对待才行。在过去的技术选择中，决策失误、吃亏较多的就是“吊死在一棵树上”，付了许多“学费”，也花了不小的代价。

当然，影响技术选择的因素很多，外部的条件也很复杂，我们的任务就是要从这诸多因素中、错综复杂的内外部条件中选择于国于民都有利的因素与条件，对国家、对企业都有利的技术方案。我国现有 40 多万个企业，企业的内外部条件又是千差万别的，若对这千差万别的企业给予一个统一模式、标准模式，看来是不现实的。但从我国经济发展的实践中已总结出一条“真理”，这就是一个国家经济的发展要充分发挥自己的优势、依靠自己的优势。如日本的经济发展是靠“人脑+电脑”的优势；美国经济发展靠“人才+科技”的优势；中东一些国家的经济发展却主要靠“资源”、靠“石油”的优势。一个企业、部门的发展也应找出自己的优势所在。所以我们选择技术就应选择有利于发挥自己优势的技术，选择能够利用发展自己特长、名牌、自己的拳头工业、拳头产品的技术。这里决策者的职责，一是寻找、总结、利用本部门的优势；二是认真研究如何变劣势为优势，克服“劣势”的影响，或把影响降低到最低限度。掌握了这一准则，就掌握了技术选择的主动权。

我们知道，技术发展是社会物质财富不断增长的重要手段。在以农业经济为主的社会里欲想从土地上多收多得，就必须吸取过去卓有成效的耕作技术，不断完善耕作技术；在以工业经济为主的社会里，欲想得到更多的产品，或更多的利润与剩余产品，就不能因循守旧、沿袭陈规旧俗，惯用老设备、老技术、老工艺、老方法，必须有革新、创新的精神，不断改进工艺流程，不断改进生产操作方法，不断追求设备的完善、技术的革新、操作的效率；在现代与未来的社会里，经济的繁荣与发展、人类文明程度的提高，不仅依然依靠技术进步，而且要以尽量少的资源、人力、资金、能源去满足现代化的生活、高质量的饮食、舒适的居住、优质的服务等不断增长的需要。从历史的回顾、发展的现实，以及对未来发展的预测，我们均可发现，技术选择不是无原则、无目的的，而是按一定原则进行的，如“从土地上多收多得”、“生产更多产品，获得更多利润”、“以尽量少的资源、人力、资金、能源消耗去满足人们不断增长的需要”等。因此，我们可以得出这样的结论：技术选择是一种目的性很强的人类实践活动，这种实践活动如能正确指导与控制，如能按一定的原则进行选择，就可收到事半功倍的社会效益和经济效益。从我国现有的基本国情和现有技术经济条件出发，笔者认为，我国技术选择的基本原则应是：

1. 技术先进。这是因为，不论是整个国民经济的技术改造和现代化改装，还是企业的技术进步都要不断地用新技术、先进技术去改造原有技术、落后技术，用新的设备、先进设备去更换原有设备、陈旧设备，不断用新的综合技术、组合技术去代替那些简单性技术，所以，在技术选择中必须尽可能地选择带有技术发展方向的一些先进技术、关键性技术，尽可能地选择适用于本国、本地、本部门、本企业的先进技术，这也是社会经济与技术发展的必然。只有这样，才能加快技术进步，不断提高技术水平，缩短与工业发达国家的技术差距；才能加快经济发展，取得超常规的经济增长速度，提高经济的发达程度。但又必须防止那种片面地追求技术越先进越好、越新越好而不作全面的技术经济分析的做法。

2. 生产可行。在考虑技术的先进性之后，还必须考虑所选择的技术的安装设计、生产使用、修理服务的可行性，技术操作的安全性，劳动者体力的承受能力，必须考虑国内各部门、企业的生产配套能力，交通运输保证能力，燃料、原材料供应能力，技术维修能力，未来产品的销售能力以及人员素质的适应能力等，这些都涉及所选择的技术与设备是否能正常运转、生产能力是否能充分发挥、生产周期是否不断缩短、生产效率是否不断提高等。

3. 经济合理。这是选择技术的重要标准，是进行科学决策的重要依据。不论对整个国家，还是对部门、企业，都应要求在尽可能条件下做到投资少、见效快、经济效益好，尤其在我国“四化”建设中，资金短缺将是较长时期有待进一步解决的问题，如能在技术选择中，用较少的资金与外汇达到技术选择的目的，或所用资金与外汇能较快回收还本，使所用资金与外汇“一个钱等于两个钱用”，那这种选择就将是最佳选择。离开了这一经济原则，就等于失去了选择的标准，失去了决策的依据，再好再先进的技术也只能是束之高阁、望而不即。如果不遵循这一经济原则，不考虑本国、本单位的承受能力和资金的利用效果，而个人武断、片面决策，其结果轻者是经济上受损失，重者将带来的是债台高筑、不可自拔，并将影响整个现代化的进程。

4. 社会有益。选择的技术不仅能带动技术水平的提高，带来良好的经济效益，还应对社会有益。这是由于现代的技术发展或评价技术的好坏不仅看它的生产效率，看它改造大自然、利用各种资源的能力，还要看一系列社会指标的变化，如对人口质量的影响、资源质量的改进、发展质量的控制等；如可提供更多的就业机会，可创造良好的学习、生活、工作的环境，可生产更多的出口产品，更多的质量高、可靠性强、性能好的产品等。

5. 资源节约。由于地下矿物资源被强度开采、各种生物资源被严重破坏、各种能源、水资源被大量消耗之后，人们已普遍感到资源的严重不足，强烈呼吁保护资源、恢复资源，尤其对可再生资源、生物资源要求人工再造，使资源取之不竭、用之不尽，使资源能够永续利用。世界各国在各种资源急剧下降，并仍以惊人的速度进行耗费的当今世界，各国无不要求研制与生产效率高、能节约各种资源的新型技术与设备，而且这种趋势将越来越明显。因此，在选择技术时必须遵循“资源节约”这一原则。

6. 环境改善。工业化社会的高度发展除了给人们带来物质文明外，也给人们带来了环境、噪声、大气、水体、土壤等的污染，并由这些污染给人类带来的多种疾病、有害物质，已对人类的生存带来越来越严重的威胁，因此，改善人类的生活、工作、学习环境已成为当今世界技术发展的重要趋势，也是当今世界与未来世界技术选择的极其重要的限制条件。可以肯定，在今后的技术发展中，无污染、无废料的技术将是一个不以人们的意志为转移的、不可逆转的发展方向。所以，在技术选择中不仅应予重视，而且应作为技术选择的基本原则，既不应选择与发展那些“煤老虎”、“油老虎”、“气老虎”、“电老虎”等技术，也不应选择与发展那些污染环境、破坏水体、噪声严重的技术，这也成为技术引进应遵循的一条原则。

7. 生态平衡。随着人类社会的发展，人与自然环境的关系变得“越来越紧张”：矿物资源开采量越来越多，林木资源消耗量急剧增加，地下水资源的耗费成倍增长，并由此带来了严重的水土流失、生态失衡、土壤沙化、气候异常等，这些生态因素的劣化不仅严重地影响了农业、林业、畜牧业的发展，也严重地影响了采掘业、加工业、交通运输业，以至整个工业的发展，因此，我们选择的技术应有利于恢复或重建生态平衡，对于加剧生态失衡、不利于优化生态因素的技术不仅不应选择，而且应予抵制。

三　从选择意义上划分的技术类型

在进行技术选择时，我们可将各种待选技术划分若干种类型，然后根据我国“国情”、“地情”、“企业情”，按技术进步的基本要求与规划目标，选择适合本国、本地、本企业技术水平和管理水平的技术。目前，待选技术的划分方法有两种：第一种是按该技术占用某方面资源（包括人力、物力、财力资源）、信息（包括知识、技能、科学技术）量的多少来划分，如资金密集型技术、劳动密集型技术、技术密集型技术、知识密集型技术等。

——资金密集型技术，即资金占用与消耗较多的技术。这种技术一般占用投资较多、技术装备程度较高，如机械制造、石油、冶金等部门的技术多属这一类型技术。资金密集型技术的特点：一是资金占用较多，周转较慢，投资回收期较长；二是容纳劳动力较少。但它一般具有劳动生产率高、消耗低、成本低、竞争能力强等优点。因此，劳力不足、资源缺乏的经济发达国家常把发展资金密集型技术作为一项重要政策。资金密集型技术的发展要求有较高的社会物质技术基础和较充裕的资金条件。虽然发展这种技术对我国现代化建设、提高我国科学技术水平有重要意义，但由于我国国情、国力的限制，尚不可能大量发展和大规模引进这种技术。

——劳动密集型技术，即劳动占用与消耗较多的技术。这种技术一般是单位劳动占用的资金较少、技术装备程度也较低，如轻工、纺织、饮食、服务等部门的技术多属这一类型的技术。劳动密集型技术的特点：一是容纳劳动力较多，占用劳动力较多；二是资金占用较少，有些学者把这种技术对称于资金密集型技术。我国当前建设资金比较困难，投资有限，但劳动力资源十分丰富，劳动就业还需进一步解决，因此，发展劳动密集型技术，多发展一些资本有机构成比较低的劳动密集行业、多生产一些需求量较大或附加价值较高的劳动密集型产品，是我国现实经济发展和技术选择的一条重要原则。在技术选择中，根据我国的国情、国力引进一些劳动密集型技术，充分发挥我国劳动力资源优势，既可弥补资金不足和改造现有技术，又能增加社会产品、取得良好的投资经济效益。

——技术密集型技术，即机械化、自动化程度较高的技术，有的学者称为高、精、尖技术。这种技术一般是占用劳动力较少、容纳劳动力较少，如高效组合机床、数控机床、合成材料技术、原子能技术、航天技术、加工自动线等。这种技术的突出特点：一是对技术熟练程度和科学技术知识要求较高，因而可以完成传统技术、常规技术无法完成的生产技术活动，取得比传统技术、常规技术更多的产品、成果。二是可以为国民经济各部门提供新技术、新材料、新能源、新工艺、新设备，并把劳动生产率提高到一个崭新的水平。因此，一些资金比较充裕、人工成本比较高的经济发达国家，把发展技术密集型技术作为一项重要技术政策和措施。

——知识密集型技术，即高度凝结先进的现代化技术成果的技术。如电子计算机技术、宇航技术、大规模和超大规模集成电路、原子能技术等。这种技术的特点：一是从事这种技术活动的多是中高级科学、技术人员和经济管理人员，连操作人员也都需有较高的科学技术知识与管理知识；二是技术装备复杂、投资费用高，但这种技术具有占有劳力少、消耗材料少、环境污染少等特点。随着现代科学技术的迅猛发展，知识密集型技术有不断发展的趋势。但这种技术目前在我国由于资金所限尚不能较大发展，只能在少数工业技术密集、科学技术人才比较集中的地区逐渐发展。此外，还有资源密集型技术、能量密集型技术等。

对密集型技术的认识与掌握在技术选择中有重要意义，它关系到选择什么样的技术和建立什么样的技术结构的大问题。

第二种是从技术选择的角度来分类技术，如有的把技术分类为先进技术与落后技术，位于两者之间的为中间技术；有的把技术分类为适用技术与非适用技术，位于两者之间的为过渡性技术；有的把技术分类为复杂技术（组合技术）与简单技术（单一技术）；还有的把技术分类为专业技术与通用技术，等等。尽管这些分类从理论上讲都有一定道理，但从应用角度看，概念含混，难以掌握。因此，在技术选择中拟应采用下列分类方法，即：资金节约型技术，劳动占用密集型技术，设备节能型技术，物资消耗节约型技术；“三废”自我处理型技术，生产安全型技术，等等。

——资金节约型技术。由于获得某种技术需要资金，有时还需利用利息压力比较大的外资，这里就有一个偿还本息的问题，特别是利用外资时若国家、部门、企业没有一定的创汇能力、产品不能出口，偿还外资将会碰到困难。这对于资金缺乏的国家、地区、企业来说就将是一个十分严肃、十分重要的问题。因此，在我国选择资金节约型的技术就是一个十分现实的问题。

——劳动占用密集型技术。这种技术对人口稠密、待业压力大的国家和地区来说，是发挥优势的一种途径，对我国更是一个在当前和今后一段时间内较为合适的技术选择领域。由于我国人口多、待业问题较为突出，所以，选择技术时虽也需一批高、精、尖技术和机械化、自动化程度较高的技术，但现今不宜太多，主要还应多选择一些劳动占用数量较多的技术。

——设备节能型技术。这对于缺能国家或地区来说是较长时期的技术发展战略方向，虽有些国家目前能源尚不紧张，但能源资源毕竟是用一点少一点，从这种意义上说，它将是今后技术发展的一个重要方向。这是因为许多设备不是用一两年，或三五年，有的要用八九年，甚至更长。因此，我们认为，那种“油老虎”、“电老虎”、“煤老虎”、“气老虎”是不宜引进的，即使是由于某种特殊需要，或“急需”，也应严格控制。

——物资消耗节约型技术。这也是今后技术发展的主要方向之一。尤其对那些资源短缺的国家和地区更应严格遵守：所选技术无论在原料、材料的消耗上，还是辅助材料、替代材料的消耗上，都应为节约资源型为主的技术。

——“三废”自我处理型技术。即在考虑技术结构、设备结构时，应尽量选用少“三废”或无“三废”型、少污染或无污染型的技术，即使出现“三废”也能自我处理。

——生产安全型技术。技术无论其先进程度如何，首要的条件是生产必须安全，离开了这一条就失去了选择的真正意义。上述两种技术选择类型的划分是从不同角度进行的，但都说明，选择技术是要有针对性的，要根据国情、国力、企业发展需要与可能，因地制宜地进行选择。

四　我国从宏观角度应选择的十种技术

根据我国的技术水平与管理水平，要加速整个国民经济的技术改造和众多企业的现代化改装，从宏观上应主要选择以下十种技术：

第一，对社会生产、生活影响较大的技术。这既是全社会技术改造的需要，也是40多万个企业自我改造、自我完善、自我进步的需要。我国现已有较强的物质技术基础，有比较完整的工业体系，有些设备的拥有量、有些部门的生产能力在世界上是名列前茅的，但是，设备落后、工艺落后、产品落后也十分严重，因此，改造的任务十分严峻，但又不能同时进行、全盘改造，只能选择那些对社会生产、生活有较大影响的技术进行改造、更新。

第二，能体现多种技术最新成就的技术。这里选择与引进综合技术、组合技术是十分必要的，因为它们是多种最新技术的综合，是现代技术发展的方向。选用这种技术对企业现代化改装具有重要现实意义。我国技术水平普遍较低，与国外发达国家的技术差距也比较大，在这种情况下，我们不能总在人家后边爬行，要迎头追赶，尤其通过技术引进，引进一些最新技术成果是当前技术进步不可缺少的重要内容。

第三，能带动科学技术发展的技术。这种带头技术将为科学技术的发展起样板作用，为新技术的开发、新产品的研制奠定技术基础，比如微电子技术，它不仅对改造现有企业、装备国民经济各部门有重要作用，而且能带动整个科学技术的发展。

第四，应用范围广、效益高的技术。由于我国各条战线、各生产领域技术改造的任务都很重，然而可用于技术改造的资金又很有限，如果选择的技术可较广泛地运用，而且效益又比较高，无疑可起到既促进技术改造、又节约资金的双重作用。

第五，能提高投资效益的技术。不论是新建，还是改扩建，都要求能较快地投产、达产，很快的发挥生产能力、达到设计标准，使投资能在较短时期内得到回收，这是技术选择的一个重要原则。当今世界各国技术、设备的更新换代越来越快，原来8—10年技术更新的周期，现只有3—5年，在这种技术发展日新月异的形势下，所选择的技术没有较显著的投资效益是没有前途的。

第六，能改造我国现有技术的技术。我国从整个国民经济到每个企业的技术改造任务都很重，它包括新技术的开发、落后技术的改造、陈旧设备的更新、低劣产品的换代等，如果能多选用一些能够改造中国现有技术的技术，并对这些技术进行消化、吸收，不仅可大大增强我国企业的自我改造能力，还可提高企业现代化改装的起点，缩短我国与发达国家的技术差距。

第七，能增加产品出口的技术。一个国家和地区，要提高经济发展速度，一个重要途径就是要多引进外国的先进技术与设备，而要多引进就要有更多的外汇来源，更多的产品出口。但是，恰好在产品出口的问题上我们是薄弱环节，这里一个重要问题就是我们生产出口产品的厂家技术落后、设备陈旧，生产出来的产品打不进国际市场，如果能通过技术引进，提高产品质量，使更多厂家能增加产品出口，就可使本部门的产品逐渐达到或接近世界同行业的水平，不断扩大产品的国外销售量，这将对国民经济是一个有力的推进。

第八，能带动相关部门、相关产业发展的技术。由于国民经济是一个有机的整体，部门、产业之间互相依存，因而，如果能选择带动其他部门、其他产业发展的技术，就可起到技术的辐射作用，就可起到母鸡下蛋的作用。

第九，能带来能源、资源节约的技术。这是技术的发展方向，也是技术进步的趋势。在选择技术时切不可反其道而行之。当前，能源、原材料的过量消耗给人们带来了极大的忧虑，世界各国技术的发展都转向节约能源型、节约资源型，如果能在这方面借鉴国外的科研成果与现成的技术，对国家、对企业都是很有利的。

第十，能提高劳动生产率、减轻劳动强度的技术。在过去若干个世纪里，社会的发展、物质财富的增长主要靠扩大人的体力和大量消耗各种资源取得，但今后将主要是靠扩大人的脑力、减轻人的体力、靠提高劳动生产率，靠科学技术的进步。这一点在选择技术时应予足够的重视。

五　我国从微观角度应选择的六种类型

众所周知，我国现有企业已有相当的技术基础和管理经验，已有一大批现代化厂房和较强的安装机修力量：有些企业可以靠自己的技术力量很快地熟悉和掌握先进的设备和技术，发挥和充分利用其生产能力；有些企业可以靠自己的科研、设计力量进行产品的开发与技术创新，对引进的技术如组织得好完全有能力进行研制、仿造，使之本国化。这些都是各种技术与设备赖以生存、发展的重要条件。

但是，我们也应看到，我国的技术水平、装备水平从总体上讲还是比较落后的，设备是陈旧的，我国企业要发展、要进步、要现代化，不仅需要靠自己的力量进行设备的更新、改造，需要进行现代化改装，还需要引进一批既先进又适用的技术与设备，并用这些技术与设备去改造我国的现有企业，创造新的产品，研制新的花色品种，把产品打进国际市场。这就给我们提出一系列问题：如何根据本国、本企业、本部门的情况与条件，选择和引进一些关键性技术、设备来改装现有企业？如何真正依靠技术进步提高产品质量、提高经济效益？等等。要解决这一系列问题，除了要从我国经济发展中借鉴有益的经验，特别是从近几年的新鲜经验中吸取营养；一个极其重要的方面就是要从政策思想上、宏观管理上、改革措施上去鼓励现有企业的技术进步，并在技术进步中认真地做好技术选择。要做好当前的技术选择，在微观上必须有目的、有针对性地进行，本着“急需什么选择什么”的原则，以“先进适用型”技术为主导，以提高经济效益为目的，进行这一工作。根据我国现有企业的现状与发展的需求，技术选择的类型有以下六种：

1. 扩大能力型，即通过选择关键技术与设备，不断扩大生产能力，使企业得到发展壮大。这种类型在新中国成立后的一段时期起了重大的作用，尤其对于新兴工业部门、轻工部门效果尤为明显。

2. 提高效率型，即通过技术的选择改善工艺流程，更新陈旧设备，用先进的技术、设备装备原有企业，使生产效率大为提高，生产工序衔接紧凑，生产能力趋于均衡，生产潜力极大发挥，这不仅对提高企业技术、效率有重要意义，而且对现代化管理也将起重大的推动作用。

3. 提高质量型，即通过技术选择解决提高产品质量的问题，这对于那些出口产品、名牌产品、拳头产品的保护与发展具有更大的意义。近几年来，我国产品质量虽逐年提高，但质量差、性能低、功能不全等问题仍需高度重视，因此，在技术选择中对这种类型的选择应占重要地位。

4. 增加品种型，即通过技术选择增加花色品种，以扩大市场需求。目前，我们出口商品的花色品种比较单一，如罐头行业生产的凤尾鱼多是椭圆罐，午餐肉多为方扁罐，水果多是圆罐等，很影响我们的出口销售。如果能通过技术选择满足国内外不断变化的市场需求，无疑将对外向经济的发展与扩大产生深远影响。

5. 填补空白型，即通过技术选择填补我国的某些技术空白。我国现有企业在生产中常遇到一些技术障碍，要解决这些技术问题，有的是国内目前还力所不及的，需要借助于“外力”，通过引进技术的选择逐渐填补国内的这些空白，这对提高国民经济技术水平、装备水平以及缩短我国与发达国家的技术差距均有重要意义。

6. 改进包装型，即通过技术选择改进包装装潢。这对出口商品来说可提高商品的附加价值，对易损易坏的商品来说，可减少破损、返修。目前，我国出口商品的包装装潢比较落后，很影响我国的外贸声誉与外汇收入。许多用户反映，我们是“一等原料，二等产品，三等包装，四等价钱”。为解决这一问题，增加出口换汇，对于出口任务较重的企业，应逐步改进包装技术，必要时可作为攻关项目或引进项目集中精力加以解决。

上述几种类型对广大企业、部门把握技术选择的方向将起重要作用，对我国现有企业如何选择适合本企业的先进技术与设备、提高本企业的技术水平也有普遍意义。

（原载《数量经济技术经济研究》1998 年第 11 期）

略论我国的技术引进

世界各国经济发展的实践表明，在科学技术迅猛发展的当今世界，经济落后的国家要追赶经济发达国家，必须充分利用国际的有利环境，充分利用世界各国的先进技术和优秀科技成果，通过国际技术转让、技术交流和其他多种形式，把它们引至国内，用于国内各部门，使本国得到借鉴，并有所发展、有所创新。这已是世界各国工业现代化的一个带有规律性的普遍现象。我国经济发展的正反两方面的经验也证明，从我国的基本国情出发，有计划、有目的、有选择地引进国外的先进技术，博采世界各国技术之长，是我国经济、技术发展的必由之路，也是加速我国现代化建设的一条十分重要的途径。通过引进，赢得时间，提高起点，争取在不太长的历史时期内建立我们自己的强大的科学技术体系，这已是不可推卸的历史责任。

一　引进国外先进技术是技术进步的捷径

企业要在改革中成为充满活力、充满生机的经济实体，就要加速技术进步，不断进行自我改造、自我发展、自我完善。在加速技术进步与自我完善的过程中，一条重要途径就是借鉴世界各国经济发展的经验，博采世界各国技术之长与管理之道，搞好技术引进。

1. 以前车之鉴作为后车之辙。人类自古以来，经济社会与物质文明的发展，总是与各国、各地区之间技术的相互引进紧密联系在一起的。中国的四大发明——指南针、火药、造纸术与活字印刷传播到欧洲，推动了欧洲的进步；欧洲崛起的新技术革命及其成果又对世界各国经济的发展产生深远影响。这种各国之间技术的相互引进、取长补短发展本国经济的事例在世界近代史上多如牛毛。比如，美国的兴起主要靠英国技术，并在英国技术后边穷追不舍，1825 年英国修了第一条铁路，时隔不久，美国便引进了这项技术；1837 年英国发明了电报，美国就在 1838 年引进；在美国工业化初期，规模宏大的引进全面铺开，有蒸汽动力、炼铁技术、机械制造、铁路运输等，并把从英国引进的蒸汽机第一次用在船舶上。在机器制造方面从引进的单机发展到组合技术、自动化技术，对美国后来的技术优势起了重大作用。日本在明治维新的初期，工业水平比英国几乎落后了整整一个世纪，比美国、联邦德国、法国落后了半个世纪，但通过大量的技术引进，使日本在第二次世界大战前就成了比较发达的资本主义国家，特别是第二次世界大战以后，日本经济遭到极为严重的破坏，但他们以历史上极为罕见的引进速度，对美国、西欧施尽了技术引进的战术，且引进的数量之多、范围之广、速度之快是任何国家都不可比拟的。就是现阶段，日本也是公认的引进新技术最积极、收益最大、成绩最显著的国家。在亚洲从技术引进中取得成效、创造“奇迹”的还有新加坡、南朝鲜（现为韩国）、中国香港和中国台湾，这几个国家和地区原来的经济、技术都是比较落后的，但由于它们充分利用国际资金市场、大量开展技术引进，并充分利用自己的地理位置、资源、劳动力的优势，使本国、本地区的经济发展突飞猛进，成了国际经济社会不可忽视的竞争对手。

新中国成立以来的技术引进，对社会主义建设起了重要的推动作用，不仅扩大了生产建设能力，增强了经济实力，而且赢得了时间，锻炼了队伍，提高了科技水平。特别是近几年的技术引进，只要与现有企业的技术进步结合起来，生产就如虎添翼，效益极为显著。如常州 253 厂，1966 年从英国进口了一台生产聚树脂的设备，生产能力 500 吨，他们不仅很快地掌握了设备性能，而且又经过改造、革新，把生产能力提高了一倍，达到 1000 吨，之后又在改造、革新的基础上仿造了 3 套，1979 年全厂的生产能力已达到 4000 吨，比原来进口设备提高了 7 倍。该厂 1966—1979 年，工业总产值平均每年递增 25.4%，玻璃纤维产量平均五年翻一番，利润增长 15 倍，平均每年递增 43.6%。再如青岛纸箱厂，该厂原设备用纸 360 克/平方米，进口的日本 D_3 型双壁瓦楞纸板制造机用纸仅为 300 克/平方米，每平方米纸壳节约 0.4 元，一年只这一项就可节约 200 多万元，也只这一项就可赚回设备进口的全部价款；其生产的啤酒箱，原来是两条两接头，每只箱子接头处用纸壳 5 厘米，进口的设备是一条一接头，接头处只需要留 4 厘米，仅这一项每年可多生产啤酒箱 4 万多个。这些引进项目除带来显著的经济效益之外，还带来了经济的生机与先进的管理。因此，技术引进作为我国一项长期的经济政策是不容动摇的。

2. 以博采世界各国的技术之长作为现有企业自我进步之路。当今世界技术发展日新月异，而且技术研制速度之快、技术转移之快都令人难以想象。在这样一个世界里，发展中国家要发展，要缩短与发达国家之差距，只靠本国的技术水平、技术力量、技术基础是无法胜任的。目前，我国 40 万个企业要自我改造、自我完善、自我进步，首先碰到的就是技术问题，即用什么样的技术来改造与完善？用国内技术还是国外技术？是自己研制，还是引进他国？世界各国经济发展的经验和我国已有经验，特别是近几年的新鲜经验均已证明：引进国外的先进技术与设备、博采各国技术之长是一个极好的办法。这是因为：

（1）企业技术基础的薄弱性。当前我国先进技术与设备在国民经济中所占比重还是比较低的，如果只用这些技术与设备去改造企业、完善企业、装备企业，其结果是时间长、速度慢，不仅贻误宝贵的时间，就连原有的“先进技术与设备”也变得落后了。

（2）企业的封闭性。我国企业在过去很长一段时间是“闭门造车”，对世界各国的技术发展状况很不了解，有许多我们攻克或正在攻克的技术、设备，在国外早已解决，只要采取“拿来主义”就行了，这可以节约从研制、设计、试验到生产的大量费用。

（3）经济技术发展的依赖性。当今在世界各国经济、技术发展中相互依赖的程度越来越大，经济贸易、技术贸易额不断增长，因此，一个国家、一个地区、一个企业不依赖其他国家、其他地区、其他企业是难以发展的，企业的技术进步也是不堪设想的。

（4）未来生产的集约性。随着世界各种资源的惊人消耗，尤其能源、水资源以及原材料的大量消耗与减少给人们带来了极大的忧虑，因此，各国技术的发展都转向研制与生产节约资源、节约能源、节约原材料的设备，如果能在这方面借鉴与引进国外现有科研成果与技术，将给企业带来极大的节约和显著的经济效益，对企业的技术进步无疑将起到重要作用。

二 技术引进的关键在于搞好技术选择

对引进技术的选择是技术引进中的一项极为重要的工作。选择什么样的技术？是先进的还是中间的？是第一流的、高精尖的技术，还是适用技术？这里是很有学问的。一般认为，选择引进技术时既要考虑技术的先进性、适用性，又要考虑经济的合理性、最佳性，使选择的技术在技术上先进可行、经济上有利合算。这种理解固然不错，但从技术经济的角度来分析，还是很不够的。这是因为技术引进本身就是一项庞大的社会经济系统工程，对它的评价与决策涉及许多领域、许多因素、许多条件，而且往往是一个部门、一个企业难以进行的。因此，对引进技术进行技术选择时必须解决以下三个问题：

1. 技术选择的基本原则。从我国基本国情和现有经济条件出发，首先应考虑下述五条基本原则：

（1）技术的先进性。这是因为现有企业的技术进步是要不断地用新技术、先进技术去改造原有技术、老技术，用新的、先进设备去更换原有设备、陈旧设备，不断用新的综合技术、组合技术去代替那些简单性技术，这是社会经济技术发展的必然。只有这样，技术才有可能不断进步，经济才可能迅速发展。但又必须注意防止那种片面追求技术越先进越好、越新越好而不作全面的技术经济分析的做法。

（2）生产的可行性。在考虑技术的先进性之后，还必须考虑引进技术的安装设计、生产使用的可行性，即国内配套能力、交通运输保证能力、燃料、原材料供应能力、技术管理维修能力，以及未来产品的销售能力等，都涉及技术设备是否能正常运转、生产能力是否能充分发挥、经济效益是否能有保证等。

（3）经济的合理性。这是选择引进技术的科学依据。不论对整个国家，还是对具体企业，都要求尽可能达到投资少、见效快、经济效益好的目的。

（4）社会的有益性。这也是一条很重要的原则。引进的任何技术都应对社会有益，比如，可提供更多的就业机会，可创造良好的学习、生活、工作的环境，可消除空气污染，可生产更多的出口产品，生产更多的质量高、可靠性强的产品，等等。

（5）资源消耗的节约性。在世界各国的地下宝藏被强度开采，各种生物资源被严重破坏，各种能源、水资源被大量消耗并已给人们带来严重短缺的当今世界来说，这是一个普遍关注的重要课题。各国都要求研制与生产各种效率高、节约资源（包括节约能源、水资源、原材料等）的新型技术，也是各国在引进技术时必须注意的一条原则。

这五条原则，笔者认为是技术引进中选择技术时必须遵循的。各企业、部门除这些原则外，还应考虑如何与自己的优势相结合，以充分发挥自己的优势。

2. 技术选择的基本类型。在进行技术选择时应考虑以下几种类型：

（1）技术先进适用型。这是因为任何一项新技术、先进技术在其他国家、地区应用成功、经济效益好，不等于在你那里也一定成功，经济效益也一定好，各国新技术的研制与生产都是立足于本国的社会经济、资源环境等条件的，因此，对我们引进方来说，就有一个先进性、适用性的选择问题。

（2）资金节约型。由于引进技术要利用外资（且利息压力比较大），而利用外资就有一个偿还本息的问题。若企业没有一定的创汇能力、产品不能出口，其偿还外资就会碰到困难。因此，引进技术应选择资金节约型的。

（3）劳动密集型。这是我国一个特殊问题。由于我国人口多，待业问题较为突出，所以，引进技术时虽也需引进一批高、精、尖技术和机械化、自动化程度较高的技术作为样板加以发展，但现今不宜太多，还是主要应多引进一些劳动密集型技术。

（4）设备节能型。这是因为进口的设备不是用一两年，或三五年，有的要用八九年，甚至更长时间。在这种情况下，笔者认为，那种“油老虎”、“电老虎”、“煤老虎”、“气老虎”是不宜引进的，尤其对那些“缺能”地区，更应严格控制。

（5）物资消耗节约型。即引进的技术无论在原料、材料的消耗上，还是在辅助材料、替代材料的消耗上，都应为节约资源型的。

（6）“三废”自我处理型。即要考虑引进的技术结构、设备结构，使引进的技术与设备少“三废”或无“三废”，少污染或无污染，即使出现“三废”也应能自我处理。

（7）生产安全型。引进的技术无论其先进程度如何，首要的条件是生产必须安全，离开了这一条就离开了社会主义制度。

3. 当前应主要引进哪种技术。根据我国现有技术基础和企业的技术水平，要加速现有企业的技术进步应主要引进下述三种技术：

（1）引进的技术应该是国内没有的关键性技术。这是企业自我改造、自我完善、自我进步的需要。这里：第一，我们没有必要采用全套进口、成套引进那些被称为一揽子的技术引进，虽然这种方式曾在新中国成立初期和后来的引进中曾作为一种重要的引进方式，也起过积极作用，但现在我国已有完整的国民经济体系和工业体系，要改造、要改装只需要关键性技术与设备。因此，在引进时不应是本企业“缺什么引进什么，要引进什么就引进什么”，而应只引进那些国内尚不能制造、测试手段还达不到要求的一些技术。第二，我们也没有那么多外汇去“什么都引进”，我国目前出口换汇能力还很有限，有时还很费劲，多搞一亿美元的商品出口有时要花很大的力气，如果我们把全套引进、成套进口的外汇省下来，多引进一些包括制造技术、工艺资料、技术图纸、化工配方、工艺流程在内的新技术，不论对整个国民经济的改造，还是对企业的现代化改装，都将起到更大的作用。

（2）引进的技术应该是能改造中国现有技术的技术。当前，我国各条战线、各生产领域技术改造的任务都很重，其中，如对陈旧设备的更新、对落后技术的改造、对低劣产品的换代等。要完成这个改造任务，要加速从整个国民经济到每个企业的技术进步，其任务将是十分艰巨的。如果通过技术引进，多引进一些能够改造中国现有技术的技术，并对这些技术进行消化、吸收，无疑可大大增强我国的自我改造能力，既可提高现代化改装的起点，又可大大缩短我国与发达国家的技术差距。

（3）引进的技术应该是能使产品出口的技术。一个国家和地区，要加快经济发展速度，就应多引进外国的先进技术与设备；而要多引进，就要有更多的外汇保证、更多的产品出口。但是，恰好在产品出口的问题上我们是薄弱环节。这里一个极其重要的问题，就是我们生产出口产品的厂家技术落后、设备陈旧，生产出来的产品打不进国际市场。随着现代化建设的发展，我国的产品出口应有大幅度的增加，这就需要更多的厂家通过技术进步逐步达到或接近世界同行业产业水平，不断扩大产品的国外销售量。因此，技术引进的一个重要任务就是多引进一些能使产品增加出口、多创外汇的技术。

三　技术引进的症结在于决策是否科学

近几年来，我国在技术引进工作中出现了许多可喜的变化，取得了明显的成绩。但是也要看到，在技术引进中盲目决策、主观决策、领导决策的状况尚未得到根本性改变。技术引进要求有众多专家、各方面知识、进行综合的全面的技术经济论证，绝不是哪一个领导、哪一个权威个人所能决策的。比如，引进一个项目要考虑技术的先进性、实用性，但又不能以技术论技术，仅以技术决定项目的取舍，还必须同时考虑其经济的合理性、社会的有益性，通过论证使引进项目技术上先进可行、经济上有利合算、社会上有益可取。这就是说，引进一项新技术，不仅要了解其技术性能、工艺流程、化工配方以及技术图纸、工艺资料，还必须同时了解投产后的成本高低、利润大小、投资回收、能源耗费、原料消耗等，如不进行详细的可行性研究与技术经济论证，不知道项目投产后能为国家创造多少积累，不知道未来产品的销售及其渠道，不知道对社会带来的是“财富”还是“污染”，那我们就可能上当受骗，或者买来一个大包袱，买了一个“大老虎”（如电老虎、油老虎、煤老虎等），放又放不下，丢也丢不掉。当前的问题不是要不要开放、要不要实行引进政策问题，而是如何把技术引进这项工作搞好，使其发挥更大的作用、推动我国的技术进步、取得更大的经济效益的问题。因此，对技术引进的决策必须持科学态度，必须严格按客观规律行事。下面我们将对技术引进决策中的几个主要问题，从理论与实践的结合上进行论述。

1. 要不要引进。一个项目或一项技术该不该引进，什么时间引进，是现在引进还是以后什么时候引进？这是决策的首要问题。从整个国家看“要不要引进”的问题似乎是已经解决，其实不然。这一问题不论从全国角度还是从企业角度，都还没有很好地解决，而且，重复引进、盲目引进的项目大量存在着。据了解，全国各省市、地区引进的彩电生产线达100多条，引进的快餐生产线也达数十条。这里就有一个“要不要引进”的问题。作为决策者是否都考虑了产品销售渠道、交通运输保证、燃料动力来源、未来经济效益？是否都进行了详细的技术经济论证和可行性研究？是否意识到决策的失误将是最大的失误，其带来的经济损失将数以万计？根据中国人民建设银行的调查发现，1979—1981年建设投产的560个大中型工程和单项工程中，不能正常发挥经济效益的有176项，占投产项目总数的31%，这些不能正常发挥经济效益的主要原因是领导决策的失误，包括忽视建设前期的准备工作，没有认真地进行可行性研究，计划不严密，综合平衡搞得不好，等等。从企业角度看，首先要考虑的是引进要达到的主要目标，是扩大能力、提高质量，还是增加花色品种，还要考虑引进后的产品能否出口创汇偿还外资，企业内部各车间或各主要生产工序生产能力是否能配套成龙，是否对技术引进有消化、创新的能力，等等。这些都是企业领导决策面临的问题。

2. 怎样引进。企业为达到引进技术与设备的目的可能有许许多多的方式，如进口成套设备、进口单机、合作生产、补偿贸易、来料加工、来件装配、合资经营、技术培训、技术咨询、租赁贸易、许可证贸易（包括商标许可证贸易、专有技术许可证贸易、专利许可证贸易）等。这些方式对企业来说有的是可行的，有的是不可行的。比如国外称作一揽子技术、组装式技术的成套设备的进口对现有企业来说就是不可取的，因为这种引进方式要价很高、需要的外汇也多，因而还本付息的压力就很大，如果企业没有固定的外汇来源，只外汇这一项就很难承受。

3. 要不要选择。在技术引进中，有许多东西需要我们认真选择，而且必须选择。因为输出技术国家的条件不一定适合引进技术国家的条件，也不一定符合引进技术国家的需要。他卖你技术，一想赚钱，二想打入你的市场，三还想保持他的技术优势与竞争能力；既想输出技术但又怕培养起一个新的对手。因此，在国际上输出技术往往附带许多限制性的条款，比如有的技术只限你在本国使用，不准输出，也不准转让；有的要你按一定比例提成若干年，有的要求你改进了技术要通告他，等等。对技术引进国家来说，一想少付点代价，二想得到更多的东西，三还想在技术上赶超他。

这样，就需要认真分析、比较，并在比较中选择对自己有利的条件。如对技术输出国家的选择，技术的选择，各种条件的选择，贷款方式、利率、期限的选择，等等。在过去的技术引进中，决策失误、吃亏最多的就是“吊死在一棵树上”，不选择，不比较，谈判一次就“成功”，他给什么技术就要什么技术，使吃亏上当的事经常发生，“学费”付得很多，代价也很大。所以，企业要引进，就要在多方案的选择比较中选最优方案。

4. 怎样选择。企业技术引进涉及的因素很多，外部的条件也很复杂，因此，怎样从这诸多因素中、错综复杂的内外部条件中选择对企业有利的因素与条件，依据什么样的准则进行选择，等等，都是决策中的重要课题。我国已有40万个企业，而这些企业的内外部条件又是千差万别的，若对这千差万别的企业给予一个标准模式、统一模式，是不现实的。但我们从我国经济发展的实践中已总结出一条“放之四海而皆准”的真理，这就是一个国家经济的发展要发挥自己的优势、依靠自己的优势。如日本的经济发展不是靠本国的自然资源，而是靠“人脑+电脑”的优势；美国的经济发展靠“人才+科技”的优势，中东一些国家的经济发展却主要靠“资源”、靠“石油”的优势；一个企业、部门的发展也离不开这一规律。所以，企业在引进中就应选择有利于发挥自己优势的项目，选择能够利用发展自己的特点、名牌、自己的拳头工业、拳头产品的项目。这里决策者的重要职责，一是寻找、总结、利用本部门的优势的项目；二是认真研究如何变劣势为优势，克服“劣势”的影响，并把其影响降低到最低限度。掌握了这一原则，就掌握了引进决策的主动权。

5. 要不要评价。对这一问题的回答是肯定的。关键在于什么时间评价，怎样利用评价结果为决策者提供科学依据。如果这种评价在引进项目签约后、在决策后、在设计施工后、在投产后、在达产后进行，那么，这种评价将是“雨后送伞”起不到应有作用。对于技术引进来说，评价必须是“事前”评价，即投资决策前的评价，引进项目签约前的评价，项目决策前的评价。这样的评价才真正能为决策提供科学依据，为签约提供可靠保证，为设计提供现实数据，为偿还贷款提供资金来源，为项目验收提供考核标准。为使引进项目顺利进行，也需要进行“事中”评价，即对设计施工进行技术经济评价；同样也需要进行“事后”评价，即投产后和达产后的评价。但“事中”评价是为提高设计施工中的经济效益而进行的评价，“事后”评价是为验收考核并推广应用而进行的评价。只有在进行并完成“事前”评价之后，“事中”、“事后”评价才有实际意义。在现行的技术引进中，有许多项目的评价是在决策后进行的，这种评价既不符合科学程序，也失去了评价的真正意义。

6. 怎样评价。目前，由于种种原因，对引进项目的评价是不规范的，认识也是不一致的，有时甚至有很大的差异。比如，有的学者和实际工作者主张采用西方可行性研究中的评价方法，即把评价分为财务评价、经济评价和社会评价。笔者认为，在社会主义条件下，把评价分为企业经济评价与国民经济评价为宜。所谓企业经济评价，就是从企业的角度，对引进项目的盈利能力进行的分析评价，包括收益额的大小、收益率的高低、回收期的长短，以及偿还贷款的能力，等等，从而判断引进项目的经济效益好坏，并据此决策项目是上还是不上。所谓国民经济评价，就是从整个国民经济的角度，对引进项目进行的分析评价，包括引进项目带来的国民收入（部门收入）、财政收入、社会效益、外汇效果等，从而判断引进项目对整个国民经济的影响及其影响程度。在评价中，时常出现从企业角度进行的评价与从国民经济角度进行的评价不一致的情况，甚至得出完全相反的结果。在这种情况下，引进项目是上马还是不上马就应该以国民经济评价为主要依据，当然，在这种情况下还需要有特殊的政策来保证企业的经济利益，企业才能有动力，也才能吸引企业从事这项生产经营活动。

综上所述，决策科学化对技术引进是头等重要的。没有详细的可行性研究与技术经济论证，没有从技术到经济、从现实到未来的研究与评价就拍板定案、谈判签约的引进项目，不是上当受骗、付出高昂的“学费”，就是引进后“缺胳膊缺腿”，使企业长期处在困境之中，这种状况必须引起我们特别注意。

四　引进关键技术与设备、改装现有企业是当前企业技术进步的有效途径

我国现已有40万个工交企业，有相当的技术基础和管理条件，有现成

的厂房和安装机修力量。许多企业可以靠自己的力量很快地熟悉和掌握进口的设备和引进的先进技术，发挥其生产能力；许多企业的科研、设计力量都比较强，具有革新、创新的条件，能够比较快地进行研制、仿造，使之本国化，起到母鸡下蛋的作用。这些都是引进的技术与设备赖以生存、发展的重要阵地。但也应看到，这些企业要发展、要现代化，就需进行更新、改造，就需进行现代化改装，需要有一批既先进又适用的技术与设备，并用这些技术与设备去创造新的产品、研制新的花色品种，把产品打进国际市场。然而，这样的技术与设备目前在我国的科学技术条件下，有的还力所不及、不能制造，有的关键设备、尖端技术还需借助外力才能解决。这就给我们提出一系列的问题：如何根据本企业、本部门的情况与条件，引进一些关键的技术、设备来改装现有企业？如何解决提高产品质量的薄弱环节？如何使企业真正依靠技术进步提高其经济效益？等等。要解决这一系列的问题，一方面要从我国经济发展中借鉴有益的经验，特别从近几年的新鲜经验中汲取营养；另一方面还要从政策思想上、宏观管理上，去鼓励将引进的技术用于现有企业的改装。

根据我国现有经验，广大企业在引进关键技术与设备、改装现有企业方面可概括为以下几种类型：

1. 扩大能力型，即通过关键设备的进口，不断扩大生产能力，使企业得到发展壮大。这部分设备的进口主要目的是扩大企业的生产能力，它对于新兴工业部门、轻工部门，效果尤为明显。比如手表工业，它是20世纪50年代在我国发展起来的新兴工业，从设备的设计、加工制造到测试手段都比较落后，只靠国内的设备与技术扩大生产能力是有困难的。目前，手表用的各种机床，有许多国内尚不能制造生产，能制造的也多属质量低、成本高、无附件、用户不愿用。因此，各手表厂生产能力的扩大，大部分是靠进口的一些专用设备。南京手表厂，在1969—1979年，先后从瑞士、联邦德国、日本进口了150多台专用设备，占全厂设备总数的14%以上，产量从1969年的12万只增至1979年的130万只，增长了9.8倍，平均每年递增26.9%。

2. 提高质量型，即通过“进口单机”设备主要解决提高产品的质量，特别是对那些出口产品、名牌产品、拳头产品的保护与发展具有更大的意义。如济南第二机床厂在生产重型压力机时，因国内热处理技术落后，材质差、制造工艺过不了关，电器元件质量不合格等原因，使制造出来的重型压力机质量过不了关，精度达不到要求。从意大利进口了一台具有 70 年代水平的镗铣床以后，既提高了质量，也达到了精度。

3. 增加品种型，即通过引进增加花色品种，以扩大市场需求。目前，我们出口商品的花色品种是比较单一的。如罐头行业生产的凤尾鱼多是椭圆罐，午餐肉多为方扁罐，水果多是圆罐等，很影响我们的出口销量。从国外进口了自动制罐机以后，又根据国内外市场的需要，对原设备进行了改进，现可生产多种罐型：7114 号、304 号、306 号、7110 号、781 号、756 号，使出口罐头的花色品种大为增加。皮革行业在磨革机、拉软机、削匀机、熨平机进口以后，生产的皮革厚薄均匀、皮面绒毛细而丰满，过去生产的二层革一般只用于做劳保手套，现在生产的二层修面革、绒面革、里革等，为制鞋皮件增加了皮源，使粗皮变成了细皮，低档皮变成了高档皮。

4. 更换设备型，即用进口设备更替原来设备，使企业各生产工序能力均衡、配套，克服薄弱环节。如南京罐头厂番茄罐头的生产，由于原来设备生产效率低，特别是在番茄生产的旺季，一方面出口供不应求，另一方面大量番茄由于加工能力薄弱而腐烂。为解决番茄酱生产这个薄弱环节，他们从意大利进口了一台番茄制罐机，更新了陈旧的番茄酱生产设备，使工效提高了 6 倍。

5. 填补空白型，即通过引进填补我国的技术空白。我国企业在生产中常遇到一些技术障碍。要解决这些技术问题，有的是国内目前还力所不及的，需要借助于“外力”，以填补国内的空白。如制革行业进口的片皮机、拉软机、磨革皮、鞣皮机；皮鞋行业进口的绷楦机、刻楦机；服装行业进口的钉扣机、锁眼机、喷雾电熨斗；手表行业进口的摆整平衡仪；印刷工业进口的分色印刷机，等等，不仅对老企业的改造起着重要的作用，而且大大促进了整个部门的技术发展。

6. 改进包装型，即通过引进改进包装装潢。目前，我国出口商品的包装装潢是比较落后的，很影响我国的外贸声誉与外汇收入。许多用户反映，我们是“一等原料，二等产品，三等包装，四等价线”。青岛啤酒畅销世界数十个国家，但过去由于包装差、啤酒商标扫金不牢容易脱落，外商反映较多，对啤酒声誉有较大影响。为解决商标与包装问题，增加出口换汇，该厂进口了联邦德国“海得堡”印刷机，保证了商标金色不落，客户反映很好。现青岛啤酒不仅打入西欧诸国，在美国市场上也很受欢迎。

上述这几种类型的引进，对企业的技术发展、技术进步是起重要作用的，对我国现有企业如何利用国外的先进技术与设备来改装本企业也是有着普遍意义的。

近几年来，我国不仅重视了这些技术引进中的成功之道，而且从引进的指导思想上、宏观管理上和资金的拨、贷款上，都转到了以改造现有企业、装备现有企业的轨道上。比如“六五”后三年引进的3000项技术中，就制定了对引进技术改造现有企业的优惠政策，制定了以进口关键设备与生产线为主的引进政策，这些政策和措施对于我国工业上质量、上品种、上水平、降低消耗、提高效益均将起巨大的推动作用。

（原载《数量经济技术经济研究》1987年第7期）

也谈技术引进

——与杨继绳同志商榷

○引进中软件所占比重过小，是指导思想不明，宏观指导不力。

○大量盲目、重复引进在很大程度上是由于只顾眼前不顾长远的急功近利。

○技术引进的目的是加快技术进步，增强本国技术实力来促进经济发展，绝不是简单或直接扩大再生产。

改革开放以来，我国技术引进工作有了较快的发展，也取得了很大的成绩，这是不容置疑的。但也应承认，技术引进工作还不尽如人意，有些问题长期存在又长期得不到解决，如引进中硬件过多，软件太少；对设备进口的多，消化吸收的少；重复引进的多，创新的少；主观臆断的多，科学决策的少，等等。存在上述问题，有体制原因，也有错误导向；有经验不足，也有决策失误。《经济参考》1990 年 2 月 14 日发表杨继绳的文章《技术引进三题》（以下简称“杨文”）颇具代表性。为使技术引进工作健康发展并卓有成效地开展下去，我们认为必须澄清对一些问题的认识。

一　“软、硬之争”实质何在?

杨的观点从字面上看是自相矛盾的：一方面是“在技术引进中纯技术的比重越来越合算”（这里暂不论“合算”的含义），另一方面又说“对于落后地区来说，买来一箱外文图纸还不如买一台机器更有用”。其实，杨的观点无非是说我国引进硬件多、软件少是“符合”我国生产力水平的。对此观点我们不能苟同。

首先，笔者认为，我国在相当一个时期里出现的引进硬件多、软件少的状况与我国生产力发展水平是不相适应的——因为我国早已走过了原始初级的技术引进阶段，与我国现有的科技水平相比，引进中软件所占的比重显然过低。以“六五”后三年的引进为例，技术引进与设备进口约200亿美元，而用于软技术引进的费用仅占其中的5%—7%（见国家科委等《技术引进战略与政策研究总报告》1987年）。我们并不是不具备引进软技术的实力，也不是没有消化吸收与创新的能力，而是由于引进的指导思想不明，宏观指导不力。有的引进不是为了提高“技术水平”，而是提高“生产能力”、扩大产量，即为了直接使用。所以若干年来引进中软件所占比重过小的状况一直没有根本转变，实属“非不能也，是不为也”。

其次，就局部而言，也不能如杨文中所说的那样“消化吸收能力低的地区可以引进一些成套设备；能制造大部分设备的，只买进关键设备就行了；消化吸收能力较强的，可以买专利许可证或专有技术……”这种观点表面看似乎“有道理”，可“因地制宜”，可“量地区或局部发展水平而行之”，其实质还是各行其是，不要宏观指导，想引进什么就引进什么。如果各局部地区都互相分离，互无相关，都从局部利益去考虑问题，那么技术引进的整体效益如何保证？由谁保证？我们认为，对于技术基础差、管理落后、消化吸收能力低的地区和企业来说，不是引进硬件好还是引进软件好的问题，而是对其引进加以限制的问题，应选择技术基础好的、消化吸收能力较强的地区和企业，开展技术引进，之后再向技术较落后的地区和企业进行技术转移，这样才能使技术引进起到它应有的作用。

二 “重复引进”是好是坏？

关于重复引进问题，杨文的观点十分明确：第一，它不是我国的发明。他说，“放眼看看国外，人家的重复引进并不比我们少”，并列举日本一连串数字进行论证。第二，重复引进有好处。“重复引进也使众多的企业同时得到了先进技术，较快地提高了这个行业的技术水平。”作者还进一步阐述：“试想，我国如果只引进一条彩电生产线，我国彩电工业能够这么快地发展起来吗？”第三，重复一点无关大局。杨文称：“企业引进了设备，钱赚够了，市场变化后再转产干别的，只要企业自负盈亏，重复一点无关大局。”对此观点，我们也不能苟同。

第一，我们在借鉴别国的经验时，应有所分析，即使在某些方面取得了成功的国家，也不是一好百好，尤其对重复引进这类问题，还没有哪个国家把它作为“经验”进行模仿、移植。杨文提到的日本20世纪60年代的重复引进，在70年代以后已基本得到解决。况且，日本十分重视软件的引进，企业本身又都具有很强的技术能力，能够较快地消化吸收、改进甚至创新，使之成为自己的技术。日本政府还通过制定各种政策，引导企业的技术引进，不同时期有不同的引进重点。所以日本的技术引进虽在那时有“重复”但并不盲目。我国一个时期以来较为严重的是“重复+盲目”，引进量大面广，又主要是生产线、装配线和单机设备，软技术所占比重很小，产品多属消费型及下游产品，对国外散件、零部件、元器件等严重依赖。因此，我国的重复引进较之日本来说，问题要严重得多。

第二，杨文认为，“重复引进”的好处是众多企业同时得到了先进技术，较快地提高了技术水平，并提醒我们彩电行业的发展是因为重复引进了100多条生产线。笔者认为，这里有一个基本问题：就是引进了技术（对我国确切地说是购买了生产线、装配线和某些设备），是否等于得到了先进技术？是否就是提高了技术水平？回答是否定的。原因很简单，用钱买来的只能是商品，我国进口的生产线、装配线和一些设备也只是生产商品的技术手段，而在生产中是否真正掌握了制造技术、管理技术，还要看其本身的技术能力、管理能力，以及科技知识的运用能力等，至于是否得到了先进技术，是否提高了技术水平，其中很重要的一条就是看其对引进技术是否进行了消化吸收，以至于创新，如果既没有掌握方法、技术和原理，也没有消化吸收，更没有创新，谈何“得到”与“提高”呢！又何况我国的重复引进许多都是低水平的重复，是盲目的重复。

第三，重复引进并非无关大局，它关系到许多重大方针政策问题，既涉及整个国家的生产力布局，也关系到企业的生存与发展。任何建设项目（包括新建、改建、扩建项目，更包括技术引进项目）上马前都必须进行可行性研究与技术经济论证，即在上马前就应了解产品的市场、成本、资金的回收、外汇的偿还等。如不进行这种“事前”评价就盲目引进，其结果必然是失败的，个别取得良好经济效益的项目也属“瞎猫碰上死老鼠”之列。至于杨文说的“引进了设备，钱赚够了，市场变化后再转产干别的”，这种想法更是不切合实际。前些年出现的大量盲目、重复引进，应该说在很大程度上和这种思想有关。如果照此发展下去，必将是基础工业、基础设施这样的薄弱环节更加薄弱，更加承受不了引进项目对能源、交通、原材料等需求的重压，必将导致宏观经济效益的日趋下降、产业结构的日趋失衡。

三　技术引进目的何在?

这里首先需明确一个最基本的问题，即技术引进要达到什么目的？笔者认为，技术引进就是为了在较短时间内，用较少资金增强本国的技术实力，加快本国的经济发展。更确切地说，就是根据本国的实际情况（包括经济发展阶段、战略重点、资源配置和就业状况等），结合产业政策、技术政策，有规划、有目标、有重点、有选择地引进国外的先进技术，并对其进行消化、吸收和创新，从而形成具有自己特色的、有较高技术优势的生产技术体系，以促使经济的更快发展。所以，技术引进的作用应是通过加快技术进步来促进经济发展，不断缩短与发达国家的经济差距，而绝不是简单地或直接扩大生产能力。虽然后者可以使经济得到某些增长，但由于方向不明，难以促使综合技术实力的提高，使经济发展缺少后劲，结果往往事与愿违，与发达国家之间的差距越来越大，这样的引进就不能说是成功的。因此，这里根本不存在引进是“为了将来，还是为了现在”的问题。

其次，我们在技术发展上既反对走“自给自足”之路，又反对跟在别人后边爬行。杨文举了行人过河、过桥之例，似乎想说明“现在引进，将来还要引进”之理，但只愿花“维护费”（确切地说，不要维护费，而是花钱买过桥费。但须注意，这种过桥费有时是很高的）不愿学造桥本领的方式却是不聪明的，甚至是愚蠢的，因为这样永远不会造桥。我们应该通过技术引进学会造桥本领，造出更好更实惠更经久耐用的桥。

（原载《科技日报》1991 年 1 月 7 日，合作者陈平副研究员，文章共同讨论，最后由笔者完稿）

中国跨世纪的技术进步战略

从现在起到2010年，是我国实现现代化建设目标的关键时期。在这一时期，必须上下一致、各方协调，并以合理的投入、倾斜的政策解决好经济增长质量不高、产业结构不合理、生产效率低下、产品缺乏竞争力等现实问题。面对国际的经济竞争—科技竞争—人才竞争的严峻挑战和残酷现实，以及我国人口数量多但质量差、发展速度快但增长质量不高、资源总量较多但人均资源短缺的基本国情，唯一途径就是实行发展战略的根本转变：经济增长从“投入”增长 > “产出”增长的粗放型转变到从“投入”增长 < “产出”增长的效益型上来。为实现这一根本转变还必须从战略高度上充分认识到，并在实践中认真贯彻执行：科技是经济发展的第一要素，人才是科技发展的第一要素，政策是人尽其才、人才辈出的第一要素。根据这一基本观点，我们提出90年代中后期就应开始执行符合中国国情的三大战略：（1）推进信息化战略，这是战略的核心；（2）高新技术化战略，是产业发展、产业改造的龙头；（3）发展持续化战略，是我国国情决定了的唯一正确的发展选择。

一　推进信息化——核心战略

在科学技术迅猛发展的当今世界，信息已是经济发展的重要资源，是不可替代的经济增长源。目前，国内外的市场竞争不仅是技术、产品的竞争，也是信息获得、处理、加工、存储、传递、交换的速度的竞争。这是因为现代化离不开信息化，现代经济发展离不开信息技术、信息产业的发展。因此，国内外有识之士都把信息业的发展水平看作衡量一个国家发达程度的重要标志，都把信息化程度视为产业结构现代化、高级化的重要标志。我国要加速经济社会发展、提高增长质量、走集约型发展新路，一个别无选择的捷径就是推进信息化、加速信息化进程，这也应成为进入21世纪的经济社会发展的核心战略。

信息技术是高新技术的代表，是众多高新技术产业群的代表。

信息技术是一种渗透性极强、倍增效应极高的最活跃的现代生产力。近半个世纪以来，由于信息业的繁荣与发展，使社会的生产、生活发生了巨大变革，经济增长达到人类有史以来的最高水平，知识信息量的增长已使人们难以预测。据报道，1995年知识信息量为1985年的2400余倍，即1995年一天的信息量就是1985年全年的6.6倍，与此同时，迅速发展的信息服务、信息产品贸易、信息技术出口对各国的经济增长起着越来越大的作用，社会与经济的发展对信息技术、信息产业、信息资源的依赖程度越来越高，西方发达国家和亚洲“四小龙”的经验证明，信息化是经济腾飞、社会发展之捷径。当今中国要走出粗放型经营的困境、弥补我国人均自然资源不足的状况，最佳选择就是把发展战略的核心转移到推进信息化的轨道上来。信息产业是高附加值产业，是世界各国产业发展的共同选择。

目前，世界各国产业发展追求的重要目标是高附加值：（1）将物质生产与知识生产结合起来，并不断提高知识在产品与服务中的含量；（2）将设备制造与系统集成结合起来，并不断提高系统集成在产品与服务中的含量；（3）将硬件生产与软件生产结合起来，并不断提高软件在产品与服务中的含量；（4）将生产与管理结合起来，并不断提高管理在产品与服务中的含量。通过以上四个“结合”可大大提高产品与服务的附加价值，大大降低各类物资与能源的消耗，从而把整个社会经济发展带到一个崭新的发展模式中。

信息化是产业结构高级化的重要标志，是带动度极高的现代经济增长源。我国经济要保持健康、稳定、快速的增长势头，就不能也不应该沿袭西方国家先工业化、后信息化的老路，要走出一条用信息化推动现代化的新路，具体应表现在：把信息业视为国民经济优先发展的产业，用信息业为代表的高新产业改造传统产业，优化产业结构。

用信息化促进与推动现代化，用信息市场开拓产品与服务市场。信息化在现代化中的作用是难以替代的：（1）能提供较快的市场信息，这对市场取向的商品生产、劳动服务是至关重要的；（2）能弥补各类资源（包括人力资源、物力资源和财力资源）的不足与短缺，能减少大量的物资传递、人员流动、资金呆滞等造成的浪费；（3）能提供许多新的发展机遇、转机思路，有时一个信息可使一个企业、一个公司起死回生，甚至兴旺发达、繁荣昌盛。

依照上述思路，在本世纪末下世纪初，为推进信息化，应实施下述三大战略：

（一）传统产业改造战略

用电子信息技术改造、改装现有传统产业，提高产品质量、升级产品档次，用计算机开发生产、控制系统开发生产、集成制造系统（CIMS）开发生产，应用信息技术成果，提高产品的附加价值，提高产品在国内外市场上的竞争力，提高传统产业的经济效益与社会效益。在未来的社会经济发展中，电子信息技术已成为改造传统产业不可缺少、不可替代的现代化手段。确定这一战略必将对中国经济发展产生巨大的倍增作用，创造良好的生产、生活环境，提供不可多得的发展机遇。

（二）“金”字工程实施战略

国家和有关部门组织的金桥、金卡、金关、金税、金海、金企、金教、金信等系列重大信息工程。随着上述“金”字工程的实施，金融、保险、外贸、内贸等行业与部门将出现巨大市场，定将组建大公司、形成大产业，并将为电子信息产业带来数千亿元以至上万亿元的市场，国民经济信息化程度将得到较大的提高。面对国内外巨大的市场需求，我们必须加快实施“金”字系统工程，力争在本世纪末下世纪初在全国县市、城镇普及金融电子化，在大中城市实现商业电子化，在钢铁、石油、交通、能源、机械、化工、冶金、建筑等骨干企业实现电子信息化，初步实现各行业间的以数据库服务为中心的信息服务网络化。

（三）软件、信息服务战略

重点发展应用软件和以数据库为中心的信息服务业。软件、信息服务业是一种投入少、产出多、附加价值高的产业，是国家经济信息化、社会信息化的体现，发展软件、信息服务业就是加快信息化进程，就是有效地利用信息资源网。80年代以来，尽管我国信息技术与信息产业（尤其是硬件制造与产品产量）有了较大发展，但应用软件的开发与数据库服务仅能说是刚刚起步。有资料表明，目前我国已建成的数据库不到世界总数的1%，联机使用的数据库数量更少；社会信息商品化率还不到10%（发达国家一般都在50%以上）……这均说明我国信息资源开发不足、信息市场发育不良、服务范围面窄量小，已远不能适应我国经济高速增长和人民生活质量不断提高的需要。因此，在未来的10—20年内，应予应用软件与数据库服务以足够的重视、相应的政策倾斜、较多的资金投入和健全的法律保护。

二　高新技术化——产业龙头

发展高新技术、实现产业化，是我国未来产业发展的龙头，是带动产业结构升级、提高生产率在经济增长中的作用、提高经济效益的根本性措施，也是提高产品性能、质量和国际竞争力的有效途径。所以，我们必须抓住当今世界大力发展高新技术的契机，占领若干高新技术领域的制高点，建立一批技术水平较高、效益较好、科学管理较先进、竞争能力较强的、富有生机活力的产业群。

首先，在信息领域，应重点发展现代通信技术、集成电路设计制造技术、软件工程技术、新型光电子器件及系统集成技术、高性能汉字处理技术等，把提高自主开发、创新能力、竞争能力、掌握知识产权、实现产业化作为重要目标，力争在下世纪初期取得重大进展，为我国产业结构升级提供强有力的支持。

其次，在制造领域，应以计算机集成制造系统为重点，研究开发现代设计技术、工业控制技术、激光加工技术、数控技术、传感技术、系统管理技术等，为我国传统制造技术的现代化改造、产业结构的高级化提供坚实的物质技术基础。

再次，在生物技术领域，应以农业生物技术为突破口，重点研究开发在动植物新品种选育、农作物优质高产、病虫害与自然灾害的综合防治、农产品加工与综合利用、农业生态环境保护等对农业发展有重大影响的关键性的高新技术，并力争在本世纪末和下世纪初能有所突破，为我国农业的大幅度增产做出贡献。

最后，在新材料与能源领域，应重点发展复合材料、新型金属材料、工程塑料、陶瓷材料、新型功能材料、新型电子信息材料、新型建筑材料；在能源方面应重点发展先进核能技术、新能源技术、可再生能源技术、清洁能源技术，以及能大幅度提高能源综合利用效率的技术等，为解决我国原材料短缺、能源供需矛盾尖锐走出一条新路。

为实现上述目标，在发展高新技术方面我们建议实施下述战略：

（一）以市场需求为导向的战略

在我国现代化建设中，一个很大的制约因素就是资金短缺。因此，将有限的资金投向何处、投入多少，以及何时投入、怎样投入等问题，一直是投资部门与经济学家探索不止的热点。笔者认为，这里一个重要原则就是“以市场需求为导向”，发展高科技也必须执行这一战略原则。

战略导向一：向传统产业辐射高的技术，能带动与推进传统技术改造的技术，这是一项量大面广的、需求量极大的市场领域。目前，我国众多的国有大中型企业设备老化、技术落后，亟待改造，如果我们能够发挥高新技术产业的带动效应、渗透效应、波及效应，促进传统企业生产要素的合理流动与资源重组，用高新技术及其开发成果改造与重新装备现有企业，如果能用高新技术成果促进产品的更新换代、提高性能、提高产品的附加价值，就可能大大加快我国的现代化进程。

战略导向二：能提高人民生活水平与生活质量的技术，这也是一个需求面极大的、永久性的市场领域，它将必然地成为高新技术得以发展的沃土。近十年来，我国高新技术发展的实践表明，高新技术能够也必然在改善人民生活质量的市场领域大做文章，并有一大批高新技术成果从样机、样品，变成商品，形成产业、进入市场，既提高了人民生活质量，也促进了区域经济的发展。

战略导向三：可提高社会服务水平与服务质量的技术，提高社会公益事业效益的技术。如可提高国民素质的高新技术（充分利用电视、广播等先进技术进行高质量培训、利用医药生物技术和基因工程进行疑难病治疗等)、“三废”处理与治理环境的高新技术、二次能源的回收与充分利用的高新技术等。

(二)以提高生产率为中心的战略

发展高新技术，除了它有巨大的带动与推进（经济增长）作用外，同时它也是高生产率、高附加值的产业。然而，这样的产业必然又是高投入、高风险的产业。在目前我国现有发展水平上，不可能是高新技术面面俱到、全面发展，必须采取有选择、有目标、有重点的发展战略。

战略导向一：选择能大幅度提高劳动生产率与服务价值的领域，这既是高新技术发展的必然结果，又应是高新技术发展选择的出发点。因为大幅度地提高了劳动生产率与服务价值，就意味着高产出、高附加值。

战略导向二：选择能大幅度提高资金生产率或较高回报率的领域，这是我国投资决策的重要指标，也是滚动投资、取得资金良性循环的根本保证。

战略导向三：选择能大幅度提高物资生产率或大量节约资源的领域，这是人类社会发展的必然选择，也是持续发展的基本要求。

战略导向四：选择能大幅度提高能源生产率或大量节约能源的领域，特别是节约矿物能源，不仅可改善生态环境，还可改观生存、生活环境、提高人的生活质量和净化人的活动空间。

(三)以技术创新为动力的战略

在我国实现经济增长方式转变过程中，第一要素、第一依靠力量就是技术进步，而技术进步的核心是技术创新。因此，在发展高新技术产业时必须实施以技术创新为动力的战略。没有技术创新就谈不上技术进步，没有技术创新的技术引进就将永远在别人后面跛行、爬行。

战略导向一：选择竞争能力强的技术，因为产品在国内外市场上的竞争实际上就是生产产品的技术的竞争，没有竞争能力较强的技术就不可能生产出具有较强竞争力的产品。

战略导向二：选择能带动产业升级、产业结构高级化的技术，即通过发展高新技术、辐射与渗透各产业中，使其产业发展高值化、高效化，并通过生产要素的调整、重组，使产业结构合理化、现代化、高级化。

三 发展持续化——一条新路

中国从现在起应走一条依靠技术进步的发展新路、建立新的发展观，即以经济、社会、科技、人口、资源、环境的协调发展为目的，在保持经济持续、稳定、快速增长的同时，实现资源的综合利用、持续利用，环境污染的控制和环境质量的不断改善，人们生活水平的不断提高和生活质量的持续改善。我们不仅要探索如何从大自然的资源中获得“日益增长的物质文化需要”，还要探索如何为子孙后代留下可持续发展的各种资源，以及良好的生态环境，把中国的经济发展引到可持续发展的新路上来。

（一）可持续发展模式

中国可持续发展模式只能根据中国基本国情，以及社会经济发展实践加以确定。基本国情是：人口众多给发展带来沉重的压力；资源总量的丰富和人均资源的相对不足；生态环境的脆弱和自然灾害的频繁。根据上述国情特点应选择下述“三依靠”的可持续发展模式：

第一，依靠技术进步改变资源型发展模式。变资源型发展为科技型发展；变粗放型增长方式为集约型增长方式；变高资金投入支撑的经济高速发展为高科技支持的经济高速发展。

第二，依靠高技术组合改变传统低技术组合的发展模式。通过发展高新技术，推进技术结构合理化、高级化；通过生产要素的合理调整、重组，推进产业结构合理化、高级化。

第三，依靠政策体系、管理机制协调经济发展与环境保护的发展模式。通过实施《中国21世纪议程》，推进经济、社会、环境的协调发展；建立全国的可持续发展政策体系、法律体系、综合决策机构和协调管理机制。

（二）可持续发展道路

我国应在较长时期内坚持走以经济建设为中心、以满足人民的基本需求为目的、围绕不断提高人民的生活质量、依靠科学技术发展的道路。

——必须走经济增长与环境改善的协调发展之路，即提高经济增长中的科技含量，优化生产要素组合、提高结构效益，改进工业布局，推广无废和少废的生产工艺与技术，推广清洁煤技术，开发利用新能源与可再生能源，建立经济增长与环境改善的双目标，制定统一的经济、资源、环境的评价体系与核算体系。

——必须走可持续发展的能力建设与全民参与相结合之路，即依靠科技进步、提高人员素质、改善发展质量，健全可持续发展的管理体系、决策体系，提高管理决策人员的可持续发展的意识与能力，推动各部门、各地方、社会各界的广大民众的广泛参与，并将可持续发展计划变成各级政府的行动计划、行动纲领，分阶段、分步骤地加以实施。

——必须走运用法律、法规与经济政策、手段相结合之路，即充分运用法律、法规与政策的威力，使可持续发展的战略规划既体现在宏观经济调控中，又能切实贯彻到社会发展与产业活动中，并通过深化改革和各种经济手段，引导国营企业、民营企业从事有利于可持续发展的各项社会、经济活动。

——必须走国际合作之路，即通过全球合作和国际技术转让活动，一方面吸取世界各国在人口、资源、环境、经济、社会协调发展方面的经验，以及对中国富有建设性的意见与对策；另一方面我们也需要引进国外资金和先进技术，尤其是那些无废或少废、无污染或少污染的技术与工艺，加快我国可持续发展战略的实施。

（三）可持续发展战略

中国经济的快速增长带给环境的压力越来越大，为缓解人口、资源、环境对经济发展的压力，为提高人民的生活质量、创造良好的生存与发展环境，为实现环境的保护和资源的永续利用，从现在起直至今后较长一段时间，应实施的战略是：

1. 实施经济、社会、人口、资源、环境综合发展战略，即依靠技术进步，实现经济效益、社会效益和环境效益统一；在执行可持续发展战略时应自然科学工作者、工程技术专家和社会科学家三者密切结合；在发展的指导思想上既要“满足今天”，也要“创造美好的明天”。

2. 选择“后来居上”的发展思路，即一方面吸取发达国家在工业化过程中“先污染、后治理”的教训，少走弯路；另一方面又要充分利用、认真吸取现代科技的最新成果，发挥自己的优势，在激烈的国内外市场竞争中寻求发展机会，实现跳跃式发展。

3. 采用不断提高人口素质的发展对策。首先是通过宣传、培训、再宣传、再培训，使全民真正认识到，可持续发展是中华民族发展繁荣的唯一正确的选择，坚持经济、社会、环境的协调发展是人心所向、大势所趋。其次要提高全民的现代科技意识和文化素养，提高对可持续发展的理解能力、执行能力，这是实施可持续发展战略的重要环节。

（原载《数量经济技术经济研究》1996 年第 5 期）

制定以技术进步为动力的经济发展战略

——一个新思路探索

当今世界，科学技术已经成为人类社会进步、经济发展的主要动力。各国专家学者的预测表明，今后二十年左右，新技术革命的成果将大规模地转化为生产力，形成许多新的产业，使世界经济形势和特点发生重大变化。因此，各国经济发展战略也将据情以变。

50年代以来，一些发展中国家采取以加速实现工业化为核心、提高国民生产总值为目标的“赶超战略”。这种战略虽有利于提高工业化水平，但容易造成积累率过高、农业生产不振、人民生活水平提高缓慢等不良后果。60年代以后，许多发展中国家提出了满足基本需求的“变通发展战略”，即不以赶超某国为主要目标，而强调满足人民物质和精神的基本需求；强调改变国民生产总值的构成，并通过增加生活必需品的产量和提高产品质量来提高生产总值，使人民从中得到实惠。由于这种战略适应了发展中国家经济形势发展的要求，有利于缓和“赶超战略”所带来的经济、社会矛盾，因而取得了一定成效。我国以往制定经济发展战略，一般都是通过资源、生产、需求情况调查，汇总后进行综合分析，提出总的战略目标，然后按地区、部门分解，搞“棋盘作业”式的静态供需平衡，其思路是有计划按比例，追求高速度。这种战略实施结果多是粗放型经营，重产量、轻质量，只管任务，不计成本，因而经济的高速发展并未带来相应的经济效益的提高。

党的十一届三中全会以来，实行了改革、开放、搞活的政策，取得了举世瞩目的成就。随着思想的进一步解放，在制定经济发展战略方面，旧的模式框框逐渐被突破，新的思路在萌芽。我们在进行技术进步与产业结构研究过程中，在总结国内外经验的同时，提出了一套制定经济发展战略的新思路，这就是：以技术进步为动力，以市场需求为导向，以产业结构合理化为轨道，积极主动地进入国际循环。

一　以技术进步为动力

建立在自然经济和产品经济基础上的传统的经济发展战略，其要害是片面地追求工业特别是重工业产品产量的增长，热衷于上项目、铺摊子，走外延扩大再生产的路子，其结果是速度高、效益低，产品产量、生产规模上去了，但与国外的技术差距拉大了，突出地表现在以下三方面：

第一，工艺装备落后，效率低，消耗大。如每亿美元国民生产总值的能耗，我国比美国高3—4倍，比联邦德国高6—7倍，比日本高7—8倍，全员劳动生产率不足它们的1/10。

第二，产品品种少，性能差，质量低。我国目前工业产品大都比较落后，只有少数达到80年代水平，在国际市场上竞争能力很差。大量的统计数据表明，我国许多工业产品在国际市场上的价格，仅为先进国家同类产品的若干分之一。

第三，技术储备少，开发能力弱，研制周期长。国际市场上产品更新换代的时间越来越短，如70年代的照相机为5年，汽车为4年，而目前都只有两年左右，电子产品更是“雪崩式”的发展，有“三年一大变”之势。但是，我国许多工业产品仍保持“几十年一贯例”，新产品产值仅占全部产品产值的80%左右。形成这种状况的主要原因是技术储备不足，新产品、新工艺、新技术的开发能力弱，研制周期长。

目前，正在蓬勃发展的世界新技术革命向我国提出了严峻的挑战。面对这场改变人类社会面貌的新技术革命浪潮，发达国家望风而动，把开发新技术作为进行政治、军事、经济竞争的决定性一环。美国里根政府制订了国际舆论广泛注意的“星球大战”计划；西欧各国制订了“尤里卡”计划；日本提出了“人类新系统研究计划”；苏联东欧国家制订了到2000年的科技进步综合纲要，明确提出要把加速科技进步作为发展经济的根本途径。因此，我国也应不失时机地调整战略方针，把加速技术进步作为体制改革和经济发展的战略目标，再不能走靠外延、“复制古董”的老路，而应走以技术进步为动力的新路。

二 以市场需求为导向

制定经济发展战略以什么为导向是十分重要的问题。过去苏联制定的“赶超美国战略”，我国制定的“大跃进”式的“超英赶美战略”，都是以高指标、高速度为导向。由于长期受“左”的思想干扰，认为社会主义企业生产的是产品而不是商品，片面强调“制度”的优越性，搞人为的高指标、高速度，并层层分解落实，把经济增长看成是工农业总产值的增长、产品数量的增加、生产规模的扩大。我国过去制定的经济发展战略，都具有这种明显的“数量型”、“外延型”、“粗放型”特征。这种“导向”带来下列三大弊端：

第一，人民生活水平提高不快。由于这种赶超战略的高速度是靠大量投入取得的，必然要扩大积累，减少消费。如我国1953—1980年积累额增长了8倍，消费额只增长了4.3倍，加上经济效益低，人口增长率高，居民消费水平年增长率仅为2.6%。这就是说，我国过去的高速度在很大程度上是以牺牲人民的消费取得的。

第二，产业发展不协调。1980年与1952年相比，农业仅增长1.5倍，轻工业增长11.6倍，而重工业却增长了29.4倍，其中重化工业增长了93倍。这充分说明，我国各产业的发展很不协调，过去的高速度主要表现为重工业的孤军突起。

第三，技术进步缓慢。我国过去的经济增长主要是靠高积累、高投入，采用“外延”的办法扩大生产，因而企业只对“争投资、争项目”感兴趣，并不注重本身的技术改造，使企业技术进步速度缓慢。

与上述传统的经济发展战略模式相反，以市场需求为导向的新型经济发展战略模式，其基本特征是“质量型”、“内涵型”、“集约型”，既注重适当的速度，更注重质量和效益，融速度于质量和效益之中。因此，今后制定经济发展战略再不能走以高指标、高速度为导向的老路，而应开辟一条以市场需求为导向的新路。

以市场需求为导向意味着国家制定的经济发展战略只有总目标、方向和水平，各地区、各部门、各产业之间的发展比例、规模和速度，随市场需求变化而定，实行国家调节市场，通过市场竞争引导各业发展。变直接管理为间接管理；变行政命令为原则指导；变强行推进为经济诱导，在此基础上，建立起多层次、多方位、多形式的市场网络，形成发育良好、管理适当、竞争性强、活而不乱的完善的市场体系。

三　以产业结构合理化为轨道

通观人类社会发展史，产业结构随社会形态的形成而形成，随科学技术的发展而变化。本世纪 40 年代以来，电子技术、通信技术、航天技术、海洋开发技术、生物工程技术、新能源技术、新材料技术获得了一系列重大突破，形成了许多新兴产业部门，已引起现代产业结构的变化。过去，我国受传统战略模式的影响，长期以重工业为重心，孤军深入，造成产业结构全面、多层次失调，严重地影响了宏观经济效益和人民生活水平的提高。当然，目前少数发达国家出现的第三产业比重过大，资金外投，物质生产下降的“产业空心化”现象，也值得我们引以为戒。

产业结构是否合理，关系到资金、劳动力和自然资源能否有效利用与合理配置，也是关系到技术、经济、社会能否协调发展的大问题。众所周知，新技术革命已使某些传统产业相对衰落，使某些新兴产业发育成熟，同时也将更好地改造传统产业，使其旧貌换新颜。面对科学技术日新月异的当今世界，我国产业如何发展，怎样使产业结构合理化、高效益化，应成为制定经济发展战略的核心。根据我国地域大、人口多、经济还不很发达的现实情况，在总结了国内外产业发展的经验教训以后，我们认为，目前中国的产业发展，既不能搞一马当先，也不能搞万马奔腾，应视各产业对整个国民经济发展的带动和制约程度，分为四个产业群体为宜，即：（1）包括交通运输邮电业、电子、电力产业的优先产业群，应加速发展；（2）包括农业、原材料工业的基础产业群，应备受重视；（3）包括轻纺工业、机械工业的创汇产业群，应着力培植；（4）除上述产业的其他产业为一般产业群，酌情发展。国家对产业的发展及其结构合理化，只能宏观指导，不能强行铺轨，主要靠技术进步和市场机制引出一条正确的产业结构合理化轨道，使整个国民经济在这条轨道上高速而平稳地运行。

结束语

当今世界社会化大生产不可能局限国内，必然要突破国界，进入世界市场，加入国际分工，同其他国家或地区发生对外贸易和各种技术、经济联系。目前，无论是发达国家还是发展中国家，为了谋求社会生产的最佳效益，原、燃材料可来自国内外两个市场，产品也可销往国内外两个市场。有些地域小、资源缺乏的国家和地区，搞出口导向，实行只发展或重点发展某几个产业的倾斜式产业结构，以使其经济迅速腾飞，但我国人口多，地域大，资源分布不均衡，不能照搬这种经验。我国应在产业结构总体平衡、局部倾斜的基础上制定以技术进步为动力的新型的经济发展战略，其总目标应该是：加速技术进步，完善市场机制，调整产业结构，发展对外贸易，并与改革、开放相配套，实现国民经济的良性循环。

（原载《科技日报》1989 年 3 月 25 日和 3 月 29 日。合作者为方汉中副研究员）

制定经济发展战略必须有高技术意识

所谓高技术意识就是用“高技术”观念去思考、观察、分析和处理现实生活中的某些重大问题。特别是对于制定长期经济发展战略来说，尤其重要。我们既要脚踏实地，更要高瞻远瞩。

中国是一个发展中的大国，是驶向社会主义现代化的“超级航船”，载有11亿人口，需要有一个庞大的供给系统和需求系统，而不论是供给系统，还是需求系统，都是一个多变量、多层次的纵横交错的立体网络系统。这个系统既包括从生产、运输到销售、服务等生产经营环节，也包括从研究、开发到产品试制、批量生产等科研成果应用的各个环节，既涉及经济、技术等因素，也涉及社会、生态、环境等因素。因此，要组织、协调、优化这样一个巨大的社会经济系统工程，不从整体功能、效益出发，不建立、不依靠专业性的系统分析部门和高度自动化的信息网络系统，不利用高效快速的收集、传递、指挥、控制的现代化计算机网络，是难以实现的，也是不可想象的。我们知道，高技术是现代科学技术水平与生产力水平的集中表现，是高智力、高功能，也是高效益、高附加价值的“杰出代表”，是人类知识、智慧密集、高质量劳力密集的结晶，所以，世界各国各类科学家都一致认为，当今世界经济、社会、管理的一切重大变化，都离不开高技术的开发与应用，未来世界的每个社会经济技术的重大变革，也将都是高技术的发展与创造。目前，高技术的竞争如此之激烈，对人类生活方式、思维方法，以及社会观念的深刻影响，都将超过人们的想象与科学家们的预测，而且这一影响在改革、开放取得重大成绩的中国，正在深刻影响着社会经济的各个方面。因而，对此我们既不能视而不见，也不能等闲视之，而要密切关注、采取对策到选好发展目标、制定有力措施，尽快缩短与发达国家的差距，并力争在某些领域有所突破。在制定长期发展战略时，我们必须考虑我国“船大难掉头”的客观现实，既要吸取发达国家的历史经验教训，更要从现在起，不断增强高技术意识，争取少走弯路，高效高速发展。须知当今世界的科学技术进步已从追求生产效率、“让工厂、矿山、产品更多些”的旧口号，发展到追求工艺效益，从合理利用、综合利用、精细利用资源中增加产品的附加价值，向技术要效益、向组织要效益、向管理要效益、向“优化”要效益的新战略已在实施。当然，增强高技术意识是一个涉及社会政治、军事、经济、科学、文化诸方面的大问题，概念新、范围广、系统复杂。这篇短文不可能详细论述，只能根据我国实际情况就其中某些思路谈些看法。

一　能源发展战略中的高技术意识

人类使用能源的变化过程是可再生能源→不可再生能源→可再生能源。这不是“复古”或“倒退”的简单循环，而是人们以木材、草秸为能源的主要形式，发展到以煤炭、石油等矿物能源为主要形式，又将发展到以多种新能源为主要形式的科学总结，是由低级到高级，进一步向更高级阶段发展的必然趋势。就整个世界而言，矿物能源总有一天要枯竭、要用尽，据估算，在西方一些国家中作为主要能源的石油大约只可够用 30 年，这种面临的能源危机形势迫使人类不得不依靠高技术开发各式各样的新能源。据报告，美国已在加利福尼亚州建成世界上最大的太阳能发电站，功率为 19.4 万千瓦，相当于目前世界太阳能电站总功率的 90%；我国沈阳研制成世界上第一台以水为燃料、加入少量添加剂的“水分解氢氧自控运行装置”，如能进一步完善将可用作各种汽车、拖拉机、火车、轮船等；最近美国、苏联、中国等又开始了温室核聚变的研究。

煤炭、石油是不可再生的重要工业原料。在我国煤炭、石油资源虽较丰富，但在“有水快流”的思想指导下，产量猛增，原煤已从 1978 年的 6.18 亿吨增至 1988 年的 9.79 亿吨，净增产量 3.61 亿吨；石油从 1978 年的 1.04 亿吨增至 1988 年的 1.37 亿吨，净增 0.33 亿吨。这一增长速度与国民经济增长速度相比虽仍感缓慢，供不应求，但从绝对量的增长看，煤炭产量已居世界第二，石油产量也居世界前列，我国如不在提高能源效率和开发新能源方面下工夫，将重点放在扩大产量、加速增长上，那么我国的煤炭、石油的可采储量将大幅度下降，并将直接影响到现代化的后备资源。目前我国能源发展战略的指导思想是生产与节约并重，这无疑是正确的。但是，从长远的观点看，仅此是不够的，还应加上“开发”两个字，包括能源新技术的开发和能源新资源的开发，以增强21世纪的能源供应和现代化建设的后劲。

二 交通运输发展战略中的高技术意识

当高技术突进我们的生活领域时，许多产品已由过去的“长大重厚”型向“短小轻薄”型转变，因而随着经济的发展，其运输量不会像过去那样随产品产量的增长而等比例地增加。这种现象可称之为高技术所带来的综合效应的结果。从国外社会经济发展看，今后长途运输将主要靠飞机；短途运输将主要靠汽车；铁路运输将呈慢增长甚至负增长趋势。

由于运输的任务不仅仅是产品从生产场地移向消费地，还要更快更好地实现转移，人们便在运输的速度与效率上做文章，如在飞机的发展上。据有关资料，美国将建造既能飞向太空，又能作一般飞行的太空飞机，其速度为25马赫，从纽约至东京只需飞行2小时；日本也在积极准备开发这种太空飞机，预计在2000年前后投入使用。目前世界上大约有5亿辆汽车，人口与汽车的数量比大致是10∶1。据估计，平均每辆汽车要占地20平方米，而且需要有几个停放的地方，修建公路也要占大量的土地，可以说目前已到了车满为患的境地。尽管如此，从运输结构变化趋势看，大吨位卡车、自卸车、大型豪华轿车仍有较大的需求量，因此，汽车必将朝着节约能源，节约原材料，提高运输效率、功能等方向发展。在铁路的发展上：由于火车是通过转动的车轮与轨道之间的摩擦而行驶的，车轮转动越快，摩擦力就越小，根据力学分析，要想时速超过400公里，就要使车轮悬浮，因此，21世纪的“超特快车”将是磁悬浮列车。日本等发达国家正在投入较大精力研制这种磁悬浮列车，并在试验线路上已创造了时速高达517公里的高速纪录。交通运输发展战略中的高技术意识，就是要注意上述交通运输领域的高技术变化动向，避免投入大量资金，建设和生产即将淘汰的项目和产品。

三　原材料发展战略中的高技术意识

科学家们认为，在目前技术经济条件下，许多不可再生原材料的耐用年限只有几十年，最多也只一百多年，如按“静态寿命”计算，铁 194 年，铜 54 年，铅 29 年，银 20 年，等等。人类凭借高技术解决原材料挑战的主要途径，一是研究新材料，如超导材料、记忆合金、能制造弹簧的水泥等；二是改进传统材料的生产工艺，如传统的冶金工艺有炼焦、制球、炼铁、炼钢四道工序。据报告，美国正在研究将四道工序合一的“熔池”（“bath” smelting process）新工艺，日产 120 吨钢的试验工厂将于 1989 年建成，预计这种新工艺的完善需要 10 年左右时间；水泥自 1756 年发明到 1844 年生产出产品以来，为了降低能耗，提高产量，已从立窑、转窑发展到 70 年代的窑外分解工艺，目前科学家又在致力于无窑新工艺的研究。

目前，我国水泥产量已达 1.9 亿吨，居世界之首；钢铁产量 0.6 亿吨，居世界第四位。即便如此，原材料仍供不应求，今后还将有较大发展。但是，建设一个现代化的大型水泥厂、钢铁厂，投资需要几亿元、几十亿元甚至几百亿元。在我国现代化建设中资金短缺问题还将在很长一段时间里存在，与此同时，随着新技术革命的深入、高技术产业的发展，以及产业结构的高级化，在一些发达国家有些现代化的钢铁厂、水泥厂设备又在不断拆除。在这种情况下，我们如何从既发展高技术又考虑我国经济建设对原材料的需要的观点来制定原材料发展战略，都应进行详细的技术经济论证，从技术与经济相结合的角度，从高技术发展的观点，修改与完善原有的规划与战略。

四　机械工业发展战略中的高技术意识

机械工业是制造生产工具的部门。要提高产品质量，增加其附加价值，拥有先进的生产工具是一个很重要的条件，这是不言自明的。现在的问题是：我国金属切削机床的年产量已高达 13 万台，从数量看已居世界前列，但从质量来看却很落后，主要表现在数控机床所占比重很小，自动化水平低。如机器人是自动化的一个重要标志，据报道，目前世界机器人总数约为 14 万台，其中日本 10 万台，美国 1.5 万台，苏联约有 1 万台，我国机器人的拥有量微乎其微。

机械装备的自动化水平是指用自动调整机械从事生产、检测、包装、运输和其他服务的程度。在生产过程中，部分使用自动机械，部分由人工操作，称为半自动化；使用自动装置完成生产全过程，称为全自动化。实际上，前者只是单机自动化，后者则是综合自动化，即自动化生产线、自动化车间、自动化工厂。目前发达国家已经出现了很多自动化工厂。

根据我国普通机械产量很大的现实情况和世界生产向全自动方向发展的大趋势，从高技术观点看，今后我国机械工业发展战略的思想似乎应该是：通过机械产量只保持更替水平，大力发展高性能的专用机械，重点研制、开发新的全自动装置。

五　人口发展战略中的高技术意识

人们习惯地把能源、交通、材料、工具、人才称为现代生产的五大要素，实际上人才是第一要素。高技术产品实际上是高技术知识与高技术劳动的结晶，当今世界的产品竞争、技术竞争、市场竞争，实际上是人才的竞争、智力的竞争。因此，人口发展战略与人才培养的关系是十分密切的。

我国现有 11 亿人口，占世界总数的 22%，但其中文盲就有 2.5 亿之多，约占世界文盲总数的 1/4；而成年人受过高等教育的仅占 0.6%，大大低于世界平均 8.3% 的水平。由此可见我国人口的最大特点是人口数量多、人员素质低。

目前，我国“控制人口数量，提高人口素质”的战略原则无疑是正确的，但在人口素质高的城市，一对夫妻只生一个孩子，而人口数量大、素质低的农村，一般允许生两个，少数民族地区甚至还可以多生。这样下去，那就少则十多年，多则几十年，我国的文盲大军将更加可观。一种预测认为，到 21 世纪上半期，我国人口数量将可能突破 16 亿，如不采取强有力的措施，不仅人口结构将继续劣化，而且整体上的人员素质还将继续下降。因此，增强人口发展战略中的高技术意识，就是要高度重视科学技术的作用，高度重视智力投资，高度重视人才培养，把提高人员素质、提高人口质量、优化人口结构视为关系到中华民族存亡的大问题，并把它贯彻到现行政策中，贯彻在发展高技术的全过程中。

（原载《百科知识》1989年第10期，合作者为方汉中副研究员）

技术进步与产业结构

技术的不断进步是社会文明与经济发展的重要源泉。

当今世界技术的迅猛发展以及取得的惊人成就，正冲破传统的产业与产业结构，向着一个新型的甚至是崭新的产业关系模式过渡。在这种产业大发展、产业结构大转换的历史时期，如何正确把握技术进步的方向、建立最优的（也可能是次优的、适宜的）产业结构，不论对中国、还是对其他各国都将是十分重要、十分现实的研究课题。

一 技术进步是产业结构变化的动因——变化与影响

人们在历史的回顾中敏锐地察觉到，在以农业经济为主的社会里，欲想从土地上多收多得，就必须研究、吸取过去卓有成效的耕作技术，总结、运用成功的经验做法，实际上这是一种完善耕作技术、追求技术进步的初始过程；在以工业经济为主的社会里，欲想得到更好、更多的产品，或获取更多的利润与剩余产品，就不能因循守旧，沿袭陈规旧习，惯用老设备、老技术、老工艺、老方法去生产老产品，必须有革新、创新的精神，要不断改进工艺流程、生产操作方法，即不断追求设备的完善、工艺的改进、技术的革新、操作的效率。在现代与未来的社会里，经济的繁荣与发展，人类文明程度的提高，不仅仍然依靠技术与技术进步，而且还要以尽量少的资源、人力、资金、能源去满足现代化的生活水平、高质量的饮食、舒适的居住条件、优质的服务和方便的用、行等方面的不断提高与增长的需要。从历史的回顾、发展的现实以及对未来发展的乐观的分析预测，我们可以得出这样的结论：技术进步是天经地义的，没有技术进步就没有文明社会的发展，就没有经济的繁荣，当然更不可能有物质的丰富、人们生活水平的提高，而且在未来的经济社会发展中，惊人的技术进步速度将影响着社会各个领域，尤其对产业发展、产业结构将发生更为深刻、更为全面的影响。如果这种影响在农业社会是连续型的，在工业社会是连锁型的，而在未来的社会将是辐射型的。

二　技术进步推动了产业的发展，产业结构的变化又制约着技术进步——转换与模式

社会技术进步的意义在于将不断涌现出来的各式各样的新技术与生产密切地结合起来，并把这些新的技术变成直接生产力，从而使社会生产力提高到一个新的水平。这种新技术与生产的密切结合将直接或间接地带来农业生产、工业生产、交通运输、邮电通信、能源开发、国民教育以及卫生事业的变化与发展，带来各产业部门之间的演变与交替，伴随而来的是新兴产业的出现、传统产业的改造、落后产业的淘汰——这就是产业结构的变化规律。

新兴产业的出现、传统产业的改造、落后产业的淘汰，以及所带来的产业结构的演变，它无疑将标志着社会的技术进步，而这种进步正是由于人类认识自然、改造自然能力的不断提高和技术本身创造了人们难以想象的奇迹。这种结果使原有结构发生的重大转移：（1）产业结构的转移（有的新生、有的更新、有的淘汰），从农业转向工业，从工业转向服务业；（2）技术结构的转移，从资源技术转向再生产技术，从再生产技术转向信息技术，或从硬技术转向软技术；（3）就业结构的转移，从第一产业转向第二产业，从第二产业转向第三产业；（4）产品结构的转移，从“重厚长大”转向“轻薄短小”；（5）消耗结构的转移，从耗能、耗材、耗资高转向节能（源）、节材（料）、节资（金）；（6）布局结构的转移，从靠“资源决定命运”转向高度综合、复合型布局；（7）投入要素结构的转移，从劳动密集型、资源密集型转向知识密集型、技术密集型，等等。因此，我们认为，技术进步与产业结构变化的基本模式可以概括为：

技术进步→产业的发展与改造→新兴产业的出现、传统产业的改造、落后产业的淘汰→产业结构的变化。

这就是说，技术进步与产业结构的变化不仅是相关联的，而且是必然结果。技术不断进步就意味着产业结构的不断变化，这种变化有时人们能

觉察到，有时人们并未觉察到。当然，对这一问题的认识也要有一个过程，有的甚至是在痛苦的失败中得到启示的。中国过去奉行的“纲型”（以“钢”为纲，以“粮”为纲，甚至在各经济领域内的一切经济活动都要以“阶级斗争为纲”）结构曾给国民经济带来的重大损失。使产业结构长期失调，直至如今，调整产业结构的任务仍十分繁重。英国由于对技术进步重视不够，对外国的先进技术持保守态度，结果不仅新兴产业发展缓慢，传统产业的改造也极为缓慢，如电子行业、航天工业英国连一个公司都维持不下去。在传统产业中，钢铁严重缩减、造船直线下降、煤炭即将消逝、纺织转向进口，纺织机械、摩托车、录像机、火车发动机等产品几乎全部停产。这些英国过去曾具有优势的产业，由于不重视技术进步，不重视开发新技术，使英国产业结构严重失衡，导致经济的不景气、失业率高、社会问题多的严重局面。有的学者称这种状况为“英国病”。日本从“石油危机”中清醒过来，大力发展高技术、高知识、高附加价值型产业。不断随技术进步调整产业结构，这种做法很值得我们重视。比如，日本从海外同样赚回 100 万日元的收入，1973 年需出口货物 5.6 吨，而 1982 年只需出口 2.4 吨。目前世界各国出现一种“产业结构调整”的热潮，一些主要发达国家都花较大精力，并提出各种政策来调整产业结构，甚至总统选举都将调整产业结构作为施政要点。美国提出“再工业化”，英国提出“改组工业”，日本推行“昭和产业维新”，法国社会党也提出要“振兴工业”，所有这些都是以调整产业结构为中心的。近几年来，我国也聚集全国精英积极开展对产业结构、产业政策、产业发展的研究，看来这已是锐不可当的势头。要提高中国现有经济水平、挖掘经济发展的内在潜力，要实现与提前实现我国到本世纪末的经济发展目标，一个极为现实、极为重要的途径就是向产业结构要速度、争效益。

但是，在论述技术进步推动产业与产业结构发展变化的同时，我们还必须看到，产业的发展与产业结构的变化制约着技术的发展、技术的进步，也就是说，调整产业结构也好，实施产业政策也好，确定产业发展方向也好，又必须考虑对技术进步的基本要求。如果我们将技术进步对产业结构的影响用函数表示为：

$$Y = F(X) \tag{1}$$

式中，X 表示技术进步；Y 表示产业结构的变化。

则产业结构变化对技术进步的要求就可用函数表示为：

$$X = F(Y_1, Y_2, \cdots, Y_n) \tag{2}$$

式中：Y_1，Y_2，...，Y_n 表示产业部门的变化。

这里，（1）式的约束条件是人力、物力、财力、动力、自然力；（2）式的约束条件除上述外，还有产业之间的比例、消费结构的变化、资源供给的改变、人员素质的水平、技术体系的变革、进出口贸易的要求、产业政策的实施，等等。这样，影响产业结构的诸多因素都可能成为技术进步的限制条件，不考虑或违背这些条件，势必造成产业结构越来越失调的严重局面。表面上看似乎新技术、高技术占有相当比重，而实质却出现产业结构越来越失调、产业发展越来越畸形的不良状况，就像患糖尿病的人越不需要糖分而越补充糖的营养一样，结果是病情越来越重。像中国这样的大国就可能出现畸形的产业结构，到那时，再回过头来调整产业结构、制定产业政策，将花费几倍于，甚至几十倍于现在的代价，其结果还不一定很好。因此，在制定技术发展与技术进步规划时，既应考虑发展新兴产业、改造传统产业、淘汰落后产业，调整产业结构需要依靠技术进步，又应考虑使产业结构合理化这一经济发展的战略目标，以做到技术进步与产业结构的协调发展、相辅相成。

三　技术进步是产业结构合理化的重要手段——主导与同步

一个国家的经济发展要求各产业之间要有一个合理的弹性关系、协调的比例结构，比如第一、第二、第三产业之间的弹性关系，农轻重的适宜结构，生产资料与生活资料的合理比例，或者是按投入要素的密集度（如资金密集型、劳动密集型、知识密集型、资源密集型、能源密集型等）而划分的各产业之间的合理匹配，等等。这如同正常发育的儿童一样，身高与体重要有一个正常发育的区间，当然作为孩子的父母要使其完全符合科学的发育，在身高、体重等方面都符合标准也是相当难的。即使父母是医生或营养学专家也是不容易做到的。但是，孩子的父母应该掌握与了解每个时期孩子的发育情况，缺钙补钙，缺维生素补维生素，不能落到由于缺钙而患软骨症的地步。我们对待产业结构合理化问题，也应本着这个原则，即随时都要掌握与了解产业结构的状况，“缺什么、补什么”，随时调整，并不断提高产业结构的转换能力。

在过去很长一段时间里，我国在处理技术进步与产业结构的关系上，既没有依据技术发展规律，也没有依据产业结构变化规律，而是重速度、轻效益、轻比例、轻结构，似乎是有了高速度就有了高效益，就有了协调的比例、合理的结构，其实这完全是一种误解。经济发展的实践证明，高速度有的是牺牲比例、牺牲结构换来的，有的是占用无偿劳动、浪费资源得来的，也有的是只算“政治账”、不算“经济账”的虚假结果。1958 年、1959 年是中国经济发展速度最快的年头（年增长率分别为 54% 和 36%），而那时的产业结构简直成了“纲”型结构，整个国家经济的运转都离不开“纲”字。在这种情况下，何以谈得上产业结构的合理化！因此，我们研究技术进步与产业结构合理化就必须有个科学的标准、科学的原则。根据世界各国经济发展的正反两方面的经验和技术发展与产业结构变化规律，我们认为在研究技术进步与产业结构的关系时，必须遵循以下三个基本原则：

1. 技术进步主导原则

遵循这一原则是因为新兴产业的崛起与发展、传统产业的改造与新生是技术进步的结果，且多在传统技术、传统产业的基础上生产新产品、新花色、新品种，也多在传统技术、传统产业的基础上进行革新、创造，又促进传统产业、传统技术向新兴产业、新兴技术转换，比如，产品的大批量、少品种向小批量、多品种转换，数量的增加向质量的提高转换，劳动密集型、资金密集型产品向技术密集型、知识密集型转换，单项服务向综合服务转换，甚至还可能利用本行业的优势去生产非本行业的产品（如军品转民品的生产就是一例）。上述变化按公式（1）必然导致产业结构的变化，若使产业结构的这种变化有利于产业结构转换能力的提高，有利于产业结构的优化，就需要：①把握技术进步的基本方向，改进投资结构、控制投资方向，以投资结构的改进来调整产业结构；②制定产业政策、投资政策，并通过价格、税收、税率、利润留成比例等措施不断提高产业结构的转换能力，做到该加强的加强，该收缩的收缩，即有得有失，有取有舍。

2. 结构效果最大原则

这里需要回答的问题是：什么是产业结构的合理化？我们的回答是：产业结构的合理化就是结构效果为最大。这里我们引入了“结构效果”这一新的概念，其理论意义是指由于结构的变化所带来的经济效果。它是结构变化与效果变化因果关系的客观反映。由于产业结构的变化将不可避免地带来经济效果的变化，所以这种变化的大小就意味着产业结构的合理化程度，结构效果大表明产业结构合理，结构效果小表明产业结构不够合理，需要调整。结构效果作为一个科学概念有着重要的理论意义：第一，它用简洁而确定的用语揭示了两个经济概念的内在联系。第二，把对产业结构与经济效果放在一个严格概念下进行研究，从而使经济效果理论（尤其是宏观经济效果理论）的研究深入经济运行机制内，使这一理论更富于应用性。第三，这一概念的建立将有助于对产业结构的研究，有助于部门之间、产业之间、行业之间的横向联系、横向协作、横向平衡，对新建、扩建项目，技术改造项目均将起重要的指导与控制作用。

3. 技术进步与产业结构同步规划原则

由于技术进步直接影响着产业结构的变化与发展，而产业结构的调整与合理化又主要依靠技术进步，所以，我们在研究技术进步与产业结构变化的模式时，首先就应把技术进步与产业结构放在同一系统内且同步进行，这是一个十分重要但又常被忽视的问题。中国近几年来，虽然依靠技术进步带来了经济增长，但这种增长不是建立在技术进步与产业结构优化的同步的基础上，其结果是经济效益增长大大低于速度的增长，这说明，技术进步没有带来明显的结构效果。其次，应将产业结构的调整与固定资产的更新改造同步进行，特别是要把产业结构的调整同引进国外先进技术同时考虑、同步进行。再次，应将产业结构的调整同行业的改组、联合，同企业间的技术经济协作同步进行。最后，还应将生产性固定资产的投产与改变投资方向同步进行。

在上述研究中，笔者力求将技术进步与产业结构置于一个系统之中，既把它们看作互为因果关系的两个促进经济增长的独立要素，又要看到它们之间相互制约、相互影响的一面。因此，加速技术进步应旨在推动产业结构的合理化，并在“同步规划”中达到稳定持久的经济增长。

（原载《效益与管理》1987 年第 1 期）

技术进步与科技、经济、社会的协调发展

——对日本技术进步的综合考察

应日本学术振兴会之邀，我们一行三人于1992年3月30日到4月19日对日本进行了学术访问，在国际综合科学会日本本部会长、神奈川大学教授佐伯富士男先生的精心安排下，先后与东京大学、野村综合研究所、综合研究开发机构、地球产业文化研究所、神奈川大学、国际综合科学会日本本部、大阪大学社会经济研究所、北海道大学、石川重兴业株式会社、日本电子株式会社、高松机械工业株式会社、北陆KTC株式会社、东洋农机株式会社等的50余名教授、学者、企业家进行了亲切友好的交流。我们还有幸与日本最尖端研究部门——冈崎国立共同研究机构的生理学研究所东晃史博士与他的同事进行了学术交谈，参观了他的高级实验室；访问了日本东海岸著名高技术区——石川工业实验场，该场领导向我们介绍并带领我们详细参观了各种先进设备与实验装置，使我们对日本的基础科学研究及高技术产业化的情况有了新的了解与感性认识。在访问期间，还与原日本通产省次官、现通产省产业政策研究所顾问兼野村综合研究所顾问福川伸次先生，原日本经济企划厅次官、现日本综合开发研究机构理事长、著名经济学家星野进保先生进行了交流。他们就中国产业政策、产业发展、中日经济发展、产业发展的互补性、人力资源开发等问题提出了一些好的建议。许多教授、专家、企业家对我们的考察内容表示了较大兴趣，并表示愿与我所加强业务联系、定期交流成果，有的还表示愿同我所就双方感兴趣的课题进行合作研究。我们还多次应邀介绍了我国改革开放以来所取得的伟大成绩，阐明了我国“一个中心、两个基本点”的基本路线和改革开放长期不变的方针、政策，坦诚地回答了日本学者、企业家们提出的各种问题。

现将这次学术访问的情况与感受较深的几个问题报告如下：

一 对技术进步的孜孜追求

日本学者、企业家一致认为，日本经济“奇迹”的出现来源于“对技术进步的孜孜追求”，得益于“技术引进的消化吸收、改进与创新”，得益于“企业的技术开发，尤其是中小企业的技术开发”。这里具有普遍意义的有以下五个方面：

（一）技术进步的主体转向民营企业

日本政府一般不管技术引进、技术开发、技术改造、技术扩散、新技术的推广应用，也不管技术如何发展等，而所有这些技术活动都由企业自己规划，由民间自己搞，只有那些企业力所不及的，如大型计算机的发展等由政府资助开发。现日本各公司、企业都有自己的技术开发研究机构（部）或开发设计研究部，负责本部门、本企业、本公司的技术开发、新产品开发，以提高设备、技术水平，推动企业发展。

（二）技术开发是企业的生存之根

日本企业家的共识是：企业不开发新产品将无生存之路，只有不断地搞技术革新，企业才能发展，每一次大的技术革新都会给企业带来大的发展，都会使企业上一个新的台阶。企业的技术设备水平及其革新速度与企业景气与否是正相关关系，因此，企业对职工提出的工作方针是：从零开始，不满足现状；构思未来，不断开发。例如北陆 KTC 株式会社为适应企业技术进步的需要，采取三项措施：（1）改进组织机构以利于产品、技术的开发：（2）在不断改进、不断开发本厂主产品“工具制造”外，进行多角化经营、多角化开发，向精密加工、电子行业领域扩展与延伸；（3）不断提高经营管理水平，提高人员素质，把吸收、引进人才视为企业发展之关键。

（三）技术开发的投入增长快、人员素质高

近十年来，日本从部门到企业不仅开发费用增长快，而且从事开发的

人员素质越来越高。80年代以来，日本电子产业总销售额年增6.39%，而研究开发费却增长9.53%，研究开发人员增长9.37%；新材料部门总销售额增长0.58%，研究开发费用增长3.67%，研究开发人员增长3.88%；生物技术产业分别为0.42%，1.42%和1.68%，即研究开发费用增长和从事研究开发人员增长比销售总额增长要快得多。目前，研究开发费用占销售额的比重已普遍在10%以上，如电子技术产业达11%—12%，生物技术产业达12%—15%，有的产业部门可高达20%；日本研究开发费用占GNP的比重1990—1994年将达3.5%（我国不到0.5%），将比1980—1984年和1985—1989年分别提高84.2%与40.0%；在此期间研究开发人员占职工总人数的比重将达30%以上，分别比1980—1984年和1985—1989年提高了4.6%与11.4%。研究开发费用在制造业和加工业的增长更快。1987年制造业的研究开发费与设备投资费相等，为2.1兆亿日元。1988年又增至2.3兆亿日元；加工业的研究开发费1985年后剧增，1986年、1987年、1988年分别为1.5兆亿、1.6兆亿、1.7兆亿，远高于设备投资费（三年分别为1.1兆亿、1.07兆亿、1.3兆亿）。在我们考察的几个企业中，技术开发（设计）人员一般都占企业全员职工的10%左右，如高松机械厂开发设计与现场技术人员一起占职工总数的20%，且素质较高，研究生毕业的占较大比重。

（四）引进、开发技术均以高效低耗技术为主

日本朋友向我们介绍说，80年代以来日本不论从国外引进技术，还是本国开发的技术，多数是高效、低耗的技术。日本的技术引进与技术开发主要是为了企业本身，不是为了全社会，要么提高效率、要么降低消耗，使企业能从中得到利益、得到实惠。如第一次能源危机时，能源价格一下子提高了5倍，许多企业难以承受，于是就必须解决节能技术、节能设备，一方面从国外引进，另一方面开发研制；日本发展“机器人”主要是为了提高效率、解决劳力不足；日本发展轻便型、节能型、小型产品，既可低耗又可创造高附加价值，日本产品向“轻薄短小”发展已成趋势。信息技术是典型的高效低耗的技术，尤其是电子计算机的发展、应用对日本的经济发展影响很大。日本的学者和企业家一致认为，不论是技术引进还是技术开发都应有明确的目标，这个目标在当前和今后较长一段时间仍然是高效与低耗。

（五）对技术开发成果的转化、推广、应用的高度重视

日本技术进步的主体是民营企业，所以从新技术、新产品的研究、开发，到试验、生产均由企业自己完成。当新产品批量生产后，再经过产品营销、质量反馈，使新产品质量不断提高，占领更大市场。开发出来的科技成果如不尽快转化为商品就将丧失竞争力，因为世界市场变化快、创新成果的转化在日本设有“三合一”的开发机构——工业试验场，这是一个产业部门、学术界、政府部门等多种优势结合的开发研制、推广应用的综合研究开发机构。日本西海岸金泽市附近的石川县工业试验场的成功经验很值得我们重视。该场过去主要以纤维、建筑机械、工作母机等的开发研制、推广成果为主，由于纤维产业已成夕阳产业，建筑、机床等产业容易受工业景气与否的影响，自 1983 年以来，为适应高技术时代并找一个不受或少受其他工业影响的产业，他们已转向电子机械为中心的产业，目前已形成很强的优势，不仅已有 3000 多个企业客户，还与几十所大学（如著名的东京大学、筑波大学、金泽大学等）有密切联系。该场主要宗旨就是帮助中小企业搞技术开发与成果转让，同时也为企业进行业务指导、人员培训（专业培训与职业代培）、提供技术情报；根据企业需求，或应企业之邀就某技术项目进行合作研究与开发等。该场开发、试验设备装置十分先进（属世界一流），科技人员素质相当高（多数是研究生毕业，且有一批归国留学博士），企业、学术界和政府部门都很欢迎，因为这一机构解决了产业、企业部门的新技术研制及其成果推广应用问题，解决了高等院校、科研机构的“头脑流向”问题，也解决了当地政府提出的“头脑兴县”问题。

二　对技术进步促进经济发展的效果透视

日本经济高速增长时期（50 年代末期至 70 年代前期）虽已过去，但这以后，特别是 80 年代以来，日本仍在持续发展，且发展质量越来越高，据野村综合研究所原所长、现顾问德田先生的介绍，日本人均国民生产总值

1990年达2.38万美元，已居世界第一（美国同期为2.17万美元，亚洲“四小龙”是0.7万美元），高出美国10%，为亚洲“四小龙”的3倍多，预测1995年，日本人均国民生产总值将达到3.54万美元，将比美国高出26%，2000年日本将达到4.97万美元，将比美国高出35%。日本经济获得持续、高质量发展的原因固然有许多，但我们通过考察的初步结论是：技术进步的孜孜追求，并从这一基点出发制定其相关的发展战略与政策措施。

（一）“头脑兴县”——一个响亮的科学口号

石川工业实验场有一个响亮的口号，就是“头脑兴县”。提出这一口号是因为日本西部相对落后于东部，技术设备落后、产业发展落后、经济发展水平落后。该县人口数为日本全国的1%，生产总值也占全日总值的1%，为改变本县在全国的落后面貌，1983年后提出发展高科技产业，优化产业结构，建立以电子、机电为中心的高技术园区。为此，他们制订了科技发展规划、“头脑”引进政策。1983年以来政府部门已先后投资20多亿日元建立了一个日本一流的高技术园区，吸引了一批高科技人才。东京大学、筑波大学、东京工业大学、金泽大学的高科技“头脑”不断流入本县，本县的经济社会发展状况正在发生巨大变化，本县的产业结构也正朝着高科技化、高度化、高附加价值化发展。

（二）重视人的积极性的发挥——发展之动力

日本企业家们一致认为，当今日本企业职工的积极性比美国的高、比西欧的高，比世界许多国家都高——这就是日本经济发展的动力之源、增长之源。推动企业发展的是人，是人的积极性的发挥，“现代化、机械化、自动化”都是由人推动的，用人是一种“技术”，发挥人的积极性是这种“技术”的技术。现在世界少数国家富、多数国家穷，在许多国家中也是少数人富、多数人穷，而在日本是多数人富，少数人穷，日本用较少的资源消耗取得了当今的发展，其成功的奥秘就是人的积极性的发挥。这是一方面。另一方面，企业发展也应考虑职工福利的提高，这是相辅相成的。企业发展、产业革命如不与职工福利、全民幸福联系起来，那发展目标、技术进步目标就不对了。现在美国企业是利润第一、“利润”式管理，这是不科学的。企业要发展不仅是利润的不断提高，还需有职工的发展，职工积极性的提高。要发挥人的积极性，现在日本的“终身雇用制”不行，不利于人的积极性的发挥。因为要竞争就要调动职工积极性，要调动职工积极性就要给报酬，要给报酬就要根据积极性不同而有所差别。这样才真正能调动人的积极性，以促使企业持续不断的发展。

（三）资源、科学、人脑的结合——发展之选择

日本能在资源贫乏、人口密集的小岛上获得如此发展，靠的就是科学与人脑。近百年来，由于科学技术迅猛发展所带来的人类社会经济的巨大变革，使3亿年形成的各种矿物资源，有的已濒于枯竭；动物资源与植物资源有的已从地球上消失，有的正在消失，与此形成鲜明对照的是人口剧增、环境恶化、资源以惊人的速度在减少，人类面临的抉择就是依靠“科学加人脑”，搞资源节约型的发展，搞资源替代型的发展。我们在参观了日本生理学研究所的实验室（设备世界一流、研究人员素质、水平世界一流）后，确实感到“人脑”的威力无穷。第一次产业革命以英国为领衔，主要发展了煤炭、轻纺、蒸汽机、航海、家庭手工业等，以批量化为中心；第二次产业革命以美国为领衔，主要发展了石油、重化工、钢铁、汽车、飞机制造等，以效率化为中心；而第三次产业革命，领衔的将是日本，将主要发展资源集约型产业，以人为中心，如软件产业、人工智能、机器翻译、计算机辅助设计、服务业、微电子、新能源、生命科学等。

（四）生产以市场为中心、以人的需求为中心——发展之源泉

企业的发展与消费者需求的变化密切相关，不论是技术开发、还是技术创新，都要依据消费者的需求，即消费者需要什么生产什么，喜欢什么开发什么。在以人为中心的发展年代，就要以人的需求为本，为“人”生产、为“人”服务。在最近出版的“现代技术的政治经济学”（日本版）一书中明确提出，90年代日本研究开发目标是为了国民的丰富多彩的生活，将大力发展经济服务化、租赁化，传统服务产业的服务化。随着人类社会的进步与发展，各国之间、地区之间的相互关系更为密切，特别是通信、电讯事业的迅猛发展，使物理意义上的地球变小了，资本、技术、信息将

呈世界化，那时的资源问题、环境问题将不再是一个国家、一个地区的问题了，因此，重视环境、保护环境、开发研制保护环境的各种技术必将成为人的一个基本需求——这是90年代日本研究开发的又一目标。应当指出，日本在以人为中心的新产品、新功能的开发方面是很值得称赞的，如日本的丰田汽车，为提醒犯困打盹的司机，在新型小轿车AXV—Ⅲ型上将增加超越车道自动报警系统；为排除汽车首尾相撞的危险性，将增加车速控制系统，并用电脑自动控制节气门和制动器；甚至卫生间设备还专门设计附加了调温、不同部位的冲洗、烘干的新功能。

（五）企业的多角化经营——发展的重要渠道

现日本企业都搞多角化经营，一方面是为了资源的合理利用、有效利用；另一方面可分散风险、提高产品的附加价值、服务价值，同时还可提高企业的声誉、扩大企业的服务对象。如KTC工具制造厂，既可生产航空航天用的各类工具，也可按订货生产各类小工具，只要与该厂有关的工具生产，不论其型号、规格、尺寸如何要求、变化，该厂均可生产。高松机械厂生产的产品从数控机床、大型组合机床，到各种印刷机械，甚至还可按用户要求生产各种钓鱼竿。只要是高附加价值的产品，高附加价值的服务，企业均可接收订货、生产，以满足消费者的多种需求。当今日本企业发展的一条重要渠道就是多品种、小批量与多角化经营、多角化服务。

（六）科技、经济、社会的发展更为协调——发展之趋势

未来科技、经济、社会的发展必须协调进行，自然科学与社会科学必须联盟共进。日本经济学家十分重视经济学与技术学的结合，重视科学知识的综合运用。日本一批学者、企业家，正筹划21世纪新型大学——国际科技大学，把自然科学与社会科学相结合，研究机构、大学、企业、学会相结合，进一步研究技术、经济、社会的协调发展，未来技术的选择应从社会、经济、技术相协调的角度综合考虑，既应从社会角度考虑环境的改善、废弃物的处理，从经济角度考虑节能型、轻便型、低成本型、高附加价值型，又应从技术角度考虑其先进性、可行性、可操作性，以及功能价值。当今世界要加强自然科学与社会科学的合作，加强自然科学与社会科学的平衡、协调，加强技术与经济结合，计划经济就应在自然科学与社会科学之间进行平衡、控制大的计划。日本通产省工业设计院根据日本过去基础研究相对薄弱和人才缺乏的状况，经9次讨论和审议，制订出了日本90年代产业技术规划，并出版了书籍，其主要特点就是科技、自然、社会更为协调。

（七）不断提高生产效率是日本经济发展的关键——成功的奥秘

日本学者、企业家一致认为，日本的生产效率、劳动效率比美国、西欧各国都高。我们在对一些企业、生产车间进行参观时确实看到，工人们的劳动十分紧张，从未见到停顿、停工现象。往往一个人开几十台机床，完成200—300道工序，从未见到一个人闲聊、闲逛。高松机械厂在职员工300人，但每年完成的销售额100多亿日元，人均年劳动生产率1991年达到29万美元。由于生产效率、劳动效率的不断提高，日本的人均国民生产总值提高很快，如果以美国人均GNP（1990年）为1.00，则欧共体四国为0.89，亚洲“四小龙”为0.32，日本为1.10。人是发展的核心、增长之源，人的劳动效率的提高带来了高质量的发展。至于日本生产效率、劳动效益为何这样高，多数学者与企业家的看法是：高效率来源于多方面调动职工积极性，包括高工资。

三　日本学者对我国经济发展的看法与建议

在考察中我们看到，许多日本学者和企业家对中国都很友好，对中国经济发展也很感兴趣，有的还开诚布公地提出一些建议，现归纳起来主要有下列几点：

（一）中国在发展中要多强调竞争，少讲点公平

大阪大学社会经济研究所森口教授认为，企业要发展就要有竞争，日本如此，中国也如此。大企业之间要竞争，大企业与小企业之间也要竞争，这个竞争何时也不能缓和，而且将越来越激烈。中国应当利用劳动力便宜的优势参与各国之间的经济竞争。该所宫崎教授认为，竞争与公平很难结

合，有竞争就难以公平，要公平就无法竞争。他们都认为，在中国经济发展中应多点竞争，少点公平，把企业推向市场去竞争、去拼搏。

（二）在优秀专业人才的利用上，不要求全责备，多发挥他们的专长，少点批评，多点鼓励

东京大学经济学教授竹内先生开诚布公地对我国优秀专业人才的利用问题提出了看法与建议。他认为，对优秀人才不要求全责备，给他们充分时间和精力发挥自己的专长，要少点批评、多点鼓励。过去有许多优秀人才丢掉了业务，没能有效地利用他们的能量、发挥他们的业务专长，这是对中国的一大损失。中国发展经济、改革开放需要大量优秀人才，这些人才就在中国的土地上，政府应爱护他们、鼓励他们，充分调动他们的积极性，让他们在现代化建设中大显身手，使中国强大就是“政治”，是最大的“政治”。

（三）中国要留住人才、吸引人才，最有效的办法是对专业人才采用高工资政策

竹内教授对中国人才的大量流失表示了极大的忧虑，他说，从长远看是对中国的莫大损失（据说印度也如此）。从个人看，工资低、待遇低，流向国外是必然的，但对国家来说损失太大了。他说日本在明治时代也曾出现人才的大量流失，后来都回来了，其原因一是欧美歧视日本人，日子不好混，不得不归；二是国内采取了高工资政策，工资高出 100 倍。既然在国外遭到歧视，国内又给高工资，为什么还要留在国外呢！你们应当吸取这个经验教训。听说中国教授的工资很低，实际收入与普通职工相差无几，知识分子的待遇普遍很低，这不是一个明智的政策，这是一个为渊驱鱼的政策。它将对中国未来的发展产生极为不利的影响。他还语重心长地说，中国要留住人才、吸引人才，最有效的办法就是高工资政策，提高 100 倍都不多，当前知识分子的工资至少也应提高 10 倍以上，竹内教授还建议我们研究一下，如果仍按现工资制度，过几年后由于人才的大量流失、知识分子的积极性不能充分发挥，对国家的影响，对中国经济发展的影响将是巨大的。

（四）中国应重视“华南经济圈”成功的经验

野村综合研究所关志雄先生认为，“华南经济圈”（指广东、福建、中国香港、中国台湾等省、地区）的成功具有重要意义，它不仅给“东盟”各国以启示，对日本、南朝鲜也是一个不小的震动。广东、福建利用了中国香港、中国台湾的资金与技术，中国香港、中国台湾把企业移至大陆，利用了大陆的劳力，互惠互利、共同发展，创造了华南经济发展的奇迹。关先生分析说，中国香港去年 GDP 的增长率虽只有 3.9%，但在内地的附加价值很高，加一起 GDP 增长率达 6%，所以中国香港 1991 年的经济形势是很好的，有人断言，如果中国香港不把诸多企业移向大陆，它的发展肯定会受到影响，关先生建议我们认真研究推广“华南经济圈”的成功经验。

（五）中国引进技术、发展技术一定要考虑资源特点

大阪大学社会经济研究所森口教授、金泽高松机械厂川江厂长、东京大学竹内教授等都认为，中国引进技术、发展技术一定要从中国资源的特点出发，要考虑对中国适用，不能盲目地什么都引进，要考虑资源的局限，不应引进大量消耗能源、资源的技术，不能走发达国家的“先污染后治理”的错路，也不应采取美国的用大量消耗资源的办法发展经济，中国在保持环境、节约资源的情况下发展，中国按 GNP 消耗的能源是日本的 10 倍，虽日中产业结构不同，但节能的潜力还是很大的。此外，中国的人力资源极为丰富，引进与发展技术必然要考虑是否能开发人力资源的技术，是否是对人的发展有利的技术，是否是能改善人的工作与生产环境的技术，是否是能加快信息传递、应用信息成果、提高人的工作效率的技术，等等。这即是说，中国引进技术也好，发展技术也好，一定要考虑中国的“特色”，“先进的技术如不适应引进国家，再先进也是没有用的——这就是历史”。

（六）日本学者认为：中国与日本在经济发展上有较大的互补性

许多日本学者认为，中日不仅在产业发展上能互补，资源利用上能互补，而且在人力资源的开发、交流、培训上也能互补。日本的技术先进、资金过剩，但资源贫乏、劳力不足；中国是技术落后、资金短缺，但资源丰富、劳力充足。日本国际综合科学会会长佐伯富士男教授多次谈到，面对两国政府的重要课题就是如何把中日两国的资源合理使用，如何加强中日合作、全面合作，如何互通信息，制定互补的产业政策，等等。

（七）日本学者和企业家都认为：中国是日本做生意的好伙伴

野村综合研究所关志雄先生向我们介绍说，过去认为与中国做生意有风险，现在认为是做生意的好伙伴，输出的好对象；过去担心大量中国难民的涌进，现在抱有乐观、抱有希望。虽然目前日本国内学习俄语的人较多，大有与俄罗斯大做生意之势，但他们看到邓小平同志南方谈话后，许多日本朋友坚信，生意伙伴还是中国。佐伯教授说，中国过去曾是历史的中心，古代文明的中心，21 世纪的世界将是亚洲的时代，中国将成为亚洲的经济中心，21 世纪属于中国，日中长期合作势在必行。

（原载《数量经济技术经济研究》1992 年第 7 期，本报告由笔者执笔，考察团成员还有金周英教授、朱世伟教授。本文略有修改）

技术进步与产业兴衰、政策调整

——法国考察之我见

中国社会科学院数量经济与技术经济代表团应法国外交部的邀请，于今年5月12日至6月11日赴法国进行学术交流。对法国人文科学之家、法国计划总署、高等社会科学院、国立经济统计研究所、法国财经部、法国科学研究中心、法国电力公司、国立农业科学研究院、马赛第三大学、图卢兹社会科学大学、克诺布里社会科学大学等20多个单位进行了访问，同马兰沃教授等60多位学者、专家进行了座谈与学术交流。此外，还参观了农场、港口、企业和水力发电站。这次考察与交流的主要议题是：（1）法国及西欧技术进步与经济增长的现状与发展趋势；（2）法国产业结构变化的情况与趋势；（3）法国农业技术进步及其对产业结构的影响。由于考察目的比较明确，并在考察前同法方一起进行了认真的准备，座谈、讨论问题比较集中，所以，这次考察收获比较大，了解的问题也有一定深度。

一　法国经济、技术、社会的发展特点及其政策协调

（一）国家对经济发展制订中长期计划，但又经常修改

战后至今法国已先后经历与完成了8个计划，即1947—1953年的七年计划，1954—1957年的四年计划，1957—1961年的五年计划，1962—1965年的四年计划，1966—1970年的五年计划，1971—1975年的五年计划，1976—1980年的五年计划，1981—1985年的五年计划（这期间因政府改

组，未执行此计划，制订了 1982—1983 年的过渡计划），现正执行第九个五年计划（1984—1988 年）。

然而，法国在执行计划中，时常因政府内阁的变化和经济发展出现困难，或停止执行，或对计划进行修正。如：1968 年戴高乐总统因经济、财政不平衡而对原计划进行了调整、修正；第九个计划是前政府制订的，去年 3 月组阁的现政府就基本没有再执行该计划。

（二）战后很重视基础工业、基础设施与农业发展

如在法国第一个计划期间就特别强调发展能源工业、钢铁工业，强调建公路、修铁路、建筑房屋等基础设施。与此同时，对农业的发展予以很大的关注。计划总署的埃斯基阿格向我们介绍说，法国在这一时期为发展农业采取了一系列政策鼓励农民，主要有：（1）经济补贴。60 年代政府为鼓励农业生产机械化予以经济补贴，70 年代为帮助农民盖新舍（包括猪舍、牛舍、鸡舍等）、盖学校（包括高等、中等学校、农业中学等）予以经济补贴，80 年代则主要帮助农民提高管理水平、搞好职业培训等予以经济补贴，还帮助农民建立农业科学研究机构，搞生物工程、信息管理、电子计算机应用、品种改良等。法国的一个很有名的农业信贷银行，专门从事农业贷款业务，政府在利率上也予以资助。（2）结构政策。主要指帮助年岁大的（55 岁以上者）农民离开土地与农村，或给经济补贴或给退休金。然后使土地连片，扩大农场规模，政府再拿部分资金帮助年轻有一定学历的农民从事新型农业，一方面让他们掌握新技术、学会管理；另一方面又提出要求：10 年内不准离开土地，政府对此给予一次性资助：平原地区资助 6 万法郎，山区资助 17 万法郎，还可以得到部分利率为 2.5% 的低息贷款。（3）社会福利。1961 年开始给农民退休金。（4）采取价格补贴、保护市场政策，等等。

（三）电力先行与发展核电

法国在经济发展中，电力一直先行，其发展速度也是高于国民生产总值增长速度的，电力弹性系数一直保持大于 1。为解决全国用电问题，由国立的法国电力公司统一规划和领导全国的电力生产与建设。法国电力公司

总代表安得烈先生向我们介绍说，第二次世界大战以后，法国建立了不少水电站，以后又建了一些热电站。15 年前，搞了核电。现全国装机 7000 万千瓦，发电量为 3300 亿度，其中，70% 为核电，25% 为水电，5% 是火电。现法国完全可以保证工农业用电、民用电以及第三产业发展用电。他还强调说，法国发展电力的主要原则有两条：即市场需求和电力成本，既要使电的利用率达到最大，又要使电的利用取得最大的效益。该公司经济分析处处长瓦罗凯先生说，法国是个缺能源的国家，虽有些煤，但开采的很少，且生产能力逐步下降，水力资源较丰富，所以建立不少水电站。但由于水资源逐渐枯竭，就必须找新的途径，解决能源问题，于是，法国便搞了核能。现在看来，核能在法国有两个突出优点：一是减少对外依赖性，二是成本低。这样便保证了法国电力消费增长的需要。在未来的 15 年中（即到 2000 年），电力消费年增长率为 2.5%—3.0%，仍快于国民生产总值的增长速度。当我们问到核安全问题时，他们很有把握地说："核安全是有保证的。"

（四）目标选择与计划方法

法国在其经济发展中，不同时期有不同的目标选择和方法选择。在第一、第二个计划中主要强调生产发展，经济增长，尤其强调基础工业和农业发展；第三个计划开始强调教育、卫生、公共设施的发展；第四个计划强调"投资小，效益大"；第五、第六个计划开始搞预测，并从宏观上加强指导与干预，第七、第八、第九个计划突出强调中长期预测，在预测中要用新的科学的方法。在经济发展的主要指标选择上，第七个计划以前主要强调经济增长率指标。后由于失业人口增加，便提出"失业率"指标，要求在发展中不断降低失业率；近几年来，由于农产品等各种资源利用率下降，又提出最佳经济效益为主要指标。在今后发展目标上，提出应重点发展服务行业、电子工业、生物技术、农产品加工、教育等部门。法国的计划方法，大体有以下几种：（1）三方协商。法国的经济社会发展计划，是由政府（计划总署和工业部门）企业主和工会代表三方协商制订的。这是第二次世界大战后逐渐发展起来的一种形式，三方在一起相互交流信息和意见，制订的计划是三方共同努力的目标。（2）经济预测。目前主要由计划总署、国立经济统计研究所等单位进行中长期经济预测。预测方法已由指数预测、时间序列预测发展到采用系统动态模型，范围也已由经济预测、技术预测发展到社会发展预测。（3）战略研究。这也是战后发展起来的一个研究领域。战后多数人认为，应由国家、各产业部领导工业发展，即“领导主义”主导。但计划总署和一些经济学家认为，国家应该通过计划、标准等来指导工业发展，而不应直接管理工业。从第三个计划起，计划总署会同各工业部（局）建立了工业战略委员会（GSl），并吸收企业公司、工会代表参加。以研究咨询工业发展战备问题，使法国的计划成为战略计划。现在法国计划总署有四个研究所：家庭收入研究所（CERC）、家庭收入与消费研究所（CREDOC）、计划应用数学研究所（CEREMAP）、预测研究与国际信息研究所（CEPII）参与战略研究工作。（4）计划合同。是指国家与地区的发展计划协调，凡纳入这类合同的计划项目由国家和地方各投资50%，通过这些合同协调国家与地区的经济社会发展。

（五）保护企业与政策调整

法国计划总署农业司的珀蒂先生向我们介绍说，在法国的经济社会发展中，一方面十分重视企业、公司的利益，并采取许多措施鼓励、激发企业（公司）以及广大企业职工的积极性。如对农产品加工部门，首先是提高农产品价格，缩小与工业部门的差别，使他们感到自己的收入在不断提高；其次在他们资金困难时实行低息贷款，还不断引进先进技术，先进的现代化设备，提高现代化水平，等等；另一方面进行政策调整，如过去国家采取保护消费者利益，规定食品卫生标准。现在由企业自己做主，通过竞争加以解决。

二　法国产业的发展及其产业结构的变化

法国产业的兴衰与产业结构的变化，既反映西欧各国的普遍现象，又有法国自身的特点。根据我们的考察，可概括为：一是传统工业危机，在危机中挣扎有望；二是新技术发展困难，但在困难中选择有方；三是结构不甚合理，但在不合理中寻求合理。

（一）产业结构的演变

法国农业信贷银行查理艾利先生介绍说，第二次世界大战后，法国还属农业国，机械化水平不高，资金紧张，技术落后，商品不足，农业产量低。后来，政府采取提高农产品价格、提高机械化水平，动员技术人员下乡、引进先进技术和现代化设备、缩小与工业差别等措施，使农业生产水平、现代化水平不断提高。与此同时，法国政府大力发展传统工业、基础工业，使法国很快进入工业化国家之行列。经济统计研究所的蒂尔原先生认为，1973 年石油危机后，法国产业出现两大趋势：一是由于法国经济的对外开放，经济往来越来越多，导致第三产业增长很快；二是传统工业产量逐步下降，市场变小。80 年代以后，由于消费增长，不得不从国外进口大批消费品。这不仅影响了法国经济的发展，而且影响产业结构的变化。在这种情况下，有人认为，法国已完成了城市化，建筑业没有必要发展了，甚至有些经济界人士也认为，现在欧洲的生活水平已达到美国的水平，因而也就没有动力再发展了。这样，前十几年发展最快的第三产业，如金融业、旅游、信息服务、交通运输等也受到影响。目前法国经济主要产业为六大产业：钢铁与小汽车、建筑、传统消费品、化工、造纸、电子工业，其中前三个产业自 1980 年以来每年下降 2%，后三个产业每年增长 2%。总的趋势是：消费的提高快于生产的提高，供不应求的局面依然存在，这就给外国产品进入法国提供了方便，就连过去占优势的行业，如纺织、皮鞋、家具等也失掉了部分市场。

（二）重点产业的选择

法国著名经济学家马兰沃教授认为，在产业结构中通信行业的发展是非常重要的，因此要予以特别的重视。据经济统计研究所生产司司长分析，法国在 1973 年前经济增长主要靠传统产业，1973 年后主要靠电子工业，但法国在发展电子工业上时机抓晚了一些，遇到了美国、日本的激烈竞争。法国今后重点发展的产业是：（1）服务行业；（2）电子工业；（3）生物技术；（4）农产品加工；（5）教育事业。在他们的预测中，增长最快的产业是航空、电子和化学工业。他还说，法国高级消费品还是有竞争能力的，这种竞争能力可保持到2000年，如葡萄酒、香水、服装等，皮革业虽呈下降趋势，但在国际上仍有一定的声誉与市场。

（三）传统产业的危机

近十年来，法国工业处于停滞不前状态，工业职工已由500万人下降为400万人。经济增长主要依靠第三产业的发展。法国计划总署梅寒先生认为，法国经济发展中的一个较大的困难是传统工业的危机，它主要表现在以下几个方面：

（1）企业效益下降。法国常用净产值利润率表示生产效率，它等于利润与净产值之比，该指标从1973年后急剧下降，1983年、1984年虽有所回升，但仍缓慢，即从1973年的30%下降至1982年的24%，1985年回升至27%。

（2）企业开工率下降。如1973年为100%，到1986年只为76%，在发达国家中仅高于英国（70%），同期美国为96%，日本为94%，加拿大为88%，意大利为88%，联邦德国为82%。

（3）工业企业生产率下降。以1980年不变价格计算，1970年为100%，到1979年为138%，1982年、1983年为128%，1984年、1985年、1986年虽有回升，但仍未达到1979年的水平。

（4）企业金融费用率上升，它等于金融费用（包括税金、利息等）与利润之比。如果1973年为30%，则1980年上升到40%，1982年上升至55%，1983年稍有下降，但仍高达50%。

（5）企业再投资能力下降。它等于利润中用于再投资部分与净产值之比，该指标从1973年的28%，下降至1982年的22%，1985年回升至24%。

通过上述分析可以看出，法国传统工业的发展是不景气的，特别是钢铁工业的需求越来越小，造船业萎缩，建筑业危机，汽车发展受阻、市场缩小、产量过剩，等等。

图卢兹社会科学大学工业经济系科拉比教授认为，法国工业，尤其是钢铁工业的生产还受欧洲共同体限额控制。因此，钢铁厂每年裁减工人达数万人，这对法国来说是一个很大的压力。政府虽对有的部门（如造船业等）予以部分资助，支持造船生产，但成本既高于韩国，也高于波兰，因而无竞争能力。其他传统工业，如制造业、水泥业、建筑业等均走下坡路，并面临危机。他认为，这是法国当前工业发展的一个严重问题。梅寒认为，法国出现这样的情况的主要原因，开始是石油危机的冲击，后来是消费的增长与消费率的提高，因而影响了企业的投资率，1979 年以后开始有所回升，投资率也有所增长，但从 1986 年起又出现新的问题，即通货膨胀率下降，企业欠债率增高。如 1980—1981 年，贷款利率为 15%，而 1986 年的通货膨胀率仅为 2%，使企业负担很重。目前，许多企业认为，企业不能发展的主要阻碍是因偿还货款的任务太重而造成企业无力投资。另外，从社会看，是法国金融投资利润大大超过生产投资的利润，交易所股票交易利润很大，生产投资则利小而费力，这也是法国现有产业无力改造的一个重要因素。

（四）新技术产业的发展

法国经济学界、综合经济部门一致认为，法国新技术产业的发展是缓慢的，在世界新技术、高技术迅速发展以及竞争十分激烈的当今世界，法国显得力不从心。由于种种原因，法国没有跟上世界新技术革命的步伐。不过在考察中发现，法国在一些新技术产业还是取得了一定成绩的。比如，法国的航空与空间技术方面、专业电子方面，特别是核能的发展，高速铁路、高速公路的成功推广，潜水艇、军事武器等方面发展，都是比较成功的，并在世界上享有盛誉。此外，法国在通信、汽车、公路设施等方面的发展上，都有值得借鉴之处。值得强调的是，法国电子产业的发展。在法国，电子工业属优先发展产业，它不仅投资增长快，生产增长也快。近几年每年平均增长 6%—7%，其中，军事专用电子增长尤快。法国学者普遍认为，电子工业在各行各业的应用，无论是在工业、农业、还是对服务、旅游业都将产生深远的影响。计划总署菲利荣先生认为，电子工业的电子元件（包括集成电路、微电子等）、信息（包括信息网络、电子计算机应用等）、通信（包括电讯教育、微波通信、光导技术等）属国家的战略部门，应从战略角度制定发展规划。

（五）产业现代化的构思

法国产业现代化计划是从1983年开始的。所谓产业现代化就是从宏观经济角度来研究产业的发展目标。法国克诺布里社会科学大学社会主义体制研究所所长安德列耶夫教授认为，从宏观经济角度看产业现代化的目标主要为三个：（1）可大幅度提高生产力、提高生产效率；（2）产业与外部环境相适应，并能相互促进、相互发展；以增强在国际市场的竞争能力；（3）能提高产业的集约发展程度，提高综合效益不是粗放型发展。发展的产业主要是：（1）发展电子工业、发展机器人和自动化、提高自动化程度；（2）发展生物工程，推广应用生物技术；（3）发展各种新型材料，等等。

三　技术进步在法国经济中的作用

法国学者认为，经济增长要求不断发展新技术、提高生产效率，尤其面对越来越激烈的国际竞争局势，要使法国取胜，第一个目标就是不断更新生产能力，有效利用生产能力，用新兴技术一信息、自动化、机器人、电子计算机参与设计等代替“工业大教室”，有的甚至提出多生产信息电子产品，少生产钢筋水泥。这种看法可概括为以下几个观点：

（一）技术进步的主导作用

法国计划总署茹利先生认为，技术进步对经济增长既表现为直接的作用，也表现为间接的作用，这种作用一方面表现在由于技术的发展变化带来设备效率的提高，另一方面表现在劳动的节约、劳动利用效益的提高。前者可直接影响经济的增长，以及增长速度，后者则通过投资，劳力效益的提高而影响着经济总量的增加，影响资源投入与产品产出关系的变化。茹利进一步分析说，法国在1973年之后，由于对技术进步的重视不够，结果一是造成设备利用低、产量下降——影响经济增长。二是劳动效率提高的速度缓慢，影响劳动效益的提高——影响经济增长速度。为此，法国计划总署提出，在未来的经济发展战略中，要提高投资能力，要有更多的资本用来投资，要提高投资效益，以达到较高的经济增长率。他们还提出

“资本年轻化”口号，既增加投资数量，使现有机械、设备现代化，加速设备的更新换代，还要合理利用设备、改善劳动组织，如将一班工作制改为两班工作制，将两班工作制改为三班工作制等。茹利认为，在近期，技术进步要体现在资本效益的提高；在远期，技术进步要体现在劳动力素质的提高，包括劳动能力、文化水平的提高。

（二）新、旧技术的交替

法国学者认为，70年代以来，世界经历了一个新的技术革命，这个革命主要包括三大技术变革：即电子技术、生物技术、新型材料。这一崭新的技术体系逐渐取代了以电力、汽车、钢铁等为代表的技术体系。这种新旧技术的交替被称为“智能革命”，使人类社会进入了“创造性社会”，也正改变着社会的生产组织结构。

（1）由于电子技术、信息技术与电信技术的相继产生与发展，将不断提高人们的工作效率、计算能力，将迅速发展人工智能、专家系统、管理决策能力，提高软件生产的速度与质量，增加信息量，提高信息传递速度等，并将由此带来现有技术经济活动的迅速发展，在多项经济活动中引入定量分析、数据处理技术。因此，新技术的发展与新旧技术的交替必将带来技术经济活动的更大的灵活性与效益性。

（2）由于生物技术的产生与发展，使农业、食品加工、纺织、洗涤与医药等产业进入了一个崭新的发展阶段，并提供了一个十分重要的潜在市场。

（3）由于新型材料的出现，提供了许多基础材料资源，特别是各种塑料、金属、陶瓷等工业的发展将有广阔的前景，对许多部门（如航天、电子、船舶、汽车、建筑等）都将是一个重要的材料革命。

（三）技术发展与经济合理

法国科学研究中心克诺布里经济发展与计划研究所所长朱铁特认为，在中国经济发展中应重视引进技术与经济合理的研究。他曾来华讲学，参观访问过武钢。他说：武钢现有职工12万人，与武钢生产能力差不多的法国企业仅需6000人。武钢技术是比较先进的，但为什么需要那么多的职工？经济上是否合理？他认为，主要是人员素质差、劳动组织不合理。当然，引进新技术与就业问题如何解决要看中国的具体情况。马赛第三大学应用经济系杜那耶夫斯基教授认为，如果企业不能很好地选择技术、不重视研究与选择经济效益好的技术，企业就将破产。

（四）技术进步与就业、失业

著名经济学家马兰沃教授认为，技术进步可带来许多好的影响，比如，机器人可减轻人繁重的体力劳动；可解放出大批劳动力；可提高人们的生活水平，等等。当然，也有人认为，技术进步会带来不利的影响，如带来失业问题。甚至有人断言，这种趋势将越来越严重。马兰沃教授说，一个好的经济制度，应很好地利用所有劳动力，因而在技术选择上就要考虑本国的国情，如中国是否发展机器人，要根据中国具体情况而定。有的可能不适合，有的也许利用机器人有利。根据马兰沃的研究表明，技术进步没有带来失业，因为技术进步所提供的就业机会与带来的失业是平衡的，这种看法也是大部分经济学家的观点。法国失业率较高，不是由于技术进步的缘故而是由于经济机制上出了毛病，是劳动力供给多于需求所致。根据法国计划总署的预测，由于技术进步，1990 年就业人数将超过 1980 年的水平，1990—1995 年每年将增加就业机会 40 万个，1995—2000 年，每年增加就业机会 20 万个，如这种预测可信，到 1990 年的失业率可降至 10% 以下，1995 年降至 7.6%，到 2000 年降至 7.2%。这就是说，随着技术的不断进步，就业机会将越来越多，失业率也将逐渐下降。

（五）技术进步与人类素质

法国经济学家认为，企业成功的秘诀：一是现代化与生产率，发明与预测，方法灵活与承担风险，工作质量与适应能力；二是能够调动人的积极性、发挥人们的创造力。这两条归纳起来，就是在技术进步条件下提高人员素质。法国克诺布里经济发展与计划研究所的研究人员，完成了新技术与新劳动的专题研究，其中主要研究了技术与人、人与机器以及技术人员、工程师与工人之间的关系及这种关系的新变化；该所正继续进行“自动化设备的利用给企业带来的社会、心理的系统工程方面的影响”的研究。

研究结果表明，现法国失业的人多是没有技术专业的人。法国与日本相比，钢铁工业工人在日本平均文化水平是高中以上，而法国却比较低，只有初中毕业的程度，在银行工作的也是类似情况。他们认为，为适应技术进步的要求，更好地掌握新技术和熟练地掌握新设备，必须提高人员素质，加强对人员的培训。他们认为法国有相当数量的企业，特别是一些小企业，还没有真正认识到人员培训的重要性，而是把人员培训当作一种社会负担；也有一些企业面对技术落后和国际竞争的压力才改变了原来的观念，从不重视人员培训到重视人员培训。企业要取得成功还要培养一代新的企业家，有能力、有魄力、懂技术、会管理的企业家。法国已制订提高教育水平的计划，到2000年应有15%—20%的大学生到欧洲其他国家的大学再学习一两年才能毕业。

（六）技术进步与劳动组织管理

法国经济专家认为，企业的技术进步不只局限于用尖端的设备代替陈旧、过时的技术设备，还意味着劳动组织与管理的深刻变革。企业应该面对需求与市场的不断变化，迅速调节生产，改变劳动组织，以至劳动时间，以适应新的劳动生产节奏。法国大多数的经济学家都赞成这样的观点：随着技术进步，生产活动与管理活动将融为一体，在一定的技术体系下也没有绝对的唯一的劳动组织形式，必将存在着多种劳动组织形式。在多种劳动组织形式中，至少有一种或几种是与企业的劳动组织形式相适应的。比如，在加工工业中，由于实现了自动化、半自动化，必须改变原来的劳动组织形式，对技术职能的要求也将由原来的机械地操作改为掌握对该机器、设备的操纵、调试和维护修理技术，掌握该技术系统调节所需的必要数据；在浇水作业和成套产品的生产中，也将要求具备操作、监督、维修、保养的能力，等等。图卢兹社会科学大学统计研究所拉方教授正在研究“信息与刺激经济学”。根据他们的研究结果，人们的努力程度、劳动态度与产品成本成反比，即人们越努力、劳动态度越好，产品成本越低，或者相反。他们的研究结果还表明，如果国家与企业签订的产销合同合理，便可使内部信息传递效率高、产量与生产率将提高10%—15%。

四　技术进步与产业结构研究的若干问题

法国经济理论部门与实际经济部门都一致认为，我们提出的这一课题研究有深刻的理论意义与重要的现实意义。对他们来说也是一个新课题。第二次世界大战后，特别是近一二十年，由于技术进步的速度明显加快，世界各国的企业与产业结构发生了重大变化，这些变化给经济理论研究提出了一系列的重要课题。我们这次了解到，法国有的学者在这方面也正在开展研究。

（一）技术进步与政策研究

法国克诺布里社会主义体制研究所所长安德列耶夫教授认为，研究技术进步需要研究：（1）技术结构政策，即如何选择与建立合理的技术结构，如何将技术发明扩散到实际部门、企业部门；如何根据产业结构改进与调整的需要，掌握技术进步的节奏，如何根据不同的经济体制、企业规模开展技术革新、发明创造活动。（2）就业政策，即如何在科学技术不断进步的条件下，创造新的就业机会，减少失业。前边提到的马兰沃教授就是专门从事这方面研究并取得成就的学者，他著有“技术进步与就业”等专著。（3）新兴技术产业发展政策。法国学者认为，在未来十年的工业生产中，将有80%的竞争力建立在使用电子技术的基础上，在这种技术转折的关键时刻，法国应重视新技术、高技术的引进与发展，以提高技术水平。通过研究，他们还提出了评价技术的指标体系，其中主要有：获准的专利数目；高技术产品的出口份额；电子技术的贸易差额；新兴企业成活率；老企业倒闭率，等等。朱铁特教授还介绍说，他们已在1985—1986年取得“新技术出现、新技术引进对经济的影响”等研究成果。（4）农业技术进步政策，主要包括农业人口年轻化、农业生产机械化、农业结构合理化等。法国政府在五六十年代采用经济上资助、补贴和低息贷款的办法，给予城市青年到农村以经济补助的办法等，实现农业人口年轻化；通过土地调整连片、引进先进农业技术设备，逐渐提高现代化水平的办法等实现农业生产机械化；通过发展农产品加工、深度加工、提高农产品价格、发展外向农业、建立联合储库等办法，实现农业结构合理化。

（二）技术选择与产业发展研究

法国许多学者认为，在一个国家的经济发展中，技术选择与产业发展有着密切关系，这里既涉及技术引进政策，也涉及对外贸易政策。有一位印度经济学家向我们介绍说，印度50年代以来工业有很大的发展，尤以重工业、化学工业、机械工业等发展为最快，但所用设备的85%—90%是印度自己生产的，进口很少，其主要原因是印度在技术引进中采取贸易保护政策。在强调技术选择与产业发展时，他举了纺织工业的例子说，纺织工业的技术在印度很复杂，有的很先进，有的很落后，差别很大。有些纺织厂仍用19世纪的旧机械，有的是采用传统的手工业生产，也有很先进的技术设备，但这些用先进技术设备的企业有的却亏本倒闭。比如，生产一般市民与农民穿的衣服，在技术先进的厂家成本要比传统手工业生产的成本高得多，工人工资占成本比重也高得多。目前在印度有20多万在技术先进的纺织厂工作的工人失业。所以，在印度先进技术、一般技术与落后技术等三种技术同时存在，且产量的30%为手工业生产，45%为一般工厂生产，仅25%的产量为先进技术的工厂生产。

（三）技术进步与产业分类研究

法国学者安德列耶夫教授在研究技术进步与产业结构关系时，提出了新的产业分类方法，即将产业分为以下三类：

第一类：生产消费品的产业；

第二类：生产生产资料产品的产业；

第三类：既不属第一类产业的，也不属第二类产业的，或介乎于两者之间的一些产业。它们的产品既用作生产资料，也用作消费品。

安德列耶夫教授解释说，在他应用产业部门的投入产出表时发现有些第一类产品也进入消费领域，已不能简单用马克思的“两大部类”进行解释。这一类他统称作第三类，这一类产业有电子业、化学业、橡胶业、小汽车业等。他还进一步分析了这类产品在美国占总产品的1/3，在苏联只占6%，这显示出了两国经济结构的巨大差异。在美国科研费用中的3/4用于第三类项目，在苏联科研费用中也有40%属第三类项目。在研究中，他还发现对美国来说：（1）第三类产业的增长率大大高于第一、二类；（2）第三类产业的利润率也高于第一、二类。但对苏联来说，（1）第三类产业所占比例小于美国；（2）增长率最高的不是第三类而是第二类，这一规律在斯大林时期更为明显。他的学生曾将此法用于巴西（商品经济国家）、阿尔及利亚（计划经济国家）产业结构的比较研究，其结果酷似美国、苏联的情况。但有人将此法用于分析农业的产业结构效果就很不理想。最后他还补充说，这一研究结果在法国曾引起很大争议，有的赞成，有的不赞成。

（四）农业技术进步与产业结构变化

计划总署埃斯基阿格介绍说，法国农业结构随农业技术进步不断变化着。这些变化的主要表现：一是农业总产值在社会总产值中所占比重不断下降，从1960年的11.3%下降至1985年的4.3%；二是农业劳动力所占比重不断下降，从1960年的21.3%下降至1985年的7.5%；三是农产品出口不断扩大。出现这些变化的根本原因是：农业技术进步带来的劳动效率提高和国民经济产业结构的变化，即原属农业生产的部分产品现由工业部门提供；农产品加工部分逐渐扩大，农业食品在外贸中的地位与作用也在增大。他还介绍说，法国五六十年代的农业技术进步主要是兴修水利、调整土地成片以及政府资助农民搞机械化、搞农业现代化；70年代农业技术进步主要是盖新舍（猪舍、牛舍、鸡舍等），开展农技培训（上高等、中等和农业中学等）；80年代的农业技术进步主要是进行管理工程教育，提高管理水平，1985年政府提供管理现代化的资金达30亿法郎，其中，主要是帮助农民搞生物工程、信息管理、电子计算机应用、改良品种，以及农业科学研究等。

（五）非物质性技术进步与产业结构变化

根据法国计划总署的研究，在产业发展中非物质性技术进步的作用越来越大，其速度也将越来越快。非物质性技术进步一般是指：研究、开发、培训、软件、销售技术（有人称为软件产业、非物质产业）等。这部分产业的投资（以不变价格计算）从1973—1983年每年平均递增5%（同期物质性投资只增1%），其中增长最快的是软件生产的投资，它在非物质性投资中的比重从1973年的15%提高到1983年的30%，年递增10%以上。在企业中，研究开发投资占企业总投资的8%。他们还特别强调，人员培训的投资是一项重要的技术进步投资，1983年，企业在培训方面的支出就达160亿法郎，占企业总投资的3%，预计在未来的发展中，年平均递增将在10%以上。非物质性投资的增长必然带来产业结构的巨大变化。当然，物质性投资与非物质性投资是相辅相成的，但发展趋势将是非物质性的技术进步快于物质性的技术进步。

（六）先进（高）技术发展与产业结构变化

法国学者们一致承认，西欧各国在高技术的发展上自1972年以来明显下降，远远落后于美国与日本。据法国学者分析，在未来有发展前途的42项先进技术中，美国占有优势的有31项，日本有9项，而欧洲只有两项。目前美国在超大型计算机、微型机、应用软件、通信、卫星、电讯设备、集成电路、半导体生产、机械电子、医疗设备、生物工程、新型材料等均占有极大优势；日本也在超大型机、光导通信、电子电讯、集成电路、工业机器人、数控机床、细胞合成、特种陶瓷等占有很大优势；欧洲只在机械电子、生物技术、中子反应堆等方面占有优势。同样，在国际技术市场上的高技术贸易：美国1984年占25.6%，比1970年的28.3%略有下降；日本占24.5%，比1970年的12.0%有大幅度提高；联邦德国从16.0%降为12.9%；法国分别为7.0%与6.9%；英国为9.5%和8.3%；意大利为5.0%和3.9%。相比之下，西欧各国与美、日相比差距甚大。随之带来的便是产业结构的深刻变化；新型产业的大量涌现（如机器人工业、信息产业、智能产业等），传统产业的改造与淘汰（如汽车业、纺织业等），“第三产业”的迅猛发展（包括社会需求的第三产业——社会服务业、家庭需求的第三产业——卫生、娱乐、信息、文化），等等。

（七）跨国联合是技术进步、产业发展与变化的重要形式

法国学者认为，欧洲要加快技术进步的步伐，需优先发展电子工业，但要发展电子工业，一个重要形式就是搞企业联合，特别是跨国联合。如法国的 THOMSON 公司与意大利的 SGS 公司联合起来，成为世界电子行业第 12 大公司，产值达 7.8 亿美元，占国际市场 3%，大大提高了竞争的能力；荷兰菲利浦公司与联邦德国的西门子也联合起来，与日本竞争。在信息产业方面，法国最大的公司 BULL 年产值已达 178 亿法郎，以生产微型机为主，占法国微机市场的 25%。目前，该公司也与日本 NEC 联合，可生产大型计算机，它在世界信息市场上占第 6 位。在通信方面，法国有两个大公司，一个是 CGE，另一个是 LYONNAIS，有的主张与美国搞联合，有的主张与欧洲联合，与美国、日本竞争。现在 CGE 公司已买了美国 ITT 在法的大部分股票（56%），使企业规模进一步扩大了。前几年通信行业有 15% 属出口，目前已达到 25%，该公司的目标是进一步提高出口比例至 40%。在许多法国企业加强联合，扩大企业规模以提高竞争能力的同时，在法国也出现了另一种相反的趋势，即技术进步使企业规模和设备小型化。最善于利用技术进步成果的常常已不是大企业，而是中小型企业，因而法国的中小型企业近年来有了较大发展，特别是制造软件和从事设计、咨询、服务的企业，更适于发展中小型企业。

这次法国考察效果是好的，收获是大的。对我们打开研究思路、拓宽研究领域、借鉴有益的理论方法都是很有意义的。其中感受比较深的问题有以下几点：

第一，对重点发展产业要重点投资。法国战后农业是重点发展产业。因而对农业投资与扶植也一直视为重点，且每一个时期又有重点投资目标。为鼓励年轻人从事农业、帮助这些年轻人掌握新技术、学会管理，政府对有一定的学历、年龄不超过 35 岁的、给予一次性较大数额的补助和一定数量的低息贷款，这对发展农业、鼓励年轻人离开城市去发展农业起了很大作用。再如，法国为解决能源，于 70 年代进行规模巨大的核能投资与水电投资，且全部是国家投资，对法国经济、技术、社会发展起了巨大推动作用。又如，近年来，法国对电子、通信、信息等产业予以高度重视，并予以重点投资加以保护、扶植，提高其竞争能力。十年前，法国政府为支持电子工业的发展每年投资 1.5 亿法郎，现有已增加为 15 亿法郎，等于企业投资的一半。法国这种重点产业、重点投资、重点发展的做法是值得重视的。

第二，对企业规模的研究应予重视。如法国人在研究美国与日本集成电路、电子元件等行业发展经验时发现，日本在这些行业中投资增长快（从1975年的10.5%上升到1982年的27.8%）、规模大，使日本的技术水平很快超过了美国，而美国恰恰是多为中型企业。在农业方面，法国一直在促进私人农场规模的扩大。近几年在这方面取得初步成果，但全国仍有100万个农业生产单位，政府正在采取各种措施，预测到2000年将合并为60万个生产单位，也有预测为30万—40万个单位的。然而，对传统工业（如化工、水泥等），许多经济学家认为，中小型企业的经济效益要高于大型企业，在利用新技术、科学管理等方面，也是中小型企业比大型企业效果好。这里提示我们，对于不同产业有不同的最优规模，而对最优生产规模的研究也正是经济体制改革、经济横向联合的重要课题。

第三，要改进技术贸易工作。法国朋友认为，中法贸易已有了一定发展，前景也很好，但目前规模还较小，1986年中法贸易共90亿法郎，仅占法国外贸总额9000亿法郎的1%。法国技术上有特长的方面是：能源、钢铁、交通、电子、食品加工。他们承认，法国方面主要是价格问题，而且对中国还缺乏了解。同时，他们还反映，中国谈判时间长、效率低，不知谁（是企业、公司、还是主管部门、部委领导）有权力签字，也不知何时能签字，因而有时误事，有时造成关系不协调，甚至造成不应有的误会。他们说这对欧洲企业家来说是十分不理解的。他们认为这是极大的浪费与损失，如有的技术发展很快、更新很快，有的二三年，最多四五年就不那么先进了，如谈判、建设、投产的周期太长，本来引进的是先进的技术，但投产、达产后就可能不先进了。

第四，技术贸易的途径要多一些，不能只盯在日本身上。许多法国朋友告诫我们，引进技术也好，开展对外贸易也好，应该进行多方案选择，多走几条路子。只盯在日本身上，对中国很不利，一是日元升值，且对中国技术贸易又有大量顺差，这可能造成中国负债累累；二是日本对中国实际奉行的是技术封锁，他既抓住中国市场不放，但又怕中国发展起来。法国朋友还说，日本对中国是这样，对亚太地区和欧洲也是这样，这一点中国必须有所认识。他们还建议中国把视野放宽一些，可面向西欧各国，找自己合适的技术贸易与技术转让伙伴。

第五，对出国考察与交流的题目要选好。如对方也有积极性就可事半功倍，中国对法国经济的考察，已有多次了，虽每次都有重点考察题目，每次都有不同收获，但对法国学者来说，确实有的题目他们很感兴趣，有的就不那么感兴趣。我们这次对法国的考察就经历了“不那么感兴趣”——只热情友好以礼相待，到“产生浓厚兴趣”——认真讨论，共同探索，并感时间太短，最后表示强烈的长期合作愿望。在法方为我国举办的考察总结会上，法方一再强调说，我团这次考察的题目法国学者非常感兴趣，并多次强调，法国学者愿就我团考察的内容“技术进步与产业结构”开展合作研究。我们这次考察所以能取得成功，看来与选好考察课题到法方密切配合是有重要关系的。

（原载《数量经济技术经济研究》1987 年第 11 期，在此略有改动。考察团成员还有李京文、刘天福、刘锦华。本报告由我执笔）

我国经济发展与提高人员素质

一

改革十年来，我国经济中出现了持续增长的好势头，经济工作也在开创“经济发展依靠科技进步”的崭新局面，这是一个十分可喜的现象。但也应看到，在我国的经济发展中也存在着效益下降、结构劣化、效率低下、资源浪费的巨大危险。这个巨大危险的根源就是人员素质低下，特别是中高级经济决策人员、经济管理人员的素质低下，缺乏一批既懂现代经济，又懂先进技术的经济发展战略学家，缺乏一批会经营、善管理的企业家、实干家，更缺乏数以百万计、千万计的各类工程师、专家。因此，在全面深化经济体制改革中，为持续稳定地发展经济，一个极其重要的课题应是根治经济发展的根基之危——全力提高人员素质。下面就我国经济发展的现状、存在的问题，及其深层根源——人员素质问题进行分析，并从理论与实践的结合上探索一条我国经济高速发展之路。

二

我国的改革开放，冲破了几十年僵化的经济体制，使经济蓬勃发展、异常活跃，国家经济实力明显增强，物质技术基础不断强大，国民经济重大比例关系趋于协调，市场供应大为改观，人民生活进一步改善，为国民经济步入良性循环创造了有利的条件。但是，经济上不稳定因素依然存在，我国多年来的“高投入、低产出，高速度、低效益，高浪费、低收益”的状况仍未能得到根本改变。我国经济发展的基本特征是：

（一）国民经济持续发展，但速度过高、效益过低的局面仍十分突出

以国民生产总值的年增长速度看，我国1981—1986年年均增长率为9.8%，同期，美国为3.0%，日本为3.7%，联邦德国为1.4%，英国为2.0%，法国为1.6%，加拿大为2.9%，印度为5.4%，南朝鲜为8.3%，新加坡为5.3%，等等。以增长速度看，我国发展速度是最高的。1987年、1988年，我国又连续高速增长。这种高速增长是否正常，在我国引起了激烈争论。有人认为是正常的。但笔者认为这种超高速增长是不正常的，是导致我国电力、交通运输、原材料紧张的根源。这是因为：

1. 在我国的产值增长中主要是由于“量的扩大”，而不是或主要不是由于“质的提高”，如每万元收入消耗的能源1983年为14.4吨，1984年为13.6吨，1985年为13.1吨，1986年为12.6吨，1987年为13.5吨，都大大高于世界平均水平，而且1987年比我国第一个五年计划时期的7.8吨还高出61.5%—84.6%。

2. 在产值增长中严重存在着“该增长的没有增长，不该增长的增长”的现象，如由于加工工业的惊人发展，造成了本来就十分紧张的电力、原材料、交通运输更加紧张，1983年电力超前系数为0.72，1984年为0.50，1985年为0.53，1986年为0.92，1987年为0.59，只相当第一个五年计划时期的31.4%—52.3%。

3. 在产值增长中，有相当一部分是各部门、各省市地区重复生产、盲目建设带来的“虚增长”，如某些家用电器的生产，从生产能力到产品产量已达到或即将达到内需的饱和，加之有些产品质量低劣、可靠性差，实难以销售，即使在某一年度有一定量的销售，但从较长时期看，将有一些企业或者被淘汰，或者自动破产。

4. 在产值增长中有的是没有“根基”、没有“土壤”的增长，即没有原料、原材料的保证，也没有交通、能源的保证，这些盲目发展起来的加工业所带来的“增长”显然是有害无利的。

正是由于经济发展的高速度主要是由于不切实际地盲目地扩大生产规模、依靠增加资金与劳力的投入，以及生产结构向粗放型转化、向简单加工型转化，所以，必将带来经济效益的低下。从生产投入的“人、财、物”

三要素看：

1. 劳动生产率这个综合性很强的指标，以全民所有制独立核算工业企业全员劳动生产率为例，1983—1987 年平均增长率为 5.5%，这个增长幅度与第一个五年计划相比，低 2.2 个百分点，若从重点工业企业的工人实物劳动生产率看，提高幅度更小，有的甚至在下降，如高炉炼铁，1978 年为 1100 吨/人·年，而 1987 年只为 689 吨/人·年，其他如水泥、炼钢、炼油工人等实物劳动生产率从 1978—1987 年也几乎没有什么提高。

2. 百元资金利税率（即每百元资金实现的利税额）1986 年全国平均只为 20.43 元，1987 年又降至 19.95 元；从 1982—1988 年 6 年间，工业企业流动资金贷款净增 25%，1988 年各项贷款的利息支出比 1982 年上升 4.7 倍，占净产值的比重由 2.5% 上升到 5.9%。

3. 每百元工业总产值中，物质消耗比重由 1982 年的 66.80% 上升至 1988 年 70.53%，这里虽有价格上涨因素，但扣除上涨因素外，物质消耗也是上升的，另外，能耗产值（即每吨标准能源创造的国民收入）1986 年只为 781 元，1987 年又降为 741 元，比“一五”时期的 1276 元下降 533 元，等等。

综上分析，不难看出，在我国现有资源配置的情况下，若按当前的这种超高速发展，不可能带来经济的健康发展与经济效益的同步增长，而只能是使电力、交通运输、原材料越来越短缺，亏损面越来越大。这种“增长”是浪费资源型的增长，最终将给国民经济带来不可估量的损失。多年来，不仅没有削弱旧体制那种片面追求速度，以速度高低论发展、评功绩的恶习，并在某种程度上进一步刺激了追求规模、扩大外延的势头，加之我们的经济活动、经济运行、经济体制、内在机制、经济政策中还缺乏一种从根本上改变这种状况，激励效益提高的内在要求、内在机制，因而，令经济学家所担忧的问题至今尚未被人们，特别是中高级决策、管理人员所认识。

（二）产业结构有所改善，但产业发展仍具有盲目性、脆弱性

随着经济的持续发展，我国的产业结构有所改善，初步扭转了长期存在的农轻重比例失调的局面，第三产业发展速度加快，生产的专业化与横

向经济联合加强，外向型经济特区和内向型经济协作区各自发挥优势，并已初步呈现出区域发展的好势头。但由于过去产业发展是按国家计划、搞棋盘作业式的平行推进，使各地区产业为了“地区产业平衡”就要搞“什么产业都发展，什么产业都要上”的“大而全”、“小而全”的产业发展体系，为此竞相争投资、争项目、搞自成体系的封闭市场，结果既造成资源消费、规模效益差，又切断各部门、各地区的经济联系，造成地区需求同步振荡、产业需求严重颠簸、加工工业脱离能源、原材料工业盲目发展的产业同构化、趋同化，这种平推式的产业发展模式所带来的全国产业严重失衡至今未得到根本改变，产业结构的脆弱性还相当突出。这是由于：

1. 基础结构与国民经济的发展不协调。我国交通运输邮电业、电力工业等一方面技术落后、欠账多，另一方面又需求增长极快，使本来就存在的“供需”矛盾变得越来越尖锐。如新中国成立以来铁路营运里程只增加1倍，而客运、货物周转量则增加12—13倍；电力增长与工业生产增长之比，法国是1.85∶1，日本是1.45∶1，我国仅0.14∶1；电力超前系数由1953—1975年的1.875，下降至1976—1980年的1.1，1981—1985年又猛降至0.59，等等。我国当前这种基础结构“先天不足后天也不足”的不利情况，将在今后一段时期里继续制约着国民经济的健康发展。

2. 加工工业与原材料工业的发展不协调。一个国家的经济发展一般应根据本国资源条件、经济发展阶段、科学技术水平、人口基本素质及国际经济环境等因素，实现较为合理的生产要素配置，使部门、产业协调发展。具体表现是各种资源（包括人力、物力、财力资源）得到有效利用，各产业部门协调发展、相互补充，优势得到发挥，各种技术设备得以充分利用，人民群众的有效需求得到基本满足。但在我国经济发展中，尤其最近十年来，加工工业不顾原材料工业而盲目发展、过快发展的现象到处可见，加之数目庞大的乡镇工业、村镇工业需要的各种原料，已使原有的矛盾更加激烈。众所周知，原材料工业在产业发展中是处于“供给”地位的，即为其他产业提供生产资料与生产条件的，如钢铁、有色金属、建筑材料、化工原料、森林工业等，因此，没有原材料工业的超前发展，加工工业的发展将是无源之水。如1979—1985年，由于制造业的增长速度（为93.6%）大大高于原材料工业的增长速度（为67.7%），便导致原材料的大量进口：

钢材进口量由17%上升至36%，纯碱由28%上升至34%，钢由15.7%上升至43%，铅由21%上升至44%，等等。在我国外汇紧缺、出口有限、偿还能力薄弱的情况下，靠进口原材料维持加工工业的增长，必将造成产业发展的脆弱，以致影响到整个国民经济的良性循环。

3. 工业生产与农业生产的发展不协调。工业发达国家的经验表明，随着技术的进步、经济的发展，工业与农业生产增长速度之差距将越来越小，如1981—1985年，美国工业与农业增长速度之比为2.1∶2.8（相差0.7），日本为1.8∶4.0（相差2.2），法国为0.9∶0.9（相等），英国为1.3∶1.6（相差0.3），联邦德国为0.9∶1.0（相差0.1），苏联为2.1∶3.6（相差1.3），而我国在1979—1987年，工业产值年增12%，农业产值年增6.5%，两者之差为5.5。参照世界各国的经验和我国已有的经验，我们认为，要缩短我国工业与农业增长速度的差距，一方面需增加农业的投入，采取多渠道、多层次的农业投入政策，加速农业的现代化改装；另一方面还要从客观上控制加工工业的超速增长，特别要控制以农业为原料的产业的高速发展，以走出困境。

4. 科技事业的发展与现代化建设的要求不协调。现代科学技术已成为世界各国经济增长的决定性因素。我们认为，我国经济落后的根本原因是科学技术落后，特别是科研成果不能迅速转化为生产力，这样的科技水平与我国现代化建设的要求极不适应。据估计，我国科研成果的利用率仅为30%，而美国、日本为80%—85%，英国、法国、联邦德国为50%—60%，苏联也在50%左右，造成这种状况的主要原因在于科研体制与科技政策。在工业发达国家，科研机构90%在企业，独立的属政府部门的只占10%，在我国9344个研究机构和120万科研人员中，有61%的研究机构和83%的研究人员属政府部门（据1983年资料）；在科研经费的分配中，开发研究的比例，无论是美国、日本还是苏联均在60%左右，而我国开发研究的比例只有30%，只相当于美国、日本、苏联的一半。另外，由于种种原因，我国科技投资明显不足，按粗略计算，我国目前的科技投资占国民生产总值的比重还不到2%，也只相当于发达国家的一半。我国科技事业这种发展水平与现代化建设的要求，显然是极不协调的。

（三）固定资产投资增长很快，但形成率低、能力发挥差

我国近几年来由于经济体制改革而释放出来的各种积极性反映在固定资产投资上也是十分明显的。从 1979—1987 年我国全民固定资产投资的年增长速度已高达 14.7%，这一速度已大大高于同期国民生产总值年增 9.4% 的速度。然而令人担忧的是固定资产交付使用率很低，1978 年为 74.3%，1980 年为 79.1%，1985 年为 68.2%，1986 年为 79.1%，1987 年为 71.4%。在形成的固定资产中又由于种种原因不能达到设计能力。在对某部门调查时发现，在 33 个投产的项目中，完全达到设计能力的只占 15%，达到设计能力 50%—80% 的占 33%，这就是说，达到设计能力的固定资产只占1/3多点，而在形成的生产能力中，又由于缺电、缺水、缺原料，30% 以上的生产能力无法发挥，再加上企业管理不好、品质不合格、包装不好而损坏、销路不畅、运输解决不了等多种原因，使固定资产的有效利用率极低，固定资产投资利润率极低，这种国民经济运行机制上的缺陷、国民经济管理上的弊病，很影响国民财富的真正增长。多年来，盲目追求投资的高速度，扩大基建规模，使本来紧张的交通运输、能源、原材料等产业部门越来越紧张，使投资收益率本来就很低、资金利用效果本来就很差的部门越来越差，如 1987 年全国平均每百元投资实现的利税额仅有 19.95 元，在西方国家、在日本如有这样的部门，企业恐怕三天就要倒闭。

（四）技术引进成果显著，但重复引进、盲目引进有增无减

我国改革开放以来，引进的先进技术与进口的各种设备对经济的发展、科学技术水平的提高、人民生活的改善是起了重要作用的，增强了我国的经济实力，填补了某些工业空白，提高了技术能力，缩短了与国外技术的差距，也培养锻炼了我们的技术与管理干部，因此，改革开放作为我们的基本国策将坚定不移地贯彻下去。当今的问题是在技术引进中：

1. 重复引进比比皆是

近几年，我国引进的彩色电视机生产线就多达 110 多条，快餐生产线、啤酒生产线也多达数十条，各种大规模的重复引进恐怕世界上再也找不到第二个国家！如果 110 多条彩电生产线都达到生产能力，中国十年后彩色电视机将达到超饱和状态。

2. 盲目引进有增无减

引进一项新技术除考虑其技术性能、工艺流程、化工配方、技术图纸、工艺资料、产品投产后的成本高低、利润大小、投资回收、外汇偿还外，还必须考虑国内各方面的协调，如设备的配套能力，原料动力的供应能力，引进技术消化能力，技术管理的适应能力，交通运输的保证能力，基础设施的建造能力，等等。我国近几年引进项目中，由于缺乏科学技术经济论证，已建成投产的项目无原材料保证的，缺基础设施的，不适应管理的，不供给能源的……屡见不鲜，这种盲目引进已带来或正在带来经济上的损失、资源的短缺、人力的浪费、资金的积压。

3. 消化吸收少有问津

世界各国在技术引进中都十分重视消化与吸收工作，如日本政府对技术引进与设备进口都只允许引进、买进一套，并要求引进技术者消化吸收、翻版制造。我国很长一段时间对引进技术的消化吸收无人问津，即使当今也极不重视，宁愿巨额资金浪费在重复引进、盲目引进上，不肯在消化吸收上多花点投资，所以人们称之为“一钱不用、万钱挥霍”。据近年来国家科委对2300项引进技术的调查，已消化吸收的仅占9.2%，可见问题严重性绝非一般。

三

我国经济能否在改革、开放的形势下走向良性循环，能否在激烈的国际竞争中得到发展，能否在新技术日新月异的当今世界以新的姿态迎接挑战，关键就在于我们是否有一支训练有素、业务过硬的职工队伍，是否有一支懂技术、善管理、有能力、有魄力的经济领导队伍，当今世界被称为“四化”世界，即经济国际一体化、科技世界网络化、产业结构跨国化、金融流通国际化。各国之间的竞争实际上是智力竞争、人才竞争、人员素质竞争。日本成功的奥妙就在于人员素质高，虽第二次世界大战后破坏严重，但当时的工人具有中学以上文化程度且经过专业培训，工科大学毕业生一半以上在生产第一线，还有一大批技术人员出身的企业家、知识全面的经营专家等，他们善于根据本国国情选择先进而适用的技术，并进行消化吸收以至创新，使本国经济得到了空前发展，仅用20年时间就走完了西方国家半个世纪走过的路程，一跃成为世界经济强国；联邦德国奇迹般的繁荣也是靠高质量的劳动力。因此，毫无疑问，中国的未来也将决定于11亿中国人的素质。然而，当今我国人员素质状况是：——根据联合国教科文组织于1988年9月发布的数字：中国的文盲、半文盲人数高达2.29亿人，约占世界文盲总数的1/4，更使人忧虑的是：这支“文盲大军”现仍在“扩军”——每年增加文盲新生代200万人，这是一个多么可怕的数字！

——根据1985年工业普查资料，江苏工业企业职工中初中文化程度以下的占78.3%，工程技术人员仅占14.1%，在1985年新增加的23万名职工中，青年职工比重占80%，这些青年工人上岗前技术不熟练，基本没受过就业训练。

——专业人才，从高级专业人才到高级技工都严重不足，据1985年的统计，高级科技人员占全部科技术人员的比重只有1%：每万名全民所有制单位职工中高级科技人员只有8.7人。据测算，全国技术工人约4000万人(1986年数字)，其中高级技工仅占2%左右，初级工占60%—70%；据天津一机局调查，全行业会计、统计、经销人员中，受过正规专业培训的仅占10.8%；根据对许多企业的调查，企业的有效工时利用率一般只有40%—60%，低的只有20%—30%，等等。

如此低下的职工素质，若不培训、不提高怎能提高劳动生产率，怎能缩短与发达国家的差距！

这里还应特别指出，领导素质的提高，特别是中高级领导素质的提高至关重要。领导素质集中表现在：决策能力、管理能力、组织能力、协调能力、开发能力、适应能力、竞争能力等诸多方面。

——在领导决策中主观决策、随意决策、盲目决策等现象屡有发生，如根据中国人民建设银行的调查，1979—1981年建设投产的560个大中型工程和单项工程中，不能正常发挥设计能力的有176项，占投产项目总数的31%，这里主要原因是领导决策失误。

——在发展选择中趋同化、求同化、同构化等模式已成普遍现象，如产业发展搞大而全、小而全，地区经济布局搞同一模式、统一标准、统一要求，并以同为荣，以异为非，这里主要是领导没有创新精神。

——在经济活动的指挥与管理中，不考虑长期发展、不进行远景规划、不进行技术改造，只考虑如何完成任期内的工作，至于如何处理各种关系，如何使部下素质不断提高，如何取得信任，等等，他们很少关心。这里主要是行为短期化所致。

——有些领导的经营不是靠科学、组织，也不是靠开拓、进取，人们说他们的经营诀窍 = 条子（各种批条） + 票子（用钱贿赂） + 面子（人情关系）。

如此低下的领导素质，若不培训、不提高，怎能搞现代化建设，怎能使中国经济腾飞！

综上所述，我们的方针、我们的发展战略，就应从现在起直至今后若干年，都应把人员素质的培训与提高，特别是中高级干部的素质培训，包括专业培训与在职培训，强制性教育与自觉性钻研，视为我国经济发展动力之动力。如果说在过去几十年的时间里，中国经济的发展主要靠各种资源投入取得的，那么从现在起到今后较长一段时间里，经济的发展将主要靠人的智力、靠智力的竞争——这也是本文的基本结论。

（该文是笔者于 1989 年 10 月在日本藏王国际研讨会上的大会发言。原载《效益与管理》1989 年第 4 期）

关于当前人力资源开发的几个问题

所谓人力资源主要是指全部人口中能以合法劳动创造财富、推动社会向前发展，并取得相应报酬的部分人口的总称。人力资源开发是通过系统的规划、培养、教育、训练、使用，充分发挥其资源效益，以促进社会的协调发展。由于人力资源开发工作时间长、范围广，与社会发展的诸多要素相关联，因而具有很强的战略性。现就人力资源开发的几个理论与战略问题进行探讨。

一　人力资源的二重性:既是财富创造者,也是财富消费者

众所周知，人力资源是一切资源中最宝贵、最重要的资源。开发自然资源、创造财富、积累资本、建设社会都离不开人，世上所有物质财富都是人创造的，没有充足的人力，社会就不能顺利发展，这是问题的一个方面。另一方面，人也是物质财富的消费者，而且创造物质财富是有条件的，即当人力资源与物质资源相结合，并有适当活动空间时，才能创造物质财富。然而，人们消费物质财富却是无条件的，而且消费水平越来越高，消费量越来越大。由此我们得出两条基本结论：（1）人力资源适当，就业充分，就产生正效益；人力资源过剩，就业不足，就产生负效益。（2）人均创造的物质财富大于人均消费的物质财富，就产生正效益；反之则产生负效益。这就是人力资源的二重性。

由于人所共知的原因，我国过去对人力资源的二重性认识不足，曾片面地提出过“人多力量大，好办事”的口号，致使总人口急剧膨胀，出现人力资源在数量上供过于求，在质量上不能满足需要的矛盾，甚至出现财富的增长被人力资源增长及其消费所抵消的情况。

二 人力资源的数量、质量与总人口数量的关系：前者成正比，后者成反比

按照国际惯例，人力资源一般指15—64岁这一年龄段的人口，据估计，这部分人约占总人口的60%。一般来说，人的一生都要经过幼年、少年、青年、成年、老年五个时期，总人口数量越多，人力资源就越丰富，它们呈正相关或正比例关系。我们知道，国民收入是一个定量，可用于消费和积累两个部分。但由于人口增长过快，消费的份额将增加，而积累的份额必将缩小，并必然影响扩大再生产的规模，影响经济发展速度。在这种情况下，用于人民生活福利、卫生保健、文化教育方面的投资也必然下降，最终将影响人的体力、智力，使人力资源的质量下降。从这个意义上说，人力资源质量将与总人口数量呈反比关系。

因此，在不是以体力取胜而是以智力取胜的现代社会，国家要富强、民族要兴旺、科学要发展、技术要进步，就必须不断提高人力资源的质量。而对大多数发展中国家来说，要提高人力资源的质量，首要的问题是有效控制总人口数量。

三 发展对人力资源的要求：从数量型到质量型

人力资源包含着质量、数量、体力、智力等多种要素。不同的社会经济发展阶段，对人力资源有着不同的数量与质量要求。小农经济、手工业经济阶段，物质财富的增加、资本的积累、民族的兴旺、国家的富强，主要是依靠人力资源数量的增加，而对人力资源质量的要求并不明显。即使在工业化社会初期，由于机械化、电气化、自动化水平不高，对人力资源的要求，也主要是数量而不是质量。但是，在科学技术高度发达的今天，对人力资源的要求，将主要不是数量，而是质量，不是体力，而是智力。据有关资料报道，目前美国、日本、联邦德国等发达国家的总就业人口中，脑力劳动者占50%以上，而发展中国家的这一比例尚不足5%，从80年代不同类型的国家受过高等教育的人数占总人数的比重来看，美国为31.9%，

日本为14.3%，巴西为5%，印度为2.5%，中国只有1%。由此可见，在总就业人口中，受过现代文化教育的脑力劳动者所占比重越大，这个国家的现代化程度就越高；反之，其现代化程度就越低。这是当今世界人力资源中，智力因素日益重要的一种大趋势。

四 人力资源的良性循环:一是加速技术进步,二是增加教育投资

从人力资源开发与国民经济发展的关系来看，目前许多发展中国家都处在人口数量多→文化教育和医疗保健水平低→人力资源质量低→劳动生产率低→人民生活水平低→劳动力再生产费用低→人口数量增长过快的恶性循环状态。要改变这种“一多六低”的落后状态，变恶性循环为良性循环，只靠控制消费、增加积累，按传统的国民经济发展战略，必将拖长时间，拉大与发达国家的距离。

在科学技术已成为第一生产力的当今世界，发展中国家要尽快改变上述状态，就必须加快技术进步的步伐与进程，加速淘汰落后的生产工艺，例如，水泥工业的小立窑、冶金工业的小高炉、煤炭工业的人工挖掘的小煤矿等，用先进而适用的技术改造、装备它们。这种改造有的要像我国强制报废老式解放牌汽车那样，具有一定的强制性。这是当前我国技术改造的一个特点。另一个特点是在技术改造中不断改造劳动者本身，即每一个就业者必须有一定的专业知识、一定的技术水平，专业知识与专业技能越高，劳动报酬也应越高，这是其一。其二，增加教育投资、实行教育立法、规定投资比例、普及中等教育、加强高等教育、强化在职培训等，也是提高人力资源的智力水平、促进良性循环的有力措施。通过加速技术进步和增加教育投资这两股强制力，就能启动人力资源开发良性循环的轮子：即文化教育事业发展快→人力资源素质提高→科学技术水平提高→劳动生产率提高→人民生活水平提高→劳动力再生产费用提高→人口数量得到控制→人力资源质量提高→技术进步加快，如此循环，周而复始，步步升高。

五 人力资源转移的途径：从农业转向其他产业，从农村转向城镇

随着科学技术的进步、农业劳动生产率的提高，大量过剩的农业劳动力必然转向工业、涌向城市，使城市人口在总人口中的比重急剧上升。有关研究资料表明，1800 年世界城镇人口占总人口的比重仅 2%，1900 年为 4%。据联合国估计，2000 年世界城市人口将达到 30 亿以上，将占总人口数的 50%。

从目前发达国家农业就业人数占总就业人数的比重看，1987 年美国总就业人数 11244 万人，农业就业人数 340 万人，仅占总就业人数的 3%；同期日本的总就业人数为 5911 万人，农业就业人数 489 万人，占总就业人数的 8.3%。从发展中国家的情况看，1986 年印度的总就业人数为 22189 万人，农业就业人数为 14887 万人，占总就业人数的 67.1%；1987 年中国的总就业人数 52783 万人，农业就业人数为 31720 万人，占总就业人数的 60.1%。主要发达国家和发展中国家农业就业人数占总就业人数的比重见表 1。

表 1　　1987 年主要国家就业情况

国家	总就业人数（万人）	农业就业人数（万人）	农业就业人数占总就业人数比重（%）
美国	11244	340	3.0
日本	5911	489	8.3
联邦德国	2544	133	5.2
英国	2499	59	2.4
法国	2128	149	7.0
意大利	2099	217	10.3
苏联	13089	2492	19.0
中国	52783	31720	60.1
印度*	22189	14887	67.1
印度尼西亚*	6834	3414	50.0
巴西*	5544	1433	25.8
泰国*	2522	1607	63.7

资料来源：《国际经济和社会统计提要 1989》，中国统计出版社 1990 年版，第 175—176 页。

说明：有 * 号者为 1986 年数据。

据有关专家预测，中国今后将有2亿农业劳动力要向其他产业转移。现在中国是世界上拥有大中城市数量最多的国家，共有236个，总人口1.5亿。为了防止“城市病”，今后100万人口以上的大城市，规模不应再扩大。因此，解决2亿农业劳动力向外转移的关键是小城镇化。中国现有小城镇2000多个，农村集镇约60万个，其中1万人以下的占50%。如果每个小城镇平均吸收3500个劳动力就业，就可解决2亿农业劳动力向外转移的难题。我国小城镇一般都处在农村交通要道，是农村政治、经济、科学、文化和生活服务的中心，它们分布均匀密集，是城乡联结的枢纽。因此，在我国大量农业劳动力向外转移的过程中，不能再走发达国家盲目涌向大城市的老路，要走发展小城镇化的新路。

六　人力资源的开发：既要“开源”，也要“节流”

人力资源的智力开发与人才开发是两个不同的概念。一般来说，智力开发是指以提高人力资源的文化科学知识水平为目的，其指标可用受过高等和中等教育的人数占人力资源总数的比例来衡量；人才开发是指在人力资源中发现、培养和正确使用具有较高智能水平，或具有特殊专长、精湛技艺的人，以充分发挥其聪明才智，推动社会进步。如果把人才定义为具有较高专业知识和一定发明创造能力的科学家和工程师的话，那么受过高等教育的人不一定都是“人才”。根据80年代初的统计，美国受过高等教育的人数为4279万人，科学家和工程师人数为343万人，后者仅为前者的8%。相应的数据日本为1049万人、705万人、67%，详见表2。这里需要作两点说明：一是各国统计口径不一致，例如，美国数字不包括人文科学家；二是发达国家受过高等专业教育的人，不一定从事科学家和工程师的工作。因此，表2的数字仅供参考。

人才开发与人力资源智力开发相比，需要更长的时间和投入更多的资金，已经开发出来的人才还有很大的流动性。据估计，由于各种原因，1953—1969年从发展中国家流向美国的科学家和工程师近10万人，仅此一项，美国就可节省教育经费40亿美元以上。美国、英国和加拿大在1961—1972年由于人才引进而得到了价值510亿美元的“人力资本”。有些研究人

表 2　　一些国家的人力资源智力结构（80 年代）

国家	受过高等教育的人数（万人）	科学家和工程师人数（万人）	后者占前者比重（%）
美国	4279	343	8
日本	1049	705	67
苏联	2436	1500	62
印度	701	70	10
巴西	242	136	56
印度尼西亚	46	19	41

资料来源：根据《国际经济和社会统计提要 1989》，中国统计出版社 1990 年版，第 281、286 页计算。

员认为，发展中国家人才流向发达国家的主要原因不是发达国家的“吸引因素”（Pull factors），而是发展中国家的“推出因素”（Push factors）。这提示我们，发展中国家人才开发方面，既要“开源”，又要“节流”，既要在现有的人力资源中开发出数量更多、质量更高的各类人才，还要尊重知识、尊重人才，不断改善工作、科研环境和生活条件，这样不仅能够留住人才，还可创造条件，吸引各类人才。

（原载《效益与管理》1990 年第 6 期。合作者为方汉中副研究员）

中国经济体制转换中的人力资源开发

中国是世界上人力资源最丰富的国家。然而由于诸多原因，使人力资源的优势未能充分发挥，文化素质低、专业技能低、管理水平低的状况长期影响着中国经济增长的质量。因此，改革就业制度、开放劳务市场、引进竞争机制、贯彻“先培训、后就业”、逐步建立职业教育网等势必成为体制改革的重要内容。经过十多年经济体制的改革，中国人力资源的观念有较大转变，理论也有较大突破。在人力资源开发与管理体制上，由于引进了竞争机制，出现了一系列的较大变革。

下面我们就中国人力资源开发的基本情况、观念转变、体制变革、开发目标四个问题报告我们的研究成果。

一　中国人力资源开发的基本情况

改革开放以来，中国的现代化建设取得了举世瞩目的成就。从1979—1994年，中国国内生产总值（GDP）平均每年增长9.5%，其中第一产业平均每年增长5.1%，第二产业平均每年增长11.8%，第三产业平均每年增长9.7%；进出口总额平均每年增长16.5%，是世界上经济发展最快的国家之一。在中国的经济增长中，人力资源的贡献是一个重要因素。但这里必须指出，人力资源对经济增长的贡献主要是数量的贡献（对此下面将有分析），尽管中国在专业教育、职业教育、在职培训等多方面均取得较大成绩，然而，人力资源素质仍然较低，在人力资源开发与管理上仍存在着一些较突出的问题。根据我们的研究，可把中国人力资源开发的基本情况概括为四个基本观点：

（一）中国人力资源丰富，但其素质令人担忧

众所周知，中国人口 1995 年 2 月 15 日已达 12 亿，这一数字比 1949 年的 5.4 亿净增 6.6 亿，即平均 7 年增长 1 亿。这样庞大的人口数量一方面为我们提供丰富的人力资源，另一方面也为有限的资源、有限的空间带来沉重的负担，当前，令我们忧虑的还在于人力资源素质低、结构不合理。这里说的人力资源素质是指身体素质、文化科学与管理素质、思想素质之总合，指与其社会化大生产的适应程度，它一般可反映出一个国家和地区的经济社会、科学技术和文化素养的水平。为便于国际比较，我们用劳动者的文化程度来衡量。按这一指标，根据中国 1990 年 7 月 1 日第 4 次全国人口普查的数据计算表明，中国就业人口的文化结构分别为：大学及以上程度占 0.66%，大专占 1.21%，中专占 2.07%，高中占 9%，初中占 32.31%，小学占 37.83%，文盲与半文盲占 16.92%，就是说在整个就业群体中，大专以上人员只占 1.87%，而初中以下（含初中、小学、文盲及半文盲）占 87.06%。有些边远省份更为突出，如西南四省（区）的大学及以上程度的只占就业人口的 0.41%，远低于全国平均 0.66% 的水平；文盲与半文盲高达 38.64%，大大高于全国平均 16.92% 的水平。更令人担忧的是，近年来我国新生婴儿多数出生在落后、边远和少数民族地区，这些地区同时又是儿童辍学率不断上升的地区。这种人力资源文化结构低级化倾向对现代经济增长必将产生重要影响。

（二）中国人力资源失业率较低，但"隐性"失业严重

根据历年中国统计年鉴提供的数字，中国城镇失业人数[①]，1978 年为 530.0 万，失业率为 5.3%；1980 年为 541.5 万，失业率为 4.9%；1985 年为 238.5 万，失业率为 1.8%；1990 年为 383.2 万，失业率为 2.5%；1991 年为 352.2 万，失业率为 2.3%；1992 年为 360.3 万，失业率为 2.3%；1993 年为 420.0 万，失业率为 2.6%；1994 年为 480.0 万，失业率为

① 现阶段中国只统计城镇失业人员及失业率。

2.9%[①]。可见，中国的失业率是较低的。然而，据估计，全国约有 600 万左右的就业人员在停产与半停产的企业工作，在城镇企业、公有企业中约有 2000 万人以上生产任务不饱满，工作时间尚达不到法定时间的一半，因此，这种被称为“隐性”失业的状况更具危险性。

（三）中国人力资源效率不断提高，但剩余劳动力大量增加

改革开放以来，由于农业政策的落实，激发了农民生产的积极性，使农业劳动生产率不断提高，再加上近几年由于技术投入的增加和农业内部结构的调整，出现了越来越多的剩余劳动力，据估算，1994 年全国农村剩余劳动力可达 1.5 亿—1.7 亿人，约占农村劳动力的 35%，其中跨地区流动的农村剩余劳动力约为 4000 万人，占剩余劳动力的 1/4。在这 4000 万剩余劳动力中，约有 3000 万向城市转移。这种农村剩余劳动力向城市、向非农转移并非偶然：一是由于农业资源供给紧张，耕地面积不断减少。二是由于农业比较利益下降，农业收入与非农业的收入差距较大，农民若想缩小与城市、与非农产业的收入差距，就要以“廉价劳动力”的优势挤进城市，并占领一席之地。大量农民涌入城市实质上是农民自发地参与现代化建设的社会经济现象，它冲击了传统上的城乡分割、区域封闭的管理体制，从长远看，它将有力地推动现代化进程。当然，它也给城市带来种种问题，诸如由于农民的大量流入而带来消费品供应趋紧、物价上涨，以及卫生、教育、文化设施、计划生育、义务教育、社会安全等一系列问题。这里关键是如何加以正确引导，以促其健康发展和推进现代化的进程。

（四）中国人力资源就业主体虽然仍为公有企业，但非公有企业就业人数已逐渐超过公有企业

1994 年，尽管在公有制企业（含国有企业与集体所有制企业）就业的人数仍占主体，约为 3/4。但由于“三资”企业等非公有制企业税负轻、收入高，所以 1994 年新就业的人数仍以较高速度增长，并使城镇就业结构发生了重大变化：从传统的公有制企业（特别是国有企业）为主转变为以非

① 1994 年以前的数字来源于《中国统计摘要》（1994），1995 年的数字来源于中华人民共和国国家统计局关于 1994 年国民经济和社会发展的统计公报 1995 年 2 月 1 日《人民日报》。

公有制企业为主，即在非公有制企业就业的人数已逐渐超过公有制企业。1994年在公有制企业就业人数增长约250万人，增幅2%多点，但在“三资”、私营等非公有制企业的就业人数增长300万人，增幅8%，其中在“三资”企业的就业人数增长近200万人，增幅达31%，尤其在沿海地区（特别是经济特区），非公有制单位的职工总数已超过了公有制职工总数，使就业主体发生了转移。此外，城镇的个体劳动者1994年也增长较快，这里原因之一是被精减人员为维持生活不得不从事个体劳动，二是部分在公有企业的人由于“入不敷出”、收入太少而自愿放弃“铁饭碗”从事个体，这无疑也增大了非公有制成分的就业职工。

二　中国人力资源开发的观念转变

中国在经济体制转移中，由于市场经济规律的作用和外来文化的冲击，使中国广大职工的传统思想观念发生了重大变化。

（一）价值观念的变化

价值观念的变化是人力资源开发的核心部分，其主要特征是自我价值的实现、竞争意识的强化和利益取向的明朗化、公开化。人们越来越注重“自我”的存在，追求自我价值的实现，这与改革开放前那种“依靠组织”、“听从安排”的传统观念形成鲜明的对照。这是其一。其二是人们在向市场经济转变过程中建立了竞争意识，学会了通过竞争保存自我、发展自我，不断提高参与竞争的能力；其三是利益观念的大胆表露，过去忌讳谈钱，现在公开谈钱，广东职工在回答“劳动目的”这一问卷时①有多达41%的职工认为自己的劳动目的是干活赚钱，有27.8%的职工认为自己的劳动目的是“主观为自己，客观为社会”。

（二）就业观念的变化

过去一提就业就把眼睛盯住国有企业、国家机关的“铁饭碗”，要吃

① 《走向社会主义市场经济的中国工人阶级》（1992年全国工人阶级队伍状况调查文献资料集），中国工人出版社。

"保险饭"。改革开放后人们的"就业观念"也发生了重大变化，在市场经济大潮的冲击下，人们对"铁饭碗"的意识逐渐淡薄，为寻求"理想"的工作可以不惜流动、跳槽，为寻求自我发展、实现自我价值可以改变从一而终的传统习惯，甚至可以从"国有单位、企业"到非国有单位、企业从业。据15省市1923份的职工问卷调查①，职工为自己择业的主要标准：一是"能够发挥专长"（占24.5%），二是"收入高"（占23.5%），三是"收入稳定"（占13.7%），四是"社会地位高"（占9.8%）；职工择业单位：一是民办工商业及公司（占40%），二是"三资"企业（占18.7%）；职工为子女的择业标准：一是政府工作人员（占31.4%），二是科技人员（占29.4%），等等。目前，在中国又兴起一股"一家两制"的就业观念，即一方到外企或合资企业多挣钱，另一方到国有单位吃"保险饭"、端"铁饭碗"。

（三）时间观念的变化

改革开放前，人们常说："中国最富有的是时间"、"最不怕浪费的是时间"、"最不值钱的是时间"。但在向市场经济过渡中，"时间就是金钱"、"时间就是效率"已成为中国经济特区的制胜法宝。在问卷调查中88.9%的职工赞成这一口号，中国沿海地区、特别是广东省的职工赞同"时间就是金钱"、"时间就是效率"的高达95%以上。

（四）对人力资源认识的变化

人力资源既有数量的一面，也有质量的一面。过去中国片面强调"人是第一宝贵的"、"人多力量大、好办事"，因而放松了对人口增长数量的控制，使社会物质生产的增长被人口的增长吃掉、用掉。当今中国恐怕没有人不赞成把"控制人力资源的数量、提高人力资源的质量"作为中国一项基本国策写在社会、经济发展规划中。发达国家经济发展的实践证明，现代经济增长主要靠科技、靠人力资源质量的不断提高，靠人力资源开发的深度与广度，低素质人力投入越多，效率越低，产生的负效益就越大。对

① 《走向社会主义市场经济的中国工人阶级》（1992年全国工人阶级队伍状况调查文献资料集），中国工人出版社。

人力资源“二重性”认识上的转变为中国人口资源理论的突破提供了前提和创造了条件。

三 中国人力资源开发的体制变革

改革开放17年来，中国人力资源开发的体制上出现了较大变化，主要表现在以下五个方面：

（一）变“统包统配”就业制度为“三结合”就业制度

即用劳动部门介绍就业、自愿组织起来就业和自谋职业的“三结合”方针代替了过去政府的“统包统配”、大包大揽。这里具有重要意义的是发展集体企业和个体经济，而且提出发展个体经济是自谋职业的主渠道，因此，“三结合”的就业方针实质上就是多种经济成分并存的经济政策在就业制度上的体现。

（二）变“一次分配定终身”的用工制度为“劳动合同”用工制度

即用人单位与劳动者之间，在平等、协商的原则下，通过签订劳动合同的办法，明确双方的义务和权利。过去采用的是统一分配、包下来的办法，劳动者和大专毕业生采用统一安排、统一分配，本人没有选择权与流动权。实行新的用工制度——劳动合同制后，可进行相互选择，在招工中实行公开招收、自愿报名、全面考核、择优录用的原则。现在这一用工制度已公开用于国家公务员、各级领导（主要是中层领导干部）的招聘与选拔。

（三）变“先就业后培训”的培训制度为“先培训后就业”的培训制度

由于过去“就业”统一由各级政府安置，因此，那时的培训已无实际意义。随着经济体制改革的不断深入，培训制度也进行了一系列改革，并一律实行“先培训、后就业，先培训、后上岗”制度。这里说的“培训”包括系统的学校教育、各类短期培训、单项技能培训，以及按工种、岗位特点进行的安全、操作、纪律等教育，目的是提高劳动者的素质，以根除目前依然存在的从业人员未经培训就上岗、就业等陈旧制度与不良习惯，确保就业人员与上岗人员的质量。

（四）变“统一招生，统一分配”的制度为“国家计划招生、用人单位委托招生、计划外招收少数自费生”的招生、分配制度

这项改革主要是扩大高等院校办学的自主权，发挥高校办学积极性，同时加强高校同生产、科研和社会用人单位的联系，并根据用人单位的需求随时调整专业服务方向、专业培养目标，使高校具备较强的适应社会发展与经济发展的能力。

（五）变高度集中统一的“计划模式”为“计划与市场结合模式”和“市场模式”

随着经济体制改革的深化，中国在人力资源开发的体制上逐渐形成了以下三种模式：（1）计划模式，即人力资源的规划、培养、教育、训练、使用、配置，均按中长期发展规划或供需双方协议加以落实。（2）市场模式，即在人力资源开发中引进市场机制，开放和发展劳务市场，劳动者通过劳务市场竞争就业、优胜劣汰；也可根据自身资源来选择能发挥自己聪明才智的职业与岗位；供求双方相互选择，机会均等、公平竞争。（3）计划与市场结合模式，即对各类在职、在岗的专业人才、技术工人、特种工用人单位既可根据需求与“中心”、“订货”，也可直接与求职人员商谈、面议。

四　中国人力资源开发的五大目标

根据社会主义市场经济的要求，中国人力资源开发的目标是：政策上留住人才、资源上充分利用、使用上提高素质、发展上开发潜能、结构上合理配置。

——留住人才，即制定合理的用人政策、激励政策、分配政策、就业政策、流动政策、考评政策，用政策不仅可以留住国内各类专业技术人才，还能吸引留学生回国工作，吸引华裔学者与外国专家来华工作。

——充分利用，一指有劳动能力者较充分就业，二指已就业人员能发挥专业特长，在未来的深化改革中，通过完善供需市场的管理，形成劳动者的聘用与辞退的动力机制。

——提高素质，即提高劳动者的文化水平、专业技能、管理能力，也包括身体素质、心理素质。实现的途径主要是教育、培训、再教育、再培训，可以通过正规教育系统达到提高素质的目的，也可以通过非正规教育系统，如企业、公司组织的培训，行业、部门组织的培训，社会组织的培训等达到提高素质的目的。

——开发潜能，即充分调动劳动者积极性，发挥其更大的工作热情，激发劳动者的创造能力，实现途径是建造一个新生人格，能极大发挥其聪明才智的工作环境和良好的人际关系，能有效地行使自己的民主权利、自由流动的权利，使其有安全保障没有后顾之忧的社会环境。

——合理配置，即按人力资源的数量与质量进行合理配置，建立优化的人力资源结构，诸如第一、第二、第三次产业的人员结构，不同年龄的人员结构，不同文化程度的人员结构，不同职业、不同性别、不同产业部门等的人员结构，以更好地发挥人力资源的配置效应。

（该文为 1995 年 5 月在澳大利亚墨尔本第 22 届国际人力资源大会上的发言稿，此为中文稿，原载《数量经济技术经济研究》1995 年第 9 期。合作者为澳大利亚蒙纳斯大学 Cherrie Zhu 博士）

人力资源：我国未来经济增长的关键

人力资源不同于自然资源，它是一种特殊资源，其最大特点是资源的不可替代性和高增值性。在未来的资源开发中应该把人力资源开发看作是高于一切资源的开发。自然资源奇缺的日本和新加坡经济的飞速发展，就是两个典型的例子。许多学者认为，21世纪将是人力资源潜能充分发挥的世纪，哪个国家人力资源开发得好，哪一个国家人力资源素质高，就将赢得21世纪。如果没有高的人才素质，没有一批懂技术会管理的人才，一个国家要繁荣，一个企业要发展，都将失去基础、失去动力。

人力资源是一种产业，而且是一种朝阳产业，是一次性投资，多次受益的产业，也是投资少、见效快、回报率高的产业。遗憾的是至今许多人不能认清这个问题。我们宁可投资大工程、上大项目，却不愿投资在人力资源上，这确实令人费解。

我国未来经济发展潜在危险和障碍，就是高素质人才的贫乏、高精尖人才的不足，人力资源素质的低下。

我认为我国人力资源开发的速度，应当高于国民经济发展的速度。根据我国现有人力资源水平，人员素质和能源、资源可能供给的量，加上其他社会各方面基础设施，国民经济增长的速度应控制在6%—7%。国民生产总值总量的增长原因种种：资金堆积、资源堆积，或牺牲国民效益也可以达到目标。但如果长期这样下去，后劲儿就有问题。

在我国影响到人力资源利用效率及人力资源开发速度的是分配机制与分配政策。我想这个问题如果前几年还不算突出的话，现在看来分配制度、分配政策已经影响到了中国经济发展，影响到了中国进入21世纪的进程。现在有些人认为未来中国经济的主要增长点是房地产和汽车工业，笔者却不这样认为，而认为增长点在于人。怎样使用人，发挥人的积极性，因此，如何提高国民素质，促进中国经济增长将是当务之急，是百年大计，千年大计。人的素质高了，再通过人利用各种信息促进国民经济的高速发展。现在让普通工薪族买车买房简直就是一个遥不可及的梦。购车买房的大款毕竟为数甚少。我国人才流失很严重，流失的主要原因是工资水平太低。现在国内一切都与国际接轨，向国际看齐，但唯独工资我们与国外相差太远，同样是博士，国内外收入相差50—100倍。

所以笔者强调，一定要把人力资源作为一种产业来重视、来投资，才会成为我国未来经济增长的坚实基础和依托。

（原载《中国人力资源开发》1997年第11期）

人力资源开发是特殊资源的开发

——出席澳大利亚国际会议后的思考

应澳大利亚人力资源协会的邀请，我出席了1995年7月2—4日在墨尔本世界会议中心召开的第22届人力资源开发国际会议，并在会议上作了“中国经济体制转换中的人力资源开发”的发言，就中国人力资源开发的基本情况、观念转变、体制变革、开发目标等问题报告了近期的研究成果，回答了与会代表提出的各类问题。现就此次会议感受较深的几个问题报告如下：

一 人力资源开发已为世界各国普遍重视

此次会议是在澳大利亚墨尔本世界会议中心召开的，出席会议的有来自世界20多个国家的580名代表，可谓规模大、人数多，而且出席会议的每位代表需交会议费1125澳元，若是只听报告则每个报告需交10澳元，会上共有52篇报告，即需交费520澳元。尽管费用之高，但来自企业（公司）、高校、科研、政府管理部门的代表都非常积极、踊跃参加每一单元会议，使整个会议开得生气勃勃，提问题争先恐后，几乎每个单元会议都延长时间、推迟原定就餐时间。出现这种状况的根本原因只有一个：那就是当今世界各国都非常重视人力资源的开发，舍得在人力资源开发上投资。过去我国理论界、新闻界常常宣传报道说，当今世界各国之间的竞争主要表现在经济竞争，而经济竞争又主要表现在人才的竞争，因此，越是经济发达的国家就越是注重人才、收买人才，对高级人才、稀缺人才不惜花重金、不惜一切，等等。这固然有一定道理，但对人力资源开发的需求已远远超过我们原有认识水平。从本次会议的发言、提供的论文、资料，以及大会秘书处组织的各类展品看，我们完全可以得出这样的结论：人力资源开发是发展之源、增长之源，是经济欠发达国家赶超的根本源泉。经济欠发达国家要加速发展、超常规发展靠什么？此次会议给我的启发是：靠开发人力资源，越是经济不发达就越应注视人力资源的开发，越是财力不足就越应挤出资金投资于人力资源的开发，否则，就只能是永远在发达国家后边爬行、跛行。

二　人力资源培训已为世界之浪潮

这次会议发言的有52位代表，其中有许多发言是专门谈及“培训”问题的。他们的主要观点及其依据是：

1. 当今科技发展日新月异，新技术研制与推广应用迅猛异常，不论是常规专业教育，还是非常规职业教育，都无法跟上这变化莫测的形势，若想缩短这种莫测的巨变与现有人力资源水平之差异，唯一的办法就是培训，及时的培训，甚至是超前的培训。

2. 随着高新技术的涌现及其大量涌入生产技术领域，必然有一批甚至一大批由于新技术手段、新管理方法的引入而效率大为提高，过去几个人甚至十几人、几十人做的工作如今一个人就可完成，过去一个人只能完成一道或几道工序，如今一个人可完成十几道工序，甚至几百道工序……由此产生的人员“富余”必将转行、转业，或从事与原来不同的其他工作，或从事一种完全崭新的工作。为使这批人员能重新就业、重新走上工作岗位就必须对他们进行业务培训与再培训。

3. 企业为不断增强竞争能力，使本企业产品能保住甚至扩大在市场上的占有率，必须在适应市场需求、适应市场变化的基础上不断地更新与发展产品，包括产品的功能用途、产品的型号规格、产品的造型用料、产品的重量与便携度等，就必须有一批技术精、对市场敏感度高的人才……因此，在高新技术飞快发展的当今世界，培训已成为世界各国人力资源开发的重要手段与途径，不仅发达国家百般重视培训这一环节，发展中国家也必须及时赶上这一“浪潮”，追赶这一“时髦”。

三 人力资源开发不是一般“资源”的开发，而是一种特殊资源的开发，这种开发既投资少又见效快，既替代性强又附加值高

过去我们只强调与研究劳动管理或劳动力调配，是企业五大管理之一。70 年代末 80 年代初，由于我国实行了改革开放的政策，有些学者又从西方引进了“行为科学”，强调其重要作用。但 80 年代中后期以来，许多学者对人的研究已深入到一个崭新的阶段——作为一种特殊资源进行研究，即把人力看成是一种资源、一种特殊资源，但这种资源又不同于一般的矿物资源、物生资源，一般的矿物资源用一点就少一点，并最终枯竭；一般的生物资源虽可按生物规律促其再生，但人们往往不遵循生物规律，且周期较长。而人力资源若能不断开发、合理利用、发挥潜能，它不仅可以使资源越来越丰富，而且价值越来越高；不仅可以使资源再生，还可以增值、繁衍、代代相传。因此，近十多年来，世界各国、特别是发达国家都在人力资源上肯投资、愿在争夺人力资源的战场上花力气、费精力，甚至不遗余力、不惜工本。这次会议给我的重要启迪是：

第一，人力资源开发是一种投资少、见效快的实践活动。有人曾估算美国从 50 年代末到 70 年代初，由于大量引进工程师以上人才而净节约教育投资 400 多亿美元（这里只算了节约的教育投资），如果将这批人才在此期间所创造的“价值”再算进去，那将是数千亿美元以至更多。

第二，人力资源开发是一种替代性强的实践活动。日本国土小、人口密集、矿产资源与生物资源甚感不足，他们采取发展经济的主要对策：一是大量引进新技术，二是采用特殊的人才引进与吸引政策。今天看来最主要的是人才政策，因为引进的新技术，甚至实验室新技术，都必须由各类高素质的人才去消化、吸收，并在消化、吸收的基础上创新、再创新，使原引进的技术成了更高级的技术。如果我们对日本经济发展做出新的评价的话，那就是“用人力资源弥补了自然资源的不足”，“用人力资源替代了其他物资资源”。

第三，人力资源开发是一种附加价值极高的实践活动。如果我们用人

力资源开发效果指标来衡量的话，那么这时我们所获得的将是“一次投入多次产出”、“简单投入复合产出”、“算术级投入几何级产出”的附加价值极高的开发效果。

四　人力资源开发与生产率的提高一般认为是“正比关系”，但其实质是“倍数关系”、“点面关系”

出席会议的代表从不同的行业、不同的角度论证了现代生产率提高的重要源泉是由于劳动者素质的提高，而劳动者素质提高的手段是对人力资源的不断开发，越是经济发达的国家这一因素所占比重就越大。因此，人们从历史发展实践中得出一个现代人的理论共识：人力资源开发与生产率提高成正比关系。然而今天看来，这仅仅是认识的初级阶段，是一个不言自明的道理。随着高新技术的发展及其更新换代的速度越来越快，劳动生产率将以过去的几十倍、上百倍甚至千万倍的速度增长着，据匡算，20世纪90年代一天生产与创造的物质财富，远高于17世纪一年生产与创造的物质财富；当代用计算机一天完成的计算“量”远远超过17世纪一年甚至数年完成的计算“量”。因此，只认为是“正比关系”是远远不够的。实际上人力资源开发与生产率提高的关系是“倍数关系”、“点面关系”，也就是说，由于人力资源的开发（包括教育、培训、再教育、再培训）而带来的生产率增长是成倍的，开发是“点”，生产率的提高就是“面”。对于这一观点与发展现实，我想认识越快越有利于生产率提高，接受越早越有利于社会经济的发展。

（原载《数量经济技术经济研究》1995年第12期）

中国通信业的发展机遇与挑战

一　中国通信业落后的原因

改革开放前中国的通信业十分落后，其主要任务是为政治服务、为军事服务、为领导服务，因此，服务面很窄，通信能力很弱：打公共电话要排队，发电报要排队，寄挂号信、邮包裹均需排队。以1978年为例，电话普及率只有0.38%，即263个人才有一部电话，许多地方还是手摇式电话；长途电话更少，且90%以上为架空明线。打个电话十分困难，所以民间传说："电话没有走路快"。那时9亿人口的中国大陆电话拥有量还没有当时400万人口的香港多。可见，中国通信业起点之低是改革开放后飞速发展的重要原因。

由于中国通信业主要是为党政军服务，因此，管理模式实属半军事化管理，通信企业也属半军事化企业。整个通信业实行着高度垄断、高度集中、高度计划的管理体制。直到80年代末90年代初在中国安装电话都是采取"配给"方式，即按其官位大小、职位高低排队等候，职位高的等候时间短些，职位低的等候时间长些，"电话"成为官位高低的标志。因为是独家垄断与经营，别无选择，只能顺其排队等候。因此，打破通信业的垄断、促进全面竞争是中国通信改革的主要方向。

通信业是国民经济的神经系统，是现代化、信息化的先行官，它对社会经济的发展有较大的带动作用、拉动作用。但在中国现代化进程中，由于通信落后、信息闭塞，生产厂家不知生产什么，不知产品往哪里推销，消费者所需商品不知到哪里购买，因此，在改革开放后的一段时间里曾出现"推销员"、"采购员"满天飞的非正常现象。随着改革开放的不断深入，经济发展对通信能力提高的要求日益提高，社会各界对通信业的多样化、多层次的需求如饥似渴，要求高质量服务、低价格销售的呼声日趋强烈。有鉴于此，中国通信业如何深化改革、如何持续发展，必将成为国内外各界关注的热点。

二 目前面临的发展机遇

改革开放给落后的中国通信业注入了活力，带来了空前的发展机遇。现今中国已建成以光缆为主、卫星与数字微波为辅的大容量、高速率的覆盖全国的传输网络，已形成了规模庞大的城乡公众电话网、移动通信网和共用数据通信网。目前，已建成光缆总长度 100 万公里，局用电话交换机总容量 1.26 亿门，全国电话总用户已达 1.1 亿户，其中城乡固定电话已达 8700 万户，移动电话 2300 万户，全国电话普及率已达 10% 左右，约 2/3 的城市家庭安装了住宅电话（见表 1）。

表 1　　中国通信与社会经济发展

年份	GDP		邮电业务总量		市内电话（万户）	农村电话（万户）	移动电话（万户）
	总量（亿元）	指数（上年 = 100）	总量（亿元）	指数（上年 = 100）			
1978	3624.1	111.7	11.65	104.6	119.15	73.4	
1980	4517.8	107.8	18.57	106.3	134.17	79.9	
1985	8964.4	113.5	29.60	1148.3	218.96	93.1	
1990	18547.9	103.8	81.65	126.0	538.45	146.6	1.83
1995	58478.1	110.5	988.85	143.7	3263.56	807.0	362.99
1996	67884.6	109.6	1342.04	135.7	4277.82	1216.9	685.27
1997	74772.4	108.8	1773.29	132.1	5944.40	1786.6	1323.30
1998	79748.0	107.8	2200.00（预计）	124.0（预计）	8700.0（预计）	2300.00（预计）	

从表 1 可看出，中国通信业自 1985 年以来，增长速度一直高于 GDP 增长速度，特别是 90 年代以来增长奇快，年均增长在 30% 以上，尤其近几年移动通信的发展之快令人难以置信。比如，1990 年移动电话才 1.83 万户，

到1995年就达到362.99万户，1996年又达到685.27万户，几乎增长1倍；到1997年又增加到1323.30万户，也几乎增长1培；1998年年底将猛增至2300万户，又几乎增长1倍。这种雪崩式的增长不能不说是个奇迹。

由于通信业的迅猛发展带动了中国经济的繁荣、社会的进步、城乡居民生活质量的提高（见表2）。从表2看出，电话普及率已从1978年的0.38%发展至1997年的8.11%（预计1998年为10%左右）；装有程控电话交换机的乡镇已从1995年的47.2%发展至1997年的81.2%。

表2　　　　邮电通信水平与社会经济发展

	指标	单位	1990年	1995年	1996年	1997年
1	平均每百人拥有电话机	部	1.11	4.66	6.33	8.11
2	平均每人每年发函件数	件	4.82	6.61	6.62	5.56
3	平均每百人订报刊数	份	17.56	17.96	17.60	17.69
4	开办特快专递业务的县（市）比重	%	—	79.5	85.9	87.2
5	已通电话的行政村比重	%	—	—	—	55.6
6	装有程控电话交换机（乡）镇比重	%	—	47.2	53.8	81.2
7	通邮国家和地区	个	126	141	141	145

中国城乡居民对通信的需求仍十分旺盛。根据我们的预测，到2000年，我国固定电话容量将增至1.8亿部，移动电话用户将达到4500万左右，各类数字通信与信息服务用户将增至800万—1000万（1998年互联网用户已达210万户，其中北京占30万户）。

三　面向未来、迎接挑战

改革开放二十年来，中国通信业发展如此之快，原因主要有三：一是改革开放前通信极为落后——底子太薄，“基数太小、增长快”是经济学的基本常识。二是整个国民经济的增长为通信业的发展提供了保障和良好的宏观环境，经济社会的发展又拉动了对通信业的强大需求，如经济增长速度一直为中国前列的广东省，其通信发展也最快，1998年固定电话就增加了 946.8 万户，移动电话增加 350.6 万户，均列全国之首。三是改革开放后城乡居民生活大幅度提高，对通信的需求猛增，使通信市场极为旺盛，固定电话、移动电话以及电脑进入家庭等均极大地拉动了通信业的发展，这也是中国改革开放后人民得到实惠的具体体现。

然而，我们也要客观地评价通信业的发展。中国通信业的发展与通信业本身对经济增长的作用相比，与广大居民对通信业的要求相比，与国外发达国家相比，中国的通信业仍有较大差距，设备与技术水平仍较落后。如中国邮电业务总量 1998 年约占 GDP 的 2.75%（1997 年才占 2.37%，1996 年占 1.97%）（见表 3）。从表 2 得知，已通电话的行政村比重仅为 55.6%，开展特快专递在县（市）中的比重也只有 87.2%；另外，城镇居民 1997 年的通信支出也只占消费性支出的 2.9%（同期食品占 46.4%，衣着占 12.4%）。这都说明，中国还需大力发展通信业，加大投资力度，提高邮电通信对经济增长的贡献份额，并为国民经济稳定、高速发展，人们生活质量的不断提高做出贡献。

表 3　　邮电业务总量占 GDP 比重

指标	1978 年	1980 年	1985 年	1990 年	1995 年	1996 年	1997 年	1998 年
GDP（亿元）	3624.1	4517.8	8964.4	18547.9	58478.1	67884.6	74772.4	79748.00
邮电业务总量（亿元）	11.65	18.57	29.60	81.65	988.85	1342.04	1773.29	2200.00（预计）
邮电业务总量占 GDP 比重（%）	0.32	0.41	0.33	0.44	1.69	1.97	2.37	2.75

为持续快速发展中国通信业，推动信息化进程，培植新的经济增长点，中国必须尽快解决下述几个问题：

1. 破除垄断势在必行

1993 年开放部分电信业务后并于次年建立“联通”以来，中国移动通信市场发生了较大变化，竞争促进发展的效果已开始显现。然而，全面、公平竞争的格局尚未形成，破除独家垄断仍将是未来改革的中心议题。

——1998 年移动电话已达到 2300 万户，然而“联通”只有 100 万户，只占4.3%，其中，95.7%为中国电信独家拥有，中国长城电信虽准经营CDMA移动电话，但其50%的股份也属中国电信，这种独家垄断的局面对中国通信业的整体发展，对缩小东、中、西部电信发展上的差距，对加强信息网络建设，对提高运行质量与运行效率，对改善服务质量、扩大用户的满意度与信任感等都是不利的。

——在发展CDMA移动通信上应明令开放，特别是CDMA在北京、上海、广州、西安等4个城市的试验已顺利通过，并证明技术是先进的、成熟的，且显示出优于GSM等一系列优点，如频谱利用率高、容量大、话音清晰、接通率高、保密性强等。在这种情况下，让CDMA参与竞争不仅利多弊少，而且会推动通信技术进步、进行技术创新与积累，让CDMA与GSM两种制式在技术上、市场上相互竞争，并在竞争中使广大消费者得到更多的实惠、更多的选择以及更满意的服务。

——在价格上应明令保护“弱者”，使其增强与强大对手竞争能力。在当今“中国电信”与“联通”、“长城”的竞争中，应在价格政策上保护“联通”、“长城”，这样才能使它们得以发展，不至于在不平等的竞争中被吃掉、被挤垮。

2. 开放电信市场宜早不宜迟

——我提出这一观点的主要依据：一是当今世界电信技术发展飞快，设备更新换代飞快，如不迎头发展、不参与世界电信大市场的竞争、不跟踪世界电信技术的发展、不适应新的发展环境，必将使差距越来越大；二是中国在发展通信上需要更多的资金，投资力度也需大为加强，按现在信息产业部的投资规模，今后几年预计为1600亿人民币，若以此规模建设信息基础设施是远远不够的。我们现在有条件用市场换技术，用市场吸引外资；三是以发展通信为契机，为下岗技术人员、下岗职工提供新的就业岗位，因为通信业是带动度高、附加值高的产业，发展此类产业不是权宜之计，是战略需求；四是电信市场的开放是中国改革开放的政策决定了的，是发展经济的需要，是人民生活质量提高的需要，是不可逆转的，开放越早对国民经济就越有利。

——电信市场开放完全可以有序地进行，比如，对条件较好的东部沿海地区，可直接在法律框架下、在当地政府部门指导下逐步开放；对于中西部地区可采取“先试点、后开放”的办法，先合资建设通信基础设施，后联合管理、参与竞争、共同经营。这样做既可引进和借鉴境外通信业的经营模式和管理经验，提高运行质量与效率，又可减轻国家在欠发达地区发展通信业资金不足的压力，也为中国通信体制改革探索出一条新的模式。

3. 改革资费政策刻不容缓

当前中国电信资费极不合理，在各个部门、各省市地区、各行业均有较强烈的反映，如果不尽早地改革与调整，必将影响国家通信业发展与信息化进程。

——国际长途费用不合理。如美国国际长途每分钟为59美分，最近有的公司已降为55美分，而中国则为2.13美元（1998年1月前为每分钟3.5美元），是美国的3.6—3.9倍，这也是亚太地区收费最高的两个国家之一（另一个国家为越南，每分钟收费2.3美元）。如果从占月收入的比重看，中美差数十倍之多。

——租用线路费用不合理。1998年4月在上海开会时，一位朋友反映说，某有线电视台租用邮电光缆，一年租金就可自建一条更先进的光缆线路，其他省份电视台也有同样的反映。

——国内长途收费不合理，电话中继线收费也不合理。

——互联网收费不合理。在中国个人上网费用若以占月收入比重衡量，中国上网费是美国的几十倍，中国的初装费是亚太地区最高的，北京是亚太地区收费最高的城市。

目前在中国垄断与高收费似乎是如出一辙、同胞兄弟，这也是中国通信业发展的两大障碍。障碍不除，路难通、车难行、人心难平。

（本文是笔者在1999年1月17—20日在“99夏威夷亚太电讯高级研讨会”上的发言。原载《信息系统工程》1999年第5期）

推进信息化:中国进入21世纪的核心战略

在科学技术迅猛发展的当今世界，信息已是经济发展的重要资源，是不可替代的经济增长源。目前，国内外的市场竞争不仅是技术、产品的竞争，也是信息获得、处理、加工、存储、传递、交换的速度的竞争。这是因为，现代化离不开信息化，现代经济发展离不开信息技术、信息产业的发展。因此，国内外有识之士都把信息业的发展水平看作是衡量一个国家发达程度的重要标志，都把信息化程度视为产业结构现代化、高级化的重要标志。中国要加速经济社会发展、提高增长质量、走集约型发展的新路，一个别无选择的捷径就是推进信息化、加速信息化进程，这应该成为进入21世纪的经济社会发展的核心战略。

一　信息技术是高新技术的代表,是众多高新技术产业群的代表

信息技术是一种渗透性极强、倍增效应极高的最活跃的现代生产力。近半个世纪以来，由于信息业的繁荣与发展，使社会的生产、生活发生了巨大变化，经济增长达到人类有史以来的最高水平，知识信息量的增长已使人们难以预测，据报道，1995年知识信息总量为1985年的2400余倍，即1995年一天的信息量就是1985年全年的6.5倍,[①] 与此同时，迅速发展的信息服务、信息产品贸易、信息技术出口对各国的经济增长起着越来越大的作用，社会与经济的发展对信息化技术、信息产业、信息资源的依赖程度也越来越高。西方发达国家和亚洲“四小龙”的经验证明，信息化是经济腾飞、社会发展之捷径。当今中国要走出粗放型经营的困境、弥补中

① 引自《信息化与经济发展》1995年第1期。

国人均自然资源不足的状况，最佳选择就是把发展战略的核心转移到推进信息化的轨道上来。

二　信息产业是高附加值产业，是世界各国产业发展的共同选择

目前世界各国产业发展追求的重要目标是高附加值：即将物质生产与知识生产结合起来，并不断提高知识在产品与服务中的含量；即将设备制造与系统集成结合起来，并不断提高系统集成在产品与服务中的含量；即将硬件生产与软件生产结合起来，并不断提高软件在产品与服务中的含量；即将生产与管理结合起来，并不断提高管理在产品与服务中的含量。通过以上四个“结合”可大大提高产品与服务的附加价值，大大降低各类物质与能源的消耗，从而把整个社会经济发展带到一个崭新的发展模式中。

三　信息化是产业结构高级化的重要标志，是带动度极高的现代经济增长源

中国经济要保持健康、稳定、快速的增长势头，就不能也不应该沿袭西方国家先工业化、后信息化的老路，要走出一条用信息化推动现代化的新路，具体应表现在：把信息业视为国民经济优先发展的产业，用以信息业为代表的高新产业改造传统产业，优化产业结构。

四　用信息化促进与推动现代化，用信息市场开拓产品与服务市场

信息化在现代化中的作用是难以替代的：

（1）能提供较快的市场信息，这对市场取向的商品生产、劳动服务是至关重要的。

（2）能弥补各类资源（包括人力资源、物力资源和财力资源）的不足与短缺，能减少大量的物资传递、人员流动、资金呆滞等造成的浪费。

（3）能提供许多新的发展机遇、转机思路，有时一个信息可使一个企业、一个公司起死回生，甚至兴旺发达、繁荣昌盛。

依照上述思路，在本世纪末下世纪初，为推进信息化，应实施下述三大战略：

第一大战略：用信息技术改造传统产业，即用先进的电子信息技术改造与改装现有产业，提高产品质量、升级产品档次，用计算机开发生产、控制系统开发生产、集成制造系统（CIMS）开发生产，应用信息技术成果，提高产品的附加价值，提高产品在国内外的竞争力，提高传统产业的经济效益与社会效益。在未来的社会经济发展中，电子信息技术已成为改造传统产业不可缺少、不可替代的现代化手段。确定这一战略必将对中国经济发展产生巨大的倍增作用，创造良好的生产、生活环境，提供不可多得的发展机遇。

第二大战略：加紧实施“金”字系列工程，即指国家和有关部门组织实施的金桥、金卡、金关、金锐、金海、金企、金教、金信等系列重大信息工程。随着上述“金”字工程的实施，金融、保险、外贸、内贸等行业与部门将出现巨大市场，定将组建大公司、形成大产业，并将为电子信息产业带来数以千亿以至上万亿元的市场，国民经济信息化程度将得到较大的提高。面对国内外巨大的市场需求，我们必须加快实施“金”字系列工程，力争在本世纪末下世纪初在全国县市、城镇普及金融电子化，在大中城市实现商业电子化，在钢铁、石油、交通、能源、机械、化工、冶金、建筑等骨干企业实现电子信息化，初步实现各行业间的以数据服务为中心的信息服务网络化。

第三大战略：加快发展应用软件与信息服务业。应用软件和以数据为中心的信息服务业是一种投入少、产出多、附加价值高的产业，是国家经济信息化、社会信息化的体现。发展软件、信息服务业就是加快信息化进程，就是有效地利用信息资源网。80年代以来，尽管中国信息技术与信息产业（尤其是硬件制造与产品产量）有了较大发展，但应用软件的开发与数据库服务刚刚起步。有资料表明，目前中国已建成的数据库不到世界总数的1%，联机使用的数据库数量更少；社会信息商品化率还不到8%（发达国家一般都在50%以上)[①] ……这均说明中国信息资源开发不足、信息市场发育不良、服务范围面窄量小，已远远不能适应中国经济高速增长和人民生活质量不断提高的需要。因此，在未来的10—20年内，应予以应用软件与数据库服务以足够的重视、相应的政策倾斜、较多的资金投入和健全的法律保护。

（原载《信息化与经济发展》1995年第2期）

① 转引自朱丽兰等编著《科技兴国》一书，中共中央党校出版社1998年版，第240页。

电子商务

——全新的商务模式

一　电子商务:全新模式与商务特征

电子商务（Elecrtonic Commerce）就是利用先进的电子技术所进行的商务活动的总称。它是通过计算机网络将买卖双方的商务信息、产品信息、销售信息、服务信息，以及电子支付等商务活动，按相互认同的交易标准实现其商务活动。有些产业界人士称之为“利用电子媒体做生意”、“在网上进行买卖活动”、“将传统的商务活动移到网上进行”。

由于全部商务活动是在网上进行，且涉及顾客、销售商、供应商、银行金融系统、信息公司或证券公司、政府机构、配送中心，以及相关部门的各类雇员等，因此电子商务的基本架构是网络。下边以一个普通消费者的网上购物为例，说明电子商务的全部过程：

——购物选择：在网上查询欲购物品，并进行分析、比较、抉择；

——输入订单：包括商品名称、数量、送货时间、地点、方式，以及收货人等；

——商家回应：当商家收到订单后立即回复消费者，包括商品单价、应付款额与税额、运费、交货方式等；

——信息确认：消费者确认上述信息后，用电子钱包付款并装入系统，输入口令后选择使用电子信用卡；

——电子支付：信用卡号码加密后送至银行，经银行检验有效后通知商家支付有效，并请准备送货；

——送货到家：按订单要求或通过邮局系统或通过配送中心送货。

电子商务与传统商务相比，具有以下几个特征：

（1）全球商业性。它打破了区域与国界，使企业（商家）发展空间越来越大。

（2）方便快捷性。消费者可以最快速度实现购买欲望，真正可以实现“顾客不出屋，能购天下物”。

（3）低成本渗透性。大大缩小了产、供、销之间的时间路径、空间路径和人际路径，从而极大地降低了销售成本。

（4）高效率与多选择性。变有形销售为无形销售，商务活动效率提高了几十倍甚至上百倍，同时还给人们带来了“多选择性”，如网上商品信息的选择与比较等。

二 我国电子商务:基本状况与发展障碍

随着网络技术的迅猛发展，电子商务已成为世界商务领域的一股新潮流。这次浪潮到来之迅猛、影响之深远、收益面之广泛，超过任何一次技术革命。它将成为新的经济增长点和21世纪的主流商业与贸易形态。近两年电子商务发展速度之快远远超过人们的意料。1997年全球电子商务销售额才26亿美元，1998年就达到430亿美元，增长15倍以上；据世界贸易组织估计，到2000年将达3000亿美元。我国目前虽然电子商务交易规模不大，但发展势头强劲。主要表现在：

——互联网用户发展很快。1996年我国上网计算机只有2.4万台，上网人数只有10万人；1997年上网计算机增至30万台，上网人数达到62万，分别增长11.5倍和5.2倍；1998年上网计算机又猛增至75万台，上网人数达到210万，分别增长1.5倍和3.4倍；预计今年底，上网人数将达到1000万；到下世纪初中国上网人数将成为仅次于美国的全球第二大用户群。

——政府高度重视，“金字工程”系列发展很快。我国先后推出的“金桥”、“金关”、“金税”、“金宏”、“金卫”、“金智”、“金企”、“金穗”、“金贸”等系列“金字工程”已取得了令人瞩目的成绩。

——中国电子商务示范工程效果显著，发展迅猛。外经贸部推出“虚拟广交会”，组织外贸企业上网，并围绕出口贸易进行网上商品浏览、洽谈、订货等活动，效果很好。首都电子商城北京图书大厦的网上书店于3月开业后，每天上网访问者高达30多万人次，每天收到订单销售额6000多元，且大部来自国（境）外和北京之外城市。

——政府上网工程正式启动。有100余个各级政府部门在网上建立了网点，其应用领域包括：人民银行网上支付；海关部署报关单和外汇核销系统；工商局红盾信息网；国家旅游局网上订房和确定旅游路线；教育部网上教育；卫生部网上医院；国家税务总局增值税发票稽核系统和电子报税；外经贸进出口配额许可证网上发放；国家技术监督局网上防伪打假；水利部防洪信息发布；地震局地震监控网；新闻出版署图书出版发行和网上电子报刊新闻网；劳动部就业信息网；网上政府采购；办公自动化、网络化；公文电子签名，等等。

——由首都信息发展有限公司与世都百货、IBM、招商银行等合作购物即将推出；与英特集团、花旗银行、中国银行合作推出的500家星级饭店客房预订服务系统也即将付诸实施。

目前，我国发展电子商务的主要障碍是：

（1）发展基础尚不完善，网络基础设备与能力薄弱。一是计算机人均拥有量低，企业中计算机技术更新慢，应用率不高，上网企业少；二是关键性的信息产品如网络设备、主机操作系统大多依赖进口，而电子商务所需要的最前沿的网络技术因高技术出口的严格限制，很难直接从国外引进；三是网络建设各自为政、重复建设，各部门、各行业各自组网建网、互不相通；四是网络建设重硬轻软，信息资源与系统开发不力，没有形成规模的信息资源，缺少整体规划和统一指导。

（2）发展环境尚不理想，政策法规等宏观环境有待培育。虽出台了一系列涉及网络安全和国际互联网方面的法规，但有关发展电子商务的统一指导框架和专门立法还有空缺，对电子商务中的合同、电子签名等合法性缺乏必要的法律条文和科学解释。中国对联合国国际贸易法委员会等国际组织提出的电子商务文件，就其是否纳入我国法律体系尚未很好研究。

（3）发展资源尚显不足，缺乏电子商务专门人才。一是缺乏电子商务理论研究与从事业务的专门人才；二是缺少既懂技术（主要指计算机硬软件技术、网络技术、通信技术）又懂管理（主要指系统科学管理、现代商务管理）的复合型人才；三是缺少具有创新思维的网络经济、网络管理人才。上述三类人员的短缺与不足将在今后数年内直接影响我国电子商务的发展。

（4）发展条件尚欠成熟，缺少足够的电子消费者。许多企业尚不知电子商务包括整个交易过程的电子化。公众也知之甚少。电子商务作为全新的商务模式远未被接受。

三 缩小与发达国家差距:对策建议

第一，提高全民族对电子商务的认识。要使全民族都有紧迫感，吸引更多企业上网，通过上网提高企业竞争力，提高企业盈利水平。

第二，发挥示范效应，鼓励更多行业参与。在一些适合于电子商务发展的领域和部门积极推行，如外贸、银行、证券、民航、铁路售票、饭店订房、出版发行等行业可先开展电子商务，对于示范单位应在资金、税收等方面予以大力支持，并促其良性循坏。

第三，塑造发展环境，建立保障系统。电子商务的发展需要有相应的法律、法规，相应的技术标准与网络接入标准，银行金融支持系统，实施商业标准化环境，保证电子商务的规范化操作，并使这些标准与国际通用标准接轨。

第四，加强人才培训，建立一支素质较高、结构合理、专业配套的梯形队伍。政府、企业与社会各界都应重视培养复合型高级人才，这里一方面要重视引进一批电子商务人才，另一方面又要防止电子商务人才的外流。

第五，吸收别国之经验，走我国发展之路。积极参与国际对话与讨论，在电子商务国际框架中及时吸收别国的经验教训，以加快我国电子商务的发展步伐。

（该报告原载中国社会科学院《要报》1999 年 6 月 26 日。报告由笔者执笔）

中国电子商务发展面临的机遇与挑战

——中国电子商务发展的战略思考与对策建议(上)

编者按　这篇研究报告是我院信息基础结构与经济发展研究中心中国电子商务研究项目课题组在国内外考察的基础上撰写的。该课题组由我院、国务院发展研究中心、外经贸部、中国人民银行、北京金卡网络公司、信息产业部、国家体改委、经贸委、国家税务总局、北京邮电大学及上海、北京、天津等有关专家组成。现将报告分三期摘报。

一　随着全球电子商务的兴起，中国政府和高层领导表现出极大的关切和高度的重视

在去年召开的亚太经济合作组织会议上，中国政府明确提出了积极稳妥发展电子商务的计划。江主席指出，在发展电子商务方面，我们不仅要重视工商部门的推动作用，也应加强政府部门对发展电子商务的宏观规划，并为电子商务发展提供良好的法律法规环境。

在政府的支持下，1996 年年初组建了中国国际电子商务中心。该中心由国家外经贸部投资建成并负责管理。其运行和操作队伍由电脑网络和经贸专家组成。国际电子商务中心引进了国外 IBM、HP、SUN 等公司的先进技术和设备，其骨干网络以中国国家通信网络为基础，连接国际互联网和其他贸易网络（如联合国全球贸易网），同时与国内省会城市、主要城市及一些政府企业专用网连接。中心提供的主要服务包括电子数据交换、电子公告、联合国全球贸易网的 ETO 业务、网上经贸信息、贸易文件存储和处理商业网页设计、数据交换平台、国内国际电子邮件，以及电子商务培训和咨询等。

除政府大力支持外，近年来个人电脑市场的迅猛增长、各行业内部网络的快速发展、互联网服务的推广应用、国家“金字”系列工程的建设等，都为中国电子商务的发展创造了有利条件。

值得注意的是，中国电子商务虽起步较晚，但通过借鉴发达国家积累的经验和教训，我们完全有可能利用后发优势跳跃前进，赶上西方发达国家。在对外经贸领域建立国际电子商务框架，促使对外经贸企业率先参与国际电子商务的实践，逐步带动国内其他行业电子商务的发展，是中国的一种有益尝试。

二 国际环境有利于中国电子商务的发展

联合国贸发会议在1992年第八届大会上发起一项“贸易效率计划”以促进各贸发会成员国利用高新技术，设立贸易网点，实现计算机联网和全球贸易网点网络，迅速发展电子商务。贸发会议选择包括中国在内的19个发展水平各异的国家作为建立电子贸易网点的试点国。项目通过建立城市网点和研究并检验新的贸易程序和方法，来衡量新的信息和通信技术可能带来的贸易优势。该项目的实施促进了中国在贸易方式和程序上应用新的信息技术发展国际贸易，增强外贸企业国际竞争力，获取贸易机会，以及缩小与发达国家之间由于电子商务差距而形成的贸易障碍。

许多国家政府和国际组织给予电子商务以有力支持。美国颁布了电子商务白皮书；欧盟发布了电子商务倡议书；联合国国际贸易法委员会组织制定了《电子商业示范法》，为各国电子商务立法提供了范本；世界贸易组织达成了有利于电子商务发展的“信息技术协议”；亚太经合组织等国际组织也在积极组织电子商务研究，制订全球电子商务发展计划。这些无疑都将有益于中国发展电子商务。

三　中国电子商务发展的主要障碍

（一）网络基础设施尚不完善

由于缺少整体规划和统一组织，中国在网络建设方面存在着各自为政、重复建设的现象，各行业、各部门各自组网建网，互不相通；网络建设重硬轻软，信息资源和系统开发规划不力，没有形成规模的信息资源。在计算机应用方面，人均拥有量低，企业中计算机技术更新换代慢，应用程度差，联网上网企业少；信息关键技术产品如个人电脑、网络设备和主机操作系统大多依靠进口，而电子商务所需要的最前沿的计算机网络技术，因国外高技术出口方面的严格限制，很难直接引进。

（二）政策法规等宏观环境有待培育

中国虽出台了涉及网络安全保密和国际互联网方面的一些法规，但有关发展电子商务的统一框架和专门立法还是空缺。对电子商务中电子合同、电子签字等的合法性还缺乏必要的法律条文和解释。中国对联合国国际贸易法委员会等国际组织提出的电子商务文件，还未就是否将其纳入自己的法律体系作认真研究。中国需要尽快为现有的和将来可能出现的各种公共网络制定有关标准和规则，促成网络间的有效兼容与交互，避免不必要的网络重叠或重复建设。另外，还应加快不同行业的基础代码和报文的标准化，以实现资源共享。

（三）公众对电子商务缺乏认识

许多企业将电子商务简单地理解为贸易信息查询及 EDI，而不知道电子商务包括整个交易过程的电子化。作为新的贸易方式，它必将带来企业经营与管理方式的巨大变革。据调查，上网企业使用中国国际电子商务网主要用于贸易机会信息查询的为 57.1%，各国外经贸重要信息查询的为 40.7%，电子信箱业务的为 30.8%，国际互联网浏览的为 28.6%，贸易单证网上传输的为 8.8%。中国国际电子设备网作为外经贸业务与管理专用网的功能远未得到充分发挥。

四 政府部门应成为推动电子商务发展的主体，为电子商务活动创造良好的经济环境和制定法律框架

第一，为中国信息化制定适宜的发展战略和具体规划。使之既顺应全球总体发展潮流，又适应本国的实际水平和社会需求。

第二，制定适合国内国际电子商务发展政策、法律、法规。其中包括知识产权保护、网上欺诈与犯罪行为控制、电子认证与授权、交易监督管理，以及商业信息资源安全保护等，以增强投资者、运营者和消费者进行网上交易的信任感和安全感。

第三，建立、健全市场机制。让企业和消费者看到电子商务带来的经济效益和社会效益，发挥各行各界在电子商务中的积极性和创造性。

第四，责成有关部门制定统一的广为接受的电子商贸基础代码和文件处理标准。

第五，提高公众的电子商务意识。实施示范工程，指导、支持各类企业开展电子商务活动，以及开设技术与法规培训项目，培养合格的电子商务专门人才。

第六，指定有关部门（如国家信息产业部）制定相关政策与服务规范，为电子商务活动提供先进、可靠、灵活且终端开放的通信与信息处理基础设施。

第七，协调政府部门之间、政府与企业之间的关系。设立专门的协调机构，及时掌握市场与商情，促进企业、商界与海关、商检、税务、统计、运输、银行、保险等政府和行业部门的联网，强化信息资源共享。

第八，政府管理部门应为电子商务的积极参与者与用户。各级政府要相应调整原有的管理模式，为企业开展电子商务提供一个公平、合理、高效的机制与环境，以适应企业结构和管理创新的需要。

第九，对电子商务予以专门的财政拨款，鼓励企业为电子商务项目积极筹集资金。

第十，实施有效的政策和技术手段，保证电子商务的安全性和可靠性。

第十一，为电子商务制定合理的税收政策和法规。税收体系应具公平、简明、确定、低成本、高效率、防偷漏、跨国协调等特点，最大限度地支持电子商务的发展。

（课题组负责人：郑友敬；课题组成员：王潼、邓寿鹏、华平澜、刘满强、刑炜、宋承敏、吴刚、陈静、张振铭、周红、胡京生、钟义信、夏钟瑞、郭诚忠、蔡金荣）

（原载中国社会科学院《要报》1999 年 3 月 24 日、26 日、28 日。本报告（上、中、下）均由笔者执笔）

网上金融服务的前景与需要解决的问题

——中国电子商务发展的战略思考与对策建议(中)

一 电子支付系统与联机交易网络:中国的现状与存在的问题

互联网数字技术和服务的更新与发展，为未来数字网络化经济、贸易和商务活动提供了重要工具。网上电子购物与电子支付结算，是这种趋势的代表。除了互联网，电子支付和电子交易活动也可在银行、非银行以及商业性专用网上进行。

出于安全和保密的考虑，中国人民银行对在互联网上进行金融活动一直持谨慎态度，直到1997年才着手部署互联网开发应用任务。1998年4月，首都信息发展有限公司成立。6月首都电子商务工程领导小组成立，明确了首都电子商务工程的基本框架是：塑造首都网络环境，确定业务类型，研制认证体系，建设电子商城，建立规范的网上安全支付结算业务流程。从总体上说，中国还不具备全面大规模发展电子商务的条件。

但在一些较发达城市和地区，不断完善的信息基础设施和经济实力为电子商务的发展奠定了基础。一些政府机构、国有大中型企业和一些经济实力较强的民营企业，已经具备配置和应用电子商务终端系统的能力和需求。占中国人口5%到10%的先富群体，则是近期发展网上零售的主要客户基础，其人数占全国总数比例似乎很小，但绝对数却相当于日本或欧洲的消费人口规模。因此，选择少量有条件的企业试点，提供活生生的示范，不仅对大型企业，也会对中小企业产生积极的推动作用，促进电子化进程。

目前妨碍中国电子支付与交易发展的主要因素：其一，政策法规环境和技术标准不适应电子商务的需要。其二，中国几千年的小农经济思想和几十年的高度计划经济下的消费观念与交易方式。其三，团体和个人难以支付电子商务所需费用（含设备购置费与上网使用费）。目前中国虽降至每小时4元，连同电话费每月仍需几百元，约占平均工资的1/4以上。（美国固定月费仅19.50美元，占其平均工资还不到1%）其四，由于受经济实力、技术开发和管理经验等方面的制约，中国网络安全产品和系统质量、品种还远不能满足电子商务活动的需要。其五，中国目前互联网国际出口总带宽为84.64Mbps（+45Kbps，中国电信1998年扩建），但三条非中国电信运营的国际出口每条仅为2Mbps左右。多数以拨号上网的电脑只备有14.4Kbps或28.8Kbps低速调制调解器，下载一个3.5分钟的视听节目，需要45分钟，而在美国，使用ADSL技术或光纤技术仅需要8—10秒。

二　网上电子订货与支付结算系统:规范管理、制定政策

网上订货与电子支付所需的技术主要包括：网络技术（互联网、内部网、外联网）；数据库技术（海量存储、并行处理以及分布式数据库）；安全技术（加密解密、防火墙、过滤、抗病毒等）；IC卡技术和多功能智能卡技术以及相应配套的标准化技术。此外，还有高效浏览器、电子邮件、文件传输、网站主页开发软件及JAVA等语言工具、图像数据压缩与解压缩技术、多媒体超文本对象制作技术等。其中安全技术是电子商务的关键。这是由于互联网的开放性和使用者的隐匿性使数据传输安全和认证变得十分困难。有必要通过利用数据签名、数据加密和生物特征鉴定等方法，进行不同层面的安全认证、鉴定和保护。公钥基础设施PKI，安全套结层协议SSL，电视监控系统，安全电子交易协议SET、OBI、OTP和OFX等技术，中国都应进行重点研究。

同时，还要注意建立健全电子交易与联机电子支付管理体制（包括分层次的组织管理机构），制定配套的法律、标准和规章制度来确定和规范诸如网络基础设施管理、电子交易及联机电子支付和结算作业流程、数字证书颁发与认证、债权债务责任关系、业务纠纷仲裁与执行程序，以及内部

监控与修正等。政府可集中力量在确定的目标内进行试点，然后加以推广。

作为中央银行，中国人民银行负责制定与监督实施电子支付政策法规，组织金融机构之间的电子支付与结算运行，协调电子清算和规范管理。中国人民银行将维护管理金融机构所开设的电子化储备金账户，提供电子化的跨行支付与结算服务并进行监管。中国电子支付与结算系统应有助于市场自律与央行监管并重的金融风险管理运行。

为了维护国家经济安全，中国成立了中央商业密码管理委员会，负责领导和管理中国商用电子信息系统的安全保密事务。当前最急需的是，政府制定适应电子支付与结算的网上商务试点工程的新政策。包括关于电子支付与结算的合法性政策，电子证书、电子单据、数字签名、会计审计、市场准入以及税收等政策。网上业务知识产权保护、个人隐私权保护、跨境数据流管理，以及网上征税等政策也急需出台。应尽快进行国家电子商务课题研究，加快北京电子商务进程，发展电子支付系统。规划和建立电子数字签名和电子证书管理中心，有关人员培训也应及时跟上。同时，应该尽可能减少政府的管制，尤其是在刚刚开始发展电子商务的时期，政府管得太多太死，会遏制电子商务的成长。

三　电子税务:税收征管与网络监督

（一）美国的做法

美国财政部在关于“全球电子商务选择税收政策”白皮书中，支持电子和非电子交易间的“税收中性”目标，建议将互联网视为免税区，凡无形商品（如电子出版物、软件、网上服务等）在网上进行交易，无论是跨国交易或是在美国内部的跨州交易，均应免税；对有形商品的网上交易，其赋税应按现行规定办理。文件还认为，没有必要对国际税收原则做根本性的修改，但要形成国际共识，以建立电子商务发展中至关重要的统一性和非歧视性税收机制，明确对电子商务征税的管辖权，避免双重税负。

（二）电子商务的发展对中国税收体制的影响

主要体现在：

1. 税收征管管辖权问题

税收征管管辖权确定税款征收机构的职责范围和分工，既不相互重叠，又无空档，使各司其职。在传统交易方式中，一个国家内部的跨地区税收由本国政府自行规定，跨国间贸易则依据双边税收协定，经过协调让步，达到重叠消失和管辖衔接，实现税收的公平和效率原则。电子商务的出现，使传统税法中的“常设机构”失去了存在的意义，因为网上交易不再需要从事经济活动的当事人在交易地点“出场”，交易活动是通过电子方式在网上进行，不涉及物理意义上的人或机构。

2. 税收转移问题

各国各地区在税法税制上存在的差异，或各国国内税法税制上存在的机制，是造成税收转移的根源。由于数字化交易的电子商务打破了世界划地为牢的局面，一个高税率国家或地区的消费者只需缴纳微薄的上网费用，就可以从一个低税率的国家或地区购买到比其所在地价格便宜得多的商品。中国现行的税收体制是税收与财政利益挂钩，即税务收入归属与征收和管理责任部门相关联。国家税收由国家税务局负责，地方税收由地方税务局负责。虽然中国的税种和税率由国家税务总局统一确定，但由于税收任务实行自上而下的计划分配方式，加上各地财政优惠政策不同，在电子商务情况下出现税收转移问题将难以避免。

3. 间接税（如增值税、销售税等）问题

电子商务的出现会增加间接税征收的复杂性。这就需要制定新的网上交易税法和管理规则，来确定诸如网上交易以购买地还是销售地纳税、跨国交易中的税法主权（按照哪个国家或地方的税率去征收），以及如何处理售后退货赔款等。另外，各国、地区和国际组织之间不同的间接税税收征管办法会导致不公平竞争。例如，欧盟规定在互联网上向从事电子商务活动的欧洲消费者征收普通增值税和关税，而世界贸易组织成员间的网上交易实行零关税，这样，在欧盟国家和非欧盟国家之间的电子商务，就会产生增值税和关税问题，也会在某种程度上带来税收转移问题。

4. 无纸电子文件管理等问题

电子商务出现后，买卖双方的合同以及作为销售凭证的各种票据都以电子形式存在。这将导致商业凭证追踪审计推动传统的基础。在适合电子商务环境的税法和管理机制出台之前，税收运作可能会出现混乱。缺乏有效的税收与网络监督，可能会让偷税漏税和地下黑色经济有可乘之机。

电子商务还可能带来其他一些税收管理上的问题，诸如在网络空间交易与免费服务不能被明确地区分开来；印花税凭证贴花无从下手；在产销直接交易中，商业中介作用削弱以至取消，导致中介代扣税款的作用受到削弱以至取消，等等。

（三）对中国发展电子税务的建议

（1）加紧建立税务系统计算机广域网。国家税务总局虽然于1998年开通了到省级国地税系统的电子邮件，将税收系统信息、重点税源信息、税收动态、税收电子化动态等纳入该网络传输。但是，距电子税务的要求仍相距甚远。因此，加紧税务系统内、外部网络建设已刻不容缓。

（2）充分利用互联网进行税法宣传。政府和税务机关利用互联网进行税法税收宣传和咨询，提供不受时间地域限制、全天候、全时段的服务。

（3）努力实现电子申报和税款征收无纸化。网上税收不仅指对商家网上交易的征税，还包括对非网上交易采用的电子征税。后者是前者的初级形式，也是目前中国税务系统部分单位已实践的一种方式。电子征税包括电子申报和电子结算两个环节。电子申报指纳税人利用各自的计算机或电话机，通过电话网、分组交换网、互联网等通信网络系统，直接将申报资料发送给税务局。电子结算是指国库根据纳税人的税票信息，直接从其开户银行划拨税款的过程。第一个环节解决了纳税人与税务部门间的电子信息交换，实现了申报（信息流）无纸化。第二个环节解决了纳税人、税务、银行及国库间电子信息及资金的交换，实现了税款收付（资金流）无纸化。这里一个重要问题是如何提高申报的效率和质量，降低税收成本。对纳税人来说，申报不受时间和空间的限制，方便省时；对税务机关来说，不仅减少了数据录入所需的庞大的人力、物力，还大幅度提高了数据的正确率，保证了申报、税票、税款结算等信息。

建立电子商务中政策法规和信任感的框架

——中国电子商务发展的战略思考与对策建议(下)

一 信任感是进行电子商务的必要前提和基础

信任感的建立有赖于下列各方面的措施：

第一，建立有利于保证电子商务合法性与有效性的政策法规环境。

第二，应用加密解密技术，确保政府、团体和个人电子商务活动的安全保密性。

第三，建立电子商务有关信息认证稽查核实中心，推广和监督诸如公共或专用钥匙和数字签名等保密技术的运用。

第四，在大学、研究机构和信息产业实施支撑项目，以开发和应用国家网络保护和安全系统，包括允许在有关政府机构管理下对外国网络安全技术的测试和应用。

电子商务的发展有赖于消费者和商家在网络上进行交易的安全性及可靠性。另外，交易信息和参与各方的情况（如交易源、凭证、完整可靠的信息）能否得以认证，是电子商务发展的重要条件。

电子信息系统的安全，不仅取决于系统所应用的硬件和软件，而且也取决于管理、组织结构以及操作程序。后者往往更为重要和迫切。安全监控与稽查、非法交易防范，以及人员对网络安全的高度重视，也是维护电子信息系统安全的重要方面。

二 国际电子商务法规及在制定过程中的争论

电子商务发展的政策法规应以开发应用先进可靠技术，避免和应付意外失误为目标。政策法规也应有利于促进公众对应用电子商务的支持和信任，建立减少、解决与补救问题的有效机制。同时，还应制定相应的法律结构去对付企图滥用电子商务技术的团体和个人。从这一目标出发，发达国家在制定有关电子商务的法规时对下列问题进行了争论：

第一，电子商务法律管辖。在缺少明晰的电子商务法律实施和补救条文的国家，常常会出现法律意义上的混乱。在当今的国际社会，人们一直在争论哪个国家的法律体系应该在国际电子商务中得以实施。有的观点认为卖方国的商业法律应得到承认，有的观点则认为买方国的商业法律应占主导地位。在没有达成国际对此问题的共识和规范之前，有关电子商务各方应以他们所协商制定的条款为准。

第二，电子签名和电子商务文件。这关系到商业协议的执行和商业纠纷的明证。电子文件的有效性与商家报税和财务审计息息相关。缺乏有形商业认证文件和电子资料更改抗查性，使商业活动变得错综复杂。用传统的手写签名来认证商业文件的方法已不奏效。虽然密码数据有可能确认信息的完整并提供身份认证和抗否认功能，原始文件的概念在电子时代已变得面目全非。从这个意义上说，加密技术对电子商务数据安全保密和完整有着至关重要的作用。

第三，许多国家都在致力于鼓励开发电子商务网络安全认证与授权技术和机制，促进这类技术的推广应用。不少国家还成立了专门机构，负责测定电子商务中出现的信息鉴别与确认方法，并以此确定是否有必要通过制定新的法律或修订现有法律来满足商业领域向无纸电子化转变的需要。有些国家已采取措施推行联合国国际贸易法委员会通过的电子商务示范法，有些国家正在对多年来有形（书面）签名和印章是否是商业文件的唯一合法性作出评估。

第四，与认证和授权相关的新政策的焦点，主要是数字签名技术。有些国家已制定或提出法案，从法律的角度承认数字签名的有效性。有些国家正在对商业认证机构采纳电子数据签名的操作程序进行研究。这些努力的共同基础在于实现以密码技术为支撑的数字签名需要法律保证。同样，为认证机构制定一套综合性法规也是必不可少的，因为认证机构的工作不仅包括制定电子商务的管理标准和评估规范，还包括建立认证与授权的政策和实施。

联合国国际贸易法委员会目前正在讨论电子商务工作组提出的“数字签名统一规则草案”，其主要目的是推进国际贸易中日益增加的电子数字签名行为。该工作组对一些国家已经实施或正在提出的相关法律机制进行了研究。规则草案条款的主旨，是通过提出一套承认数字签名和电子鉴别手段的法律效力标准，以避免不同国家电子商务法律条文之间可能出现的不协调。

第五，在电子商务认证方面，有些国家采取对技术中立的务实态度。目的是铲除现存的国际电子商务障碍。例如，它们接受法律允许交易各方以电子契约的方式来界定其自身的业务关系，承认其电子签名的合法性，但不限定电子签名非要使用特定的加密技术。

第六，国际上对电子商务中由电子认证和授权引出的法规与政策研究，也包括电子交易中各方的权利与义务、消费者权益保护，以及个人资料保护等。

三　中国可考虑借鉴和采取的行动

第一，制定有利于电子商务发展的法律法规。比如：数字签名法规、电子凭证法规、电子文件公证法规、电子商务商家法规、商务电子网上运营和服务法规、网上个人隐私保护法规、网上知识产权保护法规、电子商务安全保护法规。

第二，推进电子商务可借鉴的政策和措施。其政策包括：电子商务纳税优惠政策，网络上网资费优惠政策，简化商户上网注册政策，电子商务风险保险政策，电子商务用户账号安全保护政策，政府监督管理政策，国际电子商务推进政策，打破垄断支持竞争与创新政策；保护知识产权与信息隐私权政策。其措施有：协调竞争与合作，平衡诸多商业关系，如买方与卖方利益，市场竞争与有序发展，本国工业发展与引进外国资金技术和管理经验，协调产业与地区利益；鼓励中国企业及科研部门与国外合作，鼓励中国产业界、技术开发机构，以及政府部门的合作，促进有关电子商务产业的发展，制定优惠政策，支持电子商务进出口，纳税和投资活动，宣传电子商务中优秀企业的成绩和创新精神，鼓励引导其他企业迎头赶上，等等。与此同时，中国需要制定新政策来促进电子支付和电子结算的电子货币工程。这些新政策应有利于推进电子货币业务的认证、加密和监管。

电子商务:21 世纪巨大的经济增长点

随着网络技术的迅猛发展，信息处理与传递已突破时空与地域的界限。因此，网络化、全球化，并在此基础上飞速发展起来的电子商务化，已成为不可抗拒的世界潮流。这次浪潮到来之迅猛、影响之深远、受益面之广泛超过任何一次技术革命。不论世界经济格局如何变化，产业如何调整，从现在起，一个巨大变革就是：新的巨大的生产力将来自网络上的革命，新的巨大的潜在市场将来自互联网，新的巨大的经济增长点将是电子商务。

一　电子商务是一种全新的商务模式

电子商务（Electronic Commerce）简单说就是利用先进的电子技术所进行的商务活动的总称。它是通过计算机网络将买卖双方的商务信息、产品信息、销售信息、服务信息，以及电子支付等商务活动，按相互认同的交易标准实现其商务活动。有些产业界人士简而明之为“利用电子媒体做生意”、“在网上进行买卖活动”、“将传统的商务活动移到网上进行”。

由于全部商务活动是在网上进行，且涉及顾客、销售商、供应商、银行金融系统、信息公司或证券公司、政府机构、配送中心，以及相关部门的各类人员等，因此，电子商务的基本架构是网络。下边以一个普通消费者的网上购物为例，说明电子商务的全部过程：

购物选择：在网上查询欲购物品，并进行分析、比较、抉择；

输入订单：包括商品名称、数量、送货时间、地点、方式及收货人等；

商家回应：当商家收到订单后立即回复消费者，包括商品单价、应付款额与税额、运费、交货方式等；

信息确认：消费者确认上述信息后，用电子钱包付款并装入系统，输入口令后选择使用的电子信用卡；

电子支付：信用卡号码经加密后送至银行，经银行检验有效后通知商家支付有效，并请准备送货；

送货到家：按订单要求或通过邮局系统，或通过配送中心送货。

上述全部商务过程均在网上实现，而且仅需10—20秒时间就可完成。它与传统商务相比，确实是一次空前的高效率、低成本的巨大创新，是一场商务大革命。从这场商务领域的根本性变革看，电子商务具有以下几个突出特征：

（1）全球商业性。它打破了区域与国界，开辟了巨大的网上商业市场，使企业（商家）发展空间越来越大，区域、国界也将变得越来越不明显、不重要，而带来的将是巨额的商业利润，用形象的语言来说就是“企业将越来越大”、“国家将越来越小”，“商界将大于国界”。

（2）方便快捷性。它可使消费者以最快速度实现购买欲望，真正实现“顾客不出屋，能购天下物”、“百姓不出门，能办天下事”。

（3）低成本渗透性。由于电子商务实现了从几千年的传统商业模式向信息商业模式的转变，使其活动的低成本成为可能。传统的实物交换、应用纸币、市场渠道狭小、供货渠道不畅、中间环节太多的商务活动，必然给广大的商家和用户带来成本不断膨胀的威胁，而电子商务模式代替根深蒂固的实物交易世界的结果是大大缩小了产、供、销之间的时间路径、空间路径、人际路径和市场路径，从而极大地降低了采购成本、生产成本和销售成本。

（4）高效率与多选择性。变有形销售为无形销售、有纸交易为无纸交易、从有纸化活动到无纸化办公等商务活动，无疑给人们的工作方式、生活方式、思维方式带来巨大变革。近几年变革的实践证明，商务活动的效率提高了几十倍甚至上百倍，与此同时，还给人们带来了“多选择性”，如网上商品信息的选择与比较、视像多种多类的自选服务，等等。

二　电子商务是经济发展的一条新路

为加快我国经济发展，适应全球经济一体化、信息化趋势，我们必须大力发展电子商务，走经济发展新路子、选新模式、塑新环境。

（一）我国 21 世纪的经济发展必须走新路子

当今信息化已是经济发展的重要原因，电子商务已成为巨大的不可替代的新的经济增长点。这不仅是因为电子商务的发展速度奇快、前景诱人，而且经济增长方式转变、产业结构优化都离不开电子商务。因此，我国 21 世纪经济增长必须走加速信息化进程、推进电子商务的发展新路。

第一，电子商务是高新技术的集中代表，是一种渗透性极强、倍增效益极高的现代生产力，商务发展、信息服务、商品交易、信息在商品与服务中的含量多寡，对各国经济增长起到越来越大的作用。当今人类社会的进步、现代企业的生存与发展、人们生活质量的提高也越来越依附于信息网络水平的提高，以及电子商务的应用与普及。

第二，电子商务是一种附加价值极高的商务活动，也是知识含量极高的商务活动。因此，大力发展电子商务、加快电子商务发展就是把我国经济带到崭新的以知识经济为龙头的经济发展新路上。

第三，电子商务是社会信息化的重要标志，是集约化和带动度都较高的现代经济增长源。我国经济发展不能也不应沿袭西方国家先工业化后信息化的老路，应走出一条用信息化推进现代化的发展新路，走用信息技术改造传统产业、用信息化优化产业结构、用电子商务开拓产品与服务市场的发展新路。

（二）我国 21 世纪的经济发展必须选新模式

为迅速发展我国经济、寻求新的经济增长点，必须改变过去那种依靠大量资金投入、物质资源投入的增长模式，必须建立崭新的依靠电子商务不断发展、寻求经济增长的新模式。

第一，将经济增长模式由物资资源密集型转向信息资源密集型，用信息流代替传统的物流、人流和商流。这种转变实际上是生产模式、商务模式的大变革，是资源配置的大革命、大调整、大改组，其结果必将带来我国经济的高速发展与高效运转、生产要素的合理配置与重新重合、信息资源的高效利用与有效利用。

第二，将封闭的发展模式转向带动功能大、辐射作用强、波及范围广的电子商务优先发展的崭新模式。在这种崭新的发展模式下，将传统的商务活动移到“网上”进行，把许多服务业包装成可移动性，把许多社会性服务变成信息化、便携化服务，把许多繁重、枯燥性工作变成轻便型、趣味性工作。

第三，将许多消费市场、实物市场转向庞大的电子商务市场、虚拟市场的新模式，不断开发显露的、潜在的名目繁多的信息市场、服务市场，使广大用户、众多消费者可坐在家中通过操纵鼠标享受一系列的多媒体服务，如银行服务、购物服务、交费服务、娱乐服务、教育培训服务、网络广告服务等，还可随时在网上阅读报刊、了解股市行情，使个人业余时间丰富多彩，既能发展又可休闲。

（三）我国 21 世纪的经济发展必须塑造新环境

有资料报道，目前在美国、日本、英国等发达国家的经济增长中，约 50% 的增加值来自信息业，在信息业从业的人员也约占社会劳动力的 50%，因此，世界各国都一致认为，信息业将是 21 世纪的第一大产业，电子商务将成为 21 世纪主流商务模式。为使我国尽早地适应这种变化，大力发展建立在信息化基础上的电子商务，必须塑造更好的发展环境。

第一，树改革新形象。当今世界信息产业飞速发展、信息设备更新换代迅速，如不引进新技术、不跟踪新技术、不迎头发展、不参与国际经济循环，差距就将越拉越大，而且信息化发展上的差距将数十倍、数百倍于物质产品上的差距，因此，我们必须进一步树立改革开放形象，必须进一步参与国际竞争。

第二，塑发展新环境。政府的重要职能就是适时地提供发展机会，提供经济、技术发展政策、法规，塑造良好的技术发展环境、经济发展环境、市场发展环境，既要保护投资者、生产者的发展热情和经济利益，也要保护消费者和广大用户的权益不受损失。这种机制和环境的建造，对当今我国来说意义非常重大。

第三，创竞争新局面。应当说，当今中国特别是信息业，全面竞争的格局远未形成，因此，破除垄断、鼓励竞争，用竞争的办法发展经济、用竞争的办法提高经济运行效率、用竞争的办法提高服务质量、用竞争的办法打破价格垄断等要有较长一段时间的改革与适应过程。这里应指出的是，过去我们一提竞争就理解为“你死我活”、“有我无你”，其实这种理解是片面的，因为市场经济就是竞争性经济，市场机制就是竞争机制，在市场经济中竞争既是“生存之宝”也是“发展之源”，没有竞争，发展就没有质量。在未来的21世纪的经济发展中，创造全面、公平竞争的新局面仍是各级政府部门的一项重要职责。

三　电子商务发展的关键在于科学决策

面对迅猛发展的网络经济、竞争激烈的信息市场、方兴未艾的国际电子商务，我们必须有新的发展思路，必须在“电脑”与“电话”中选择，不是“电脑打败电话”，就是“电话打败电脑”。

在投资决策上，要重点加强和完善与发展电子商务密切相关的信息基础设施。这是因为信息基础设施可创造庞大的市场机会、大量的社会需求，可带动一系列相关产业的迅速发展，是吸引外资、增加就业的有效途径，这是其一；其二是投资电子商务相关的信息基础设施本身回报率高、附加价值大、资金流动速度快；其三是市场需求旺盛、增值服务项目多种多样，因而产业活力很大；其四是电子商务是直接服务于人、服务于企业、服务于各级政府的活动，因此，它有永无止境的发展潜力，是备受青睐的一种活动。

在产业决策上，要不断扩大信息产业规模，推进电子商务进程。目前我国在信息技术研究开发、信息工业和信息服务业，以及电子商务工程的发展等方面有着巨大潜力。就首都北京而言，有60多所高校和百余所研究机构，以及诸多外国驻京商社等都可作为信息技术研究开发的强大后盾，北京、上海、天津、广州等城市都聚集着大批著名的计算机、电子设备、软件开发与应用公司，拥有大批全国一流的教育、咨询、金融保险等服务机构和高级专业人才，这些都是发展信息产业的有利条件。因此，加快电子商务进程、扩大信息化产业规模，不但有必要，而且也有雄厚的实力和优越的条件。

在发展决策上，要大力发展电子商务，建立新的经济增长点。目前，电子商务已受到许多国家和政府的高度重视，而且一致认为电子商务将是21世纪主流商务模式，将带来一系列的从形式到内容的商务革命。电子商务带给人们的将是全球性的巨大的虚拟市场，它包括企业与企业、企业与政府、企业与广大顾客间的电子商务联系、网上商品的销售与服务、信用卡的支付与银行电子转账、确认与信誉保证，以及网上贸易与相关税务等。这种超越国界的全球性的大市场给企业的发展提供许多新的机遇，当然也会带来一系列问题，如商家与商家间的商用代码、跨国信息流、签订合同时的手段（包括签名、鉴别及认证等）；商家与消费者间的商务活动（如网上购物、成人娱乐、占线游戏等）；商家与信息市场的联系（如软件服务、旅游服务、娱乐服务、金融服务、有形商品服务等）。这种蓬勃发展的电子商务，必将带来经济上的巨大变革：新的经济增长点的涌现，新的经济增长方式的转变，新的经济增长结构的优化。

在发展优先次序决策上，要用电子商务、电子信息服务业带动其他各业。电子信息服务业是一种投入少、产出多、附加价值高的产业，是社会信息化的重要体现，是加快信息化进程的重要策略，也是充分利用信息资源网的有效途径。有资料表明，我国建成的数据库较少，联机使用的数据库更少，远不能满足经济社会发展的需要，更不能满足发展电子商务的需要。因此，当今一项重要任务就是充分利用现有信息资源和软件、信息服务人才，并在发展政策与资金投入上应予倾斜，以逐步实现各行业间的信息服务网络化和商业电子化。

四　电子商务在我国的发展状况与存在问题

（一）电子商务在我国的发展状况

第一，“金字工程”系列发展很快。我国先后推出“金桥”、“金卡”、“金税”、“金关”、“金宏”、“金卫”、“金智”、“金企”、“金穗”等系列“金字工程”已取得令人瞩目的成绩。如“金桥”网现已覆盖全国30个省（市），通信站点已由原来的24个扩展到70多个；“金卡”工程第一批12个试点省（市）已全部实现跨行联网；“金税”工程已覆盖全国400多个城市、3800 个县（市）；一项旨在推动经贸领域电子商务的大型应用项目“金贸”工程也已于 1998 年正式启动。

第二，互联网用户增长迅猛。1996 年我国上网计算机只有 2.4 万台，上网人数只有 10 万人；1997 年上网计算机增至 30 万台，上网人数达到 62 万，分别增长 11.5 倍和 5.2 倍；1998 年上网计算机又猛增至 75 万台，上网人数达到 210 万，分别增长 1.5 倍和 3.4 倍；截至 1999 年 6 月底，全国上网人数已达到 400 万，预计今年年底，上网人数将达到 700 万—800 万；到下世纪初中国上网人数将成为仅次于美国的全球第二大用户群。

第三，中国电子商务示范工程效果显著。较成功的例子是外经贸部推出的“虚拟广交会”。他们组织外贸企业上网，并围绕出口贸易进行网上商品浏览、洽谈、订货等活动，效果很好、影响很大；另一成功案例是首都电子商城北京图书大厦的网上书店，该书店于 1999 年 3 月 9 日开业后，出现了空前的火爆现象，每天点击链接上网访问者高达 30 多万人次，每天收到订单销售额 6000 多元，且大部分来自国（境）外和北京之外的城市。另外，由首都信息发展有限公司与世都百货、IBM、招商银行等合作购物即将推出；与英特集团、花旗银行、中国银行合作推出的 500 家星级饭店客房预订服务系统也即将付诸实施；联通实华开公司于 1999 年 5 月 20 日开通的电子商务专用网站正式开始营业，在这个网站上的我国第一家工艺品商店 Jademall 当天就实现了近 5000 美元的创汇。

第四，政府上网工程正式启动，政府上网的好处很多，它既可以最快的电子传递方式传递上下级政府间的多种信息，又可及时沟通政府与民众之间的关系，增加透明度，提高办公、办事效率。现全国“政府上网工程”已启动，主站点（http：//www.gov.cninfo.net 和 http：//www.gov.cn）已开通，目前已有 100 余个各级政府部门在网上建立了网点，其应用领域包括：人民银行网上支付；海关总署报关单和外汇核销系统；工商局红盾信息网，国家旅游局网上订房和确定旅游路线；教育部网上教育；卫生部网上医院；国家税务总局增值税发票稽核系统和电子报税；外经贸进出口配额许可证网上发放；国家技术监督局网上防伪打假；水利部防洪信息发布；地震局地震监控网；新闻出版署图书出版发行和网上电子报刊新闻网；劳动部就业信息网；网上政府采购；办公自动化、网络化；公文电子签名，等等。

（二）我国电子商务发展中存在的问题

目前我国发展电子商务的主要问题是：

第一，发展基础尚不完善——网络基础设备与能力薄弱。这里一是计算机人均拥有量低，企业中计算机技术更新慢，应用率不高，上网企业少；二是关键性的信息产品如网络设备、主机操作系统大多依赖进口，而电子商务所需要的最前沿的网络技术因高技术出口的严格限制，很难直接从国外引进；三是我国目前网络建设尚存在着各自为政、重复建设的现象，各部门、各行业各自组网建网、互不相通；四是网络建设重硬轻软，信息资源与系统开发不力，没有形成规模的信息资源，缺少整体规划和统一指导。

第二，发展环境尚不理想——政策法规等宏观环境有待培育。我国目前虽出台了一些涉及网络安全和国际互联网方面的法规，但有关发展电子商务的统一指导框架和专门立法还在空缺，对电子商务中的电子合同、电子签名等合法性也缺乏必要的法律条文和科学解释。中国对联合国国际贸易法委员会等国际组织提出的电子商务文件，就其是否纳入我国法律体系尚未很好地研究，应尽快为发展电子商务制定公共网络标准与法规，以促成网络间的有效兼容与合理利用，避免不必要的网络重叠，尽快实现基础代码和报文的标准化，实现资源共享。

第三，发展资源尚显不足——缺乏电子商务专门人才。这里一指缺乏电子商务理论研究与从事业务的专门人才；二指缺少既懂技术（主要指计算机硬软件技术、网络技术、通信技术）又懂管理（主要指系统科学管理、现代商务管理）的复合型人才；三指缺少具有创新思维的网络经济、网络管理人才。上述三类人员的短缺与不足将在今后数年内直接影响着我国电子商务的发展，对此，我们必须有清醒的认识。

第四，发展条件尚欠成熟——缺少足够的电子消费者。目前我国许多企业尚不知道电子商务包括整个交易过程的电子化，只把电子商务简单地理解为信息传递，或信息查询，或网上浏览等，公众对电子消费也知之甚少。据调查，上网企业用于贸易机会信息查询的占57.1%，用于国际经贸信息查询的占40.7%，用于电子信箱业务的占30.8%，用于国际互联网浏览的占28.6%，贸易凭证网上传输的占8.8%，说明电子商务作为全新的商务模式远未被接受与采纳。

五 电子商务发展前景与我国对策

近两年电子商务发展速度之快远远超过我们的想象，普及速度之快令人难以置信，受欢迎的程度超过历史上任何一次技术革命。我们完全有理由相信，不论是发达国家还是发展中国家，不论是教育科研部门还是新闻媒体，都将以前所未有的热情投入电子商务，全球性的电子商务热潮必将一浪高过一浪。

（一）未来几年的电子商务交易额将以数倍、数十倍的速度猛增

1997 年全球电子商务销售额才 26 亿美元，到 1998 年就达到了 430 亿美元，增长 15 倍以上；到 2000 年将达到 3000 亿美元（据世贸组织估计），比 1998 年又将增长 7 倍；Intel 公司高级副总裁虞有澄先生预测到 2002 年电子商务销售额将达到 9000 亿美元，该数字与 1998 年相比，将增长 20 倍。世界货币基金组织预测到 2003 年，全球电子商务销售额将达到 15000 亿美元，与 1998 年相比，将增长 34 倍。这种奇快的发展速度、诱人的发展前景，必然导致各国政府、全球商界不遗余力地争“山头”、“抢位置”。

（二）声势浩大的创新活动将带来经济增长方式的巨大变革

电子商务相对于传统商务，赋予了全新的内涵，它将在整个供需链与贸易链过程中，从原材料采购供应到消费者服务进行双向的信息交换、传递和应用集成，并以高效快捷的信息交流与直接应用完成全部商务活动。因此，它既是一场商业领域的根本性革命，又是一次世界性的声势浩大的创新活动，是未来贸易方式的发展方向，是全新的商务模式，也是 21 世纪主流商业与贸易形态。电子商务带给人们的不仅是商业机会、商业利润，而更主要的是商务观念的深刻革命，是经济增长方式的巨大变革，是未来经济发展严峻挑战，对此我们必须有足够的认识、深刻的理解。

（三）世界将变成一个全新的数字化的庞大的虚拟市场

如果有人问电子商务市场有多大？边界有多长？我们的回答是“市场要

多大、有多大；边界要多长，有多长”，是一个没有边界的庞大的虚拟市场。市场是发展之源。据预测，在今后几年内将有数千亿美元，甚至上万亿美元的潜在市场，电子商务基础建设的巨大投资又给电子技术的发展提供了庞大的商品市场，这不仅吸引了信息产业巨头们的兴趣，而且带来了巨大的发展机会。巨大的市场需求必然带来社会生产力的巨大提高，与此同时带来的还有文化的发展、生活的丰富、创造力的发挥、追求人与自然的和谐，等等。

应该说我国电子商务虽起步较晚，但发展态势很好。如果能很好运用“跟踪、迎头赶”战略，如果有一套既先进又符合我国基本国情的发展政策，如果能迅速启动作为电子商务主力军的企业，加大企业上网交易的宣传力度，变革传统的商务观念，我们就能够逐渐缩小差距，迎头赶上。为此，必须制定可行措施与有力对策：

第一，提高全民族对电子商务的认识。因为这是深刻的商务革命，是未来商务发展的必然趋势，是商业领域的深层次变革，要使全民族都有紧迫感，要吸引更多企业上网，通过上网提高企业竞争力，提高企业盈利水平。

第二，发挥示范效应，鼓励更多行业参与。首先应在一些适合于电子商务发展的领域和部门积极推行，如外贸、银行、证券、民航、铁路售票、饭店订房、出版发行等行业可率先开展电子商务，对于示范单位应在资金、税收等方面予以大力支持，并促其良性循环。

第三，塑造发展环境，建立保障系统。电子商务的发展需要有相应的法律、法规，相应的技术标准与网络接入标准，银行金融支持系统，实施商业标准化环境，保证电子商务的规范化操作，并使这些标准与国际通用标准接轨。

第四，加强人才培训，建立一支素质较高、结构合理、专业配套的梯形队伍。政府、企业与社会各界都应重视培养复合型高级人才，这里一方面要重视引进一批电子商务人才，另一方面又要防止电子商务人才的外流。

第五，吸收别国之精粹，走我国发展之路。积极参与国际对话与讨论，在电子商务国际框架中及时吸收别国的经验教训，以加快我国电子商务的发展步伐。

（原载《数量经济技术经济研究》2000年第1期）

日本企业界发展电子商务的举措及其对我国的启示

编者按：由我院信息基础结构与经济发展研究中心组织的电子商务考察团，于1月下旬赴日本进行了为期8天的考察。他们与通产省的官员进行了座谈，访问了三菱商社、三菱电机情报、IT商务、日本电信、日本IBM、富士通和丰田汽车公司，对这些企业的电子商务状况进行了实地考察。现将他们了解的情况摘报如下。

一 日本企业发展电子商务的战略考虑及其做法

（一）为适应电子商务的发展，日本企业积极转变战略方针

三菱商社常务石井先生说，现在三菱商社确立了两个战略方针：一是实现商务活动的信息化、网络化，把现有贸易移到网上进行，把三菱商社变成网上综合商社；二是视互联网为工业、农业和服务业后的第四产业，积极开拓新业务、投资新领域，大力发展网上交易。现在国外运营网点已达190多家，国内47家。

据丰田汽车公司专务、日本汽车工业电子信息委员会委员长三吉先生介绍，丰田将把互联网和移动通讯的发展作为重点。他说，从B—B（即企业对企业的电子商务）的市场来说，今后汽车产业是最值得大力发展的领域。日本国内汽车厂家和零部件厂商都想推动这一项目。现在汽车生产量已由3000万台下降到1000万台。尽管丰田汽车在世界的销售量仍呈增长势头，但在日本销售量是下降的。若要使丰田从困境中摆脱出来，就要开展新的业务，涉足信息领域。丰田公司在电视广播事业和信息行业都持有股

份，其中在移动通信领域持有 60% 的股权，三家通信公司合并后将以丰田公司为中心扩大业务。丰田在信息处理和智能交通系统也在开拓新业务。在 2003 年，B—B 的电子商务营业额将达十几兆日元，现在 B—C（即企业对消费者）的电子商务营业额是 700 亿日元，在 2003 年也会增至七兆日元。

（二）不是紧跟美国转，要有自己的领先之处

据日本丰田汽车公司常务顾问汤川昌郎介绍，各国在推进信息社会发展过程中，有三个因素起主导作用，其中法规占 30%，技术占 30%，文化占 40%。日本和美国比较，在法规和文化上有很大不同。他具体分析了日本当前电子商务的发展状况：其一，在无线互联网的建设方面领先于美国。日本许多人通过便携电话登录无线互联网的方式从事电子商务活动。目前已有 600 多万个无线网络用户。其二，日本的便利店很发达，在 B—C 电子商务中，便利店已成为网上结算和电子商务配送环节的骨干。

（三）为确保电子商务的安全性，日本采取严格的使用者认证制度和通信资料的密码化

我们参观了三菱商社的信息仓库。该仓库以网络连接 20 余家大型半导体厂商和材料供应商，从供应计划到接单、下单、交货、结账，均实行电子信息化、生产系统柔性化。为防止被第三者侵入与避免通信资料被篡改、窃取，三菱商社采取了严格的使用者认证制度和通信资料的密码化，以确保安全。如间隔 24 小时重新制作金钥，同时配合利用路由器的封包过滤功能，以及防火墙通信协定的限制，完全可将不正当侵入阻挡在外。

（四）将“顾客是上帝”的观念转变为“制造商、代理店与顾客共同发展”的一体化理念

丰田公司 1998 年建立了为顾客服务的网络“GAZOO”。“GAZOO”中心站站长友山茂树先生介绍说，这一网络由丰田公司在全国各地的 308 个商社和 5500 个代理商以及顾客中的会员组成。该网提供在各种情况下关于汽车方面的信息，如买车、维修、车身修理、更新换代，等等，经常在网上进行会员之间、会员与中心之间交换信息的讨论和对话。无论是从代理商的终端机上，还是从书店、租借店和汽车用品店等终端机上，或者在家里通过互联网，都可以得到最新信息。

三年来利用这一网络的人数已达 120 万人次，其中通过互联网利用的人数在 60% 以上，每月 10 次以上的利用者可达 20%。现每天平均约有 1000—2000 人入会，会员已达 40 万人，预计年底将达到 100 万人，到 2003 年将达到 400 万人。

友山茂树先生认为，“GAZOO”网站将丰田汽车公司代理店的产品及不同行业的产品逐渐数字化和集中化，通过丰田代理店、数千个方便店等的终端机和互联网、游戏机的接口一对一地告诉给会员，这件事的本身就可能引发一场市场革命。作为新型商业的样本，其目标是将制造厂商、销售代理店以及用户有机地联系起来，将“顾客是上帝”的观念转变为由制造商、代理店与顾客共同推进事业的发展。

（五）日本政府制定电子商务发展政策是以企业需求为前提，充分发挥企业的主导作用

日本通产省官员折山光俊先生介绍说，日本政府支持电子商务主要体现在两个方面：一是为企业构筑宽松的政策、法规环境；二是提出具体政策、法规，鼓励与推进电子商务的实施。日本政府确定某一电子商务项目投资意向后，要先向企业招标实施方案；电子商务活动中涉及技术标准时，要由企业主导；电子签名的法律、认证要与企业磋商；在制定法规、政策时，政府部门委托研究机构形成研究成果后也要先与企业协商，并在修改补充后形成法规政策加以实施。这说明企业界的意见将决定日本电子商务发展政策的走向，企业是发展电子商务的真正意义上的主体。

二　日本企业电子商务的发展对我国的启示与借鉴

日本企业发展电子商务的做法不一定完全适应我国，但其中的一些做法值得我国企业借鉴。

（一）日本的网络更具独立性，与我国相比，对国际互联网的依赖性更小

日本企业对 B—C 电子商务的理解与我国广泛接受的电子商务概念相同，即电子商务是通过互联网公共平台实现的商务活动；但对 B—B 电子商务的理解则有所不同，日本企业认为 B—B 电子商务不仅包括基于互联网公共平台实现的商务活动，还包括日本企业内部、跨国企业间，以及通过互联网或专线与海外连接形成的非公共平台实现的商务活动，许多日本企业的商务活动仍然通过 EDI（电子数据交换）传送实现。

据日方介绍，日许多企业仍采用 EDI 从事商务活动的原因是，多数中小企业都拥有完善的 EDI 传送设备和成熟的 EDI 传送技术。因此，目前大企业与中小企业间的商务信息主要通过 EDI 数据传送的办法实现。它与通过互联网公共平台进行的商务活动相比，企业成本较高，但传送的数据信息更安全、可靠。在互联网的安全、标准、确认、支付、结算等问题没有完全解决之前，日企业采用 EDI 传送方式实现商务活动不失为一种有效的商务活动实现方法。

日本企业除广泛采用 EDI 传送外，接入互联网的方式也多采用企业非公共平台与互联网公共平台连接的方式实现，或只把互联网作为干线，实现其日本跨国企业集团在世界范围的异地数据信息交换。这种做法的优点：一是企业间的数据传送安全可靠；二是日本企业在接入互联网的同时，保留了独特的网络传输、接入、加密等技术与标准。

（二）日本企业开发的电子商务平台不只是简单的网上信息查询与交易，而是针对不同层次的用户，提供不同性质的服务与技术支持

如日本三菱电机情报网络株式会社在开发电子商务信息网络服务平台时，把 B—B 用户进一步分为特定用户和开放用户两种，对于特定的 B—B 企业用户，可以得到他们的 EDI 专门服务；对于开放 B—B 企业用户，也可以通过其提供的公共信息平台与互联网相连，实现电子商务活动。该公司还把为 B—C 电子商务提供的服务按行业和市场规模进行了细分，包括旅行、汽车、个人电脑、服装、食品、金融等。

日本电信、三菱商社关西支社都通过租用和自有的信息基础设施，为各自的客户提供多层次的信息交换服务。特别是三菱商社关西支社开发的公司与零配件、半成品供应商间的电子商务信息交换虚拟网络，可通过互联网在世界各地的供应商与三菱商社间实现网上信息传送，使三菱商社的产品库存量从原来的 1 个月减少到半个月。他们开通虚拟网服务前，特别邀请计算机安全专家对该网进行为期一个月的连续攻击，确信黑客无法进入后才正式投入使用。并且网络的加密技术和密码一年更换、检测一次。三菱商社专门成立加密公司，从事信息加密技术的开发与研究。可见日本企业在从事 B—B 电子商务时，非常重视信息传送的安全保密问题，并确实落到了实处。

（三）日本先进的配送、传送系统，高度的消费信用是电子商务发展的根本保证

日本遍布全国的便利店通常是 24 小时全天候营业，分布密度小于 2 公里的范围。便利店货物与总店间的通信联系已经电子化，总店通过计算机联网可以随时掌握分店的货物存量，及时配送。如此高的分布密度，保证了便利店为客人提供及时的服务。当客人要求上门送货服务时，往往可以凭高度的消费信用，先使用、后付钱。日本企业在开展电子商务时，把确认、认证的重点放在 B—B 业务上，而对于 B—C 并没有作为急需解决的问题。事实上，日本的 B—C 已经实现了“准”电子商务。这与我国许多企业大肆炒作 B—C 电子商务，回避 B—B 电子商务的做法形成鲜明对照。

日本通过一系列有利于企业自身发展的商务行动，使企业和消费者都能从电子商务发展中受益的做法值得借鉴。对电子商务的概念的理解不能过于狭窄，不能过分强调电子商务中的上网和网上交易，而忽视网络平台和网络设备等信息基础设施的建设，忽视消费信用的培育，以避免对西方信息技术依赖过深，防止出现既为西方信息产业公司敲开我国信息技术和设备的消费市场，也为西方信息产业公司培养大批信息服务消费者的局面。

（四）日本发展电子商务技术注重商业价值，与商务活动密切结合

在发展电子商务时既需要建设 B—C 信息交换平台，也需要建设 B—B 信息交换平台；既应有面向广大消费者的公共平台，也应有面向特殊用户的专用平台，以满足不同层次用户的需要。日本在开发电子商务技术时十分重视商业价值的实现。如日本丰田公司开发的汽车自动销售、自动收费的技术，不仅在日本本国很快投入商用，目前正与中国合作实验；日本大巴汽车内安装的卫星导航定位装置也是备受欢迎的电子商务技术，它可随时告诉司机和乘客，汽车所处地域、位置，所行路线，到目的地的距离等。

（五）日本电子商务的快速发展主要得益于开放的电信服务市场

据介绍，日本从1995年全面推行电信市场开放政策后，发展奇快，虽国内基本电信业务主要由NTT和日本电信经营，但经营增值业务的企业数不胜数。现日本手机普及率已高达40%以上，正积极发展与推行手机上网业务。可以预计，日本电子商务在几年内将赶上甚至超过多数发达国家。

（原载《中国社会科学院要报》2000年4月10日。笔者为代表团团长，代表团成员有陈静司长、郭诚忠教授、邓寿鹏教授、王潼教授、张振铭教授、华平澜教授、吴尚民副局长、刘满强博士、吴刚博士、周红助理研究员等。该文由笔者、吴尚民、吴刚共同执笔，并最后由笔者统稿审订）

21 世纪的首都现代化

从现在起到 2010 年，是北京实现现代化的关键时期。在这一时期，必须以超常的战略、创新的思路、合理的投入、倾斜的政策，解决好经济持续稳定增长、产业结构不合理、生产效率低下、产品缺乏竞争力、人民生活质量不高等现实问题。面对国际竞争——科技竞争——人才竞争的严峻挑战和残酷现实，以及中国人口数量多但质量差、发展速度快但增长质量不高、资源总量较多但人均资源短缺的基本国情，唯一途径就是实行发展战略的根本转变：经济增长从“投入”增长 > “产出”增长的粗放型转变到“投入”增长 < “产出”增长的效益型上来。为实现这一根本转变首都北京必须从战略高度上充分认识到，并在实践中认真贯彻执行：高科技是当今经济发展的第一要素，高素质人才是高科技发展的第一要素，激励政策是人尽其才，人才辈出的第一要素。根据这一基本观点，我们提出 21 世纪首都现代化新概念，即“新四化”：（1）业务电子化：首都“四化”核心；（2）高新技术化：产业发展龙头；（3）发展持续化：社会必然选择；（4）生活高质化：“四化”最终目标。

一　业务电子化——首都“四化”核心

在信息技术迅猛发展的当今世界，电子商务已是经济发展的重要源泉，是不可替代的现代经济增长源。目前，国内外的市场竞争不仅是技术、产品的竞争，是信息获得、处理、加工、存储、传递、交换速度的竞争，也是网络技术在商务、政务、服务、办公等方面应用速度、普及程度的竞争。这是因为当今现代化离不开电子商务、电子政务、电子服务、电子办公等全新的商务模式、政府工作模式、服务模式与办公模式。因此，一种具有远见的崭新的发展观是把电子业务的发展水平看作是衡量一个国家现代化程度的重要标志。这也应成为首都北京21世纪经济社会发展的核心。

应当说，各种业务的电子化，包括电子商务、电子政务、电子金融服务、电子办公等，与传统业务相比，它确实是一场空前的大革命，是一种高效率，低成本的巨大创新，它具备十分鲜明的现代化特点：

（一）全球商业性

它打破了区域和国界，开辟了巨大的网上商业市场，使企业（商家）发展空间越来越大，区域、国界也将变得越来越不明显、不重要，而带来的将是巨额的商业利润，用形象的语言来说就是“企业将越来越大”、“国家将越来越小”，“商界大于国界”。

（二）方便快捷性

它可使消费者以最快速度实现购买欲望，可使政府官员、普通百姓以最快速度了解国内外大事、党和国家的方针政策，真正实现“顾客不出屋，能购天下物”、“百姓不出门，能办天下事”。

（三）低成本渗透性

由于电子商务实现了从几千年的传统商业模式向信息商业模式的转变，使其活动的低成本成为可能。传统的物质与实物交换、市场渠道狭小、供货渠道不畅、中间环节太多的商务活动，必然给广大的商家和用户带来成本不断膨胀的威胁，而电子商务模式代替根深蒂固的实物交易世界的结果是大大缩小了产、供、销之间的时间路径、人际路径和市场路径，从而极大地降低了采购成本、生产成本和销售成本。

（四）高效率与多选择性

变有形销售为无形销售，变有纸交易为无纸交易，从有纸化活动到无纸化办公等，无疑给人们的工作方式、生活方式、思维方式带来巨大变革。近几年变革的实践证明，商务活动的效率提高了几十倍甚至上百倍，与此同时还给人们带来了“多选择性”，如网上商品信息的选择与比较，电子金融服务的业务不断扩大，政府官员与广大市民的及时沟通，视像多种多类的自选服务等。

21 世纪的北京将是一个知识经济蒸蒸日上、高新技术产业密集、交通与通信网络快捷、环境清洁优异、生活质量显著提高的现代化大都市。为加速北京的现代化进程，尽快适应世界贸易组织的游戏规则，一个便捷而高效的措施就是加强信息化建设、提升信息化水平、推进电子商务、电子政务、电子金融服务，逐渐实现弹性工作制、无纸化办公等商务模式与工作模式。

二　高新技术化——产业发展龙头

发展高新技术是首都北京产业发展的龙头，是产业结构升级、传统产业改造、产业发展布局的龙头，是提高生产率、提高经济效益的根本性措施，也是提高产品性能、质量和国际竞争力的有效途径。所以，我们必须抓住当今世界大力发展高新技术的契机，占领若干高新技术领域的制高点，建立一批技术水平较高、效益较好、科学管理较先进、竞争能力较强的富有生机活力的产业群。

首先，在信息领域，应重点发展现代通信技术、集成电路设计制造技术、软件工程技术、新型光电子器件及系统集成技术、高性能汉字处理技术等，把提高自主开发、创新能力、竞争能力、掌握知识产权、实现产业化作为重要目标，力争在 2008 年奥运前取得重大进展，为北京产业结构升级提供强有力的支持。

其次，在制造领域，应以计算机集成制造系统为重点，研究开发现代设计技术、工业控制技术、激光加工技术、数控技术、传感技术、系统管理技术等，为传统制造技术的现代化改造、产业结构的高级化提供坚实的物质技术基础。

再次，在生物技术领域，应以农业生物技术为突破口，重点研究开发在动、植物新品种选育、农作物优质高产、病虫害与自然灾害的综合防治，农产品加工与综合利用、农业生态环境保护等对农业发展有重大影响的关键性的高新技术，并力争能有所突破，为北京农业的大幅度增产做出贡献。

最后，在能源领域，应重点发展新能源技术、清洁能源技术，以及能大幅度提高能源综合利用效率的技术等，为解决北京由于能源而带来的环境污染走出一条新路。

为实现上述目标，在发展高新技术方面我们建议实施下述战略：

1. 以市场需求为导向的战略

在北京现代化建设中，一个很大的制约因素就是资金短缺。因此将有限的资金投向何处、投入多少，以及何时投入、怎样投放等问题，一直是投资部门与经济学家探索的热点。笔者认为，这里一个重要原则就是“以市场需求为导向”，发展科技也必须执行这一战略原则。

一是能向传统产业辐射高的技术，能带动与推进传统技术改造的技术，这是一项量大面广的、需求量极大的市场领域。目前，有许多大中型企业，设备老化、技术落后、亟待改造，如果我们能够发挥高新技术产业的带动效应，渗透效应、波及效应，促进传统企业生产要素的合理流动与资源重组，用高新技术及其开发成果改造与重新装备现有企业，如果能用高新技术成果促进产品的更新换代、提高性能、提高产品的附加价值，就可能大大加快首都的现代化进程。

二是能提升人民生活水平与生活质量的技术，这也是一个需求面极大的、永久性的市场领域，它将必然地成为高新技术得以发展的沃土。高新技术发展的实践表明，高新技术能够、也必然在改善人民生活质量的市场领域大做文章，并有一大批高新技术成果从样机、样品变成商品，形成产业、进入市场，既提高了人民生活质量，也促进了北京经济的发展。

三是能提高社会服务水平与服务质量的技术，提高社会公益事业效益的技术。如可提高国民素质的高新技术（充分利用电视、广播等先进技术进行高质量培训、利用医药生物技术和基因工程进行疑难病治疗等）、“三废”处理与治理环境的高新技术、二次能源的回收与充分利用的高新技术等。

2. 以提高生产率为中心的战略

发展高新技术，除了它有巨大的带动与推进北京的经济增长作用外，同时它也是高生产率、高风险的产业。在目前北京现有发展水平上，不可能是高新技术面面俱到、全面发展，必须采取有选择、有目标、有重点的发展战略。

一是选择能大幅度提高劳动生产率与服务价值的领域，这既是高新技术发展的必然结果，又应是高新技术发展选择的出发点。因为大幅度的提高劳动生产率与服务价值，就意味着高产出、高附加值。

二是选择能大幅度提高资金生产率或较高回报率的领域，这是决策的重要指标，也是滚动投资、取得资金良性循环的根本保证。

三是选择能大幅度提高物资生产率或大量节约资源的领域，这是人类社会发展的必然选择，也是持续发展的基本要求。

四是选择能大幅度提高能源生产率或大量节约能源的领域，特别是节约矿物能源，这对首都北京尤其重要，它不仅可改善生态环境，还可改观生存、生活环境、提高人的生活质量和净化人的活动空间。

3. 以技术创新为动力战略

在实现经济增长方式转变过程中，第一要素、第一依靠力量就是技术进步，而技术进步的核心是技术创新。因此，在发展高新技术产业时必须实施以技术创新为动力的战略。没有技术创新就谈不上技术进步，没有技术创新的技术引进就将永远在别人后面跛行、爬行。

一是选择竞争能力强的技术，因为产品在国内外市场上的竞争实质上就是生产产品的技术的竞争，没有竞争能力较强的技术就不可能生产出具有较强竞争力的产品。

二是选择能带动产业升级、产业结构高级化的技术，即通过发展高新技术、辐射与渗透各产业中，使其产业发展高值化、高效化，并通过生产要素的调整、重组，使产业结构合理化、现代化、高级化。

三　发展持续化——社会必须选择

北京从现在起应走一条可持续发展的新路、建立新的发展观，即以经济、社会、科技、人口、资源、环境的直辖市发展为目的，在保持经济持续、稳定、快速增长的同时，实现资源的综合利用、持续利用，加强对环境污染的控制和环境质量的不断改善。我们不仅要探索如何从大自然的恩赐中获得“日益增长的物质文化需要”，还要探索如何为子孙后代留下可持续发展的各种资源，以及良好的生态环境，把北京的经济社会发展引导到可持续发展的新路上来。

（一）可持续发展模式

当然，可持续发展模式只能根据中国基本国情，以及北京社会经济发展实践加以确定。当今北京的基本市情是：生态环境较脆弱，城市污染较严重（包括大气污染、水质污染和噪声污染），水资源循环利用率以及垃圾、废纸再生利用率低下，旧衣服、旧家具、旧电器、旧汽车等资源循环利用社会化问题尚未提到日程上。根据北京上述市情，我们认为北京应选择下述几种可持续发展模式：

第一，依靠高新技术改变资源型发展模式。

（1）变资源型发展为科技型发展，减少和消灭污染源；

（2）变粗放型增长方式为集约型增长方式，加强资源的循环利用和再生利用；

（3）变高资金投入支撑的经济高速发展为高科技支持的经济高速发展，充分发挥高科技优势，提高产品的高科技质量。

第二，依靠高技术组合改变传统低技术组合的发展模式。

（1）通过发展高新技术，推进技术结构合理化、高级化；

（2）通过生产要素的合理调整、重组，推进产业结构合理化、高级化。

第三，依靠政策体系、管理机制协调经济发展与环境保护的发展模式。

（二）可持续发展道路

北京始终都应以满足人民的基本需求为目的、围绕不断提升人民的生活质量、依靠科学技术发展循环利用资源，走可持续发展之路。

第一，必须走经济增长与环境改善的协调发展之路，即提高经济增长中的科技含量，优化生产要素组合；提高结构效益，改进工业布局，推广无废和少废的生产工艺与技术，推广清洁能源技术，开发利用新能源与可再生能源，建立经济增长与生态环境不断改善的双目标，制定统一的经济、资源、环境的评价体系与核算体系。

第二，必须走可持续发展的能力建设与全民参与相结合之路，即依靠科技进步、提高人员素质、改善发展质量、健全可持续发展的管理体系、决策体系，提高管理决策人员的可持续发展的意识与能力，吸引各部门、各区县、社会各界的广大民众的广泛参与，将可持续发展计划成为各级政府的行动计划、行动纲领，分阶段、分步骤地加以实施。

第三，必须走运用法律、法规与经济政策、手段相结合之路，即充分运用法律、法规与政策的威力，使可持续发展的战略规划既体现在宏观经济调控中，又能切实贯彻到社会发展与产业经济活动中，并通过深化改革和各种经济手段、引导国营企业、民营企业从事有利于可持续发展的各项社会、经济活动。

第四，必须走国际合作之路，即通过全球合作和国际技术转让活动，一方面吸取世界各国在人口、资源、环境、经济、社会协调发展方面的经验，以及对北京富有建设性的意见与对策；另一方面我们也需要引进国外资金和先进技术，尤其是那些无废或少废、无污染或少污染的技术与工艺，以加快北京可持续发展战略的实施。

（三）可持续发展战略

北京经济的快速增长带给生态环境的压力越来越大。为缓解人口、资源、环境对经济发展的压力，为提高人民的生活质量、创造良好的生存与发展环境，为实现环境的保护和资源的永续利用，从现在起直到今后较长一段时间，应实施以下战略：

第一，实施经济、社会、人口、资源、环境综合发展战略，即依靠高科技，实现经济效益、社会效益和环境效益的统一；在执行可持续发展战略时应使工程技术专家、经济学家、生态环境学家和社会学家密切结合；在发展指导思想上既要“满足今天”，也要“创造美好明天”。

第二，选择“后来居上”的发展思路，即一方面吸取发达国家在工业化过程中“先污染、后治理”的教训，少走弯路；另一方面又要充分利用、认真吸取现代科技的最新成果，发挥自己的优势，在激烈的国内外市场竞争中寻求发展机会，实现跳跃式发展。

第三，采用不断提高人口素质的发展对策。首先是通过宣传、培训，再宣传、再培训，使广大北京市民真正认识到，可持续发展是首都北京发展繁荣的唯一正确的选择，坚持经济、社会、环境的协调发展是人心所向、大势所趋；其次要提高广大北京市民的现代科技意识和文化修养，提高对可持续发展的理解能力、执行能力，这对实施可持续发展战略是十分必要的。

四　生活高质化——“四化”最终目标

首都现代化的最终体现是广大市民生活质量的不断提高。当然，这里说的生活质量是个动态概念、发展概念。在20世纪80年代，当时提出的能代表生活质量的口号是“温饱”，即吃饱穿暖有房住；后来提出到2000年人民生活达到“小康水平”，这意味着人民除吃饱穿暖外，还应有所节余用于发展、用于文化娱乐消费等。当人们达到“小康”后眼睛又盯着更高的生活质量目标：即除衣食住行用外，要有自己的“豪宅”，自己的汽车，自己的……许多许多，还要发展、旅游、娱乐、时尚、逍遥，还要健康、长寿、幸福、安宁等。对衣食住行用的要求是“衣”要适合时尚，“食”要科学多样，“住”要鸟语花香、“行”要达速通畅、“用”要省力便当。这听起来似乎是“神仙”般的生活，只要我们客观地与20年前相比较，我们会惊奇地发现：现在大多数人的生活质量（暂且概括为衣、食、住、行、用五个方面）与那时确有天壤之别，80年代初的“梦想”、“追求”、发誓奋斗的“目标”，北京只用了十几年的时间就梦想成真、如愿以偿。如今北京已有翻天覆地的变化、绝好的发展时机、成熟的发展条件，如果我们北京能继续吸引优异的人才，并有一套可靠的促进发展的政策，那么，北京一定会在十年左右或更多一点时间内使生活质量达到一个新的水平。为加快首都的现代化建设，提升首都市民的生活质量，笔者提出生活高质化的十大指标。

1. 居住环境优美化

让人融于森林草地、鸟语花香的大自然怀抱之中，在无污染或少污染的大气中生存，在无噪声或少噪声的环境中休闲、充电与发展。

2. 交通出行速达化

让人能在30—40分钟之内到达目的地，且在出行中享受快乐与温暖。

3. 生活服务社会化

让人能在社会大分工中享受生活多样化、社会劳动互助化。

4. 衣着适龄时尚化

让人享受到各种年龄的人生魄力与活力、享受生活的美好与绚丽多彩。

5. 饮食结构科学化

让人感到“吃”不单是维持生命，而更重要的是为发展创造与享受人生。

6. 消费满足个性化

让人感到消费个性化的满足感，生活的多姿多彩，与众不同。

7. 邮递信函速递化

让人能尽快与社会、与人交流，享受“效率就是生命”、“效率就是金钱”的美感。

8. 医疗服务优质化

让人能在身体欠佳、需要医治时得到安慰、关照以及对疾病的及时治疗。

9. 休闲娱乐健康化

让人能在每天的紧张工作之余享受到人生的另一半——健康的玩与乐。

10. 社会安全保障化

让人享有安全感的自慰、身心的完整、财富的保障。

上述 10 项指标看起来高不可攀，其实不然。笔者个人认为，只要在首都发展规划与建设上装着“以人为本”、“以人为中心”，一切为了提高 1400 万北京市民的生存生活质量，那么十年后的首都北京肯定是远远超出笔者这篇文章提出的观点与指标，那时将会有新的“现代化”概念。

（该文是笔者 2002 年 9 月 13 日在北京技术经济和管理现代化研究会学术年会上的发言）

三

合资经营是利用外资、引进外国先进技术的重要形式

1978 年 6 月下旬，联合国工业发展组织与国际公营企业中心在南斯拉夫共同举办了发展中国家技术引进与发展管理讨论会。会上罗、南两国代表强调合资经营是技术引进的主要形式。罗马尼亚代表介绍了他们政府的政策是：不再倾向搞“交钥匙”式的引进（即整个工厂，全部由外国厂商承包），而是愿意发展以技术引进为基础的生产和销售联结在一起的全过程。从今后的发展趋势看：（1）西方经济增长缓慢，设备、资本、商品严重过剩，厂商急于为此寻求出路；（2）苏联、东欧国家外汇不足，急需解决引进西方先进技术与本身支付能力不足的矛盾；（3）第三世界国家要求急于发展民族经济，尽快缩短与工业发达国家的贫富差距。这样，把生产与销售结合起来的“合营企业”形式，看来将越来越多地被各国采用，从东欧各国这种形式的发展、增多也说明了这一点。

一　合资经营的特点与形式

合资经营是指两个以上的国家合资入股，兴建企业，所以，又称合股企业、合营企业、混合公司、合营公司，等等。它的主要特点是共同投资、共同经营、共同管理、共担风险、共负盈亏。从苏联和东欧一些国家看，目前合资经营主要有以下三种形式：

第一种形式是在国外搞合营公司（包括贸易公司）。这种形式在苏联 20 世纪 20 年代就已采用过，当时主要是为了扩大商品在国外的销售，一方面获得必要的商业信贷，另一方面，通过这种形式学习做生意。目前，苏联在西方各国建立的合营公司有 87 个，其中大部分是近二十年来建立的。公

司的股份一般是苏联占一半以上，由苏联人担任经理。主要经营产品销售（约占70%），但营业额与经营范围都在不断扩大。它是当前苏联从西方国家获得外汇、引进先进技术及现代化大企业管理经验的一条渠道。如1973年苏联利用在法国开设的斯拉瓦手表公司，搞到法国生产手表的一种先进工艺，每年生产20多万块手表，其中44%在法国销售。东欧国家的合营企业不少也办在国外。如罗马尼亚与发展中国家在采矿、森林采伐、农业、轻工、机械、化工等方面共建立了27个合营公司。在这些投资中，罗马尼亚投资不超过49%。与罗马尼亚建立合营公司的国家有：伊朗、阿尔及利亚、摩洛哥、肯尼亚、赞比亚、中非、尼日利亚、坦桑尼亚、几内亚、秘鲁、智利、埃及、苏丹等。罗马尼亚在发展中国家建立合营公司，主要是为了销售自己的设备，同时获得工业原料的稳定供应。

第二种形式，是同西方国家在外国联合建设项目，罗马尼亚称之为"在第三国的合作"。这种形式是多种多样的，可以联合新建和改建厂矿企业，可以联合勘探开发自然资源，可以联合生产经营，可以组织劳务网，可以成立工程设计和顾问合营公司。如罗马尼亚同联邦德国合作在土耳其建设硫酸厂。

第三种形式，是在本国内建立合营企业。其目的是为了不用或少用自由外汇、引进先进技术和设备、增加新建项目、填充本国空白、加强产品在国际市场的竞争能力。这种合营企业，到目前为止，匈牙利办了3个，罗马尼亚办了9个。罗马尼亚、匈牙利合营企业的规模不大，大多是机械（包括电子计算机、汽车、喷气客机）和技术性较高的化学工业。南斯拉夫在国内办合营企业的时间比罗马尼亚、匈牙利早，数目也多。到目前为止，已签订的包括生产与服务性的行业在内的合营公司有164项。总资本为260亿第纳尔（约合16亿美元），其中外国投资占22%（约3.5亿美元），投资最多的国家是联邦德国、意大利和美国。投资部门，1975年以前主要是在机械制造、冶金、电子工业部门，1976年以来重点转到化工和石油化工。这种形式在美国、西欧各国之间是从50年代开始的，但东欧与西方之间则迟至60年代中期才开始发展。

二　合资经营的优点

从南斯拉夫、罗马尼亚、匈牙利等国与外资合营的经验看，这种形式是利用外资和引进先进技术的重要形式，也是加速国民经济现代化的重要措施。它的优点主要是：

（一）弥补资金不足，节约建设投资，避免外债激增

据罗马尼亚经验，罗马尼亚自1965年起同西方合作，但由于大量购置外国技术、设备以及支付其他费用，使外贸出现巨额逆差，国际金融市场利率又高（约为7.25%），长期贷款，利息负担越来越重。南斯拉夫也是如此。因此，罗马尼亚自1971年开始，通过合资经营法令，改变做法，对一些投资大的项目，同西方合资经营，以节约资金。南斯拉夫还颁布了外资法，鼓励外国投资。外资以技术、设备、专利及培训人员费用作价入股，本国以土建、地皮、辅助车间、动力车间、劳力和原料作价入股。这样做，既可以节约大批一次投资费用，又避免了外债激增。

（二）可较快地掌握世界先进技术，缩短本国同西方国家的技术差距

因为是共同投资，产销利益关系密切，双方都要关心产品技术和质量，产值的增长和经营的效果。所以，外资必须考虑投放比较新的技术装备、培训技术骨干，以保证盈利，保证产品在市场上的竞争能力。如南斯拉夫的伊思克拉电子仪器厂与比利时比梯爱姆厂合资，联合生产电子电话交换系统，比方就经常提供新的技术资料和各种形式的测视技术，培训骨干，使产品质量得到保证，日产值增长很快。1974年投产以来，产值平均每年增长25%。目前，这个厂已不限于生产电子电话交换系统，还能独立生产微型电子计算机，从而也加速了南斯拉夫掌握先进生产技术的速度。

（三）扩大国内生产能力，解决国内生产不足，减少进口

南斯拉夫的施托莱厂与意大利菲亚特厂共同投资生产农用拖拉机。南斯拉夫为实现农业机械化每年需要这类型号拖拉机5万台，而经过这项合资生产，国内生产能力大大提高，每年国内可解决 4.5 万台，这样，既解决了国内生产不足，又减少了进口，节约了外汇。

（四）有利于加快技术设备更新

现国外设备一般是 5—7 年更新一次，新兴工业更新速度更快，产品规格、花色、性能更是不断翻新。搞合资经营，外资有利可图，不仅注意发展新技术、重视科技研究，而且关心设备的更新，工艺的改进。

（五）利用外国销售网，促进外贸发展

目前，与西方国家搞的合营企业，产品多有“回销”协定，即向西方市场销售，有些合营企业甚至专为出口而经营。如同那些在世界市场上已经创出了牌子、产品享有盛誉的企业合营，那么合营企业的产品就可向外资原有市场和经营渠道予以推销，迅速进入世界市场，促进外贸，增加外汇收入。匈牙利的西司倍尔汽车制造厂同瑞典的沃尔沃厂合资制造的四轮越野汽车，就是专为出口而生产，其产品由瑞典方面负责外销，匈牙利就利用了瑞典的“名牌商标”。

（六）学习现代化管理经验，提高企业管理水平

印度总结引进的经验教训时提出过以下论点：只引进设备图纸、技术资料，不算引进技术，人是最重要的因素，关键是人员培训。先进技术可以买到，现代化的管理是买不到的。单靠派些人出国考察、短期学习，或单靠对方传授是靠不住的，必须在实践中学习，在实践中不断提高。搞合资经营，外资当生产技术经理、管理经理、质量经理、总工程师等，本国就可以在共同的生产经营活动中学会科学管理现代化的大生产。

（七）加快建设速度，提高生产效率

因为是合资经营，互惠互利，利益双关，所以，双方都希望加快资金周转，迅速发挥投资效果，加快建设速度，提高生产效率。南斯拉夫人总结了合资经营体现了“快”字，即掌握技术快，生产上得快，新的技术来源快。

(八)学外国技术之长,补己之短

在合资经营过程中,可吸取一切大小国家的技术之长,补己之短。如丹麦的船舶制造和装修、瑞典的滚珠轴承制造、英国的彩色印刷、瑞士和意大利的旅游业、奥地利的冶金业等都比较发达,各有特色,甚至小小的列支敦士登和圣马力诺,南斯拉夫都与之办合营企业,以提高本国产品的水平。现在在南斯拉夫办合营公司的就有意大利、美国、法国、英国、比利时、卢森堡、荷兰、丹麦、奥地利、捷克、瑞士、瑞典、联邦德国、民主德国、加拿大、列支敦士登和圣马力诺等17个国家的企业。

当然,与西方国家搞合营也不是想象的那样容易和一帆风顺。

他们常常会提出这样或那样的苛刻条件,如在产品销售上要求特殊权利,在利润分配上要求特殊优惠,或者在技术上提出不合理的规定,在人权上提出不合所在国法律的过分要求和特权,等等。对于这些必须经过斗争,甚至是激烈的斗争才能解决。

三 合资经营应注意的一些问题

(一)对外资的投资股份要控制有一定的比例

一般对外国投资限制在49%以内。罗马尼亚现有合营企业中,外资股份占36%—49%。如罗美数据控制公司,罗马尼亚股份占55%,美国投资占45%;罗意人造毛线合营公司,罗马尼亚股份占52%,意大利占48%;罗马尼亚与联邦德国建立的船用和工业用减速器合营公司,罗马尼亚股份占51%,联邦德国占49%;罗马尼亚与日本“大日本墨水化学工业公司”建立的用石油生产高蛋白酵母饲料合营公司,罗马尼亚股份占57.38%,日本占42.62%;罗马尼亚与法国建立的小轿车生产和贸易合营公司,罗马尼亚股份占64%,法国占36%。匈牙利规定,对旅游、汽车加油站和汽车修理业,外资股份可以超过50%。最近南斯拉夫为吸引外资发展采矿业,规定在特殊情况下,外资股份可以超过49%。

（二）必须实行严格的合同制

双方在共同经营、风雨同舟的条件下签订合同，合同签订后，必须严格执行，并且要在合同内明确规定双方的权利和义务。合同内容包括：股金的分摊；不足资金来源；参加股份形式（包括现金、设备或技术知识等）；资产的含义；生产销售计划与执行；国内销售与国外销售的比例；财会制度；储备的建立；亏盈分担额；联合管理委员会的组成以及权利义务；雇用外籍技术人员和职工的办法；职工的培训；工资与工资的增长；经营年限；同其他企业的关系等。

（三）认真选择合资经营项目

必须选择关键性的、本国不能生产的设备，或选择原来进口量较大项目，这样，既可少花外汇，又可填补本国空白。如罗马尼亚与法国雷诺公司合资生产小轿车，罗马尼亚需要花外汇进口，现不仅不进口，而且向法国返销。罗马尼亚认为，他们利用合资经营，既发展了生产力，提高了技术水平，又赚了外汇。

（四）选择合资经营项目要博采西方各国之长，要选名牌

名牌设备、名牌产品，不仅发展本国生产需要，而且企业经营的好坏同外资公司的产品声誉相关，因此外资公司对这样的合营项目在经营上比一般项目要特别出力。目前，南斯拉夫、罗马尼亚等国与外资搞合营，化工设备是以法国、意大利为主，汽车以美国、意大利为主，冶金以联邦德国、法国为主，钢管以联邦德国、奥地利为主，开发资源以日本为主。

（五）学习技术与学习管理相结合，设备进口与仿制相结合

人员培训非常重要。在合同中要明确供方负责培训人员，且重要工艺应由供方承担。在合资经营中，不仅要学习技术，还要学习经营管理与生产组织，供方不仅负责不断进口新设备，还要指导仿制，逐渐摆脱对外资的依赖。

（六）对合资经营必须全面规划与部署

如哪些部门先搞，哪些企业有条件搞，要经过详细调查、认真分析。全面开花带有很大危险性，搞不好会造成政治上和经济上的损失。如有的地方交通不便、运输困难、水电设施不完备，马上建厂确有困难，可以暂缓，创造条件后再搞。

（七）与外资合营必将给经济工作、管理工作、税收工作和其他方面的工作带来一系列新的问题

比如，要制定各种必要的规章、法令（如罗马尼亚制定有在国内设立合营公司的法令以及合营公司利润税的法令）；要制定土地价格、地产税、所得税以及利润分配、企业会计制度、管理分工等规定；还要研究外籍职工和本国职工的工资政策、劳动政策、劳保条例、奖金制度；财产保险、人员来往签证等问题也要研究解决。

（该研究报告是1979年2月向国家计委领导呈报的研究成果，为后期的改革开放，特别是利用外资等方面起了重要作用。本报告由笔者执笔）

多角化战略与经营

我国黄金工业是一个特殊的经济部门。由于黄金产品的统收专营，金价的高度管制，市场现还难以彻底放开。因此，在当今的经济体制改革中，黄金工业面临的形势更加严峻，改革的难度比其他许多产业都大。在这种情况下，黄金行业要走出困境，得到发展，笔者认为，一条重要的途径就是制定多角化战略，实行多角化经营。

一 多角化起因探究

从行业发展的目标论，第一，我国黄金的资源储量并不丰富，如果按人均储量计算，远低于世界许多国家；第二，我国黄金产量并不高，如按市场需求论的观点，远不能满足需要。因此，黄金行业发展低耗高值产品、发展低投入高产出的产品将是天经地义的，也是无可非议的。所谓“发展低耗高值”，是指通过深度加工、精细加工，开发使用价值高的产品，或是通过提高原产品的技术含量、信息含量、艺术含量，提高其使用价值，或者增加其“魅力价值”、“感觉价值”、“美学价值”等，来提高产品的附加价值。所谓“发展低投入高产山”的产品，是指利用黄金行业的资源优势、人才优势，或与其他行业、部门联营，或跨越本行业的原经营范围，扩大与开辟新的领域、新的部门与行业，以提高企业的盈利水平。

从经营战略论，目前我国黄金企业是产品结构单一的生产型企业，既不是从市场需求及需求变化为出发点，更不是以“顾客为中心”考虑广大用户的新需求、新潮流、新感觉。所以，这种单一生产型的经营模式已不适应社会主义市场经济的要求，它必将被多角化经营所代替。

从消费者角度论，我国广大消费者近十几年来无论在消费观念上，还是在消费心理上，都发生了巨大的变化。首先，随着人们物质生活水平的不断提高，消费行为出现了高级化倾向，“爱美之心人皆有之”已成时尚，“宁吃鲜桃一口，不吃烂杏一筐”的消费观念在逐渐向家庭渗透。其次，人们的消费心理过去是为着“吃、穿、用”打转转儿，而现在，人们想的是如何“武装自己”、“美化自己”。而黄金却能以光艳的外形和长久不变的特性进入我国亿万普通家庭，能以其典雅高贵的特性满足人们对美的追求。据报道，1992 年我国仅首饰行业就耗掉了 250 吨黄金，专家们分析我国黄金的收藏、购买热还将持续较长一段时间。因此，黄金生产也必须适应黄金消费的多样化要求。

上述“三论”充分说明，多角化经营是不以人的意志为转移的，是企业生存与发展的必由之路。

二　多角化战略发展

多角化战略原来的含义主要是企业通过开发、研制新产品，打入、占领新市场，以维持企业的生存，扩大企业规模，建立企业的销售网络。这里可有两种理解：一是被动型的生存战略，即企业进行常规的、按部就班的生产经营活动已难以生存、难以维持，企业为了生存不得不在原产品上修修补补，或做些简单的改进，或增加些新功能。二是主动型的发展战略，即在原经营范围基础上开拓新领域、新产品、新款式，充分利用现有经营、生产、设备、人员等潜力，创造新的发展环境，主动寻求发展机会，在激烈的市场竞争中发展自己、壮大自己。近几年对多角化战略的理解已远远超过原有内涵。

现在，多角化战略既可按生产经营活动领域、产品关联度、产业关联度、资源利用关联度、企业生产要素组合情况等划分，可由企业追求目标——高附加价值决定，也可为满足消费者的要求，开展多角化的发展战略。目前，常见的多角化有：

第一，横向多角化。一般是以现有产品市场为中心，向横向拓宽其经营领域，或以现有产品为基础开发新的产品市场，或以现有市场为对象开发新的产品，或用现有原材料开发高附加价值的新产品，以扩大企业盈利。如系列金制品、系列化妆品、系列家用电器、系列美容美发用品、系列服装等，都属于此类。

第二，纵向多角化。一般是以现有产品市场为中心，向纵向拓宽其经营领域，或向“上游”发展，如某造纸厂从购买纸浆到买木材生产纸浆，进而与林场合资造林、营林；或向“下游”发展，如从生产纸张，到印刷出版、报刊发行；黄金企业从生产黄金到生产黄金制品、黄金首饰、服饰品，等等。

第三，多向多角化。这是当今流行较广的一种发展战略。这种多角化战略既可以与现有产品、市场有相关关系，也可以与现有产品、市场没有任何相关关系，而只是利用现有生产能力、科研开发能力、竞争能力等，生产异质产品与服务，随之进入新的产品、服务市场。如黄金行业经销服饰品、食品、百货等，甚至开设旅馆、舞厅及旅游等完全新的经营领域和产品服务市场。

第四，复合多角化。这种战略与现有生产经营活动没有明显的关系，它只是依据企业间的业务联系发展资金关系多角化、人才关系多角化、信用多角化、运输关系多角化、企业联合多角化，等等。

三　多角化经营势在必行

现在看来，多角化经营已是大势所趋：有些企业不务“正业”，却歪打正着；有些企业主业不主，副业不副，甚至以副养主，主副倒置，此类实例比比皆是。从国内外的发展上、理论与实践的结合上，笔者认为，多角化经营的实施原则是：

（一）以取得高附加价值为目的

笔者在澳大利亚访问期间，悉尼大学经济学教授格洛诺维兹博士向笔者介绍说，目前在世界经济发展中出现了一种“荷兰病”，即抛开本国的资源优势而去发展那些没有资源保证的其他产业，如荷兰天然气、石油储量等都很丰富，但荷兰却大力发展电气电子产业、旅游服务业等，且建立了自己的产品名牌“飞利浦”；日本在六七十年代，作为支柱产业大力发展原料短缺的重化工和汽车；澳大利亚矿产资源丰富，但却不发展钢铁而出售矿石，羊毛业很发达，但却不发展羊毛制品业，而出口羊毛，与此同时却大力发展电信通信产业、人工智能产业，等等。上述几例均说明一个道理：当今世界各国发展追求的目标是高附加价值，并不在乎本国是否有资源优势，只要附加价值高的就开发、就发展，附加价值低的宁愿进口也不生产（意大利就是宁愿进口蔬菜而不种蔬菜）。因此可以得出结论："荷兰病"已成常见病了。这里我们得到的启迪是：多角化应以高附加价值为准绳，只要附加价值高的，有产品、服务市场的，就应开发。黄金行业如对黄金进行深加工、精加工，不论纵向发展还是横向发展，不论多向发展还是复合发展，都将取得高附加价值。

（二）一种资源多种利用

笔者曾在日本参观访问过不少企业，发现一个共同的现象是：或利用资源开展多角化经营，如制笔厂从制笔用金（包金、铱金、全金等）发展到生产系列金制首饰、项链等；或利用企业的人力资源、厂房设备开展多角化经营，如日本 KTC 工具制造厂的产品大到航空航天用的各种工具，小到眼镜用的小小螺丝，只要是工具类，不论其型号、规格、尺寸如何变化、有何要求，该厂均接受订货；日本高松机械厂的产品从数控机床、大型组合机床，到各种印刷机械都有，甚至可以按用户要求生产各式各样的钓鱼竿。日本这种多品种、小批量的多角化经营，确实是很有特色的。如果我们黄金行业通过深化改革，根据市场需求也搞些多角化经营，笔者认为经济效益肯定会大幅度提高。

（三）从需求多样化到服务优质化

人的需求是多方面的，随着经济的发展、人们生活质量的改善，需求也在千变万化，对各类产品的质量、品种、款式、规格等的要求更是五花八门。对消费者这种多角化的市场需求，如果企业不能满足，那么这种企业就很难生存、很难发展，这是其一。其二，人们不仅要求有琳琅满目、品种繁多的商品，还要求周到、满意的服务。这种从生产到服务的多角化在当今各国已是大势所趋、人心所向。

从企业的角度讲，要提高竞争力、影响力，要在激烈的商品竞争中击败对手、发展自己，不仅需要生产，还需要销售与售后服务，那种不管销售，或只管销售不管售后服务的经营思想已成为历史。在未来竞争激烈的买方市场上，不执行多角化方针，不进行多角化经营，不采取多角化措施将是没有出路的。

（四）“企业声誉＋产品、服务信誉”

在激烈的市场竞争中，企业声誉和产品、服务信誉是十分重要的。声誉是发展的保障，信誉是市场的通行证。每个企业都应有自己的独特风格，应用产品和服务的特殊魅力去唤起客户的欣悦感与购买欲。一些企业能在同行业中，甚至在国际市场上巍然屹立、名扬四海，一些企业虽经历了多年的沧桑，但仍信誉不倒、名气不衰，像一块巨大的磁铁把众多的消费者紧紧地吸引着。这里的奥妙就是：“企业声誉＋产品、服务信誉。”

总之，世界各国企业经营的总方向是：以制造高附加价值为中心，采取“纵横”交织、“上下游”联网、“多向、复合型”的多角化经营战略，凡是高附加价值的产品与服务、高附加价值的技术与设备，都可利用企业“资源”（包括人力、物力、财力）优势进行开发经营、研究、设计与生产——这就是本文的结论。

（原载《中国黄金经济》1993 年第 5 期）

CPR/88/041 项目社会经济调查报告

（1992 年 6 月 22 日至 7 月 28 日）

一　CPR/88/041 项目社会经济调查概况

在项目总顾问/国家项目主任王世绩教授的直接指导下，我与自然资源经济学家科林托（G. L. CORINTO）先生、著名杨树专家陈章水教授等一起，于 6 月 22 日至 7 月 28 日先后在安徽、辽宁两省对 CPR/88/041 项目执行中的社会经济问题进行了实地考察。在安徽省林业厅外资项目办公室工程师朱开福、钱滕、邱辉等专业技术人员的密切配合下，先后对怀宁县及其模范洲林场、新长洲林场，安庆市及其造纸厂、火柴厂，贵池市及其乌洲林场，芜湖市及其芜湖木材厂等进行了经济调查，并对淮北矿务局塌陷区发展杨树丰产林的情况、多种栽培技术的试验情况进行了调查。在辽宁省建平县林业局局长郭成德和专业技术人员邹吉东等积极配合下，先后对建平火柴厂、热水乡苗圃、黑水林场及其苗圃等进行了经济调查。

这次调查的主要内容有：（1）项目效益调查，包含社会效益、生态环境效益、经济效益。社会效益，包括河滩利用、芦苇地改造、荒山造林等所带来的效益，以及由此带来的社会经济发展、农村劳力转移等；生态环境效益包括扩大森林资源，提高森林覆盖率对生态环境的影响，对蓄水、保水、保土、防风固沙的影响，对改善环境的影响等；经济效益包括满足用材省与地区的工业用材与民用材带来的效益，实现“进口替代”所带来的效益，通过引进优良的杨树无性系取代了原有杨树低产林而实现了杨树速生丰产所带来的效益，林场职工、亦林亦农的农民获得的直接效益，附近农民、相关村镇获得的直接效益，以及抚育、修技、林粮间种所获及的效益等。(2) 项目成本调查，包括造林成本、经营成本、采运成本。造林成本包括整地、挖塘、购苗、栽植、补植、灌溉、扶苗、培土等用工、花费，经营成本包括修枝、防治病虫、疏土追肥、护林管理等各种直接费用，以及间作支出的间接费用；采运成本（此次调查涉及）包括代木、打枝、造林、清林、集运等费用。(3) 各种规格的木材价格调查，包括胶合板材价格（进口价格、国内价格）、纤维板材价格、火柴材价格，小规格材价格等。(4) 木材市场需求调查，如安庆造纸厂、安庆火柴厂对木材数量与质量的需求情况，以及他们对建立木材生产基地的未来规划，芜湖木材厂与乌沙林场联合投资建立木材生产基地，并逐步替代木材进口等情况。(5) 收入调查，包括林场收支情况、苗圃收支情况、林场职工（含亦林亦农人员）收入情况等。(6) 收集了有关各种经济参数，如银行贷款利率、机器设备折旧率、房屋建筑折旧率等。

结合此次经济调查的实际，对项目活动的有关人员（包括各级领导、专业技术人员、经济管理人员等）进行了培训，举办了讲座，对经营管理问题、成本核算问题、经济效益的分析与评价方法等问题进行了系统地讲授，并就林场管理体制问题、杨树栽培中的费用效益问题、管理质量问题、人员素质问题等与省厅领导、市县领导、局场领导等交换了意见。

二 CPR/88/041 项目综合经济调查方法

系统调查法是此次调查的主要方法之一，并采用了“口头”回答与“书面”回答相结合的方式。

——全面调查，即对地区（市、县、镇、乡）的资源、人口、发展、工农业生产、管理体制等尽可能详细调查、了解。

——重点（项目）调查，主要指与项目有关的固定资产、产品产量、商品价格、职工工资（收入）、成本构成与计算、收益来源与服务价值等。

——抽样调查，对具有代表性的（比较好的、一般水平的、比较差的）林业职工，亦林亦农人员、农民等进行典型调查，如对其家庭人口与劳力、农业承包与产量（含各种农产品价格）、林业工资与奖金、农副业收入、农副产品的自家消费与市场出售、家庭住房等的调查。

——市场调查，主要包括：立木产品市场与价格的调查，木材产品市场与价格的调查，加工产品市场与价格的调查，产品市场变化与占有率的调查，产品潜在市场及其变化的调查，产品打入国际市场的可行性调查等。

——供给与需求调查，主要调查木材在近期与未来一段时期的木材供应量、供应地、供应品种、供应规格、可能价格，以及需求量、需求地、需求品种、需求规格、可能价格等。

方案比较法是此次调查的又一方法，即采用多种方案对比的调查，如对项目受益的调查，采用了“有无”方案的对比，林农收入的对比，亦林亦农与完全从事农业的收入对比等。

——“有无”方案对比，主要指选定该项目的发展方案、技术方案、经营方案与不选定本方案的比较，选定林粮间种与不进行林粮间种的比较等。

——林农收入的对比，主要比较林业职工与农民的收入差距。

——亦林亦农与完全从事农业的对比，主要比较亦林亦农的职工与农民的收入差距。

——林工收入的对比，主要比较林业职工与林产品加工厂职工的收入差距。

——林场职工与亦林亦农的对比，主要比较完全从事林业的职工与亦林亦农人员的收入差距。

效益评价法是评估项目效益的主要方法。对 CPR/88/041 项目的评估和最后评价（将在 1994 年项目结束时进行）都将主要采用历史观察评价法、费用效益评价法（动态评价）、差额评价法（静态评价）。

——历史观察评价法。该方法，第一，可用来定性评价项目的社会效益、生态效益和环境效益，即根据历史数据、文献资料对项目的效益情况进行定性描述。第二，可用来定量评价项目的经济效益，即利用统计数据、统计报表、历史文献资料对一个时期的经济效益情况进行对比分析，确定经济效益水平。这一方法的应用主要是通过指标与指标组的计算，可比换算，反映项目的经济效益水平。

——费用效益评价法。此法是考虑时间因素的动态计算方法。所以采用此法是因为项目的费用是逐步投入的，项目的效益也是逐年实现的，为了便于比较计算，一律将费用与效益折成现值，即称贴现。该方法有两种表示：一是比率形式，称费用效益比率法；二是差额形式，称费用效益差额法或净现值法。这种方法的数学表达式为：

（1）效益费用比率：

$$JX = \frac{B}{C} = \frac{\sum_{t=1}^{n}[b_t(1+r)^{-t}]}{\sum_{t=0}^{n}[C_t(1+r)^{-t}]}$$

（2）效益费用之差：

$$NPV = B - C = \sum_{t=1}^{n}[b_t(1+r)^{-t}] - \sum_{t=0}^{n-1}[C_t(1+r)^{-t}]$$

式中：B——项目整个寿命期的资金流入量；

C——项目整个寿命期的资金流出量；

b_t——t 年资金流入量；

C_t——t 年资金流出量；

r——贴现率；

n——项目寿命周期。

应当指出，由于 CPR/88/041 项目为 FAO 援助项目，因此效益评价应采用国际通用评价方法——费用效益评价法。但这种方法的采用至少应解决两个问题：（1）该方法中的贴现是采用复利计算，我国贷款是采用单利，因此中国投入部分如何体现需进一步研究。

（2）该方法中的贴现率在西方国家一般是采用利率，且可浮动，而中国的贴现率按国家计划委员会的规定为 10%，如何在该项目的效益评价中正确取值也需进一步研究。

——差额评价法。该方法是当今中国应用较普遍的一种静态评价方法，即不考虑时间价值因素。这种方法的数学表达式为：

$JX = ZS - ZF$

式中：JX——经济效益，以净收益表示；

ZS——总收益，包含直接收益与间接收益；

ZF——总费用，包含直接费用与间接费用。

如果总收益为销售收入（木材销售收入与林粮间作收入之和），总费用为生产总成本（木材生产成本与林粮间作成本之和），则：

经济效益（利润）=销售收入－生产成本

三　CPR/88/041 项目费用效益评估

据初步调查，该项目的生态效益、环境效益、社会效益是十分显著的。如安徽省长江河滩滩涂数千亩土地过去无法利用，现已成一片片杨树林，景色十分壮观（我们调查的新长洲就已造意大利杨林场2000余亩，模范洲1000余亩，乌沙林场4000余亩）。由于意大利杨林场很适于长江一带的立地条件，所以长势好、生长快，仅几年时间就已成为本地区的一大美景奇观，同时对改善生态环境，防止水土流失、增加劳动就业等均有巨大的示范效果。

该项目的经济效益也将是很好的。首先，它可在较短的时期（根据本地区对不同规格木材的需求，生产周期约为5—10年）提供大量的商品材，从而获得大量的经济收入。其次，还可得到由于修枝、抚育、林间间作等获得的间接收入。而在上述生产经济活动中，与西方发达国家相比，中国还具有三个突出的“成本低”的因素：（1）不付或少付土地费（如长江滩涂上造林、淮北矿区塌陷地上造林、辽西荒山上造林等）。（2）中国劳力充裕且便宜，在调查中发现还多用农民季节工。（3）低息贷款（有少量为国家拨款）的资金投入，优惠的税收政策等。

影响效益的较大因素是价格，而在中国价格与价格体系不健全，价格机制还刚刚形成，且很不完善。在中国价格种类繁多，诸如当年价格、不变价格、生产价格、销售价格、市场价格、计划价格、浮动价格、议价价格、国际市场价格（又分离岸价格、到岸价格）、评价价格、影子价格、理论价格等，并处在改革之中，变化之中。为正确评价经济效益，采用何种价格较为合理，将是未来研究的一个重要课题。

在该项目经济效益评价中还需确定若干经济参数：

——利率。由于中国在现阶段资金供求不稳定、借贷资金风险大小不同、借贷期限长短不一、预期价格变动较大，加上国家经济政策的影响、历史因素的影响、世界利率变化的影响，以及专业银行贷款利率的差异等，因而选定合理利率体系、平均利率等将是十分重要的。

——汇率。随着中国经济体制改革的深化和对外开放的扩大，对外经济技术合作与贸易往来的规模、范围日趋壮大，尤其是产品、原材料有进出口业务的企业也将越来越多，作为重要经济参数的“汇率”必将与各项生产经济活动紧密地联系在一起。中国近十几年来由于经济发展与对外开放的需要，加之价格的市场机制作用，汇率多次变动，所以，在经济效益评价中选取合理汇率也是一项基础性工作。

——折现率。又称贴现率、社会折（贴）现率。又是经济效益评价的通用参数，是社会对资金时间价值的估量。在中国目前的投资效益水平、资金机会成本、资金供需情况，以及折现率对长期、短期项目的影响等因素，社会折现率定为10%，这和西方国家折现率随利率浮动是不一样的。

——影子工资。它作为劳务费用计入经营成本。在我国为方便计算，一般用工资和职工福利基金（含各种国家补贴，合称名义工资）乘以换算系数求得。工资换算系数一般定为1，但在就业压力较大或占用大量非熟练劳动的地区，可取小于1的工资换算系数，而对占用较多短缺的专业技术人员和熟练劳动者的地区，可取大于1的工资换算系数。中外合营企业在中国由于录用的职工技术熟练程度一般较高，即国家对此付出的代价较多，因而中方人员的工资换算系数定为1.5，即影子工资为名义工资的1.5倍。

——折旧率。它作为固定资产（包括生产性固定资产与非生产性固定资产）折旧的依据计算出的折旧基金将计入生产成本中。由于折旧基金是逐年提取的，因此折旧率就将成为经济效益评价的一个重要参数。中国现在的折旧制度落后、折旧率低，很不利于设备的更新改造，制定合理的折旧率、采用有效的折旧方法也是效益评价的一项基础性工作。

由于数据不足、数据统计口径不同、成本核算方法不一样，加之项目实施仅两年半时间，因此，现在还不可能确切地计算出项目的经济效益，也还不具备对CPR/88/041项目做出全面、正确评价的条件。但我们根据所收集到的数据（经过加工处理）估算的结果是投入少、产出多、经济效益好。

四　CPR/88/041 项目对地区社会经济发展：结论与建议

CPR/88/041 项目对地区社会经济发展起了重要的推动作用，给地区经济发展带来了新的契机，提供了新的发展思路。

——由于该项目是在长江沿岸的荒滩荒地上营造和发展杨树丰产林，扩大土地资源、充分利用河滩，既扩大了森林资源，又改善了长江生态环境，因而它不仅是一项营造丰产林的规划，而且是一项庞大的人类改造自然的宏伟工程。

——中国改革开放以来，利用外资引进技术的规模不断扩大，但多属利用外资引进各种机器设备、先进工艺流程、产品生产线等，如彩电生产线、电冰箱生产线、啤酒生产线、汽车生产线、快餐生产线，等等，而利用外资引进良种的却不多。CPR/88/041 项目在这方面做出了示范，且两年多的生产技术实践证明，这是一条值得重视的好经验。

——我国农村劳力过剩，据权威部门分析，到 2000 年农业人口应转移 1 亿—1.5 亿，这对中国来说是一个很大的难题。CPR/88/041 项目却为农业人口的转移提供了思路——转向林业、林业产业、林产品加工业。

——经初步调查，亦林亦农人员的收入均高于纯农业收入，其中一方面林业职工每月都有固定收入；另一方面可农闲时搞林，林间时搞农，在时间利用上互补，在收入上获得了“1 + 1 = 2”的效果，因此，许多农民反映：“要致富，栽杨树。”

——我国森林资源严重不足，覆盖率很低，而现代化建设对木材的需要量又猛增，如何解决这一矛盾？此次调查我们感到：似乎已找到了解决中国木材供需矛盾的办法，这就是大力发展与营造杨树速生丰产林，选择生长快、长势好的优良品种，如在长江两岸营造意大利杨树便是一种战略选择。

从调查看，在技术与管理上存在着一些问题：

——管理体制不顺。一是层次多、“婆婆”多、环节多、既要执行“块块”的领导意图，也要服从“条条”的领导决策；二是政企不分，以政代企，奉行着行政管理为主的管理方法；三是企业权力太小，既无人权，也无财权。

——经营管理粗放。在我们到过的林场均发现很少进行修枝、整形、清干等工作，施肥、间伐不及时，防虫治虫控制不利等，这种粗放型的经营管理到处可见。国内外专家一致认为，科学地修枝、整形、合理施肥、适时间伐、及时防病治虫等是达到杨树速生、丰产、优质目标的重要技术措施。

——人员素质普遍较低。林场工人多来自农村，文化水平低，又基本都是没有经过培训上岗的，他们对杨树的栽培技术、速丰生产措施等知之甚少，对经营管理方面的知识更是凤毛麟角。

——技术落后，设备陈旧，几乎全部是手工劳动、手工作业，效率低、质量差。

——核算体系不健全，成本结构不合理，成本项目不规范，因此，林场之间的可比性差。

为达到 CPR/88/041 项目的开发目标，获得更高的经济效益，现提出如下建议：

——加强技术培训、管理培训，提高人员的基本素质。广大林业职工应在掌握杨树的生态、生物学特性的基础上，熟悉并掌握杨树速生丰产栽培技术，如造林地的科学选择，深翻整地，杨树优良品种选择、苗木培育、合理栽培，栽培密度选择，科学修枝、整形、清干、合理的农林间作，适时施肥灌溉，适度间伐，虫害的科学预防与控制，等等。除基本掌握这些栽培技术与操作技术外，还应进行管理培训，使广大林业职工能掌握必要的管理基础知识。

——改革现行管理体制，精简管理层次，建立灵活的生产经营活动的运行机制，能激励广大职工积极性的劳动机制、分配机制，能不断进行技术革新、创新的动力机制。

——加强杨树产品的市场研究，开展定向培育与产供销协调，加强抚育管理，缩短林木生产周期，并按用户的用材规格进行合理经营，注重采伐的综合利用，确定最佳轮伐期。

——定期进行成本核算与效益评价。不论是林业局（县、镇），还是林场，都应设专门的成本核算和效益评价的人员，这些人员应具备大专以上学历，不仅能掌握经济核算与效益评价的基本理论与分析方法，还应有较熟练的操作运算能力，以及杨树培育，林木产品市场销售等方面的知识。

——加强基础数据，资料（包括各种经济数据、资源数据、木材产品市场供求资料、价格变化资料等）的统计、收集、加工、处理等工作。

（该报告是 1992 年 8 月笔者作为 FAO 顾问为联合国农粮组织 CPR 项目所作的社会经济调查。原文已上报联合国农粮组织）

中国区域经济发展现状分析与趋势展望

——兼析华南经济圈的发展与经验

80年代以来，在中国高速经济增长中，区域经济的发展作出了重大贡献，其中，华南经济圈（这里特指广东、福建、海南，以下同）立下了汗马功劳，为中国向市场经济过渡，用市场机制配置各类资源，调节生产、交换、分配、消费的主体，塑造市场经济运行模式，转变政府职能提供了许多宝贵经验，为冲破传统体制束缚、建立新型商品意识、构筑新的经济增长源提供了许多新思路，也为90年代中后期、21世纪初期持续高速发展提供了一条区域经济发展之路。

一　经济现状与发展分析

由于中国地域辽阔，南北东西的资源、地理、气候差异较大，加之历史上经济技术水平与发展水平的不平衡状态，因此，在中国经济发展中便自然形成了东部、中部、西部的三大经济带。在三大经济带的发展中又各具特点、变化不一、结构各异。

现状：东部、中部、西部三大经济带的生产与建设均有较大发展，但东部发展快，尤以华南经济圈为首。

改革开放以来，东部、中部、西部三大经济带的生产与建设均有较大发展，但由于历史的原因和政策的倾斜，使东中西部的发展差距逐渐拉大，1991年与1978年相比，东、中、西部国内生产总值（GDP）年均增长分别为9.7%、8.1%、8.9%，即东部比中部高1.6个百分点，比西部高0.8个百分点。在全国经济中东、中西部所处的经济地位也发生相应变化，1978年东部、中部、西部国内生产总值之比为1∶0.64∶0.34，到1991年变为1∶

0. 53:0. 31。这就是说，面积只占全部国土 13. 5% 的东部地区，其国内生产总值已占到 54%。

在东部地区的经济发展中，尤以华南经济圈发展最快。华南经济圈三省不论是 GNP 的增长速度，还是人均 GDP 的增长速度都远高于全国水平，从人均 GDP 的绝对值看，华南经济圈三省均超过全国平均水平，尤以广东超出更多，为全国平均水平的 1. 7 倍。华南经济圈三省比相邻诸省的发展也快得多，唯浙江省可与之相比。

特点：一次产业下降，三次产业上升；重工业下降，轻工业上升，尤以华南经济圈三省为突出。

改革开放以来，中国经济发展的大趋势是：（1）一次产业比重下降，三次产业比重上升，1978 年中国三次产业的比重为：一次产业占 28. 4%，二次产业占 48. 6%，三次产业占 23. 0%；到 90 年代已发生较大变化，1991 年一次产业下降至 26. 1%，即下降 2. 3 个百分点，1992 年下降至 23. 9%，与 1978 年相比，下降了 4. 5 个百分点；1991 年三次产业已上升至 28. 6%，1992 年为 27. 9%，即分别比 1978 年上升 5. 6 个百分点和 4. 9 个百分点。（2）重工业比重下降，轻工业比重上升。1978 年重工业比重为 56. 9%，轻工业比重为 43. 1%，到 1991 年重、轻工业比重分别变化至 48. 9% 和 51. 1%，即比 1978 年重工业下降了 8 个百分点，轻工业比重上升了 8 个百分点；1992 年重、轻工业比重稍有变化。

这里应该指出的是，华南经济圈三省的变化尤为突出。（1）第三次产业比重普遍高于全国平均水平，广东最高，1991 年第三次产业比重已达 34. 5%（1992 年为 33. 8%），比全面平均水平高出 5. 9 个百分点，后起之秀的海南 1992 年第三次产业比重已高达 34. 7%，高出全国 6. 8 个百分点，而且华南经济圈的第三次产业比重也均高于相邻四省；（2）华南经济圈三省的轻工业所占比重 1991 年高出全国平均 13. 8—18. 2 个百分点；1992 年高出全国平均 16. 9—18. 2 个百分点；与相邻四省相比，除浙江轻工业发展水平较高、所占比重相近外，其他三省均相差较大。

变化之一：所有制从单一的公有制结构转变为多种经济成分并存的多元结构，尤以华南经济圈三省最为明显。

表 1　　华南经济圈工业总产值中各类企业比重

	全国	华南经济圈			相邻省份			
		广东	福建	海南	广西	湖南	江西	浙江
1978 年								
国有	77.6	67.8	74.2	82.5	78.8	75.0	78.2	61.3
集体	22.4	32.2	25.8	17.5	21.2	25.0	21.8	38.7
1990 年								
国有	54.6	40.2	45.1	75.7	72.2	64.0	65.3	31.2
集体	35.6	34.7	31.4	8.1	20.5	28.7	27.4	60.1
个体	6.4	4.8	6.1	4.7	5.7	6.8	6.7	6.6
其他	4.4	20.3	17.4	11.5	1.6	0.5	0.6	2.1

资料来源：《全国各省、自治区、直辖市历史统计资料汇编》（1949—1989），中国统计出版社 1990 年版；《中国统计年鉴》（1991、1992），中国统计出版社。

从表 1 可以看出，中国改革开放后的一个大变化是所有制结构的变化。1978 年，无论是从全国看，还是从地区看，公有制企业（含国有企业和集体企业）的产值比重为 100%。但到 1990 年，个体企业与其他企业（如“三资”企业等）的产值比重全国已占 10.8%，若从国有企业与非国有企业来划分，国有企业的产值比重 1990 年为 54.6% 的产值增量看，国有企业的产值增量比重只占 37.8%，而非国有企业产值增量比重已达 62.2%，即已远远超过了国有企业。

从华南经济圈和相邻省份看，所有制结构向多元化转换的速度更快。如广东省，非国有企业比重 1990 年已占 59.8%，福建省已占 54.9%，均高于相邻的广西、湖南、江西，仅比浙江省低些。这是一个特点。另一个特点是华南经济圈三省的个体与其他（指“三资”企业等）企业所占比重远高于全国和相邻四省。如 1990 年广东占 25.1%，福建占 23.5%，海南占 16.2%，分别比全国高出 14.3 个、12.7 个、5.4 个百分点，比相邻省份高出 8.9—17.8 个百分点。

变化之二：经济增长源从老工业基地转到新兴工业区，尤以华南经济圈三省为最快。

改革开放前，中国经济增长主要依靠和利用沿海原有的工业基地——北京、上海、天津、辽宁等。这些老工业基地不仅增长速度高于全国水平，而且增长量也占全国较大比重。但改革开放以后，它们已“老化”，且急需改造。因此，这些老工业基地的发展速度都低于全国平均水平，新的经济增长源已转向东南沿海新兴的工业区——浙江、广东、福建、江苏、山东等。这些地区的发展速度都超过全国平均水平。华南经济圈的广东省（1988 年前包括海南）、福建省快于全国 2.63—3.1 个百分点，仅次于浙江而居全国第 2、第 3 位，而相邻省份——广西壮族自治区、江西省、湖南省均低于全国平均水平。

从表 2 中可以看出：（1）1953—1978 年，无论是华南经济圈三省，还是相邻省份均低于全国平均发展水平，在全国排名中都排得较靠后；（2）1979—1990 年，虽都有较快发展，但华南经济圈三省的发展速度远高于全国，分别居全国第 2、第 3 位；相邻四省中除浙江外均低于全国平均 8.4% 的发展速度。

表 2　　华南经济圈国民收入增长速度与相邻省份的比较

全国排名	1953—1978 年		全国排名	1979—1990 年	
	地区	增长速度（%）		地区	增长速度（%）
	全国	6.0		全国	8.4
	华南经济圈				华南经济圈
22	广东省	5.3	2	广东省	11.5
19	福建省	5.4	3	福建省	11.0
—	海南省	—		海南省	—
	相邻省份			相邻省份	
25	广西壮族自治区	5.0	22	广西壮族自治区	7.2
18	湖南省	5.5	25	湖南省	6.9
27	江西省	3.8	16	江西省	8.0
14	浙江省	5.7	1	浙江省	11.9

资料来源：根据《中国统计年鉴》（1991、1992、1993）的数据计算而得。

二 华南模式与现实思考

近些年来，华南经济圈的迅猛发展与取得的巨大成就令中外瞩目，它在中国向社会主义市场经济过渡、大胆地坚持与进行市场取向的改革、坚持与进行用市场配置资源、建立有效竞争机制等多方面为我们提供了经验，这种“华南模式”也给我们提出了许多在“改革与发展”主题中的思考。

（一）经济发展快——改革开放的丰硕成果

华南经济圈是80年代我国经济发展最快的地区（仅低于浙江），到1990年，广东省国民生产总值、国民收入、工业总产值、社会商品零售总额、出口创汇和财政收入等年平均增长速度均居全国第一，分别达到12.4%、11.6%、19.7%、18.3%、17.0%和16.0%；在总量方面，1991年以后，国民生产总值、国民收入、财政收入、出口创汇、利用外资、社会商品零售总额也居全国首位，工业总产值仅次于江苏而居第二位。从1991年、1992年增长势头看，无论其发展速度还是增长总量，都远远超过全国平均水平（见表3）。以1992年为例，国民生产总值分别高出全国平均增长速度7.4—10.3个百分点（仅低于江苏）；国民收入分别高出全国平均7.5—8.8个百分点（仅低于江苏和安徽）；社会总产值分别高出全国平均6.8—8.9个百分点（仅低于江苏）。这一地区发展如此之快，其根本原因就是“改革开放政策+港台直接投资”。

（二）市场导向——社会主义市场经济的灵魂

华南经济圈发展的重要经验是坚持市场导向、市场配置资源，用“市场”加速供求，用“市场”高效转移资源，用“市场”塑造多元化利益主体。

（1）在华南经济圈发展中引进了市场机制，形成了“集资建设、有偿使用”的投资体制，开辟了资金投入的渠道，如广东省1993年国有单位固定资产总额就达1031.9亿元，为全国之首，比上海高1倍，比北京高2倍，占全国国有单位投资总额的1/8。这对广东省经济发展将起巨大作用。

表 3　　华南经济圈经济发展水平与全国比较

单位：亿元、%

国民生产总值	1990 年	1991 年	1992 年	1991 年为1990 年的百分比	1992 年为1991 年的百分比
广东省	1471.84	1780.56	2293.5	117.33	122.0
福建省	465.84	557.82	705.2	115.36	120.4
海南省	95.01	107.93	141.7	112.4	123.3
全国	17692.00	20236.00	24036.00	107.7	113.0
国民收入					
广东省	1132.21	1380.31	1793.6	118.50	123.2
福建省	388.77	459.77	590.0	114.63	122.3
海南省	76.98	87.68	111.1	110.86	121.9
全国	14384.00	16557.00	19845.00	111.4	114.4
社会总产值					
广东省	3093.90	3890.09	5340.4	122.30	130.7
福建省	919.97	1118.51	1504.6	118.10	128.9
海南省	155.64	184.29	250.3	116.80	128.6
全国	38035.00	44142.00	55842.00	111.9	121.8

资料来源：《中国统计年鉴》（1992、1993），中国统计出版社。

（2）以市场需求为导向，大力发展电子、家用电器、轻纺工业等，并以“精、小、特、新”占领国内市场，并进入了国际市场，显示了华南经济圈三省的经济发展轻型化的特点。

（3）以市场机制配置资源、高效利用资源是华南经济圈三省高速发展的重要因素，他们先后开放了生产资料市场、劳务市场、资金市场、技术市场、房地产市场、证券市场等。在生产、交换、分配、消费等各个领域用“市场”配置资源、用“市场”促进资源的合理流动与快速运转。如广东省大多数企业的生产要素从市场选购、产品绝大部分进入市场，到 1992 年，广东省有 80% 以上的生产资料、97% 以上生活资料是依靠市场实现的。广东生产的产品以其较强的竞争力进入了全国市场。目前，在大陆已出现“喝广东水”、“穿广东衣”、“吃广东粮”、“用广东电器”的奇特现象；发展与巩固了以面向国际市场的纺织、玩具、鞋业、箱包等“主导出口”的产业。

（三）所有制结构多样化——发展生产力的重要源泉

华南经济圈经济高速增长给我们的重要启示——所有制结构多样化带来了生产力的巨大发展。以 1992 年为例，广东、福建两省年均增长速度高出全国平均 10 个百分点以上，其中，非国有企业（含集体企业、个体企业和其他类型企业）部分增长尤快。

从表 4 可以看出以下特点：（1）广东、福建两省非国有企业的生产产值已远远超过国有企业的生产产值，其比值大致为 66∶34。全国非国有企业与国有企业生产产值之比为 52∶48；相邻省份除浙江省非国有企业产值大大超过国有企业外（比值为 74∶26），其他邻省都是国有企业所占比重高于非国有企业。海南省因为刚刚建省，尚未摆脱原有格局。（2）华南经济圈三省的个体企业产值和其他类型企业产值之和所占比重高于全国平均水平 4.81—17.82 个百分点，高于相邻各省 8.08—20.01 个百分点，其中，广东与福建两省已占全部工业产值的 30% 以上，因此，可以说个体企业与“三资”企业在华南经济圈，尤其在广东、福建两省经济发展中占有举足轻重的地位。

（四）外向经济的成功——经济发展的一大动力

华南经济圈三省毗邻港澳台地区，有地利、人和的有利条件，加之华侨颇多，比全国大部分省份都容易得到最新的技术、最先进的管理，容易获得国内外市场的最新信息。这是广东、福建、海南三省发展外向经济得天独厚的优越条件，这是其一。其二是这里人们的观念更新快、改革意识强，以及在改革开放大潮中涌现出一批又一批的懂技术、会管理、善经营的企业家。其三也是最主要的，那就是中央对广东、福建、海南实行的特殊政策。上述三条的密切结合使华南大地出现了奇迹——外向经济迅速发展带动了经济的腾飞。

表 4　　　华南经济圈各种所有制比重与相邻省份的比较（1992 年）

	全国	华南经济圈			相邻省份			
		广东	福建	海南	广西	湖南	江西	浙江
工业总产值（亿元）	37065.71	3479.39	915.51	75.70	582.81	1006.79	646.19	2498.24
比上年增长（%）	127.52	137.85	138.95	133.53	138.28	125.27	129.77	138.68
所占比重（%）	100.00	100.00	100.00	100.00	100.00	100.00	100.00	100.00
其中：								
(1) 国有企业产值（亿元）	17824.15	1202.46	31.17	54.19	382.47	594.30	382.98	646.34
比上年增长（%）	112.40	123.51	117.11	134.50	127.46	117.83	122.02	121.74
所占比重（%）	48.09	34.56	34.32	71.59	65.63	59.03	59.27	25.87
(2) 集体企业产值（亿元）	14101.19	1174.41	323.69	7.23	129.56	303.91	188.50	1545.21
比上年增长（%）	139.38	141.72	154.28	144.89	148.15	129.30	135.47	141.14
所占比重（%）	38.04	33.75	35.35	9.55	22.23	30.19	29.17	61.85
(3) 个体企业产值（亿元）	2506.80	184.60	64.92	2.77	57.52	94.87	66.64	210.39
比上年增长（%）	125.88	155.18	165.49	115.89	226.37	158.88	163.09	172.90
所占比重（%）	6.76	5.31	7.09	3.66	9.87	9.42	10.31	8.42
(4)其他类型企业产值(亿元)	2633.56	917.91	212.74	11.51	13.27	13.27	8.08	96.30
比上年增长（%）	164.85	125.25	150.30	127.60	155.39	296.11	198.04	188.89
所占比重（%）	7.11	26.38	23.38	15.20	2.27	1.36	1.25	3.86

说明：全国“增长速度”按可比价格计算；所占比重以当年价格计算。分省“增长速度”、“所占比重”均按当年价格计算。

资料来源：根据《中国统计年鉴》（1992、1993）的数据计算而得。

（1）经济外向度大大提高。1979 年广东的外向度仅为 12.3%，位居于天津、上海、辽宁之后，福建更低，排名更靠后。但到 1990 年，广东的外向度已达 34.2%，位居全国第 1 位；1992 年高达 45.82%，遥遥领先于全国各省市；海南 1992 年外向度达 35.73%，已跃居全国第 3 位，仅次于广东和上海；福建的外向度为 33.09%，居全国第 5 位（见表 5）。

（2）进出口增长极快。1991 年，广东省的进出口总额已高达 221.98 亿美元，跃居全国第 1。比全国第 2 位的上海高 1.76 倍。从增长速度看，最高的是海南，为 42.2%（1991 年），其次是福建，为 34.7%，广东为 29.1%，即华南经济圈三省按年均增长速度分别居全国第 1、第 2、第 3 名。

到 1992 年，广东出口总额已占全国的 24.06%。

（3）利用外资居全国之首。从表 5 可以看出，1992 年仅广东省就占全国利用外资总额的 24.2%，如再加福建、海南，则利用外资总额已超过全国 1/3；年底登记企业数三省已占全国的 43.4%，仅广东省就占 31.2%；投资总额三省占全国的 40.5%，其中广东占 30.9%；注册资本三省占全国的 39.9%，其中广东占 30.2%。

表 5　华南经济圈外向经济发展在全国所占比重（1992 年）

	外向度		进出口总额		出口总额		实际利用外资		外商投资企业注册登记情况					
	比重（%）	全国排名	亿美元	占全国比重（%）	亿美元	占全国比重（%）	万美元	占全国比重（%）	年底登记企业个数（个）	占全国比重（%）	投资总额（万美元）	占全国比重（%）	注册资本（万美元）	占全国比重（%）
广东	45.82	1	296.08	17.88	184.39	24.06	474641	24.20	26365	31.2	3172017	30.9	2046928	30.2
福建	33.09	5	65.75	7.74	42.75	5.58	146561	7.63	7423	8.8	602774	5.9	370305	5.5
海南	35.73	3	16.90	1.99	8.77	1.14	51480	2.68	2829	3.4	384117	3.7	283749	4.2

资料来源：根据《中国统计年鉴》（1993）、《中国对外经济贸易年鉴 1984—1993》数据计算。

（五）建立有效竞争机制、活跃利益主体——完善市场经济的两大要素

具有普遍意义的是珠江三角洲“四小龙”的崛起与发展：

（1）佛山县鼓励县办国营工业、镇办集体企业、联合体、乡办经济、经营企业等“五个轮子一起转”的办法，活跃市场竞争，在竞争中求发展，促进市场主体多元化；

（2）中山市鼓励优势企业联合，兼并弱小企业，组建企业集团，提高竞争能力；

（3）东莞市大办“三资”企业、“三来一补”以达到“借腹生子”；以国内外市场为导向，引进先进管理，用市场配置资源；

（4）顺德县实行“三为主战略”，即集体经济为主、镇办企业为主、骨干企业为主，发挥大型骨干企业的优势，使顺德很快繁荣了起来。

华南经济圈三省为创造市场竞争条件、改善市场环境，采取了“对外更加开放”的政策，实行了“对下更加放权”的措施。对外更加开放就是要选择多种多样的开放方式，形成多层次、多形式的开放格局；对下更加放权就是实行分级分层决策，赋予市、县、企业以较大的经营决策自主权。

三　发展趋势与战略选择

改革开放以来，中国经济获得了高速发展，但由于历史的原因、资源的差异，使区域经济结构各具特色，发展水平很不平衡，东西差距进一步拉大。从发展趋势看，这种区域发展的不平衡状态、沿海与内地的经济差距、华南经济圈三省与多数内陆腹地各省的增长差异仍将延续较长一段时间，甚至会进一步加剧其不平衡发展。所以，国家区域经济政策的重心应该是协调区域发展、活跃区域市场、完善区域竞争机制。根据这一思路，可能出现下列三个“转向”。

（一）从“三大经济带”转向“沿海、沿边（境）、内陆腹地”

中国历史形成的、后来又在“七五”期间将东部、中部、西部三大经济带作为地域单元制定发展规划、确定开发重点，这在当时实行东向开放政策的情况下是具有一定作用的，也是符合将有限的财力、物力，投入到效益好、见效快地区的原则的。然而，随着沿边、沿江、沿线和内陆省会城市的相继开放，将逐步形成全方位的开放格局，东部、中部、西部三大经济带将失去存在的意义，与此同时，继沿海城市开放之后正在形成一个沿边（境）开放地带，而在沿海与沿边之间是一个资源丰富、地域辽阔、人口众多的内陆腹地，是一个可以利用资源优势、替补市场空当的宽度区间。这样，沿海地带可充分利用沿海优势、港湾条件，继续对外开放，扩大边境贸易，扩大经济合作，以带动沿边经济腾飞；内陆腹地应发挥自己的比较优势，提高资源加工深度，进行资源综合利用，发展进口替代产业，等等。依我看来，这种“转向”将是必然的，而且是合理的，它也必将成为一种发展选择。

（二）从沿海开发转向“井”字形开发

80 年代，我们集中人力、物力、财力对沿海一带进行了重点开发、建设，并取得了辉煌业绩。目前，它已成为我国主要的经济增长源。从发展看，它仍将是完善市场经济的试验场，华南经济圈三省必将带动相邻省份迅猛发展。但我们也看到，中国在向市场经济体制转换中，必将进一步全方位、多层次、多角度地开放，除继续扩大沿海开放外，还将相对地集中人力、物力、财力，重点开发沿南北铁路线（与沿海呈平行线）的中轴地带；还将同时重点开发沿江（长江）、沿河（黄河）两大平行轴线，这两轴线与沿海、沿南北铁路线几乎呈现平行，形成一个“井”字形生产力布局。事实上，这种“井”字形的开发格局正在形成。随着三峡工程的建设必将带来长江流域中下游地区的进一步繁荣；黄河作为中国文明的象征、文化的发源地，加上这一流域极为丰富的能源资源，必将成为中国经济增长源之一；京广铁路沿线大城市密集、贯穿南北、跨越中国三大江河（黄河、长江、珠江），是中国的宝地。如果这一区域发展战略得以实现，中国将真正形成四通八达、布局合理、协调发展的经济体系。

（三）从行政区域型转向七大经济圈

随着中国改革开放的不断深入，区域发展必将步入经济集团化、区域整体化，由国内循环逐步进入国际循环，积极参与国际竞争，并为提高国际竞争力，将由自发到自觉地组成地域经济圈。根据中国区域特点，将会在目前已初具规模的基础上按所处地域形成七大经济圈：

（1）以广州为中心的南中国经济圈，它包括广东、福建、海南、湘南、赣南、桂东部分地区。该地域将与港、澳、台地区市场并轨后面向东南亚，以及亚太地区扩大开放、竞相竞争。

（2）以上海为中心的华东经济圈，包括江苏、浙江、安徽、鲁南、赣北等地区。

（3）以武汉为中心的华中经济圈，它包括河南、湖北、湘北、川东等部分地区。

（4）以北京、天津为中心的环渤海经济圈，它包括河北、山西、鲁北、辽宁沿海、内蒙古部分地区。

（5）以哈尔滨为中心的东北亚经济圈，它包括黑龙江、吉林、辽宁北部、内蒙古东部部分地区。

（6）以昆明为中心的西南亚经济圈，它包括云、贵、川、西藏、广西部分地区。

（7）以乌鲁木齐为中心的西北亚经济圈，它包括新疆、青海、甘肃、陕西、内蒙古西部地区。

上述三个“转向”只是区域经济发展的选择方案，在现实经济发展中它不可能是一成不变的，也不会是“一刀切”的。它可以是外向型为主的区域发展战略方案，也可以是内需为主的，或是两者兼顾的区域发展战略方案。但不论如何选择，都必须遵循因地制宜、资源互补、各扬其长、协调发展的原则，以促进生产力的合理布局和经济的全面发展。

参考文献

［1］陈栋生主编：《区域经济学》，河南人民出版社 1993 年版。

［2］刘树成、李强、薛天栋主编：《中国地区经济发展研究》，中国统计出版社 1994 年版。

［3］中国社会科学院经济学科片课题组：《中国经济进入 21 世纪的理论思考与政策选择》，《经济研究》1994 年第 8 期。

（原载《数量经济技术经济研究》1995 年第 1 期）

日本企业经营战略的专业考察

一

应日本生产性本部的邀请，北京技术经济和管理现代化研究会与首都企业家交流协会赴日考察团一行11人，于1988年10月16—30日对日本企业经营战略进行了专业考察。在日本先后对日本生产性本部、本州造纸厂、日产柴油汽车工业公司、藤泽工厂、小池酸素工业公司、DAIKIN公司、田中贵金属工业有限公司、东京工业品交易所、派罗德制笔公司、三宝乐啤酒厂等10多个工厂、企业进行了考察、访问、交流、座谈，并参观了现场，先后同70多位学者、专家、企业家进行了交谈。

在日逗留期间，日本生产性本部理事长宫井先生接见了我们，并就如何提高生产率、完善企业经营战略等问题发表了很好的意见。生产性本部经营指导部长田中先生就如何提高企业家素质、如何考虑企业经营战略等问题发表了很有启发性的讲话。

---

* 考察团成员有：郑友敬（考察团团长，中国社会科学院数量经济与技术经济研究所教授、副所长、北京技术经济和管理现代化研究会常务副会长兼首都企业家交流协会会长）、金周英（考察团副团长，中国社会科学院数量经济与技术经济研究所副教授、研究会副秘书长）、朱翰玉（考察团秘书长，研究会与企业家交流协会常务副秘书长）、刘山恩（团员，北京电焊机厂副厂长）、王梦龙（团员，北京焦化厂副厂长）、张林（团员，北京友谊宾馆财务部副部长）、王志儒（团员，北京造纸包装工业公司副总经理）、李学尧（团员，北京水泵厂总会计师）、艾大成（团员，中国黄金总公司副总经理）、鲁强（团员，北京制笔工业公司总经济师）、田玉霞（团员，北京绢花厂总会计师）。

二

我们这次考察的主要议题有：（1）日本企业的经营战略；（2）日本企业的对外经济发展。由于考察目的明确，准备充分，加之方法得当，既有现场参观，又有座谈、讨论。所以这次考察有一定的深度、广度，对我国当前的经济体制改革，特别是企业体制改革颇有裨益。现就如下几个问题谈谈看法。

（一）关于企业经营战略问题

日本的管理学家认为，企业经营战略的主要内容是确定企业经营目标、制定实现目标的经营策略，并根据经营策略不断调整与改善企业的生产结构、品种结构、组织结构、销售市场的结构。因此，确定企业经营目标是企业经营战略的核心，是企业经营战略管理的首要工作。

通过这次赴日考察我们强烈地感到，当今日本企业经营战略和70年代以前已有很大的不同：70年代以前，日本的物质还很不丰富，生产还满足不了需要，生产出来的产品就可卖掉，所以，当时的企业经营战略是“以生产为中心”，主要目标是把产量搞上去。进入70年代，特别是1973年石油危机之后，企业外部环境变化很大，对外贸易也出现了很大的困难，生产出的东西不一定能卖出去，卖不出去就不能实现真正的经济效益，这时是以“销售为中心”。进入80年代后，日本的经济形势又发生很大变化，生产力得到极大的发展，物质已相当富裕，这时，人们对商品的选择性越来越强，要求越来越多样化，因此，企业经营战略又发展为“以用户为中心”，企业向每一个职工都灌输“我们的薪金来源于顾客”的思想。他们认为“日本之所以能有今天的繁荣和发展关键就在于竞争机制”，在各个行业与各种产业，人们都奉行“顾客就是皇帝”的准则。

由于“以生产为中心”和“以顾客为中心”的经营战略的截然不同，就造成了企业的经营特征和工作重点的不同（详见下页表）。

造成企业经营战略变化的根本原因是市场需求变化，即用户对产品需求的个性化、多样化和高级化。这种企业经营战略的特点主要表现在：

两种经营战略比较

以生产为中心	以顾客为中心
1. 以生产为中心	1. 以顾客为中心
2. 重视销售额的增加	2. 以消费者主导，重视售后服务
3. 追求扩大企业规模	3. 优先考虑经济性
4. 少品种、大批量生产体制	4. 多品种、小批量生产体制
5. 注重产品数量	5. 重视经营的整体业绩
6. 产品重、厚、长、大	6. 产品转向轻、薄、短、小
7. 产品寿命周期较长	7. 产品更新换代频率加快
8. 企业内部生产经营活动以技术为重点	8. 对企业的社会使命越来越重视
9. 集中管理，集权型结构	9. 事业部制，分权型结构
10. 重视企业经营中的物质因素	10. 重视信息资源的开发和利用
11. 企业实行全能型经营	11. 加强企业间合作、专业化协作
12. 优先考虑使用企业内部的人、财、物	12. 重视借助外界力量，经营多角化，推进企业拍卖转让
13. 大企业支配中小企业	13. 企业关系多样化，大中小企业分工合作
14. 外贸输出第一	14. 开始转向内需为主
15. 产品模仿先进国家，出口以廉取胜	15. 创造高技术产品，追求高附加价值

1. 企业经营多角化

我们考察的派罗德制笔公司是一家有70年历史的制笔老厂，它生产各种自来水笔、圆珠笔、签字笔、油彩笔、自动铅笔等。产品出口到100多个国家，但现在其电子计算机部件的销售收入已占总收入的30%，超过了制笔工业的收入。他们还生产建筑用的铝型材、金首饰和杂货文具等。虽然笔的产量近几年内因需求减少而大幅度减产，但由于进行了多角化经营，企业经营的规模不仅没有压缩，反而有所发展。日本工业新闻1988年曾对企业拍卖、合并的理由进行调查，73.2%的企业回答是为了进行多角化经营。可见，多角化经营在日本企业经营决策中的地位是非常重要的。

2. 企业管理电子计算机化

由于日本实行的是多品种、小批量的生产体制，所以，生产管理、产品管理、库存管理难度加大，供销管理、产品研制越加复杂。但经日方介绍和我们现场观察发现，日本企业有很强的适应能力与开发能力，给我们留下的深刻印象是：

（1）管理计算机化。考察中我们发现，由于多品种、小批量，对于生产调整过程的信息质量和及时性都要求很高，稍有不慎，不仅会引起生产过程的混乱，更影响产品的销售、厂家的信誉、未来的发展，特别是生产的产品越来越复杂，配套件逐渐增多，专业化协作日益广泛，需要收集与处理的信息数以万计、几十万计，如果采用过去的传统管理，依靠人工处理将无法进行。为了解决这一矛盾，日本企业在生产管理中普遍使用了电子计算机管理、控制，电子计算机辅助设计、模拟制造。藤泽工厂从接受用户订单到给用户提供所需各类产品不超过八小时，为此，该厂的计算机和各地的销售门市部、半成品库以及生产线实现了联网，只要通过人机对话，就可了解到该产品所用部件在国内的存货、所需部件明细及数量，以及在装配线上的进度，等等。整个查询过程仅需两分钟，然后下达生产指令。

（2）生产柔性化。日方介绍说，多品种、小批生产体制，各种配件上场下场交换频繁，如果采取过去那种固定式的高效专用自动生产线将很难完成，即便能较顺利地实现调产，也要花费大量的准备工时和设备改造资金，若采用手工操作设备又会影响效率，造成成本上升，不能适应多品种、小批量生产的需要。所以日本企业目前大量采用的是计算机控制的自动加工中心，只要改变输入计算机的生产指令，加工中心就可自动调整加工程序，一个或几个加工中心便可组成十分方便的柔性加工自动生产线。这样，企业就可以根据消费者的要求、产品特性，把任务以包干的形式下达给作业小组或生产者。

（3）混流作业化。企业除采用计算机管理和柔性生产线以外，为了适应消费者多品种、小批量的要求，还普遍推行了混流生产，即在一条流水线上进行不同规格产品的装配。要实现混流生产，必须实现同步运行，装配线上所需的上千种零件都要在需要的时候准时提供，日本称之为准时生产制。由于不同产品的工时消耗不同，要使不同的产品和生产节拍相吻合是十分困难的。在日本是用计算机进行计划、测算，当装配线的混流计划确定以后，再根据装配的进度需要，依次往前推，便制订出零件生产和提供协作配套件的进度计划，使部件生产和总装达到同步运行。

特别需要指出的是，日本企业生产的自动化不仅实现了高效率，而且具有较强的灵活性，这就为提高企业的适应能力和应变能力提供了先进的物质手段，这正是日本企业可以高效率、低成本地进行多品种、小批量生产的重要原因。

3. 生产服务专业化

日方介绍说，为适应多样化需求，要相应扩大企业经营活动的范围，如果仍然一切都是自己从头搞起，那么企业规模将会越来越膨胀，即使精明能干的企业家，其最终的失败也将是不可避免的。所以企业要提高效率，必须实现生产服务的专业化，把更多的零部件生产由社会协作完成。在我们考察的全过程中没有看到一个企业是自己完成一切加工过程的全能型企业，即使实力很强的大企业，其外协配套率也都是十分高的。日产（柴）汽车厂零部件自制率仅为20%，其他全部外协。参观考察的其他企业的外协配套率一般也在60%—70%。派罗德制笔公司只生产关键部件，连产品的装配都是外协完成，外协厂装配好后交本厂验收，贴公司的商标后才能出厂。京阪宾馆的服务专业化程度更高。这座有334间客房，可容396位客人的宾馆，仅有正式职工20人。这20人的主要工作是接待客人、联系业务、结算账目。而打扫客房、餐厅经营、设备维修、停车场管理等工作都转包给其他人去干，甚至宾馆使用的被褥也都是租用的。这种高度服务专业化，使经营者可集中力量进行扩大客源的工作，而且由于人员少，减少了费用，保持了经营的灵活性和低成本，成为当地旅馆业中的佼佼者，每三年就可赚回一个同等规模的饭店。

4. 现场管理文明化

为及时发现问题，解决问题，日本企业非常注意对生产第一线的现场管理，其现场管理的特点是推行看得见的管理，使生产现场一目了然。在我们考察的企业中，每个企业都有电子显示装置，即使非本企业的人进入车间也可知道计划生产的是多少，完成了多少；如发生了问题，便可知道问题发生在哪一个工位。此外，生产车间还装有专用设备，出现问题立即报警，并通过计算机将信息反馈回生产指挥部门。日本企业家认为，要保持企业的灵活性、适应需求变化，就必须树立“现场主义”。如果生产现场不能及时得到管理信息，就不能快速做出反应。为了实现这种看得见的管理，日本企业还十分重视现场的管理、整顿、清扫、安全生产等工作。我们所到之处现场都很整齐、干净，并把企业现场的文明生产看成是企业管理的基础，是提高企业应变能力的有力手段。

日本企业实施经营战略的一个突出特色是：车间、工组、作业班，甚至每个人都有保证企业总目标实施的分目标，并为完成自己目标不断地提出合理化建议。现日本企业已形成一个完善的合理化提案制度，在我们考察的企业中毫无例外地都向我们介绍本企业提案活动的开展情况、组织机构、奖励办法等。如上尾工厂去年计划每人提案 40 件，实际完成 57. 3 件，总数达到 306189 件，产生了 50 亿日元的实际效果。他们还介绍说，过去是用钱买方案，现在已改为提案取得效果后给予奖励，突出了实效性。他们也承认，合理化提案工作并不完全是一件愉快的事，甚至伴随着痛苦，做出局部利益的牺牲，如上尾工厂通过合理化建议改进工作，工时去年比前年减少了 20. 8%，今年还要再减少 15%，为此，一些职工的工作将要被调整，一些职工的工作负荷可能要增加。但在这种情况下，日本职工能自愿地做出牺牲和企业同舟共济。当我们进一步询问他们的具体做法时，回答是多种多样的，概括讲是终身雇佣制增强了企业的凝聚力，他们不是用扩大差距的办法，而是采用具有平均主义色彩的方法，比如，除工资外，其他福利都力求使工人和管理者一致，一般领导和高层领导一致；厂长和职工一起在同一食堂就餐；奖金按统一标准发放，等等。

（二）关于企业对外经济发展问题

在我们考察的企业中，每个企业都与国外有密切的经济联系，有的大部分产品向世界各国出口，有的大部分原料从世界各国进口。如日产（柴）所需原料的 75% 从国外购进，同时它的产品又出口世界 120 个国家，他们自豪地向我们介绍说，从安提瓜到津巴布韦，从海岛到大陆，在全球五洲四海的每一个角落，都可以见到他们生产的各种汽车。在挪威，他们的汽车正在装运“可口可乐”；在西伯利亚，他们的汽车正在忙着运输木材；在古巴，他们的汽车正奔跑在建设工地上；在美国、加拿大、马来西亚等地，他们的汽车也到处可见。派罗德制笔公司的产品销往世界 114 个国家；小池酸素工业株式会社与 60 多个国家和地区有各种经济贸易往来；DAIKIN

公司的原料从中国等国进口，而它的产品倾销美国、西欧、澳大利亚、中国……日本朋友向我们介绍说，各企业所以取得上述成功也都经过极其艰苦的努力，如果各个企业不开创对外经济发展的新路，而是在优厚的保护政策的温室里过日子的话，肯定不会有今天这样的繁荣。他们难以忘怀的是“动荡的70年代”——1971年的“尼克松冲击”，1973年的石油危机，1979年的第二次石油危机，给耗能大的基础材料工业带来了极大的困境，并使其陷入了结构性萧条。但也由于外界的这种压力迫使日本经济的转型——由追求经济增长转到充分应用增长的成果，产业政策的转变——从过去的重化学工业化政策转为推进新的知识密集型产业政策。知识密集型产业所指的创造更高的技术、更高的附加价值的产业，包括各种软件产业、信息产业，也包括将原有的工业电脑结合起来的数控机床及电子、印刷融合为一体的“印刷电子学”，也许还包括时装产业、研究开发产业，等等。日本的出口额从1950年的8亿美元发展到1987年的2300亿美元，即近300倍，是日本推进了开放体制的结果。但他们也充分注意到，日本今后要继续在世界经济中谋求发展，必须充分发挥自己的优势，创造高度化的知识密集产业。

根据日本学者与企业家的介绍，以及我们对十几个企业的实地考察，我们认为，日本企业对外经济取得成功的关键有以下几点：

1. 具有“人、机械、工艺”三位一体的高度自动化的综合生产体系

日产（柴）向我们介绍说，他们企业发展是干练的专家、优秀的技工队伍、现代化生产设备和先进生产工艺相结合的产物，有了这“三位一体”就能组成高效的自动化的综合生产体系，就可研制出优质可靠的各类产品，就可在激烈的世界性的竞争中获得成功。现他们的专业技术人员正与自动化铸造设备、冲压生产线、数控精密机床、电脑生产设备、工程数据处理系统，以及集现代化技术之精华相结合，创造最新的设计、最新的技术和最新的产品。日本企业家深深懂得，日本的资源贫乏、地少人多、生产原料大部分依靠进口，因此，企业要发展必须充分发挥自己的优势，用较少的进口资源生产出更多的价值，这就要“用更高的知识，向成功挑战”。正如日本生产性本部宫井理事长说的那样：“要给机器加上知识”，“人不仅是机器的手脚，而更重要的是人是掌握机器的主人”。

2. 十分重视产品质量，做到“质量第一，人人皆知”

在日本考察期间，所到之处都可看到醒目的警句：“质量第一”、“顾客至上”、“下道工序就是顾客”。有的企业提出：“卖给顾客的不是产品，而是信誉与进步”、“不拿顾客做试验”。有的企业更明确提出：“改进了产品质量就是提高生产效率，合理利用生产能力就是增加了利润，提高了经济效益。”上尾工厂厂长饭田先生向我们介绍说，为了落实“质量第一”，他们对每个生产环节都进行严格检验把关，从原料选择，协作件检查到产品成品的最终检验，都有严密的质量管理系统。他还说：“质量第一”对他们来说就是最高命令，绝无妥协的余地，这也是对用户的庄严许诺，因而只能负责到底，百分之百地加以实现。日产（柴）为确保产品质量进行耐久性试验和特殊性能试验，修建了第二个完全采用崭新设施、利用最现代的技术，并能进行一系列严密测试的卡车测试场。他们认为，通过这一测试场试验的各类型号的车辆，质量与可靠性都将有很大的提高。日本生产性本部的田中先生认为，在质量管理上“就是一个小小的环节也不容忽视”。

3. 视新产品开发如同企业的生命线

DAIKIN 公司淀川制作所副所长竹内先生向我们介绍情况时，第一句话就说：“企业要生存就要不断地开发新产品。”藤泽工厂厂长高桥先生认为，现在工厂销售的产品大体上分三种：一是通用产品，二是以销定产的产品，三是特殊用户所需产品。这三种产品中第一种产品数量在逐渐减少，而第二、三种产品数量在逐渐增加。该厂为满足第二、三种产品用户，不仅有很强的产品设计能力、新品开发能力，还有很强的应变能力。他们规定：在 8 小时（准确说是 7 小时 58 分钟）内要把特殊用户所需产品送到用户手中。为接受订货、编制计划等全部由电脑控制，且在 2 分钟内必须完成，然后交付研制。日本生产性本部天野先生说，日本在 1973 年以前，由于生产出的东西就能卖掉，产品出口像瀑布一样地倾销，因此，这时不重视也没有必要花较大精力去开发新产品，后来日本在国际市场上遇到了贸易摩擦，市场竞争形势越来越严峻；在日本国内，居民手中的钱也越来越多，追求消费个性化，即“别人有的我不要，我要别人没有的产品”。这样一方面要求不断加快产品更新换代的时间，另一方面也要求不断增加产品的新功能。过去一种汽车在日本可卖 5 年，现在就不到 5 年。汽车性能与 3 年前也有较大变化：电脑的引入，控制的改进，如汽车停止状态下转弯，这在过去是很难操纵的，尤其是妇女操作就更难，可现在只需一个小手指的力量就行了。日本企业界普遍认为，现在企业战略中最重要的就是开发新产品，在激烈的国际市场竞争中以每一个产品都能适应全球用户的各式各样的（一般的或特殊的）需求来战胜对手。日本企业为保持新产品开发的优势，在人力配备与资金上都予以特别的优惠，如人力配备上：在日产(柴)，一线工人 2300 人，而研究开发试验的人员就有 1100 人；藤泽工厂一线人员 860 人，研究开发人员就近 200 人。资金上“即可以科研项目向国家申请科研基金，也可由公司、企业提供资助。”据我们考察了解，公司、企业在新产品研究开发方面也是值得花这笔钱的。

4. 企业对外经济发展战略主要是多品种、小批量的多角化战略

小池酸素工业株式会社田泽厂长说：“我厂规模不大，但产品出口世界 60 多个国家与地区，主要就是靠多品种、小批量。”本州造纸厂古川先生向我们介绍说，他们为满足用户需求，扩大生产销售各种纸张，品种多达 300—400 种，厚纸多达 700 种。日产（柴）上尾厂长饭田先生说，他们厂现生产各种卡车 210 多种，2000 多种型号，生产各种发动机 1600 多种，如果不同型号需不同的发动机，则型号、品种加上款式、颜色等，就有几万、几十万种，所以，可以说生产的每一辆车都是不同的。藤泽工厂的产品品种达 270 种，型号达 17000 种……看来，日本企业对外经济发展的一个重要原因就在于：能满足各式各样用户的多种需求，包括一般需求和特殊需求。日产（柴）的朋友向我们介绍时自豪地说：“我们生产的各式卡车，款色丰富，应有尽有，完全能够适应任何地点的任何需要。”

在考察中，我们感到，日本企业所以采用这种多角化战略主要有以下三个原因：

（1）适应消费心理的变化。在发达国家，消费的个性化、多样化已呈趋势；在日本，“别人有的我不要，我要别人没有的东西”已成时髦。作为企业家的任务就在于让广大用户打开心灵的窗户，满足他们对产品的各种欲望，并通过满足对这些产品的欲望，给他们带来物质与精神上的享受。在这里，企业的经营者除千方百计地满足现存需求外，还要创造潜伏在消费者心中的需求，开发与挖掘这种需求，并进而满足这种需求。无疑，谁

能开拓这样的市场，谁就能占领这样的市场，谁就能在千变万化的市场竞争中取胜。日本这种“多品种、小批量”的战备看来还是源于“用户就是皇帝”这一经营理念。

（2）克服物质资源的约束。地球上的物质资源正以惊人的速度在减少，人类对此也深感忧虑，尤其是日本，资源奇缺，许多原料都需进口，生产出的各种产品又要出口。为了节约各种资源、为了以出养进、为了少进多出，日本企业采用了“替代战略”，从能源替代、材料替代、零部件替代到产品替代、功能替代，使产品向“轻型、紧凑、省能、精密”以及“高速、高旋转、高效、多功能”转化，从产品重厚长大转向轻薄短小，从“量”大转向“质”优，从规格化转向多样化，从产品的单一功能转向多功能，从“理化性”技术转向“生命科学、信息科学性”技术，从以工业或产业为中心的技术转向以生活为中心的技术，等等。

（3）具备科学技术的能力。要实现“多品种、小批量”的企业对外经济发展战略并非易事。我们考察期间，亲眼见到日本企业具有很强的科学技术能力、开发研制能力、综合设计能力、生产指挥能力。在淀川工厂看见一个人看管25台机床；在三宝乐啤酒厂的巨大的生产车间里见不到一个人，完全是高度的综合自动化生产；日产（柴）可生产从4.25—45.0吨的各种类型、各种型号的卡车：在施工车辆方面有翻斗汽车、起重汽车、救援吊车等；在货车方面有载重汽车、牵引汽车、油糟车、冷冻车、散装货车等；在市政管理方面有垃圾车、救火车等；在运材方面有各种特殊车辆、拖车、扫雪车、沥青喷洒车、检修车、给油车等。派罗德制笔厂的“关联生产”给我们带来了新的思索。该厂代理厂长芹泽向我们介绍说，该厂创建于1918年迄今已有70年历史，日本的书写工具就是从该厂开始生产的，它是世界三大制笔公司之一，产品向世界114个国家出口。但他们现在生产的产品已超出书写领域，经历了由制笔——→墨水——→复写纸——→小型电子计算机用品——→大型计算机用品的发展，并且还由制笔用铝发展到生产铝建筑材料，由制笔用金发展生产金制品（金戒指、金项链），等等。这种“关联生产”的现象在日本已到处可见，这也说明日本企业的科学技术能力是很强的，是能够适应和有条件实行“多品种、小批量的企业发展战略的”。

5. 搞好售后服务是对外经济发展、扩大出口的重要环节日本企业家认为，不仅要使用户在买进产品时对产品的质量、性能、可靠性等满意，而且要使用户在使用中也对产品的质量、性能、可靠性等满意。这种后续性工作的重要程度远远超过前者，许多企业都把售后服务视为信誉的一个重要的构成部分，并认为没有优质的售后服务，没有对用户及时的帮助与支援，用户就不会对产品和生产产品的厂家产生信任感。因此，日本企业为搞好售后服务，一方面建立维修服务点、经销服务网，使用户感到厂家就在身旁，零件随时可得，产品修理确有保障；另一方面开展培训，即向国内外代销点、维修点提供技术情报、减少保养次数、提高工作效率，甚至派精通技术、维修的业务人员亲临指导用户“如何使用，如何保养维修”。小池酸素工业株式会社的田泽先生说，搞好售后服务对扩大对外经济发展非常重要，应该做到“产品销售到哪里，售后服务就跟到哪里”。

6. 创造良好的外部环境与条件也极其重要

日本企业家认为要发展对外经济，需要有良好的外部环境、条件，包括：

——有良好的经营环境，如市场情况、产品占有率等；

——有良好的技术环境，如新产品开发能力、技术革新能力、应用研制能力等；

——有良好的政策环境，如产业发展政策、财政税收政策、投资货款政策、物价政策、工资政策等；

——有良好的国际环境，如各国间的贸易情况、汇率变化情况等；

——有良好的社会、文化环境，如企业在社会上的地位、兼并与被兼并的可能、终身雇佣制与年功序列制的变化与发展，等等。

这次专业考察虽时间较短，但收获很大。在日本生产性本部为我团举行的考察评价会上，日方对我团的这次考察也非常满意，并给予了高度评价。

（原载《效益与管理》1989 年第 1 期。此文略有修改，此考察报告由我执笔）

前路虽漫漫　俄经济露曙光

——访问俄罗斯之我见

我于7—8月份应俄罗斯科学院之邀赴俄进行学术交流。在此期间，曾与许多经济学家、高校经济学教授，以及一些同窗好友就俄罗斯当前经济现状与改革形势进行了深入交谈，特别是与过去“老同学”的会见、茶余饭后的“闲聊”，使我感受颇多、印象颇深。总的印象可概括为：经济开始复苏，通货膨胀下降，居民满意度增加。但困难依存、改革不配套、政策法规不健全，因而，人们的怨言时而可见。

一　以较高速度发展“后社会主义”经济

普京上任后，特别是今年以来，俄罗斯经济出现了多年未见的好势头，许多经济学家认为，俄罗斯已结束“过渡时期”，经济已走出低谷，“困难时期”已告结束，并将以较高速度发展“后社会主义”经济。

（一）工业增长较快，能源发展迅猛

据经济学家们估计，今年上半年工业增长已超过10%，特别是石油工业增长尤快，超过了50%；其次是纺织工业，估计增长30%至40%；建筑业、铁路运输业的增长也都超过了10%；汽车工业随商品经济的发展已出现高涨，尤其是轻型小轿车增长尤快。

俄罗斯新型小轿车“OKA”问世后，颇受欢迎，它经济适用、价格便宜，每辆只售相当于4000美元（按卢布与美元的汇率折算），很适合俄罗斯家庭收入的现状，据有关专家估计，现俄罗斯每三户就有一辆家用轿车，比前几年有较大幅度增长。

（二）外贸出口形势喜人，财政状况良好

据俄罗斯经济学家们分析预测，上半年进出口总额已达到 700 亿美元左右，其中出口 500 亿左右，进口 200 亿左右，将分别比上年同期增长近 50% 和 8%，外贸顺差高达 300 亿美元左右，比上年同期增长了 1 倍。

另据报道，财政状况已由多年连续赤字变为盈余，经济学家们预计到今年年底财政收入将超过 1 万亿卢布，将比计划高出 20% 以上。

（三）“卢布”稳中有升，外汇储备有较大增长

据介绍，上半年美元与卢布之比为 1：28—29，到 7 月初至 8 月上旬，上升为 1：27.5 左右，最高时达到 1：27 左右。

使我没想到的是：美元与卢布随时随地都可自由兑换，极为方便，不仅可在银行、储蓄所兑换，在宾馆和商店也可兑换，这对于居住在俄罗斯的外国人和外国旅游者来说非常方便。

另据介绍，俄罗斯外汇储备上半年已达 240 亿—250 亿美元，是近十年来的最高点，这一数字比 1998 年增长了两倍多。

（四）失业率较低，就业率较高

有的学者估计，莫斯科的失业率只有 1% 左右，其他中小城市的失业率也比较低，或与莫斯科相近，或略高于莫斯科。彼得堡等大城市比莫斯科和一些中小城市要高一些。

失业率较低的原因，据我分析主要有两方面原因：一是随市场经济的不断发展与繁荣而带来的就业多样化，尤其是个体（私有）经济的发展；二是由于职工工资较低，到退休年龄的职工“明”退“暗”不退，基本还在原来工作岗位上工作，有的虽然办了退休证，但又到其他岗位上就了业。

二　前途仍然多坎坷

大多数经济学家对目前的经济发展前景持乐观态度，广大居民也都看在眼里、喜在心上。但我感到，目前虽然经济发展势头很好，但广大居民

仍然心有余悸、忧虑重重，对未来经济的发展、生活质量的改善仍有恐慌、惧怕之感，他们在谈话中也不时地流露出不满……

（一）恢复元气至少需要4—5年，以至更长的时间

一些学者和专家们认为，若2000年经济增长达到6%—7%（今年上半年国内生产总值（GDP）增长为8%左右），才算有点底气。

至于元气的恢复，我个人认为，需要连续4—5年的持续、稳定的高速增长，同时需要继续深入改革，出台配套措施，健全政策法规。如果不能很好解决财政金融政策、引进外资政策、进出口政策、社会养老保险政策、税收政策、“军转民”政策（即将军用技术转为民用）等，如果不堵塞贪婪的“黑洞”，如果农业落后局面没有较大改善，如果本国工业产品没有较大增长，则消费品价格仍会居高不下，只靠进口消费品的增长及其所带来的表面上的市场繁荣，将难以维持物价稳定。广大居民对此非常担忧。

（二）国内生产不足、供给仍然短缺

一些经济学家在分析当今俄罗斯经济形势时，最大的忧虑是国内生产不足，产品短缺现象严重存在。俄罗斯国内生产的工业品及生活必需品在市场上仍寥寥无几，许多消费日用品都从国外通过各种渠道进口，就连农产品、水果等许多都是“进口货”。因此，居高不下的价格很难缓解。

目前，令人担忧的是传统的俄罗斯的优势产品在市场上难以见到，见到的都是“进口”产品。俄罗斯人抱怨：俄罗斯的工厂哪里去了？俄罗斯的设备哪里去了？明年这些工厂是“开工”还是“关闭”？它们还能生产产品吗？俄罗斯的土地、果园还能长蔬菜、种粮食、产水果吗？是否俄罗斯人有“福气”注定要吃“进口”货、穿“进口”货、用“进口”货呢？

（三）居民的怨气在于薪金低、价格高

居民普遍反映的是：俄罗斯人拿的薪金是卢布（学者们认为，工资水平以美元计算要比美国低25—30倍），但消费品完全是美国的价格，奶制品、肉制品、蔬菜、水果等价格同美国一样（当然，本地产品要便宜一些）。

我在俄罗斯科学院宾馆吃一餐极普通的午餐，其饭菜质量与我50年代留学时的学生餐水平差不多，需要 15 美元左右，晚餐一般需要 20 美元左右。可是，俄普通工人的月工资只有 40—50 美元（以卢布折合成美元，以下同），普通教授月工资只有 120—150 美元，副教授月工资只有 90—120 美元。

最为不满的是那些退休人员，他们的退休金只有原工资的 1/3—1/2（现已提高至原工资的 1/2）。我的许多朋友退休后（多为副教授和高级经济师以上）的退休金只有 40—50 美元。因此，他们采取的对策：一是“不退”或“明退暗不退”（据说，目前无人过问你是“退”还是“不退”），二是多处兼职，每兼职一处有一份薪金。

（四）不满情绪时有流露，尤其是退休人员

我的一位教授朋友告诉我一个数字，使我很惊讶。他说过去（指经济体制改革以前）人均寿命男为 67—68 岁，女为 73—74 岁；现男为 57—58 岁，女为 67—68 岁；我问他，为什么会发生如此大的变化？他告诉我，主要是人们生存环境的变化，生活质量的下降，人们心态的扭曲，精神的忧虑，不顺心和不满情绪等。

在我接触的一些专家、学者中，他们无不为生活而忙忙碌碌、东奔西跑、到处兼职。我的一位同窗好友现已 75 岁，是某大学的副教授（曾参加过“二战”后又读书的“调干生”），理应退休在家享“天伦之乐”，但他告诉我说，如果他退休在家就只能获原薪金 1/2 的退休金，相当于 50 美元左右，他说这根本无法维持正常生活。因此，他采取“不退休”的对策，坚持每周上 8—10 学时课才可获得原薪金。

一次我在公共汽车上遇见一位老大姐，她是参加过第二次世界大战的退休人员，看样子有 80 多岁，身体结实，十分健谈，但她满腹牢骚地对我说：“我参加过第二次世界大战，过去我的退休金可养活 3 个人，现在我一个人勉强维持生活。”我问她：“现在退休金有多少?”她说：“很少很少，每月只有 900 多卢布（相当于 30 多美元）。”

（原载新加坡《联合早报》2000 年 10 月 27 日）

对制定我国能源政策的几点建议

解决好能源问题，是保证国民经济高速度发展的十分重要的问题，是实现四个现代化的物质基础。我们从分析世界能源入手，总结其经验，并在初步研究的基础上，探讨如下几个问题，为制定我国能源政策提几点粗浅看法，仅供参考。

一 当前我国能源生产的发展速度必须高于整个国民经济的发展速度

能源是世界各国经济繁荣的重要基础，是现代化的物质保证，要实现现代化，能源必先行。世界各国经济发展的历史表明：（1）在一定的技术条件下，经济发展越快，能源需要越多，即充分的能源是国民经济迅速发展的前提；（2）国民经济的增长速度与能源的增长速度之间形成了规律性的正比关系，即一个国家的国民生产总值和能源消耗量基本上成正比关系。例如，苏联在工业发展初期，能源总消耗与国民生产总值之比值高达 1.9；美国自 1880—1920 年从农业经济为主转向工业化时期，能源总消耗与国民生产总值之比值达 1.6；我国从 1953—1977 年的 25 年中，能源生产平均每年增长 10.2%，而工业总产值平均增长为 11.2%，即能源的发展赶不上国民经济的发展，因此，出现燃料动力不足、城镇照明用电不足、生活用煤紧张等现象。为加速四个现代化的进程，能源生产必须大发展，其发展速度现阶段必须快于国民经济的增长速度。

随着经济的发展和经济结构的逐步定型，特别是能源利用科学的进一步发展，能源政策的制定，节能措施的采取以及各工业部门对能源的最优利用方案的选择，对能源的利用日趋重视、合理，使能源利用率不断提高，又导致能源消耗量的增长速度略低于国民生产总值的增长速度，即能源消耗增长率与国民生产总值增长率之比值小于1。美国近五十年来（1920—1970），能源消耗量的增长速度每年为2.5%，而国民生产总值的增长速度每年为3.3%，其比值为0.76。根据美国联邦政府矿务局和联邦动力委员会在对美国今后三十年（1969—2000）能源消耗量增长趋势的所谓“标准”设想，美国全国能源消耗量平均每年增长3.5%，而国民生产总值增长4.0%，比值为0.87。西欧各国从1950—1975年，年平均能源消耗量增长：联邦德国为4.0%，法国3.9%，英国1.2%；而年平均国民生产总值增长：联邦德国为5.4%，法国为4.8%，英国2.6%。日本增长速度基本相等（分别为8.8%与8.7%）。苏联从1960—1975年，年平均能源消费量增长率为5.8%，而年平均国民生产总值增长率为7.2%。这一趋势已成为工业发达国家能源发展的普遍性规律。但是，当前我国大体上相当于工业发达国家工业化的前期阶段，耗能量大的工业部门亟待迅速发展，交通、民用耗能水平急需提高，加以节能技术尚不能很快有所突破，因此，我们在安排能源发展计划时，应该参照各工业发达国家经济发展的实践，至少在十年内使能源消耗量的增长速度高于国民经济的增长速度。其高出的幅度应在制订计划时，根据多方面的综合平衡具体确定。

二　加强煤炭的开发与综合利用

我国煤炭资源丰富，探明储量很多，是我国常规能源中生命力最强、最具有发展前景的能源。尽管世界一些工业发达国家在能源消费构成中煤炭所占的比重急剧下降（如美国1950年煤炭占39.6%，1977年只占19.6%；日本1950年占60.4%，1977年只占16.8%；法国1950年占72.4%，1977年只占15.3%），可在一些工业发达国家仍占较大比重（如苏联1977年煤炭在能源构成中所占比重为35.5%；英国为34.6%）。特别是油、气为主的能源形势将逐渐衰落，世界能源领域出现的缺口只有煤炭才能填补，所以，当今世界一致认为，煤炭将重新以能源“元老”、“东山再起”，并将以气化液化的崭新面貌出现，道路越走越宽。我国在今后一个较长的时间内，能源消耗必须坚持以煤为主，大力发展煤炭，把煤炭工业搞上去，是国民经济发展的需要，是人民生活的需要。

当前的迫切问题是如何开发、怎样利用？对这个问题的研究解决，世界上已提出三种不同方式：第一是大建坑口发电站，就地综合利用（像美国的阿巴拉契亚和联邦德国的鲁尔那样），高压输电送往负荷中心。第二是修建长距离运煤管道。第三是7000大卡/公斤以上热值的煤炭以铁路或水路运往消费地区，热值在5000大卡/公斤以下就地发电。究竟哪种方式为最优尚需进行技术经济比较。但就目前而言，长距离管道运煤尚在设想之中，虽苏联已建一条从东西伯利亚的坎斯克—阿钦斯克的运煤管道，估计运煤速度将比铁路快十倍，运输费用也较低，但尚未投产，效果还难预计。至于联邦德国《电力经济》第一期所提出的5000大卡/公斤热值以下可建坑口发电，7000大卡/公斤以上热值的煤炭以铁路运输或水路运输为佳，但仅以热值大小决定运出或就地发电论据并不充分，还应该看把煤炭运往其他地区的用途。若运出去也是用于发电，那就需要考虑是就地发电合算，还是运出去再发电经济效果好。当前在国外主要产煤国家中，火电厂是煤炭的最大用户。美国用于发电的比重1960年为45.8%，1970年为62.5%，1976年为74.4%；苏联用于发电的比重1958年为21.7%，1967年为37.8%，1975年为40.0%；联邦德国1960年为17.2%，1970年为31.7%，1976年为39.2%；英国1960年为26.8%，1970年为49.2%，1976年为62.9%。这些国家多把电站建在矿区，通过远距离输电线路把电力输送出去。苏联煤炭基地顿巴斯，这样的电站就有8座，联邦德国鲁尔共有62座，澳大利亚的火电站也大都建在煤炭基地附近。这说明坑口发电、就地发电的方式，已为主要以煤作发电燃料的国家所广泛采用。

我国情况相差不多，也是50%以上、有的地区甚至把绝大部分煤炭用作一次能源发电，在这种情况下，建设煤、电、钢铁、化学联合生产基地，或建设煤、电、化联合生产基地，或至少建设煤电联合生产基地是切合实际的有效措施。根据美国阿巴拉契亚和联邦德国鲁尔的经验，就地建设火电站，就地建设钢铁联合企业，若能研究解决煤炭气化、液化等关键技术，采用管道向大城市输气，不仅可以大大减轻铁路运输负担，而且，有助于综合利用，有助于提高劳动生产率和热能利用率，也有利于治理“三废”、保护环境。如我国山西煤炭储量丰富，工业基础良好，资源条件与美国的阿巴拉契亚、联邦德国的鲁尔极为相似，但由于我们生产力布局不甚合理，电力、钢铁、化学工业不足，农业、轻工业跟不上，使其发展缓慢。美国阿巴拉契亚的钢产量达6300万吨，发电量4800亿度，分别占全国比重60%和61%，而我国的山西只占3.3%和4.0%，从解决我国当前能源不足，加速工业现代化出发，对于山西煤以及与山西条件相仿的其他煤炭资源丰富的地区，应仿照美国阿巴拉契亚和联邦德国鲁尔的开发方式就地建立煤、电、冶金、化学工业联合基地为宜。

三　加紧石油勘探，迅速发展石油工业

石油是保证国民经济高速度发展的重要条件，是工业发达国家实现现代化的重要手段。日本和联邦德国等诸国在第二次世界大战后一二十年实现了现代化，在很大程度上是依靠了石油。日本在能源消费结构中，1960年煤炭占58.1%，石油占34.1%，联邦德国分别占77.6%和20.8%；1965年日本煤炭就下降至37.0%，而石油上升到56.6%，联邦德国也相应变化为57.7%和39.6%；1970年日本分别为25.8%和69.6%，联邦德国为40.8%和51.3%；1975年日本煤炭下降到20.0%，石油上升到73.4%，联邦德国同期为32.2%和49.7%。美国早在1948年，石油和天然气在能源结构中的比重就已超过了煤炭。1951年，石油就开始高于煤炭（石油占38.9%，煤炭占38.1%），其投资占全国工业投资的16%，居第一位。1973年，美国煤炭只占19.8%，而石油与天然气却占78.3%。苏联对石油的需要量也在不断增加。1964年以前，煤炭一直在能源消费结构中占主导地位，1965年开始下降，且石油与天然气所占比重（分别为29.3%与20.3%）已超过煤炭（占49.2%）；1970年煤炭下降到40.0%，石油与天然气上升到58.5%；到1975年，仅石油一项所占比重就超过了煤炭（分别是36.8%和34.6%）。我国在第一个五年计划期间，煤炭占93.1%，石油只占4.5%；1977年，煤炭下降为70.6%，石油上升到22.2%。这与工业发达国家相比，仅相当于工业化前期的水平。

世界各国工业化发展历史表明，各国经济高速度发展的年代正是石油工业繁荣之时，这是因为在工业、农业和国防现代化建设中，特别是农业机械化、铁路运输内燃机化以及公路、航运的发展，石油是其他能源难以

取代的动力燃料，石油化学和有机合成工业的迅猛发展，不仅以石油为重要原料，而且消耗的动力也相对较多。因此，在我国高速发展国民经济必须加强石油勘探、开采，大大提高油、气在消费结构中的比重，这是四个现代化的需要，是国民经济高速度发展的需要。

新中国成立以来，我国石油工业发展很快，石油在能源消费结构中的比重也有了很大变化，但距国民经济高速度发展以赶超世界先进水平对我们的要求，还相差很远。按照十年规划，到 1985 年，油气在我国能源生产中的比重将从目前的 26% 提高到 37%，还要在本世纪内创建十来个“大庆”，这就必须有储量作基础，使石油储量的增长速度超过原油产量的增长速度（目前差距很大，1965 年到现在，产量增长近 8 倍，而储量只增长 1.5 倍）。为此，必须加紧石油勘探，迅速增加石油储量，这也是加速发展石油工业的中心环节。

四　因地制宜地发展水电站

我国水利资源极其丰富，占世界第一位，且可供利用的有 50%，而目前只开发利用 2%。因此，水力资源潜力很大，特别是南方各省，煤炭少，因地制宜地发展中小型水电站，是解决农村用电的不可缺少的来源。尽管单位投资比火力发电高 60%—70%，但成本却低 66%—75%，并且，资源可靠。世界从 1949 年开始大力发展火电厂，到 1973 年为高峰，但仍有像瑞典、加拿大、瑞士、南斯拉夫以水力为主进行发电的国家。这些国家从本国实际出发，开发利用本国水力资源，电力工业发展较快。按人口平均发电量（以 1976 年计），加拿大为 12679 度，占世界第二位；瑞典为 9805 度，占世界第五位；瑞士为 5480 度，占世界第九位。目前，我国只 300 度左右。所以，我们完全有条件有理由切合我国实际在大力发展火电站的同时大力发展水电站。另外，就其他以火电为主的国家来说，1974 年以后水力发电量所占比重也略有增加。如：日本 1973 年只占 15.2%，而 1974 年升为 18.5%，1975 年为 18.1%；联邦德国 1973 年只占 5.2%，而 1974 年升为 5.8%，1975 年为 5.8%；法国 1973 年只占 27.2%，而 1974 年为 31.5%，1975 年为 33.6%。解决枯水期发电问题，外国经验：一是建蓄水库储水，二是配合建立火电厂，组织统一电网。

美国最大的水利电力机构田纳西流域管理局的经验告诉我们：

（1）水力发电可以促进地区经济发展，提高人民生活水平，把水电站建设成一个综合经营的机构，负责地区的水利电力事业的规划，促进农业、林业、渔业的发展，为综合开发地区资源、发展地区经济提供条件。（2）对较大河流可进行全面规划，综合利用，开展水路运输。

五　积极慎重地建设原子能发电站

原子能发电将出现大的发展，并随着矿石燃料消耗量的日益增长，原子能今后在能源结构中无疑也会占越来越重要的地位。据 1977 年 9 月在伊斯坦布尔召开的第十届世界动能会议估计，到 2000 年，世界原子能发电在总发电量中所占比重将达到 45%（目前约占 5%），到 2020 年，将达到 57%。然而，近几年发展速度比预想的要慢得多，其主要原因是放射性废物处理技术还存在一定困难，反应堆小型运行事故仍然有所发生，人们有恐惧之忧。在苏联，1954 年许多铀矿工人由于直接接触放射性材料而死亡；1958 年在一座原子能发电站废弃物地下贮藏室发生爆炸；在一次原子试验中，有 1400 名苏联士兵遭受放射性的损伤。鉴于此点，苏联部分学者也反对建原子能发电站，反对者的主要忧虑在于：发电能力达 100 万千瓦的原子能发电站，同一颗两万吨级的原子弹具有同等的毁灭力，一旦发生不幸或被破坏，扩散出去的放射线，能毁灭周围几十平方公里的一切生命，就像扔在广岛的原子弹一样。虽然这种论点论据不足，但是毕竟发展原子能电站的危险性和污染问题是应该充分注意的。现美国正采用两种办法解除人们的恐惧，一是将原子能发电站建设在远离人口稠密的城市的下风处；二是将原子能电站布置在地下：一种是布置在地下岩石中开挖出来的洞室中，洞室的尺寸（以建一台 130 万千瓦的反应堆计）约宽 30 米、高 60 米、长 100 米以上；另一种方式是露天开挖一个直径约 120 米、高约 45 米的竖井，在其底部建造反应堆等，建成后修建顶盖，然后用挖出的泥土覆盖起来。

目前，世界各国为解决能源问题，纷纷提出“能源多样化、分散化”，强调“能源自主”的方针，不能总靠能源进口过日子，因此，英国、法国、美国等都把建设原子能发电站作为解决本国能源的重要发展计划。苏联为解决“能源资源在东、能源消费在西”的矛盾，也在欧洲部分大力建设原子能发电站。在我国，建设原子能发电站还没提到日程上来，人们对原子能利用的前景也缺乏足够的认识。有人认为发展原子能是“以后”的事，甚至是1985年以后的事。这种看法是不对的，也必须消除。对原子能的利用应持积极态度，对原子能发电站的建设应当着手，摸索经验，特别是对那些能源不足、耗能量又大的省份和地区，必须考虑原子能发电站的建设问题。

六　积极开展对各种新能源的研究利用

战后西欧各国繁荣的能源支柱石油，不久将达顶端，煤炭、天然气和原子能的开发利用跟不上形势。因此，人们“担心着能源的未来”。鉴于这种情况，世界各国对新能源的开发利用投入颇大精力。经济发展的实践证明，不能依靠单一能源发展经济，要从本国实际出发，安排煤炭、油气和其他能源在消费结构中的比重。

我国能源丰富，但不仅开发利用程度很低，且对各种新能源的研究也极为不够，更谈不上开发利用。世界普遍认为：除原子能发电将出现大的发展，在电力工业中发挥越来越重要的作用之外，聚变能是解决能源问题的重要途径，预计到20世纪90年代就可实际应用，本世纪末可普遍推广使用；太阳能是近期内具有现实性的一种能源，是未来的主要能源之一，在本世纪内就可起到辅助能源的作用；地热、潮汐与风能是一类因地制宜利用的能源；油页岩资源大有发展潜力，现罗马尼亚正准备搞100万千瓦的大型油页岩直接燃烧发电；煤气化与液化是煤资源利用的关键技术，目前美国和日本对此都非常重视；氢能源的利用是未来的一种理想的二次能源，且来源丰富、用途极广。

我们认为，积极开展对各种新能源的研究是义不容辞的、刻不容缓的。

七　制定节能政策，采取节能措施

当前，西方世界经济畸形膨胀，能源供不应求。面临这种窘境，近年来，掀起“节约能源”、“保护能源”运动。为此，工业发达的西欧诸国开始实行节能政策，采取节能措施，奖励节能的价格政策，规定能量效率标准，研究对节能设备与技术的投资、奖励和推广。目前，国外各能源消耗部门（主要是工业部门占30%—40%，运输部门占15%，民用占30%）采取的节能措施主要是：

在工业部门，节约能源运动通过竞赛进行，政府采取诱导政策，对大企业和耗能多的企业，分行业制定节能目标，中小企业以教育、信息服务、效果测定以及节能投资为重点，如美国，凡为节能增加设备者，免除10%税额。

在运输部门，主要是改善汽车本身的燃料消耗，规定燃料使用效率目标，达不到目标要纳税，对燃料消耗低的车辆减收税额，对电动汽车按最高额减税，削减管理部门的燃料用量。

在民用部门，重点是改善新建、已建房屋的绝热效果，提高冷暖设备效率，凡现有建筑物增加节能设备，其投资实行减税。我国目前能源消耗不大，但浪费不小，如单耗高、能量消耗没有任何限制（包括工业、运输、民用）、分散供热供暖、热电单一生产，等等。热能利用率平均只有28%（美国是51%，日本是57%），按目前我国每年消耗燃料六亿吨（包括油气折煤）计，一年浪费的燃料就达1.3亿多吨。因此，必须制定节能政策，采取节能措施。从我国实际情况出发，借鉴外国已证明是速见成效的措施有下述四种：

第一，降低单耗、节约燃料。我国能源单耗与工业发达国家相比差距太大，美国每吨钢能量消耗为0.99吨标准煤，日本是0.76，联邦德国是0.77，法国是0.89，英国是0.96（以上均为1972年数字），而我国是2.87，比日本高2.8倍，比美国高1.9倍，若能降低单耗30%，则年产3000万吨钢，就可节约燃料2601万吨（以标准煤计算）。火电厂供电煤耗与国外相比也浪费太大，以1975年数字看，每度电耗煤：美国是389克，苏联是340克，日本是339克，联邦德国是341克，英国是394克，法国是346克，而我国是488克，比日本高43.9%，比苏联高43.5%，比美国高25.4%。因此，当前迫切问题就是降低单耗，这是世界各国节能的发展趋势。英国化学工业协会称，1976—1986年十年里，化学工业每单位产量的能源消耗将减少7%—8%，并称，这一节约目标不算太高。欧洲经济共同体六个主要化工生产国家（比利时、联邦德国、法国、荷兰、意大利、英国）由于采取节能措施，自1970年以来每单位产品的能源消耗下降了14%。美国肥料工业在1977年比1972年能量消耗降低12%，到1980年，要求再节能4%—10%。

第二，限制能量消耗，并在各部门之间进行能量消耗定量分配。联邦德国一次能源在转换、运输和利用中，约50%以上白白浪费掉，美国工业部门每年消耗的燃料占全国总消耗量的40%。通过技术革新，估计可使此消耗量节约20%。目前，国外节约用能的有效措施很多，潜力很大，少许的改善就可带来巨大的经济效果。比如，小汽车交通若改换轮胎，使用柴油机，减轻车体自重，使车型更适应气体力学的要求，就可节能。苏联为了更有效地利用燃料，于1977年7月27日召开了部长会议，通过了1977年第四季度和1978年第一季度各部门的燃料消耗量实行定量分配，并对电力、取暖所耗用的燃料进行严格控制。美国正在研究和使用的措施有以下七种：燃料控制、废热回收、同时发电和供热、提高电动机效率、对能量利用进行监视和控制、改进感应加热设备和搞燃料电池等。

第三，进行热电联合生产。热电联合生产并不是一项新概念和新技术，然而，被卡特总统作为一项节能措施列入国家能源政策，又引起了美国制造业和电力工业部门的震动。在美国联合生产的热效率可高达80%左右，比一般火电厂高一倍以上。在罗马尼亚，联合生产在降低煤耗、节约燃料方面均取得显著效益，1975年净节约标准煤就达220万吨。这种热电联合生产已被第十届世界动能会议所肯定，并确认它是目前经实践证明的可以大量节能的好办法。

第四，集中供热。由于采暖和生活用热水消耗的能源数量很大（欧洲约占全部能源消耗量的50%），目前在国外广泛采取集中供热的办法，这种办法比分散的效率很低的小型采暖和热水锅炉效率高、优点多，在节约能源和环境保护方面都比分散供热优越。据报道，苏联是目前集中供热数量最大的国家。现全国已有热电厂1000座，向800个城镇及工业区供热。莫斯科市热电厂容量达510万千瓦，向480个工业企业和37000座公用及民用建筑供热，热电厂供热量占该市全部用热量的60%；在6个新建的工业城市中，热电厂供热量占全部用热量的90%以上。在集中供热方面占第二位的是联邦德国。据计算，由于集中供热而节约标准煤至少200万吨。在波兰、捷克、美国、瑞典、丹麦、罗马尼亚、保加利亚、法国、瑞士等国集中供热也比较发达。特别是瑞典和丹麦集中供热高度发达、密度也最大。丹麦面积4.3万平方公里，人口500万，国内动力资源贫乏，燃料主要靠进口，为节约能源，从1930年起就积极发展集中供热。热电厂的供热量约占全国用热量的40%，并且在不断扩大中，其他国家集中供热一般局限于一些较大的城镇和工业区，而丹麦几乎遍及全国，包括一些居民仅500—600户的村镇在内，由非营利性的合作社组织经营。

（该建议是1979年2月向国家计委有关领导呈报的，为制定当时的能源政策作参考。本报告由笔者执笔）

如何变“速度型”增长为“效益型”增长

未来10年是我国现代化建设进程中关键的10年，是进一步繁荣经济、推进社会进步的10年。按国民经济和社会发展规划的要求，90年代中国将以6%的速度递增，应当说，这是符合我国基本国情的选择，是在总结发展经验、根据经济现实所作出的选择。然而，这6%是快是慢、是高是低，我认为这不是问题的症结所在，更不应是追求的目标。90年代及其以后较长一段时间，我国经济发展的重要目标是：不断提高经济效益。因此，这6%必须是在“不断提高经济效益的前提下”才可能是良性的增长、良性的发展。基于这一前提，笔者对现实经济中的速度与效益问题进行了分析、研究，提出速度与效益协调发展的基本思路和发展模式。

速度与效益必须放在同一执行系统之中

在我国社会主义经济建设中，速度指标一直占有十分重要的地位，至今被视为国民经济增长的“代表”，地区（部门）经济增长的标志，企业发展的重要指标，也是宏观控制的主要量化指标。在重产值、重速度的经济发展年代，速度与产值一样，都处于“太上皇”的地位。尽管近些年来“太上皇”地位有所下降，为速度、为产值而生产的倾向表面上有所减弱，但由于传统“观念”的影响，速度指标依然是“发展”的代名词，有的甚至错误地视为经济效益指标。回顾党的十二大通过的2000年发展总目标时人们清楚地记得：国民经济“翻两番”是指2000年的工农业总产值由1980年的7000亿元发展到2000年的28000亿元。这样，每年增长速度平均为7.2%即可达到。当时发展设想是分两步：前10年打基础，速度可慢些，提“保4争5”（即保证4%，争取达到5%），后10年发展速度可快些，预计达8%或9%，这些速度的量化要求均反映在各类计划之中。但发展的结果是：1990 年同 1981 年相比，国民生产总值年均递增 9%，国民收入年均递增 8.7%，工业增长更快，年递增已达 12.6%。由于这一发展速度已远远超过计划安排的“保 4 争 5”，因此，在经济发展中出现了“四高一低”，即高速度、高投入、高消耗、高浪费、低效益。不断提高经济效益问题虽然也天天讲、月月讲、年年讲，但仍然是经济效益不够理想，或经济效益差的状况没有得到根本扭转，甚至出现经济增长速度年年提高、经济效益年年下降的逆向运行。根据统计资料，从 1981—1990 年全民所有制独立核算工业企业的主要经济指标不仅下滑，而且下滑速度很快（见下表）。

全民所有制独立核算工业企业主要经济效益指数

年份	每百元固定资产原值实现的利税（元）	资金利润率（%）	资金利税率（%）	产值利税率（%）
1981	22.9	15.0	23.8	23.9
1982	22.2	14.4	23.4	23.5
1983	21.7	14.4	23.2	22.8
1984	22.3	14.9	24.2	22.8
1985	22.4	13.2	23.8	21.8
1986	19.9	10.6	20.7	19.9
1987	19.7	10.6	20.3	18.9
1988	20.2	10.4	20.6	17.8
1989	17.5	7.2	17.2	14.9
1990	12.9	3.2	12.4	12.0

从表中看出：最近十年来，经济增长速度较快，但每百元固定资产原值实现的利税却由 1981 年的 22.9 元下降至 1990 年的 12.9 元；资金利润率由 1981 年的 15.0 元下降至 3.2 元；资金利税率由 1981 年的 23.8 元下降至 1990 年的 12.4 元；产值利税率也由 1981 年的 23.9 元下降至 1990 年的 12.0 元……显而易见，30 年的历史经验和改革开放后 10 年的新鲜经验均证明，如果还是只重速度，使速度与效益不能协调增长，将必然呈反向运行。

我国当前经济形势虽逐步好转，产业结构调整、产品的限产压库也都取得一定进展，但长期存在的经济效益低下仍是我国经济持续发展之根本性问题。所以，提高经济效益无论是当前，还是未来较长一段时间，无论是宏观，还是微观都应是头等重要的课题。目前我国经济效益的下降不仅表现为财政收入及其在国民收入中的比重不断下降，还表现为人力资源、物力资源、财力资源利用等诸多经济效益指标的普遍下降，许多经济效益指标不仅明显低于发达国家，低于我国经济发展史上曾经达到的水平，甚至还低于世界平均水平。这说明现实经济中提高经济效益的紧迫性、严重性。在我国未来的经济建设中，面对我国人口多、底子薄、资金缺，且基础工业、基础设施落后，加之人均资源相对不足的基本国情，如果仍按过去那种“四高一低”的发展模式，仍采用粗放型、浪费资源型的经营方式，仍沿用“速度型”的管理方法，其后果将是不堪设想的。这里唯一正确的选择就是走速度与效益协调增长之路，“宁可速度慢些，也要效益好些”。未来改革的深入、经济的运行、政策的制定，都必须将经济效益的好坏、优劣视为出发点与落脚点，并应以整体效益的最佳作为判断与评价标准。因此，2000 年前为既实现 6% 的增长，又能提高经济效益，不论从宏观上还是从微观上都必须：把速度与效益置于一个大的执行系统中，并在这一系统中，既有速度的量化要求、量化指标，又要有效益的量化要求、量化指标。比如，在下达指令性的速度指标同时，也下达劳动生产率、资金生产率、物资生产率、能源生产率等指令性或指导性指标，并将后者与前者同样视为奋斗目标，甚至为更重要的奋斗目标。

速度增长的途径应主要靠效益的提高

众所周知，速度增长的途径主要有两种：一种是靠外延扩大而引起的增长，即靠资金的大量投入、劳动的大量投入、生产场所的扩大等；另一种是靠内涵改造而引起的增长，即靠管理的奏效、生产率的提高、生产要素的合理配置等引起的增长。改革前的 30 年，我国经济发展速度的增长主要是靠第一种，这在我国生产技术与物质基础还十分薄弱、在科学技术尚不发达且还未被认为是生产力的情况下是可以理解的。然而，这种被称之为“粗放型经营”取得的发展速度是需要花费较大代价的。这种代价就是“高投入、高消费、高浪费”。

改革开放后的 80 年代，虽然我国经济发展以 9% 的国民生产总值呈年递增率增长，但我们通过分析发现，在近 10 年的增长中，主要也是靠外延扩大与粗放经营实现的。主要表现在：（1）投入的增长速度快于产出的增长速度。即在产值的增长中主要不是由于“质的提高”，而是由于量的扩大，如从1981—1990年，GNP年递增9%，而固定资产投资年递增率却高达19.6%。（2）增长结构失衡，潜在危险增大。在产值的增长中严重存在着该增长的（如交通运输、能源、原材料等）增长不快，不该增长的（如某些加工工业由于盲目上马、盲目建设等）却增长极快。由于这种没有“根基”、没有能源、原材料保证的增长，其结果必然使本来紧张的交通运输、能源、原材料变得更加紧张。（3）资源浪费十分严重。

通过上述分析，我们不难得出如下结论：未来的经济增长不能再主要靠“外延”了，而主要应靠效益的提高，靠存量的调整与优化，靠内涵的改造，靠强化的管理。

（一）进行以提高效益为中心的固定资产改造、优化、重组

现阶段的中国已有较完整的工业体系，有相当的工业技术基础，有数量较大的固定资产，有40多万个国营工交企业和1000—2000万个乡镇、村镇企业，这是一个不小的经济技术实力。如果我们不依靠这一坚实的基础，而仍然把主要精力放在“新建”、“全盘、全套引进、进口”上，或把指导思想仍放在用高投入、高消耗来促进高增长上，其结果必须还是“高速度、低效益”，表面看经济增长较快，深层看结构失衡、效率低下、潜伏着危险。因此，在未来的经济发展中必须通过以节约能源，减少原材料消耗，提高产品质量，扩大名、优、新产品，以及加强资源综合利用、循环利用的技术改造来实现“量的扩大”。

——以提高效益为中心，调整产品结构，结合行业的优化、改组进行技术改造，并通过改造提高专业化水平、提高产品质量、扩大产品花色品种、变产品的“重、厚、长、大”为“轻、薄、短、小”等而带来经济增长。

——以提高效益为中心结合产品（特别是出口产品）的升级、升档进行技术改造，并通过新产品的开发、研制、批量生产、提高产品市场占有率而带来经济增长。

——以提高效益为中心结合企业生产能力的配套成龙、填平补齐进行技术改造，并通过生产能力的配套，主体设备与辅助设备、专用设备与附属设备的填平补齐，及部分设备的更新改造、工艺流程的合理化等，达到综合生产能力的扩大与提高，从而带来经济增长。

——以提高效益为中心结合新兴部门、新兴产业的技术引进与设备进口，提高技术水平、技术效率、技术装备程度，同时扩大生产能力、改进产品质量，从"质的提高"方面带来经济增长。

——以提高效益为中心结合节能、节材（料）进行技术改造，并通过利用效益的提高，或能源、材料等的综合利用、循环利用——从生产供应到流通、消费进行集约化经营。这里一方面由于采用了先进技术与设备而降低了能源与材料的消耗，从而节约资金；另一方面又将节约下来的能源与原材料用于其他急需的产业部门与地区，从而带来"双倍"的增长。

（二）强化以提高效益为中心的监督、控制

在我国现代化建设中，由于种种原因，使经济增长的潜力未能充分发挥。经济学家、管理学家、各类企业家、实业家一致认为，如果我们能加强与改善宏观管理与调控体系；如果我们能不断提高计划与调控的科学性与有效性；如果我们能从体制上、政策上促进生产要素的优化组合与合理配置；如果我们能全面提高人员素质、特别是中高级指挥管理人员的素质，并在各项经济决策、经济活动中多进行些超前研究、"事前"评价，多采用些"多方案选择"，认真计算产出与投入的经济效益账，如果能随时随地都用技术经济分析方法把蕴藏在经济实践活动中的诸多潜力挖掘出来，那我国就可用同样的设备、同样的人、同样的条件，或者增加少量的投入就可获得较快的经济增长。这种严密管理、科学管理、有效管理必将带来高速度、高效益。有学者认为，在管理上存在的发展潜力、增长潜力远远大于技术上的潜力。这种看法笔者是赞同的。

变"速度型"为"效益型"的基本思路

前面我们对速度与效益的关系从理论与实践的结合上进行了系统分析和综合研究，其结论是：第一，速度与效益是两个不同的经济目标，而且，这两个经济目标又时常是矛盾与对立的，如果不把这两个目标放在一个系统内进行研究，不把它们作为相互矛盾的统一体看待，其结果必然是“高速度、低效益”；第二，未来十年实现6%的增长速度应主要靠内涵，靠整个国民经济的优化运行，靠现有企业的技术改造，靠强化从宏观到微观的系统管理来取得。

应当指出，在我国经济发展中，可以影响、制约、阻碍经济增长速度的因素很多，虽然十年前就提出“以提高经济效益为中心”的战略转变，但年年是“经济效益不理想”、“经济效益差的状况还没有根本扭转”。这里极其重要的原因就是没有很好实现在决策上、经营上、发展上、生产上的观念转变，速度“当家”、效益“陪衬”的局面没有根本扭转。因此，在我国未来的经济发展中，必须建立“科学意识”、“集约意识”、“开放意识”、“市场意识”。

一　决策要有科学意识

经济发展要有一定的外部环境与内部条件，这里环境与条件包括产业结构现状与合理化程度，产业发展政策与产业发展序列，燃料动力的生产、运输及其保证程度，农业与工业、原料生产与加工业的协调发展情况，科学的发展水平与技术的装备程度等。如何将上述环境条件放在一个大系统内进行科学决策，必将对速度与效益产生重大影响。比如，不经过可行性研究和技术经济论证盲目上马的项目，乍看起来，增加了产量，实现了产值，带来了增长，但由于没有原材料、能源、交通运输的保证，或没有产品市场，便可能出现“生产之日就是亏损之时”，显然，这种“增长给整个国民经济带来的只能是短缺的更加短缺，紧张的更加紧张”。在这种情况下，讲求经济效益就只能是一句空话。因此，变盲目决策为科学决策是实现速度、效益协调增长的基本条件。

二　经营要有集约意识

“增长”需要一定的物资资源，这些资源包括人力、物力、财力资源。然而，对这些资源的有效利用程度，不仅直接影响着经济增长及其增长速度，而且还直接影响着经济效益的优劣。比如靠大量资源投入而带来的“粗放型”增长，就不可能带来良好的经济效益，也不可能使速度与效益协调增长。在未来的发展中，如何通过严密的管理和实施卓有成效的措施与办法，变粗放型经营为集约型经营，并通过人们的智力劳动与投入资源的合理结合、合理组织，不断提高集约化程度，堵塞各种资源浪费的漏洞，对其从宏观到微观的经营活动和资源利用情况进行有效的指导、控制与监督，这将是速度与效益协调增长的基本方向。

三　发展要有开放意识

我国改革开放十多年来的新鲜经验表明，在科学技术日新月异的当今世界，要加速我国的发展、追赶发达国家，必须充分利用世界各国的先进技术、先进管理，博采各国技术之长与管理之道，引进国外先进的节能、节材（原材料）的新技术、新工艺、引进效率高、能提供高质量产品的新设备，引进能提高劳动生产率、能生产高附加价值产品、能使产品有较强竞争能力的一切技术与管理。我们决不能关起门来搞生产、搞建设，要眼观六路、耳听八方，凡能提高劳动利用效益的，能提高资金利用效益的，能提高物资利用效益的，能提高能源利用效益的技术、设备、管理都应引进。这里重要的是考虑轻重缓急，考虑国情、国力，不能“一窝蜂”地什么都引进，对引进什么、什么时间引进、怎样引进、从哪里引进等都要进行详细的可行性研究后才能确定，不应主观臆断和个人说了算。

四　生产要有市场意识

过去由于没有市场意识，许多企业生产的产品，不适销对路，使产品积压在库、滞留在流通领域，造成市场疲软，这种不考虑市场需求的单一生产的陈旧观念必须更新。必须建立起“只有市场上有销路才能生产、才值得生产”、“生产要考虑市场、考虑销售、考虑社会需求”的新观念。这就是说，在产品开发前就应进行市场研究、市场细化分析，应随时了解市场变化动态、市场潜在需求；在产品进行批量生产，甚至在旺盛的成长期，也同样需要进行市场与市场份额变化的分析，预测产品寿命周期的延续，并为新产品代替老产品，即产品更新换代做好准备。如果产品市场已达饱和，就应有新产品问世。这一观念的转变在我国十分重要，它也是达到速度、效益双目标皆优的前提条件。

（原载《特区理论与实践》1992 年第 4 期）

如何既实现6%的增长速度又能提高经济效益

在我国未来十年的经济发展中将以6%的速度递增，应当说，这是符合我国基本国情的选择，是在总结历史经验、根据经济现实所作出的发展选择。尽管对这一增长速度认识不一，看法各异（见《人民日报》4月3日纪实《怎样认识6%》），但我认为，这6%是快是慢、是高是低、是难是易都可不必大做文章，应当把文章作在本文的命题上，笔者基于这一指导思想，提出如下基本观点：

一 “速度”与“效益”必须都成为奋斗目标，必须都有量化要求、量化指标，否则发展的结果仍然是“高速度、低效益”

在我国经济发展中，速度指标一直占有十分重要的地位，至今被视为经济增长的代表，指令性计划的主要控制量化指标，它与产值都属经济成果的表现形式，在重产值、重速度的发展年代，它们都处于“太上皇”的地位，尽管近几年来“太上皇”地位有所下降，为速度、为产值而生产的倾向表面上有所减弱，但由于人们长时期习惯于高度集中的计划经济体制，对指令性与非指令性、有量化要求与无量化要求在计划的执行中是不一样的：前者必须执行，后者可执行也可不执行，因此，到2000年前的10年中，为既实现6%的增长，又能提高经济效益，不论从宏观上，还是从微观上都必须：把速度与效益置于一个大的执行系统中，并在这一系统中，既有速度的量化要求、量化指标，又要有效益的量化要求、量化指标。比如，在下达指令性的速度指标同时，也下达劳动生产率、资金生产率、物资生产率、能源生产率等指令性指标，并将后者与前者同样视为奋斗目标，甚至为更重要的奋斗目标。没有经济效益这一量化要求、没有经济效益的量化指标控制，到头来，发展的结果仍然是“高速度、低效益”。

（一）历史的经验值得注意

回顾党的十二大通过的20年发展总目标时，人们清楚地记得：“国民经济翻两番”是在“不断提高经济效益的前提下”，所谓“翻两番”是指2000年的工农业总产值由1980年的7000亿元发展到2000年的28000亿元。这样，每年增长速度平均为7.2%即可达到。当时国民经济发展设想是分两步：前10年打基础，速度可慢些，提“保4争5”（即保证4%，争取达到5%），后10年发展速度可快些，达8%或9%。这些速度的量化要求均反映在各类计划之中，“在不断提高经济效益的前提下”虽然天天讲、月月讲、年年讲，而且已讲多年，但仍然是经济效益不够理想或经济效益差的状况还没有根本扭转；虽1990年同1980年相比，国民生产总值（按不变价计算）增长1.36倍，年平均递增9%，国民收入增长1.31倍，年平均递增8.7%，工业增长更快，达2.3倍，年递增已达12.6%，但由于这一发展速度已远远超过计划安排的“保4争5”，因此，劳动生产率低、生产消耗高、产品质量低、资金周转慢、企业亏损严重、建设浪费大等现象的普遍存在似乎是必然的，甚至出现经济增长速度越高、经济效益越下降的逆向运行现象。根据统计资料，近十年来经济发展较快的1985年和1988年，其速度分别达到21.4%与20.8%，而资金利税率（指全民所有制独立核算工业企业）却由23.8%下降至20.6%，集体所有制独立核算工业企业也由24.5%下降至19.7%。30年的历史经验和这十年的新鲜经验均证明，速度与效益必须放在一个大系统内，必须把速度与效益都成为奋斗目标、考核和控制指标，都有量化要求、量化指标，否则，提高经济效益就难以或根本无法落到实处。

（二）经济的现实应予重视

我国当前经济形势虽已逐步好转，产业结构调整也取得一定进展，但长期存在的经济效益低下仍是我国经济生活中诸多困难之首。因此，提高经济效益无论是从宏观，还是从微观都应是头等重要的课题。众所周知，目前我国经济效益的下降不仅表现为利润的下降，还表现为人力资源、物力资源、财力资源利用等诸多经济效益指标的普遍下降，许多经济效益指标不仅明显低于发达国家，有的还低于我国经济发展史上曾经达到的最好水平，这说明现实经济中提高经济效益的严重性，这是一个方面。另一方面，我国现代化建设中资金缺口很大：需增加农业这个基础产业的投入；需加强能源、交通运输邮电、重要原材料等产业的投入；改造与淘汰一批消耗高、性能差、污染严重的落后产品需要投入；推动科技进步、发展教育事业、提高全民族素质等也都需要投入，等等。然而，增强综合国力、提高“投入”水平的主要来源是大力提高从国民经济整体到各部门、各行业的经济效益。综上不难悟出一个简单道理：现实经济中一切问题的解决都需要显著提高经济效益，实现6%的增长也必须在提高经济效益的前提下，速度与效益必须同时最佳。

（三）发展的选择已成必然

在今后十年的现代化建设中，面对我国人口多、底子薄、资金缺，且基础工业、基础设施落后，加之人均资源的相对不足，如果仍按过去那样浪费资源型的经营方式将是没有出路的。这里唯一正确的选择就是不断提高各种资源利用的经济效益，走集约化经营之路，下达一些必要的经济效益指标作为指令性和指导性计划，从整体上促进资源的合理配置与有效利用，采取切实可行措施，全面加强对生产与流通领域的“效益”指导、控制、考核、评价，并长期坚持下去，用同样的设备、同样的人员、同样的资源和能源，生产出比原来更多、更好、价值更高的产品与服务，以达到从根本上扭转经济效益差的状况。这也是未来十年经济发展的必然选择。当然，这种选择与建立高效经济运行机制密切相关，与实行高效益的深化改革的各项措施密切相关，与国家的产业发展政策、产业结构政策、产业组织政策、产业投资政策等密切相关。这就是说，未来改革的深入、经济的运行、政策的制订，都必须将经济效益的好坏、优劣视为出发点与落脚点，并应以整体效益的最佳作为判断与评价标准。

二 增长的途径应主要靠内涵、靠资源（包括人力、物力、财力资源）生产（利用）率的提高，否则发展的结果必将是“高增长、高投入、高消耗、高浪费”

众所周知，经济增长的途径主要有两种：一种是靠外延扩大而引起的经济增长，即靠资金的大量投入、劳动的大量投入、生产场所的扩大；另一种是靠内涵改造而引起的经济增长，即靠管理的奏效、生产率的提高、内部生产要素的配置等引起的增长，改革前的30年，我国的经济增长主要是靠第一种，这在我国生产技术与物质基础还十分薄弱的情况下，在科学技术尚不发达且还未被认为是生产力的情况下是可理解的，也是必经之路，然而，这种依靠被称之为“粗放型经营”取得的经济增长是需要花费较大的代价的，甚至带来较大的痼疾与弊病。这种代价就是“高投入、高消耗”，痼疾与弊病就是高浪费。

改革开放后的80年代，虽然我国经济上有较大的增长，并以9%的国民生产总值年递增速度增长着，但我们通过分析发现，在近10年的增长中，仍然是靠粗放经营实现的。主要表现在：（1）在我国产值的增长中主要不是由于“质的提高”，而是由于量的扩大，由于“投入”的增长快于“产出”的增长，如GNP年递增9%，而固定资产投资年递增率却高达22%。（2）在产值的增长中严重存在着该增长的（如交通、运输、能源、原材料等）增长不快，不该增长的（如某些加工工业由于盲目上马、盲目建设等）却增长很快，由于这种没有“根基”、没有能源、原材料保证的增长，其结果必然是：本来紧张的交通运输、能源、原材料变得更加紧张；经济效益、特别是资源（资产、原材料等）利用的经济效益更加下降。（3）浪费现象有增无减，如由于原材料和辅助材料利用不合理而造成的浪费，由于质量不高或质量下降而造成的浪费，由于工时利用不足或不合理而造成的浪费，由于能源利用不佳或效果差而造成的浪费，由于水资源利用不合理或单向利用而造成的浪费，由于专项工程未能进行全面论证和科学分析而造成的浪费，由于管理不佳或制度不严而造成的浪费，由于废品回收政策或价格不合理而造成的浪费，由于资金配置不合理或占用过多而造成的浪费，由于设备陈旧而又不能及时更新改造所造成的浪费，由于就业机制和分配机制的不合理所造成的人才浪费，等等。

通过上述分析，我们不难得出如下结论：未来的经济增长不能再主要靠外延了，而应主要靠内涵，即靠技术改造、靠强化管理。

1. 技术改造应是我国未来十年经济增长的主要手段，现我国已有较完整的工业体系，有相当的工业物质基础，有数量较大的固定资产，有40多万个国营工交企业和1000万—2000万个乡镇、村镇企业，这是一个不小的经济实力。如果我们不依靠这一基础，而仍然把主要精力放在“新建”、“全盘、全套引进、进口”上，或把指导思想仍放在用高投入、高消耗、高浪费来促进高增长上，其结果必然是“高速度、低效益”。表面看经济增长较快，深层看经济潜伏着危险。因此，在未来十年的经济发展中必须一方面改变传统的“增长观念”、“增长意识”，另一方面也要改变传统的“增长手段”、“增长途径”。增长不能简单理解为“量的扩大”，当今更重要的是“质的提高”。过去一提增长就要“多投入”、“高投入”，现在应为少投入，甚至不投入，毫无疑问，这里重要途径就是通过以节约能源，减少原材料消耗，提高产品质量，扩大名、优、新产品，以及加强资源综合利用、循环利用的技术改造来实现，这是因为技术改造本身就具有投资少、见效快、效益高的特点。

同行业调整、改组及产品结构合理化结合起来的技术改造，可通过提高专业化水平、提高产品质量、扩大产品花色品种而带来经济增长；同产品（特别是出口产品）的升级、升档结合起来的技术改造，可通过新产品的开发、研制与批量生产而带来新的经济增长；同企业生产能力的配套成龙、填平补齐的技术改造结合起来，可通过生产能力的协调，通过主体设备与辅助设备、专用设备与附属设备的填补，通过部分设备的更新改造、工艺流程的合理化等，达到综合生产能力的扩大与提高，从而获得增长；同新兴部门、新兴产业的技术引进与设备进口结合起来的技术改造，不仅可提高技术水平、技术效率、技术装备程度，还可同时扩大生产能力、改进产品质量，从“质的提高”方面带来经济增长；同节能、节材（料）结合起来的技术改造，可通过利用效益的提高，或能源、材料等的综合利用、循环利用——从生产供应到消费进行集约化经营，这里一方面由于采用了先进技术与设备而降低了能源与材料的消耗，节约了资金；另一方面又将节约下来的能源与原材料用于其他急需的产业部门与地区，从而可带来“双倍”的增长。

2. 强化管理应是我国未来十年经济增长的重要途径。较长时期以来，由于种种原因，我国经济增长的潜力未能很好发挥。如果我们能加强与改善宏观管理，如果我们能不断提高计划的科学性与有效性，如果我们能从体制上、政策上促进资源的合理配置，如果我们能全面提高人员素质、深入持久地开展双增双节活动，并在各项经济活动中精打细算，认真计算产出与投入的经济效益账，如果能随时随地都用技术经济分析方法把蕴藏在经济实践活动中的诸多潜力都挖掘出来，那我国就可用同样的设备、同样的人、同样的条件，或者用少量的投入获得较快的经济增长。

在我国现行经济发展中，有学者认为，在管理上存在的发展潜力、增长潜力远远大于技术上的潜力。这种看法笔者是赞成的。之所以赞同这种观点是由于：

（1）我国科学技术潜力远未发挥，尤其是智力潜力远未发挥。在现代经济增长研究中，已把人员素质的差别（如文化程度的差别、年龄的差别、部门的差别等）作为一个重要的增长因素进行深入探索，这一问题的研究还将随科学技术的发展起更大的作用。但在我国，由于种种管理上的原因，如激励制度上的不完善、就业机制上的“大锅饭”、分配上的脑体倒挂、知识分子使用上不能才尽其用、科技成果转让上还不尽合理，加之人浮于事、工作效率低、“出工不出力、出力不出活、出活不出效益”现象的普遍存在，使我国人力资源、智力资源尚没有得到很好地开发利用。如果从宏观到微观、从政策到使用等多方面的管理得到改善与加强，必将对经济增长起较大作用。

（2）我国资金利用效益的潜力远未发挥，这主要表现在：目前达到的资金利用效益指标水平与历史最好水平的差距、与行业最好水平的差距、与国际同行业最好水平的差距、与规模经济相适应或按规模经济要求的差距，等等。如果我们在未来十年的经济增长中，对资金的利用既有长远规划又有短期措施，既能全面监督又能具体指导，也必将对我国经济增长起重要作用。

（3）我国各种物资利用的潜力远未发挥，当今世界许多国家对自然资源的利用，尤其是对不可再生资源的利用均采用“集约”方针，如为了节约原材料，把产品从“长大重厚”发展为“短小轻薄”，把原用的不可再生原料用可再生、可人工制造的原料替代，把原来视为废渣、废料、废气而抛掉的“三废”加以回收进行再利用，甚至循环利用。在我国经济发展中，许多由于管理不善而造成大量浪费、跑冒滴漏、不是“变废为宝”而是变宝为废。如我国纸张十分紧张，这不仅由于我们森林资源的不足、利用的不合理，还由于大量废纸不能回收利用。有人估算，如果将现有纸张使用量的一半纳入“回收—再利用—再回收—再利用”的循环系统中，仅此一项可满足新增所需的75%，仅此一项就可保护数十万公顷的森林；“易拉罐”如能回收利用、再回收、再利用，不仅可节约大量金属、降低成本，还可节约大量能源。至于其他我国各种资源利用的潜力比比皆是，只要在管理上予以重视，或予以科学管理，或予以制度上的保证，就可在原物质消耗总量不增加的情况下获得国民经济或部门（地区）经济的增长。

三　“效益”提高的基本思路是资源消耗的增长必须低于速度的增长，否则发展的结果必然是“速度越高，效益越差”

前面我们从理论与实践的结合上进行了系统分析和综合研究，其结论是：第一，速度与效益是两个不同的经济目标，而且这两个目标如不放在一个系统内进行研究，如不把他们作为相互矛盾的统一体看待，其结果仍将是“高速度、低效益”。第二，未来十年6%的增长速度应主要靠内涵，靠整个国民经济的技术改造，靠现有企业的技术改造，靠强化从宏观到微观的管理。下面我们将从数理分析上提出既保证6%的增长速度又能提高经济效益的基本思路。我们知道，经济效益的科学含义是“人们在经济实践活动中的劳动成果与劳动消耗之比，或产出的经济成果与消耗的资源总量之比”[①] 它的表示方法根据笔者研究可有 12 种之多，但最常见最普通的是比率表示法，它的数学表达式为：

$$JX=\frac{LC}{LX}$$

式中：JX 表示经济效益；LC 表示劳动成果或成果产出；LX 表示劳动消耗或资源投入。

根据这一数学表达式，可得出下述四个定理：

定理1：当消耗（或投入）不变时，成果（或产出）与效益成正比；

定理2：当成果（或产出）不变时，消耗（或投入）与效益成反比；

定理3：当成果（或产出）与消耗（或投入）均不变时，效益不变；

定理4：当成果（或产出）与消耗（或投入）均发生变化时，效益也将变化。

按上述定理，如果既要保证6%的增长速度[②]，又要提高经济效益，在这种“双目标”都必须达到的约束下，“效益”提高的基本思路是：资源（包括人力、物力、财力资源）消耗的增长必须低于速度的增长。

1. 满足条件1。速度增长，资源消耗下降，如用↑表示增长，↓表示下降，则在提高经济效益下，实现速度6%时，资源消耗必须在现有水平上又有下降，呈 JX（好）$=\frac{6\%\uparrow}{\downarrow}$，即通过技术进步，如改进工艺路线、更改产品方案、采用廉价原料替代、完善生产、劳动组织、实行科学管理等手段来实现6%的经济增长。

2. 满足条件2。速度增长，资源消耗保持原来水平。如仍用↑表示增长，→表示持平，则 JX（好）$=\frac{6\%\uparrow}{\rightarrow}$，即在保证6%增长速度的情况下，又保证经济效益好，但资源消耗不增加，就是说，在不增加人力、物力、财力消耗的情况下，通过挖潜、改造、提高产品质量、改进花色品种、增加产品功能和强化管理等手段，实现6%的增长。

3. 满足条件3。速度增长，资源消耗也增长，但资源消耗的增长必须

① 参见拙著《经济效益问题研究》，中国社会科学出版社 1990 年版，第 44—45 页。

② 速度是成果（或产出）的年增长率，如 GNP 的年增长率，工农业总产值年增长率等。因此，速度只表明成果的增减情况，不表明效益的优劣。

慢于速度的增长。如用↑表示增长，用↟表示增长较快，则 JX（好）= $\frac{6\%\twoheaduparrow}{\uparrow}$，即速度增长 6%，消耗增长必须低于 6%。就是说，用低于 6% 的资源“投入”，或通过设备更新、升级换代的办法提高设备生产效率而实现增长，或通过少量投资使生产能力成龙配套而实现增长，或通过技术引进和单机设备进口使产品质量有较大提高、产品花色有较大改善而实现增长，或通过产品结构的高度化、高附加价值化而实现增长，或通过新技术、新设备、新工艺、新能源、新材料的选用，使资源得到有效利用、循环利用、综合利用、废物利用而实现增长，等等。

四　实现上述思路的关键在于指导思想的转变，否则在未来的发展中仍然是速度“当家”、效益“陪衬”

在我国经济发展中，可以影响、制约、障碍经济增长的因素很多，虽然十年前就提出“以提高经济效益为中心”的战略转变，但年年是“经济效益不理想”、“经济效益差的状况还没有根本扭转”。这里一个极其重要的原因就是没有很好地实现在决策上、经营上、发展上、观念上的根本转变，速度“当家”、效益“陪衬”的局面没有根本扭转。因此，在未来十年甚至更长一段时间的发展中，必须真正重视“变形”。

（一）在决策上变盲目型为科学型

经济增长要有一定的外部环境与内部条件，这里环境与条件包括产业结构现状与合理化程度，产业发展政策与发展序列，燃料动力的生产、运输及其保证程度，农业与工业、原料生产与加工业发展，科学的发展水平与技术的装备程度等，如何将上述环境条件放在一个大系统内进行科学决策，必将对经济增长产生重大影响。这里，盲目决策与科学决策将形成鲜明对照，采取不同的决策方法必将出现截然不同的两种增长结果。比如，不经过可行性研究和技术经济论证而盲目上马的项目，乍看起来，增加了产量，实现了产值，带来了增长，但由于或没有原材料、能源、交通运输的保证，或没有市场保证，显然，这种虚增长给整个国民经济带来的只能是短缺的更加短缺，紧张的更加紧张。在这种情况下，讲求经济效益就只能是一句空话。因此，变盲目决策为科学决策是实现速度、效益双目标的重要条件。

（二）在经营上变粗放型为集约型

经济增长需要一定的资源，这些资源包括人力、物力、财力资源。然而，对这些资源的有效利用程度，将直接影响着经济增长及其增长速度，如靠大量资源投入而带来的“粗放型”增长，必将是不稳定的或没有后劲的增长。迄今我国的经济增长仍属粗放型增长，但在未来的发展中，必须通过严密的管理和实施卓有成效的措施与办法，变粗放型经营为集约型经营，通过人们的智力劳动与投入资源的合理结合、合理组织，不断提高集约化程度，堵塞各种资源浪费的漏洞，对其从宏观到微观的经营活动和资源利用情况进行有效的指导、控制与监督，这将是未来经济增长的基本方向。不实行从粗放型到集约型的转变，就很难甚至无法实现既增长6%又提高经济效益。到头来还是速度的增长依赖于资源的大量消耗，超标准的消耗。这一历史经验（或教训）不能不引起我们的重视。

（三）在发展上变封闭型为开放型

我国开放十年来的新鲜经验表明，在科学技术日新月异的当今世界，要加速我国的发展、追赶发达国家，必须充分利用世界各国的先进技术、先进管理，并通过国与国之间的技术转让、技术交流和其他诸多形式，引进适合于本国的先进技术与管理，博采各国技术之长与管理之道，以赢得时间，提高起点。在未来十年，要使我国经济能以6%的较快速度发展，与此同时还要以较少的人、财、物的投入（甚至有些产业与部门可不投入），即低于6%的投入，这确是一个重大难题。解决这一难题的重要途径就是进一步开放，引进国外先进的节能、节材（原材料）的新技术、新工艺，引进效率高、能提供高质量产品的新设备，引进能提高劳动生产率、能生产高附加价值产品，能使产品有竞争力、多出口的一切技术与管理。有许多技术对我们是薄弱环节，甚至属空白，但国外早已解决；有许多节能、节材技术我们还在组织攻关，可国外早已批量生产，如此等等。我们绝不能关起门来搞生产、搞建设，要眼观六路、耳听八方，凡能提高劳动利用效益的，能提高资金利用效益的，能提高物资利用效益的，能提高能源利用效益的技术、设备、管理都应引进。当然，这里既要考虑轻重缓急，也要考虑国情、国力。

（四）在观念上变生产型为经营型

在观念上的重要转变是变过去的单一生产型为经营销售型。过去由于没有经营观点，许多企业生产的产品，不适销对路，使产品积压在库、滞留在流通领域、造成市场疲软，这种不考虑市场的单一生产观的陈旧观念必须更新。应建立起“只有市场上有销路才能生产、才值得生产”、“生产要考虑市场、考虑销售、考虑社会需求”的新观念。这就是说，在某种产品开发前就应进行市场研究、市场细化分析，应随时了解市场变化动态、市场潜在需求；在产品进行批量生产，甚至在旺盛的成长期，也需进行市场研究、市场份额变化分析、预测产品寿命周期的延续，与此同时必须为新产品代替老产品，即产品更新换代做好准备；如果产品已达饱和，就应有新产品问世。在未来十年的发展中，这一观念的转变十分重要，而且也是达到速度、效益双目标皆优的前提条件。

最后还应指出，本研究的特点是双向研究，既提出了在未来十年如何“既实现6%的增长速度、又能提高经济效益”的理论依据，给出了实用分析方法、基本思路和实现对策，同时也指出了违背上述原则将带来的逆向后果。

（原载《数量经济技术经济研究》1991年第7期）

我国经济发展中亟待解决的几个问题

中国十年来的改革开放，冲破了几十年的僵化经济体制，成绩斐然。国家实力显著增强，物质技术基础不断强大，国民经济重大比例关系逐渐协调，市场供应面貌焕然一新，人民生活明显改善，为国民经济持续稳定增长创造了有利条件。但是，经济上的不稳定因素依然存在，多年来的“高投入、低产出、高速度、低效益”状况未能得到根本改变。这里一个极其重要原因就是人员素质低下，特别是中高级经济决策人员、经济管理人员的素质低下，缺乏一批既懂现代经济又懂先进技术的经济发展战略学家，缺乏一批会经营、善管理的企业家、实干家，更缺乏数以千万计的各类工程师、技师、经济师、会计师等专门人才。因此，在“一个中心、两个基本点”的方针政策指引下，应千方百计采取各种措施、多条途径根治经济发展的根基——全力提高人员素质。下面我们从技术经济学的角度，就我国经济发展中的几个关键性问题及其深层根源——人员素质问题进行分析，并从理论与实践的结合上探索我国经济发展的道路。

一　关于发展速度问题

不能再片面强调“速度”了，要真正把提高“效益”、“效率”、“质量”摆在各项经济活动的首位——这是我国经济发展的关键所在。当前我国经济发展速度过高、效益过低的局面仍十分突出。从国民生产总值的年增长速度看，中国1981—1988年年均增长率为10.1%，1981—1986年，美国为3.0%，日本为3.7%，联邦德国为1.4%，英国为2.0%，法国为1.6%，加拿大为2.9%，印度为5.4%，南朝鲜为8.3%，新加坡为5.3%，中国是最高的。至于这种高速增长是否正常，在我国是有争论的。我认为这种超高速增长是不正常的，是导致我国电力、交通运输、原材料紧张的根源。如果我们认真分析一下我国经济的增长，就很容易发现：产值的增长中主要是由于“量的扩大”，而主要不是由于“效率”的提高、“质量”的提高，如每万元国民收入消耗的能源1983年为14.4吨，1984年为13.6吨，1985年为13.1吨，1986年为12.6吨，1987年为13.5吨，不仅大大高于世界平均水平，而且比“一五”时期的7.8吨高出61.5%—84.6%；在产值增长中严重存在着“该增长的没有能增长，不该增长的反而增长”的现象，甚至有相当一部分是各部门、各省市地区重复生产、盲目建设带来的“虚增长”，这种增长中有的是没有“土壤”的增长，既没有原材料的保证，也没有交通、能源的保证，这些盲目发展起来的加工业所带来的“增长”显然是有害无利的。由于经济发展的高速度主要是由于不切实际地盲目扩大生产规模。依靠增加资金与劳力的投入，以及生产结构向粗放型、简单加工型转化，所以，必然带来经济效益低下。全民所有制独立核算工业企业全员劳动生产率1983—1987年平均增长率为5.5%，比第一个五年计划低2.2个百分点；百元资金利税率1986年全国平均只为20.43元，1987年又降至19.95元，比1952年低5.5元，比1957年低14.8元，比1965年低9.8元，比1978年低4.2元；每百元工业总产值中，物质消耗比重却由1982年的66.8%上升至1988年的70.53%，扣除价格上涨因素外，物质消耗仍呈上升趋势……不难看出，在我国现有资源配置的情况下，若按当前的这种趋势发展，只能是电力、交通运输、原材料越来越短缺，因此，这种“增长”是浪费资源型的增长。我们的经济体制、经济政策中缺乏一种激励效益提高的内在机制，旧体制多年来那种片面追求速度、以速度高低评功绩的恶习不但没有被削弱，反而在某种程度上进一步刺激了追求规模、扩大外延的势头，这种状况令经济学家十分担忧；更令人担忧的是，这个问题至今尚未被中高级决策人员充分认识。

我们知道，经济效益一般是指经济成果与消耗的资源总量之比，或“产出与投入”之比，即确定经济效益大小的有两个因素，一个是经济成果的大小，另一个是资源消耗的多少，只有将二者联系起来综合考察才是经济效益的科学概念。而产值只是一种经济成果，是构成经济效益的因素，因而产值的多少不等于经济效益的好坏。速度又是另一个经济概念，它是用产值增长率表明经济成果（产值）的年度增减情况，并不表明资源的消耗情况，更不表明成果与消耗的比较情况，速度快绝不等于效益好。如果高速度的取得是以浪费资源、损害社会利益、破坏生态平衡为代价，那么这种增长就应制止，甚至用行政、法律手段制止。在我国40年的社会主义建设中，凡是速度与效益的关系处理得当，即效益的增长快于速度的增长，或两者同步增长时，经济就蒸蒸日上、蓬勃发展，如“一五”时期，1963—1965年恢复时期；凡是速度与效益的关系处理不当，或过分强调速度造成速度过高时，经济就不景气，或结构严重失调，或供需矛盾尖锐，如“二五”时期，前几年的经济过热时期，到头来不得不重新调整、降低速度。这一历史教训必须引起我们各级领导，特别是中高级决策人员的高度重视。

二　关于产业发展问题

不能再搞平推式的产业发展模式了，在产业发展中要有优先、有重点，要分轻重缓急，要十分重视基础产业的发展——这是我国经济发展的重要战略。

在我国制定产业发展战略中头等重要的因素是宏观指导，而在宏观指导中最主要的是两条：

（一）全国产业发展是否协调，产业结构是否合理，是否整体结构最优、综合效益最佳、优势发挥最好、资源利用最合理

我国目前经济发展的情况是：产业结构趋同化、资源利用粗放化、地区发展本位化。这种经济发展体系不仅造成资源浪费、规模效益差，而且切断了各部门、地区的经济联系，造成地区需求同步震荡、产业发展严重颠簸，加工工业脱离能源、原材料而盲目发展，这种平推式的产业发展模式带来了全国性的产业失衡，以及产业结构的脆弱。比如，一方面交通运输邮电业、能源工业等技术落后，理应先发展，另一方面生产需求增长极快、消费需求增长过猛，使供需矛盾变得越来越尖锐；作为基础产业的原材料工业本来就供不应求，又加上加工工业的盲目发展以及庞大的乡镇工业的过快发展，使原有的矛盾更加尖锐激烈；视为工业发展基础的农业本

应不断增加投入，加速农业的现代化改装，但由于以农业为原料的产业的盲目发展，加上利益分配不公、机制不健全，使农业要走出困境需作极大的努力。

（二）产业发展是否以技术进步为动力，科技事业的发展是否与现代化建设的要求相适应

众所周知，现代科学技术已成为世界各国经济增长的决定性因素。我国经济落后的根本原因是科学技术落后，特别是科研成果不能迅速转化为生产力，据估计，我国科研成果的利用率仅为30%，而美国、日本为80%—85%，英、法、联邦德国为50%—60%，苏联也在50%左右。造成这种状况的主要原因是科研体制与科技政策。在工业发达国家，科研机构90%在企业，独立的属政府部门的只占10%；在我国9344个研究机构和120万科研人员中，有61%的研究机构和83%的研究人员属政府部门（据1983年资料）在科研经费分配中，开发研究的比例，无论是美国、日本还是苏联，均在60%左右；而我国只有30%。另外，由于种种原因，我国科技投资明显不足，按粗略计算，我国目前的科技投资占国民生产总值的比重还不到2%。我国科技事业这种发展水平与现代化建设的要求显然是极不协调的。因此，在我国制定经济发展战略的新思路应是：以技术进步为动力，以需求为导向，以产业结构合理化为轨迹。

三　关于投资规模问题

不能再不顾物力、财力的现实而盲目扩大投资规模了，必须把固定资产的交付使用与有效利用放在重要位置，使固定资产投资的增长低于国民生产总值的增长——这是我国经济发展的首要环节。从1979—1987年我国全民固定资产投资的年增长速度已高达14.7%，这一速度已大大高于同期国民生产总值年增9.4%的速度。然而令人担忧的是固定资产交付使用率很低，1978年为74.3%，1980年为79.1%，1985年为68.2%，1986年为79.1%，1987年只为71.4%。在形成的固定资产中又由于种种原因不能达到设计能力，比如某部门33个投产的项目中，达到设计能力的只占15%，达到设计能力50%—80%的占33%。而在形成的生产能力中，又由于缺电、缺水、缺原料，约30%以上的生产能力无法发挥，再加上企业管理不好、产品不合格、包装不好、销路不畅、运输解决不了等多种原因，使固定资产的有效利用率极低，固定资产投资利润率极低，这种国民经济运行机制上的缺陷，影响了国民财富的真正增长。多年来盲目追求投资的高速度，扩大基建规模，使交通运输、能源、原材料等产业部门越来越紧张，使投资效益率越来越低，资金利用效果越来越差。

四　关于技术引进问题

不能再重复引进、盲目引进了，不仅要十分重视消化、吸收，还要十分重视创新、发展——这是我国经济发展的必由之路。目前，世界各国（无论是发达国家，还是发展中国家）投资的趋势是：将投入的资金以尽可能快的速度变成固定资产，以尽可能快的速度形成生产能力，以尽可能快的速度回收全部的资金投入。所以，总结历史经验教训，作为我国宏观经济发展的一个重要原则应是固定资产投资的增长低于国民生产总值的增长，强调投资的利用与利用的效果。

改革开放以来，引进的先进技术与各种设备对经济的发展起了重要作用，填补了某些空白，缩短了与国外技术的差距，因此，引进技术与设备进口对我国提高现代化起点、加快现代化进程是一条必由之路，改革开放也将作为我们的基本国策而坚定不移地贯彻下去。当前的问题是：（1）重复引进比比皆是。近几年，我国引进的彩色电视机生产线就达110多条，快餐生产线、啤酒生产线也多达数十条，这种大规模的重复引进恐怕世界上再也找不到第二个国家！如果110多条彩电生产线都达到生产能力，中国十年后彩色电视机将达到超饱和状态。（2）盲目引进有增无减。引进一项新技术除考虑其技术性能、外汇偿还外，还必须考虑国内各方面的协调，如设备的配套能力、原料动力的供应能力、引进技术的消化能力、技术管理的适应能力、交通运输的保证能力、基础设施的建造能力等。我国近几年的引进项目中，由于缺乏科学的技术经济论证，已带来或正在带来经济损失、资源的短缺、人力的浪费、资金的积压。（3）消化吸收少有问津。

宁愿巨额资金浪费在重复引进、盲目引进上，也不肯在消化吸收上多花点投资，所以，人们称之为“一钱不用、万钱挥霍”。据近年来国家科委对2300项引进技术的调查，已消化吸收的仅占9.2%，可见问题的严重性绝非一般，要从现在就下决心，制定一整套技术引进的进口设备的政策，要有一整套管理机制相适应，要在技术引进与消化吸收的投资分配上规定一定的比例，并限期消化吸收。只有这样才能从根本上杜绝盲目引进、重复引进，才能尽快消化吸收，并在消化吸收的基础上达到创新、发展的目的。

五　关于人员素质问题

不能再搞资源浪费型的扩大再生产了，而应主要靠提高人员素质、提高领导决策与管理能力——这是我国经济发展的巨大潜力。中国经济能否在改革开放的形势下走向良性循环，能否在激烈的国际竞争中得到发展，能否在新技术日新月异的当今世界以新的姿态迎接挑战，关键就在于我们能否有一支训练有素、业务过硬的职工队伍，能否有一批懂技术、善管理、有能力、有魄力的经济领导。

当今世界被称之为“四化”世界，即经济国际一体化、科技世界网络化、产业结构跨国化、金融流通国际化。各国之间的竞争实际上是智力竞争、人才竞争、人员素质竞争。日本成功的奥妙就在于人员素质高，虽第二次世界大战后破坏严重，但当时的工人具有中学以上文化程度，工科大学毕业生一半以上在生产第一线，还有一大批经济技术人员出身的企业家，使本国经济得到了空前发展，仅用20年的时间就走完了西方国家半个世纪的路程，一跃成为世界经济强国。联邦德国奇迹般的繁荣也是靠高质量的劳动力。因此，毫无疑问，我国的未来、我国的现代化进程、我国经济在世界经济发展中的地位与作用将决定于11亿中国人的素质。然而，现状与目标相距甚远。

根据联合国教科文组织于1988年9月发布的数字：中国的文盲、半文盲人数高达2.29亿人，约占世界文盲总数的1/4，更使人忧虑的是，这支“文盲大军”现仍在“扩军”——每年新增文盲200万人，这是一个多么可怕的数字！

根据1985年工业普查资料，以我国比较发达的江苏省为例，其工业企业职工中初中文化程度以下的占78.3%，工程技术人员仅占14.1%，在1985年新增加的23万名职工中，青年职工占80%，这些青年工人上岗前基本上没受过就业训练。

据1985年的统计，高级科技人员占全科人员的比重只有1%；每万名全民所有制单位职工中高级科技人员只有8.7人；据测算，全国技术工人约4000万人（1986年数字），其高级技工仅占2%左右，初级工占60%—70%；据天津一机局调查，全行业会计、统计、经销人员中，受到正规专业培训的仅占10.8%；根据对许多企业的调查，企业的有效工时利用率一般只有40%—60%，低的只有20%—30%，等等。

如此低下的职工素质，怎能提高劳动生产率，怎能缩短与发达国家的差距！

这里还应特别指出，领导素质的提高，特别是中高级领导素质的提高至关重要。领导素质集中表现在：决策能力、管理能力、组织能力、协调能力、开发能力、适应能力、竞争能力等诸多方面。目前的问题是：在领导决策中主观决策、随意决策、盲目决策等现象屡有发生，如根据中国人民建设银行的调查，1979—1981年建设投产的560个大中型工程和单项工程中，不能正常发挥设计能力的有176项，占投产项目总数的31%，主要原因是领导决策的失误；在发展选择中趋同化模式相当普遍，产业发展搞大而全、小而全，地区经济布局搞统一标准、统一要求、统一模式，这里主要是领导缺乏全面的技术经济知识，缺乏宏观管理的经验，没有创新精神。在经济活动的指挥与管理中，不考虑长期发展与远景规划，不考虑技术进步与技术改造，不考虑国家和全局利益，只考虑如何完成期内的工作，如何处理各种关系，如何使部下多得多分而拥护自己，如何取得上级信任；有些经营者不是靠科学、组织，也不是靠开拓、进取，人们说他们的经营诀窍=条子（各种批条）+票子（用钱贿赂）+面子（人情关系）。

如此低下的领导素质，若不培训、不提高，怎能加快现代化进程，怎能使中国经济长期稳定持久地增长，怎能使中国的经济立于世界之林。

综上所述，我们的方针、我们的发展战略，就应从现在起直至今后若干年，都应把人员素质的培训与提高，特别是中高级干部的素质培训与提高（包括专业培训与在职培训，强制性教育与自觉性钻研）视为我国动力之动力——这也是本文的基本结论。

（原载《数量经济技术经济研究》1989 年第 9 期）

要从控制速度入手

中国目前的经济增长是高投入式的增长，因此，要抑制通货膨胀，首先要把发展速度降下来。关于控制物价上涨幅度问题，讲三点：

一 控制物价涨幅必须控制速度

1995 年首先降至 8%—9%，“九五”期间及其 2010 年前均宜保持在 7% 左右。分析 1993—1994 年物价上涨时，应当与中国经济发展的特点相联系，这样才能找出通胀的真正原因。除了 1994 年出台了一系列改革措施影响物价上涨（应理解为理顺价格付出的代价）外，我认为在中国影响物价上涨最大问题是连续三年的“高速度”，这是因为中国经济发展速度是靠资金、人力堆出来的，是“投入型”增长、“外延扩大型”增长、“低效益型”增长。根据我们研究所对 1953—1990 年的长周期研究，38 年间年均增长速度为 6.78%，但在增长中由于资金投入带来的增长占 75%，劳动投入带来的增长占 20%，技术进步带来的增长只占 5%，在这种情况下，速度越快，要求投入的资金就越多。改革开放后，虽情况有所改善，但在 1979—1990 年的 12 年经济增长中，资金投入带来的增长仍高达 51%，劳动投入占 19%，由于技术进步所占比重也只占 30%。这表明我们靠投入带来的增长仍占 70%。在这种情况下，我们要维持“高速度”，就只能是依靠比“高速度”更高的资金投入速度获得。

有人说，中国的经济增长只能是速度效益型的，没有速度就不会有效益。这话并不科学，因为速度和效益是两个概念：速度是产出的年增长率，而效益是产出与投入之比，只有当投入为定值时，此说法才能成立。确切地说，中国当前的经济增长是高投入式的增长。因此，要抑制通货膨胀，首先就应该把发展速度降至 8%—9%（1995 年），并逐步稳定在 7% 左右。

有人说，低速度与失业是矛盾，这是一个误会，其实解决就业问题光靠“高速度”是不行的，靠基建规模扩大也不是根本出路。最好的办法是靠技术进步，靠技术进步开拓新的产业领域和新的就业机会。当今世界许多国家和实践均证明：由于技术进步带来的就业机会比失业机会要多、要大，这是规律。

二 控制物价涨幅的关键是严格控制固定资产规模

在可行性研究阶段，就要把“市场”作为项目决策的出发点和落脚点。市场导向不仅是由市场决定生产，还要用“市场”约束固定资产规模、决定项目取舍、决定产业发展序列。比如固定资产投资项目，哪些该上，哪些项目早上，均应由可行性研究中的“市场”评估而决策。根据我们掌握的资料，确有许多项目在没有对市场进行认真研究的情况下，就仓促上马、盲目决策。结果，项目上马之时就是亏损之日。他们把可行性研究、“市场导向”作为敲门砖、挡箭牌，使固定资产投资规模长期居高不上，不该上的项目上了，不该现在上的项目也上了，导致盲目建设、重复建设项目屡见不鲜，比比皆是。我们这里说市场导向就是要用市场导向投资、导向投资规模、导向投资顺序、导向投资的“轻重缓急”，真正把可行性研究中的市场作为投资项目决策的出发点和落脚点。所以控制投资规模，贯彻市场导向原则很重要。

三 控制物价涨幅还需要一些具体的措施

比如实行灵活的金融政策，如利率的及时调整、保值率、保值期的调整，股票、债券、储蓄的分流等，现在金融财政政策比较死，如保值储蓄，一定要三年以上，为什么两年就不行呢？如两年可保值的话，必定又能吸收一大笔资金，现在手持现金 8000 多亿元。这确实是一个庞大的数目；再比如实行严格的物价管理、规范市场价格行为的法规与行之有效的约束机制，如对扰乱市场与哄抬物价者、对欺诈百姓与牟取暴利者、对唯利是图与不法经营者等都必须依法严加惩处，该重罚的重罚，该打击的打击，该判刑的判刑。政策与法规是为经济发展服务的，所以政策法规的制定、执行、引导都非常重要，尤其在通货膨胀时期就更为重要。

（原载《中国改革报》1995年3月24日）

借鉴国外经验，提高我国经济管理水平

应联邦德国之邀，我们于6月14日至7月15日对联邦德国进行了学术访问。现将访问中感受较深、值得我们借鉴的几个问题作一简要介绍。

一　重视经济发展的超前研究，以及研究成果的推广、扩散

联邦政府的主要经济参谋、顾问机构是6大经济研究所，即基尔世界经济研究所、汉堡经济研究所、柏林德意志经济研究所、慕尼黑经济研究所、埃森经济研究所和科隆德意志经济研究所。联邦政府的经济政策、重要现实问题的研究，许多都出自这6大经济研究所。

6大经济研究所定期向联邦政府提交经济增长速度、经济周期变化、结构变化、汇率变化等对经济发展影响的研究报告、预测数字，并且每年在春秋两季召开6大经济研究所的成果交流会议，协调后将研究成果、预测数字上报联邦政府。据上述研究所的学者们反映（除埃森经济研究所外），联邦政府各项经济政策的制定，包括产业发展政策、财政金融政策、进出口政策、社会福利与保险政策、技术发展与产品开发政策等，都主要依赖于上述研究单位的研究成果，他们除提供给政府预测数字外，还向政府提出评论、建议和立法意见。

经济研究机构在民主德国、联邦德国联合与货币统一上起了重要作用。在民主德国、联邦德国联合问题上，科隆德意志经济研究所与汉堡经济研究所的一些学者先后向联邦政府提出“两德统一必须先统一货币”的建议。于是他们对货币统一的方案、统一后的价格与工资等重大问题进行了超前研究，并通过研究提出了“1∶1”、“1∶2”的货币兑换方案。所谓“1∶1”是指民主德国15岁以下者每人可一次性按“1∶1”比价兑换2000西德马克，16—59岁每人兑换4000西德马克，60岁以上可兑换6000西德马克，

其剩余部分按“1∶2”比价兑换。他们认为，只有进行这种货币统一与兑换，才能稳定联邦德国经济，才能避免民主德国向联邦德国的大量人员流动。这一方案被联邦政府所接受，并加以实施。

对民主德国、联邦德国联合后的经济发展，以及对欧共体的影响等进行了大量的超前研究，包括民主德国、联邦德国联合后的经济发展速度、生产率增长、工业与第三产业的发展、劳动力向第三产业的转移、人均生活水平的研究，并在进行联合后对联邦德国产业结构、就业结构、进出口结构、社会结构的影响等研究。预计1992年欧共体国家间取消边界、取消关税限制，商品、服务、资金、人员可自由流动，欧洲将成为世界第三个不可忽视的经济中心。

二　重视培养既懂技术、又懂管理的新型企业家

第二次世界大战后，特别是近二三十年来，联邦政府特别注意经济管理的教育，采用多种方式培养既懂技术、又懂管理的新型企业家。

重视从经济角度、经济效益角度研究技术的发展变化以及应奉行的技术政策。柏林德意志经济研究所就是把技术与经济结合起来的研究机构。他们研究的许多问题都把技术与经济结合起来进行研究，如技术发展、结构变化、就业变化等对经济的影响，新技术的推广应用对经济的影响，工业机器人的生产与使用和经济效益的关系，新技术、新材料的引入与应用和经济发展的关系，等等。

在经济研究单位掺入“工程技术人员”，以加强经济与技术密切结合。科隆德意志经济研究所近些年先后招进一批从事自然科学研究的人员，也招进一批环保技术人员；西柏林自由大学经济学院院长韦尔瑞奇教授向我们介绍说，他本人就是学工程技术的，现在搞经济，他还说，这已成为当代科技发展的趋势，搞经济的不懂点技术不行，搞技术的不懂经济更不行。

联邦政府拨专款培养既懂技术、又懂管理的新型企业家。汉堡大学经济管理学院教授布瑞弗曼向我们介绍说，政府一方面拨专款在技术大学对企业家进行培训，增加他们的管理知识，培训后又将这批懂技术、懂管理的年轻企业家放回企业，使其在开拓新市场、开发新技术、新产品方面起

先导作用；另一方面采用银行专项货款形式对年轻的新型企业家开发新产品、新工艺予以支持。

重视经济再培训，培养“经济工程”人才。在柏林技术大学80年前就建立了“经济工程学位”，要完成该学位需4—6年时间，属学士后的再培训，要求教师具有工程技术与经济两方面知识。从这里获得学位的人被认为是“既懂经济又懂管理”的新型人才，据他们介绍，这类人才在联邦德国也是很缺的。

三 重视项目的综合管理，尤其重视决策前的管理

在西门子公司总部访问时，他们向我们介绍说，西门子所以在激烈竞争的国际市场中立于不败之地，其主要经验是：西门子的高效管理和高效率工作。这条经验又主要来自西门子对项目管理的重视。

有一套完整健全的管理体系。它包括：项目管理的必要性；如何关心项目；谁关心项目；怎样建立与组织管理系统；按时间序列进行统一管理；对建立的管理目标进行费用效益、利润等分析。在项目管理中最重要的关键性的指标是“利润”及其大小，看其是否能赚钱，这也是决定项目取舍、优先顺序的重要因素。

为达到上述目的，必须在项目开发前组成经济分析组，研究新产品能否打入市场、怎样打入市场、打入哪些市场等，所有这些工作都必须在决策前进行。

及时向最高决策者报告信息，以便随时掌握各种信息进行科学决策。西门子还特别向我们介绍，如何激发与保持高级决策者对项目的积极性，如何更快更好地为高级决策者提供各种有用信息等。

选好项目负责人。他们认为，项目负责人必须是水平较高的项目领域的专家。在当今电子技术高度竞争的环境中，项目管理必须把具有专业知识的人员尽快地吸引或引进分析中，要及时发现与改正项目开发、管理中的缺点，以便及时改进与完善项目的综合管理全过程。

在制订项目计划时要着眼全球，在执行项目计划时要适应所在国的国情。但不论是制订项目计划，还是执行项目计划，都要随时分析与掌握可能遇到的风险，可能受技术、市场、价格因素的影响，可能变化的商业政

策与经济政策。

四　重视企业的研究开发，对新技术、新产品的开发既给优惠也有限制

联邦德国的企业一般在研究开发上是舍得花钱的，政府也给许多优惠，这对企业研制新技术、开发新产品是一个十分有利的条件。

西门子公司认为，没有新型、效率更高、功能更全的新技术系统、新产品系列，将很难优化产业结构、产品结构，很难使原材料、能源的利用更加合理、有效，很难在激烈竞争的产品市场上维持信誉、扩大市场。因此，他们在研究开发上肯花投资。1985—1986 年达到 54 亿马克，1986—1987 年达到 62 亿马克，1987—1988 年达到 65 亿马克，1988—1989 年达到 69 亿马克，分别比上年度增长 12.5%、14.8%、4.8%、6.2%，特别是 1985—1986 年销售额比上年度下降 14% 的情况下，仍增长 12.5%。这足以说明西门子对研究开发的重视程度。现他们每年的研究开发费用占销售总额的比重都在 11%—12%，从事研究开发的科学家和工程师人数超过 3 万人。由于他们十分重视研究开发，所以该公司近几年在集成电路、新型塑料、超导技术、微电子技术、新型交通控制系统等方面取得了惊人成就。

建立新技术开发区，沟通生产企业与科技界的关系，充分发挥科技人才的聪明才智。不论是科技界还是企业界都一致认为，在国际市场竞争日益加剧的情况下，技术进步越来越成为企业生存与发展的关键。为加快技术进步、促进新技术、新产品的开发，在联邦德国也兴建了若干个新技术开发区，并得到联邦政府的支持与政策的优惠。政府一方面提供各种服务保障，并在财政上予以支持，或提供贷款，或提供风险资本，或提供项目资助；另一方面也予以一定的限制，如严格控制入区企业的条件，明确规定企业生产的产品、生产工艺等必须在技术上是先进的、无污染的，开发的技术与产品必须是有发展前景的，等等。政府为保证研究开发的效果还规定新技术与新产品的开发，一定要与各大学、研究机构结合起来，因为专业知识和科技人才是新技术、新产品开发的关键，且各大学和研究机构还拥有先进的实验室、先进的技术设备。这样的技术与产品开发，这种开

发投资与智力的结合，是联邦德国研究开发的一个重要特点。

五 重视国内外报刊、资料的收集加工，重视情报信息人员的选择

联邦德国经济研究机构一个很大的特点就是图书资料占用的人员较多，他们认为，这种辅助研究系统可大大提高研究工作的效率，也可直接为政府、社会服务。

汉堡经济研究所全部人员约200人，搞图书检索、资料翻译、数据库的人员就达130多人。他们认为，本研究所主要是搞应用经济研究，属公共经济研究所，除服务本所外，还要为社会服务。现该所图书资料拥有量仅次于基尔经济研究所，为联邦德国第二，也是欧洲最大的经济资料、数据库之一。现存有80多种国内外报纸，上万种杂志，藏书100多万册。各种杂志、报纸、资料达5000多万册。有关中国近10年来的资料就有几卡车之多。使我们为之兴奋的是：在该所图书、资料、信息部竟查到了1914年的《青岛日报》。此外，该中心还设有庞大的数据库，几乎全部图书、资料、杂志已输入计算机内，可根据用户要求，为其承担资料查询、收集工作（收一定费用，以补充本所经费）。据他们介绍，每年约有10000多个用户要求服务，其中有30%左右的用户是政府、新闻、电视等部门的，还有一些长期用户（如美国阿拉斯加石油公司的资料等）。

在信息情报人员的选择上要求很高、挑选很严。在汉堡经济研究所搞情报信息、资料翻译人员要求每人除德语外要通晓三种以上外语，有的同时也是知识渊博的经济学家。我们在所到过的研究单位都看到了类似情况。

六 联邦德国学者对中国的一些建议

在访问、交谈中，联邦德国的教授、学者们对中国都十分友好，在交谈中他们还对中国的经济发展提出了一些建议：

西柏林自由大学研究中国问题的著名专家哈格曼博士提出，我国统计数据水分太大，而且国家统计局和经贸部的统计数据又大不一致，使他们

研究中国经济问题的学者不知所措。他建议：应采用更先进、更科学的统计方法减少统计中的水分；应将国家统计数字与外贸统计数字统一起来。

科隆德意志经济研究所所长费尔斯教授建议：经济体制改革与政治体制改革应协调进行，如只重视经济体制改革，不重视政治体制改革必将滞缓经济体制改革进程，如只重视政治体制改革，经济体制改革上没有具体措施，像苏联那样就必将一团混乱。

慕尼黑东欧研究所副所长科莱蒙特博士建议：在中国不宜建设更多的大型、超大型企业，尤其现阶段中国资金短缺、运输困难更应避免。他建议在中国特别是现阶段要多建设一些地区（含省、市、地、县）管理的中小企业。他说联邦德国的经验是：新技术、新产品的研究开发应主要依靠中小企业，待中小企业取得成功后再在大企业推广应用，因为这样会减少风险。他还建议中国利用计划经济建立一套社会保险体系。

联邦德国克洛克纳、洪堡、道依茨公司销售经理米尔克博士建议我们改进技术贸易、提高涉外工作效率。米尔克博士来往中国达 40 余次，可说是“中国贸易通”了。他一方面认为与中国发展贸易的潜力很大，另一方面也感到在中国开展贸易很“难”，主要表现在政策变量所占比重大、谈判时间长、效率较低。所以，有时关系不协调，甚至造成一些不应有的误会。这对他们来说是十分不理解的。他们认为，时间的浪费是极大的浪费、极大的损失。因为有些技术发展很快、更新速度也很快，但若谈判、审批时间拖得很长，再加上建设、试产、达产的周期，本来原属先进的技术，恐投产、达产后也变得不那么先进了。这一点他深有感触。

西门子公司反映，他们公司与中国台湾的贸易额达 15 亿马克，而对中国大陆的贸易额才只 20 亿马克，况且台湾劳力昂贵，对他们越来越不利。因而他们非常希望与中国大陆扩大交流、扩大贸易。然而非常遗憾的是，与中国扩大贸易尚存在一些障碍：一是中国在指导思想上过分依赖日本；二是中国政策多变；三是中国办事效率太低，影响积极性；四是法国人愿指出缺点，日本人是好话说尽，而与我们接触的一些中国人都喜欢“听好不听坏”。

（原载《数量经济技术经济研究》1990 年第 12 期。此报告由笔者执笔。代表团成员还有朱辉杰先生）

竞争、开放与技术进步：经济发展的动因

——对澳大利亚考察的基本结论

应澳大利亚社会科学院之邀，我们于 1993 年 7 月 31 日至 8 月 21 日对澳大利亚进行了学术访问。

现将几个主要问题和学者的主要观点汇总如下：

一　发展应主要靠竞争，不是靠过多的干预与控制

许多学者谈到，澳大利亚第二次世界大战后经济发展是稳定的，技术进步是较快的，发展质量是好的，居民的生活水平也是有较大提高的。据悉尼大学经济系提供的资料表明，GDP 年增长率 1951—1960 年为 4.2%，1961—1970 年为 5.0%，1971—1980 年为 3.2%，1981—1990 年为 2.9%。虽增长速度有减缓之势，但澳大利亚学者认为，澳大利亚的经济增长仍属正常发展之列。莫纳斯大学政策研究中心主任迪科森教授预测 1997 年前 GDP 的增长仍将保持在 2.46%。在澳大利亚经济增长中一个突出的特点是结构变化很大，即：第三产业增长快，所占比重越来越大，如服务业在 GDP 中所占比重从 1951—1960 年的 14.4% 增到 1981—1990 年的 30.3%，即提高了 15.9 个百分点，金融业从 3.0% 增到 10.8%，即提高了 7.8 个百分点；第二产业比重下降，如机械制造业同期从 28.4% 下降至 17.4%，即下降了 11 个百分点；第一产业下降幅度尤大，如农业从 1951—1960 年的 18.4% 下降至 1981—1990 年的 4.3%，即下降了 14.1 个百分点。对上述发展与结构变化，学者们提出了如下四个观点：

（一）发展主要靠竞争

墨尔本大学副校长舍得温教授认为，经济发展的关键是参与竞争，参

与国际间的竞争，集团间的竞争，要善于在竞争中发展、竞争中生存。为此，一是要转变观念，转变传统的发展思路、发展战略，既要决策者、制定政策者转变，还需越来越多的生产者、普通劳动者转变，让更多的人接受“竞争”这一观念。这是因为市场经济本身在一定意义上就是竞争性经济，市场机制就是竞争机制，在商品市场中没有竞争就不会有发展，不会有商品的改进、质量的提高，不会出现商品的多样化，更不会出现消费者的市场、买方市场，等等；二是要大胆引进国外先进技术，直接利用外国投资发展本国竞争能力，提高国际竞争力。在这当中谁决策快、引进速度快，谁就可赢得时间、缩短差距，谁对引进的技术吸收快、创新快，谁就能在激烈的国际、集团竞争中站稳、立住、生存与发展，就能取得竞争的胜利，这是当今世界经济发展的普遍规律。

（二）竞争带来新观念、新思想、新技术、新设计、新产品、新服务

应用经济研究所所长布莱第教授认为，竞争可带来新的发展思路、新的技术构思、新的产品设计、新的系统服务；竞争可带来产品的低成本、高质量、高附加价值；竞争可带来设备的有效利用、资源的有效利用，人的积极性的充分发挥。他还举了两个实例说明他的这一论点：

澳大利亚的经济发展与对外贸易直接相关，产品的国际竞争能力直接影响着经济的兴衰，即对外贸易发展快，经济兴；对外贸易发展慢，经济衰。根据世界经济发展的预测，矿产品、农产品的价格将呈下降趋势，这将对澳大利亚经济发展产生负的影响，对此有些经济学家是悲观的，因为矿产品、羊皮等是澳大利亚出口物资的重要支柱。但澳大利亚在发展国际贸易上采取了一系列措施，使贸易进出口增长很快，大大高于 GDP 的增长。如 1992 年 GDP 实际增长为 2.4%，但出口增长达 6.37%，进口增长达 7.99%，而且，预测 1997 年以前进出口增长也将分别达到 7.04% 与 6.88%，这一增长速度均大大高于 GDP 年增长速度。

澳大利亚维多利亚省的电力部门，在激烈的集团竞争中，以少人力、低成本、高效率赢得了竞争的胜利，由于实行先进的管理方法和管理手段，在减员 60% 的情况下，效率提高了两倍以上。布莱第教授还以中国华南地区为例，说明了由于更多的人接受了竞争的新观念、新思想，带来了新技

术、新设备，得到了新市场、新服务，从而使地区得到了空前的发展，对中国的改革做出了较大的贡献。

（三）干预控制过多就是保护了落后的技术、落后的管理

墨尔本大学的扎克尔斯基博士认为，在经济发展中政府干预过多、控制过多，就扼杀了发展的活力，限制了主动性的发挥，就不可能出现竞争，不可能有危机感。原苏联和东欧一些国家，过去靠干预的办法、靠控制的办法、靠集中权力的办法，结果使经济发展失去了活力，人的积极性难以充分发挥，从而使落后的技术不能及时更新，落后的管理跟不上发展的需要。因此，他认为，政府的作用是提供竞争的环境与条件，提供竞争的政策与法规；体制的作用是提供人的积极性充分发挥的环境与条件，提供人力资源合理开发利用的动力机制和分配机制。打破中国“大锅饭”的办法不能简单用行政手段、行政办法，而应用竞争的办法，用高智力代替低智力、高技能代替低技能、熟练代替简单、先进代替落后、高效率代替低效率等办法，要使人有上进心、有危机感，不学习、不提高就有被淘汰的可能。

（四）当今世界经济发展的重要特点是：谁都离不开谁，在相互依赖中竞争，在相互制约中战胜对手

第二次世界大战后，世界各国经济发展的趋势是：相互引进、彼此借鉴、你中有我，我中有你。新南威尔士大学经济管理系系主任柯武刚教授说，500 年以前中国的技术比欧洲要先进，文明程度也要发达得多，只是近代，特别是第二次世界大战后，世界各国高速发展时期，中国采取了闭关自守、与外隔绝的发展方针，错过了有利时机，加上本国的技术基础薄弱，所以，从技术到管理都落后了一大截。其他实行计划经济的国家也同样发展很慢，如人均 GNP 韩国是朝鲜的 7 倍，原德意志联邦共和国是原德意志民主共和国的 7 倍。因此，现在看来，要发展就要开放，要大发展就要大开放，中国近几年的发展也证明了这一普遍规律。柯教授举马来西亚的例子说，因他在马来西亚工作两年多，对马来西亚的电子工业的发展比较熟悉。马来西亚政府在工业方面采取了许多鼓励、优惠政策，大力吸引外资，现已取得明显成效。如照相机用的闪光灯，马来西亚生产的占世界销量的40%，德国学者说马来西亚的年轻工程师比德国的都强，所以，技术转让方面马来西亚是个很成功的例子。最后教授引用索尼公司一位经理的话："没有日本人制造的硅片，人造宇宙飞船就上不了天，但又发现，日本用的计算、检测、监控等设备，又都是美国制造的。"

二　技术进步：一来自市场需求，二来自人的积极性

阿德雷得大学经济系理查德森博士认为，技术进步一是指新发明、新创造；二是指新发明、新创造的推广应用，及其对经济发展所起的作用，或者说，群众在实践活动中能够接受的新发明、新创造的程度。按这样的定义，澳大利亚在某些技术方面还是很先进的，如矿产技术、羊毛技术、医学医疗技术、电信技术等都是接近美国、日本先进技术水平的。但有些技术还很落后，如传统的机械制造业在澳就十分落后，而且至今尚无任何改变落后的制造业的计划，这是因为制造业的市场容量太小，没有更多的需求。因此，澳大利亚学者认为：

（一）有市场需求，才会有技术进步，反过来技术进步又会刺激市场需求

克斯伯教授向我们介绍说，当今澳大利亚的技术有的很先进，有的很落后，出现差异的原因就是市场与市场需求。澳大利亚从 50 年代到 1975 年，经济增长中的技术进步因素只占 1/3，其原因就是那时的市场小、市场需求不足。80 年代以来，由于市场需求的不断增长，技术进步速度加快，在经济增长中技术进步的因素也从 1/3 增至 60% 左右。教授还列举墨西哥发展实例说明：墨西哥没有开放前，市场容量极小，技术进步十分缓慢。开放后，市场扩大、外资引入，提供了许多发展的机会，迫使技术进步加快。在澳访问期间，我们还有幸乘坐了高速有轨汽车，公司部门经理向我们介绍说，这条高速有轨汽车是世界上第二条（第一条在原德意志联邦共和国），时速平均 100 公里，其造价仅为一般高速公路的 1/3。目前运营良好，很受欢迎。可以肯定，像这样新技术的出现必将刺激新的市场需求：即在人口密度较大、客流量较大的卫星城市、厂区、矿区修建类似高速有

轨汽车。克斯伯教授对此提出独到见解：重要的不是发明，而是发明后的生产与销售、推广与应用。一个设计师设计出的产品，关键是该产品是否有市场需求，它的用户在哪里！

（二）在世界大的技术市场中，要进行于我有利的选择

在澳大利亚，第二次世界大战前的技术与设备主要从英国引进与进口，英国那时确实是许多新技术的发源地。但是，第二次世界大战后，在庞大的技术市场中，发生了很大的变化，先进技术更多地出自美国，而不是英国了。这时，澳大利亚的技术引进与设备进口，逐渐地从英国转向美国。70年代后，日本的汽车、微电子、重化工、节能、材料替代等技术的高度发展，联邦德国的电机、电器、汽车、通信等技术的高度发展，法国通信、核能等技术的高度发展，均给各国的技术引进与选择提供了更多的机会。因此，70年代后，澳大利亚的技术选择原则与方针也随之变化，即“谁的技术好、谁的技术先进，就用谁的技术”。特别是选择那些能使产品多出口的技术、能较大提高生产效率的技术、能创造较高附加价值的技术。

这里应指出的是，澳大利亚在瞄准新技术领域上是舍得花钱的，我们参观的国家通信实验室就是其中之一。该实验室潘博士向我们介绍说，他们正在研制高清晰度、多信息传递的电信技术，如研制成功，可将上百万个信息压缩在一张图片上，那时一个人可完成几十人、上百人的工作量，一旦信息化，便可接收世界各国的传递信号，对生产、生活将带来极大的方便，效益将十分巨大。另外，我们还参观了一个人工智能中心，可进行全景照相，既可为生产提供全景产品，也可为社会提供全景服务；还有人工智能型自动搬运、分类机，人工智能型机械手（也是多面手）等尖端技术。

（三）进步与发展的诀窍之一：把市场需求与人的积极性密切地结合起来

阿德雷得大学经济系让苏珊博士带领我们去考察了一个实行一种崭新的组织管理形式的企业。厂长梅尔顿先生向我们介绍说，该企业原实行的专业流水式管理，由于这种管理质量难以保证、工序间难以协调、职工积极性难以发挥，加之工人的工作不能与客户直接见面，一旦出现质量问题便互相推诿，因此，造成生产产品的工人不了解市场需求，市场信息也无法反馈给生产产品的工人。针对上述弊病工厂创造了一种新的劳动组织形式——混合工组。其主要特点：一是工组生产的产品直接与市场见面、与客户见面，使生产者与消费者互通信息；二是组内人员之间团结合作、风雨同舟、相互支持、命运一体。这样，便把市场需求与工人积极性结合起来了，把提高人员素质与提高产品质量结合起来了，把完成任务的多少与工人所得结合起来了。据梅尔顿厂长介绍，实行新的组织管理形式——混合工组后工人们的收入比过去平均高出 10%。

（四）进步与发展的诀窍之二：把技术创新与提高产品质量密切地结合起来

沃龙港大学政策研究中心的里阿纳吉博士认为，技术进步、技术创新应立足于企业，为企业发展服务，为提高产品质量、改进产品性能服务；技术革新应为企业、部门带来效益，技术变化应对经济增长有贡献；研究部门应帮助企业研究从技术的更新换代到市场需求的全过程，研究实施的组织行为。杜滨博士认为，研究单位应与企业一道研究技术的商业化过程，研究企业科技进步中的组织管理与实施行为，研究企业如何把技术创新与提高产品质量结合起来，大学和研究机构都应和企业建立联系，给企业些好处。里阿纳吉博士还主张用下述指标评价是否对企业、部门有所贡献：（1）看新技术、新设计、新构思渗透到企业多少？（2）看产品质量是否有提高？产品性能是否有改进？（3）看为企业提供了多少新的信息？（4）看给企业带来多少新的效益？（5）看企业的生产率有多少提高？

悉尼大学格洛诺维兹教授特别强调技术创新对中小企业的作用。他认为，由于市场需求的千变万化，中小企业更容易接受、采纳、推广、应用技术创新的成果，容易接受技术进步中的新观念、新思想、新发明，所承担的风险要比大企业小。他举澳大利亚的例子说，无论在澳大利亚的经济发展中，还是在澳大利亚的外贸出口中，中小企业都起重要作用。澳大利亚如此，西欧的发展也如此，格洛诺维兹教授还建议中国应充分重视中小企业的作用，鼓励中小企业的发展，尤其是中国市场机制建立后，中小企业为生存与发展，必将转向市场、转向技术进步。离开市场与市场需求，它们将难以生存，不依靠技术进步、不搞技术创新，它们将难以发展。

三　在未来发展中“硬件”、“软件”都重要，但“人件”更重要

第一次世界大战前，各国之间的技术引进多是购买“硬件”——机械设备，买来就用，战后一段时间也多沿用这种方式进行国际技术转让。但60年代，特别是70年代后，由于科学技术的迅猛发展，人们越来越意识到：若只购买“硬件”，必将永远尾随其后，于是，一些开发、研制、制造能力较强的国家，开始购买“技术资料、设计图纸、技术诀窍、各种原料配方，化工配方，以及专利许可证等”，以抢先在本国生产制造和推广应用，甚至再出口。这种引进方式相对于前边说的“硬件”而言，被称为“软件”。然而，近十多年来，人们惊异地发现，“硬件”也好，“软件”也好，都是由人开发的。正如福林德斯大学人力资源研究所所长思劳安教授说的那样：技术进步的宗旨是让人接受新技术、新发明、新创造，并运用新技术、新发明、新创造造福于社会，因此，“人件”是最重要的。

（一）需有较高的“人件”素质

墨尔本大学应用经济研究所所长布莱第教授认为，要推广、应用新技术、新发明需要一批有专门技术、掌握技能的人，有一批素质较高的“人件”。尽管许多工作可由计算机代替、计算机完成，许多问题可由计算机解决，但是提出问题的是人，设计方案的是人，编制程序的是人，与计算机沟通、协调的也是人。一项技术是新、是旧，是先进的、还是落后的，首先需要有人的辨别能力，用知识与经验去辨别；其次需要有理解能力，能够掌握它、运用它；再次是创新能力，即在掌握运用中改进、完善、创造新的功能。格洛诺维兹教授说，70年代后的技术进步已发生质的变化，其特点体现在技术中知识的含量越来越多，技术密集程度越来越高。过去的技术拿过来就能用，设备买来就能使，现在就不行了，它要求“人件”有较高的业务素质，较高的文化素养，甚至有些技术必须经过一定时间的专门业务培训才能上岗，有些高、新技术领域，亦无“白领蓝领”之分，均要求具备博士资格才准“动用”。

（二）需抓好“人件”开发三环节

布莱第教授认为，要抓好“人件”工作需重视下述三个环节：

第一，基础教育，这是“人件”基础，现澳大利亚已基本普及十三年义务教育，这个基础必须打好。

第二，专业教育与专业培训，这是继基础教育后奠定未来人生的关键阶段，它包括接受中等专业技术教育与高等专业技术教育，也包括上岗前的技术培训与上岗后的专业提高。

第三，人才利用，这里既体现宏观的分配政策科学与否，也需有能调动人的积极性的微观激励政策。教授在这里还特别强调了训练有素的高级专业技术人才的工资收入，应大大高于社会平均工资收入，以充分体现受教育之补偿，体现教育投资的巨大效果，而且，这种工资收入的差距应随受教育的年限、技术熟练程度和工作业绩呈直线上升形。这是因为在未来的经济发展中主要靠技术进步，靠高新技术的开发与扩散，而高新技术的开发扩散又主要依赖于有知识、有技术、懂经济、会管理的“人件”来完成的。掌握了未来经济发展的这一特点就可在激烈的国际竞争中立于不败之地。布莱第教授还认为，澳大利亚目前失业率高（已达11%）的主要原因是工资的增长快于技能的增长，技能不高的人工资偏高。扎格尔斯博士也特别强调，专业技术人员与普通工人、受过高等专业教育的人与没有受过高等教育的人的工资收入应拉开距离。只有这样才能激发年轻人、青少年去刻苦读书、学专业、掌握高技能。

（三）建立激励人积极性的良性循环系统

阿德雷得大学里查德森博士认为，在经济增长中充分发挥人的积极性是极其重要的，也是任何其他因素所代替不了的。博士认为日本在经济上成功的主要原因：一是积极性，二是责任感。这条成功的经验对澳大利亚、对中国都是很有借鉴意义的。政府部门应提供调动积极性的各种环境，包括学习环境、工作环境、社会环境、生活环境等，体制上应建立动力机制系统，包括分配机制、激励机制、人才流动机制等，政策上提出保证、保护措施。当谈到建立激发人积极性的良性循环系统时，博士认为，一是要有一个合理的工资收入，二是要有一个激励体系与办法。没有一个好的“回报办法+奖励办法”人才就留不住，创新就没有动力，工作就没有热忱，也就谈不上积极性与责任感。现澳大利亚流出的是“工程师”、“机械师”、“建筑师”，而流入的多是英国的低收入者，意大利的农民，越南、柬埔寨的难民，有些工程师长期找不到工作，为了“生活”不得不以“擦地板维持生活”。听说中国大批人才也因待遇低下而纷纷流向他国，这是很可怕的，长期下去，本国将大受其害。

（四）“人件”管理的核心是不断提高生产率

沃龙港大学政策研究中心里阿纳吉博士向我们介绍说，澳大利亚过去只重视市场，不重视技术进步，对产品的改善、技术的变化研究不多，现澳大利亚政府很重视管理，但只强调组织管理、行为管理、过程管理，不重视生产率的研究、生产率的管理。麦科理大学的约瑟夫教授认为，澳大利亚的“人件”素质还是比较高的，问题是没有很好利用。在素质较高的人员中，一部分流失到国外，一部分低雇使用，一部分失业，再加上每年有10万移民移向澳大利亚，因此，效率低、“大锅饭”的现象也比比皆是。澳大利亚许多制造商发现，由于澳大利亚生产率低、工资高（与其他亚洲国家相比），澳大利亚制造业产品在价格上无法与其他亚洲国家竞争，所以，他们竞相在其他亚洲国家投资办厂、建立分厂，不愿在本土上再扩大规模。他认为，澳大利亚在某些出口商品上还是有竞争力的，关键是要不断提高生产率。

格洛诺维兹教授说，目前在世界经济发展中出现了一种“荷兰病”，即抛开本国的资源优势而去发展其他产业，如像荷兰天然气储量很高但它却发展电器电子产业一样。这种病因就是高附加价值，因为高附加价值可带来高生产率，而高生产率便是发展的源泉、增加收入的源泉、提高生活质量的源泉。因此，这种病看来已成为世界的通病了。

四　澳学者对中国经济发展的看法与建议

我们察觉到，澳大利亚关心中国、研究中国的人越来越多，对中国经济的兴趣也越来越大，许多专家、学者对中国提出了发展思路与政策建议，提出了我国在向市场经济转变中应注意的问题。现归纳起来主要有以下几点：

（一）中国经济发展速度快，“袋鼠效应”明显——喜忧各半

福林德斯大学经济学教授布鲁金先生说，中国自1992年以来经济发展很快，对中国来讲可能是现实的，但过高的速度会带来一些问题。澳大利亚学者把中国的高速发展称之为“袋鼠效应”，即时高时低、时跳时停。所以有的学者与企业界人士“喜”，为中国而高兴；有的学者与企业界人士“忧”，为中国经济担忧，担忧从“高”处摔下来。他说，澳大利亚有些学者计算，中国的物价与通货膨胀率都在20%以上，这已是非常危险的境地！因此，布鲁金教授建议，把速度降至9%左右（尽管澳大利亚有的学者对中国发展速度预测为11.5%）为宜，物价与通货膨胀率必须降至10%以内。

（二）中国应有一批优秀的“销售经理”

新南威尔士大学经济管理系教授柯斯伯先生认为，中国在向市场经济转变中应有一大批优秀的对市场营销与市场经济精通的“销售经理”，他们对产品市场、技术市场、劳务市场的发展变化、未来趋势能及时作出科学地判断，必要时能对市场、对消费者提出保护性措施。柯斯伯教授说，过去西方有些学者断言：中国不会出现大的企业家，因为在中国儒家思想影响太大，总把自己用围墙围起来，里边的冲不出去，外边的也冲不进来，外边世界发生了怎样的变化，外边市场有多大一概不知道，只满足于围墙内的一小块“市场”。当然，中国改革开放后这样的人越来越少了。里查德林博士提示我们，中国一定要找一条适合中国发展特点的道路，干一件事可有不同方法，每一种方法都会产生不同的效果，即便是各种因素相同，由于不同的组合方式也会产生不同的结果。中国在向市场经济过渡中，千万不要认为“市场经济可解决一切”。博士反复强调，市场这匹野马是很难驾驭的，弄不好会伤人、会出现问题，甚至会被自己生产出来的产品打垮。欧洲已有200多年市场经济的历史，中国才刚刚开始，这一点一定要有清晰的了解。

（三）中国技术进步的重点应放在中小企业上

格洛诺维兹教授向我们介绍说，澳大利亚经济发展靠中小企业，外贸出口靠中小企业，技术进步也靠中小企业。这是因为中小企业容易接受新事物、新思想，容易接受新的创新、发明的成果，风险性小又灵活。他说，未来技术发展的主要趋势是高新技术，而高新技术的特点是三高：高投资、高风险、高效益。对于这种具有“三高”特点的高新技术的实验、应用、推广，无疑中小企业是最适合的。教授还列举了中小企业在意大利、新加坡、马来西亚等经济发展中所起的作用，也谈到中小企业在中国南方经济发展中所起的重要作用。因此，他建议中国经济工作的重点应转向中小企业。

（四）中国应遏制人才的外流，尽快采取有效措施吸引人才

许多澳大利亚学者都建议我们在遏制人才外流、吸引学子回国上采取毅然果断措施，在政策上、物质保证上、工资待遇上、分配住房上、职称聘任上等给予优惠，尤其在工资和住房上，只要政策优惠得以落实，可很快见效，且连锁效应、辐射效应将是很大的。他们说，澳大利亚在这方面既有经验，也有教训。经验是：第二次世界大战后由于对高级专业技术人才、大学教授、副教授实行了高工资政策，引进和留住了一大批高智力、高学位人才，这批人才对澳经济、社会发展起了重要作用。教训是：近几年人才外流现象也比比皆是，许多工程师流向新加坡、马来西亚等国。这批工程师外流的原因是因为在澳土上找不到工作。扎格尔斯基博士认为，要留住人才、防止外流最简单、最有效的办法就是高工资，而提高工资的最好时期是经济增长时期。中国应抓住当前经济高增长时期解决这一问题。

（五）中国应接受非均衡思想，发展中要有得有失

扎格尔斯基博士、布莱第教授等许多澳大利亚学者都认为，中国国土大、人口多，各地的技术基础、经济水平、资源条件、人员素质等差异较大，因此，不能要求均衡发展，要接受非均衡思想。他们认为，全国的经济发展，各地区（省市）产业发展，都会有得有失，有快有慢。这几年中

国沿海地区（省市）、南方地区的发展就比内陆地区发展得快，这是很正常的现象。现在发展不均衡，在未来的发展中也不会均衡，这是人皆共知的普遍规律。但是，他们提出以下两个问题应引起我们重视：（1）尊重地区发展的积极性，这是很重要的一条。不要过多干预，要给予他们创造发展的环境与条件，但也要使地区有危机感；（2）在保护生态环境的条件下使各类资源得到综合利用、合理利用。中国不应走“先污染后治理”、“先破坏后恢复”的路子，要把发展与环境、利用与保护密切地结合起来，曾到过中国的学者都反映：中国城市环境污染较严重，自然资源破坏较突出。对此他们非常关切。

（六）中国应加快发展第三产业，以满足由于价值观念的变化而带来的需求增长

里查德森博士和我们说，对我国未来的发展很乐观，尽管过渡到市场经济很难，还会有许多困难，也还会出现些问题，但相信中国会吸取世界各国的经验教训加以解决的。博士最担心的是：中国的物质生产满足不了价值变化的需求。为此，博士建议中国加快发展第三产业，特别是发展那些与人们“衣食住行用”相关的服务业、文化娱乐业，也要多发展一些社会公共事业。

（原载《数量经济技术经济研究》1993 年第 10 期。代表团成员兼翻译潘小松）

经济增长的重要源泉:人力资源的开发与管理

——加拿大学术交流归来的思考

根据“中加人力资源开发实践的综合研究”的课题协议，我们于1993年11月15日至12月2日对加拿大进行了学术交流与考察访问，先后与40余位专家、学者就人力资源开发理论与实践问题进行了坦诚的交流，回答了加拿大朋友提出的各类问题。在加期间，我们还访问了加拿大工商研究院、财政部、人力资源开发部、劳力市场与生产率中心、劳动力发展理事会、加拿大统计局等有关部门，同皇后大学、麦基尔大学、卡尔顿大学、多伦多大学等著名大学的教授们进行了友好的交谈，参观访问了大型跨国公司“北方电讯”。在加拿大工商研究院12月1日举行的学术讨论会上，李京文教授作了题为“中国经济形势和中国人力资源开发情况”的学术报告，郑友敬教授就“关于中加人力资源开发理论与管理实践的若干问题”作了发言，张国初博士就“关于人力资源开发的方法论问题”作了发言，并在热烈的气氛中结束了我们的友好访问。

现就加拿大人力资源的开发与管理情况介绍如下：

一　强化竞争意识,规范人力资源管理

第二次世界大战后，特别是六七十年代以来，加拿大各界越来越认识到人力资源开发的重要性、迫切性，越来越认识到开发人力资源是提高本国国际竞争力和繁荣本国经济的关键因素，是本国经济增长的重要源泉。因此，加拿大政府和有关部门对人力资源的开发与管理采取了许多措施和办法，包括强制性和非强制性的措施和办法，直接与间接手段（主要是间接手段），强调咨询、协调、服务和决策的民主化，并成立了专门主管此业

务的人力资源开发部。该部的主要职能和业务范围是：

——制定劳动政策法规，规范人力资源管理。如制定就业政策、劳动标准（包括工作环境、劳动保护等）等，与联邦和各省政府一起进行劳动立法，规范和监督各利益主体的行为。

——协调劳资关系。加拿大人力资源开发部主要在联邦水平上处理一些大企业的劳资关系。由于劳力市场的供求双方在经济利益上是相互制约的，既有对立、冲突，又可通过谈判、妥协达成符合共同利益的协议。过去加拿大的一些大企业如同其他西方国家一样，劳资关系比较紧张，多为冲突性关系，对立、冲突为主要矛盾。劳动者要求的是减轻劳动强度、改善劳动条件并获得较高的工资；而企业主则希望雇用高素质的劳动力、支付较低的工资，以获取最大的利润。用加拿大劳动力市场和生产率中心的安德鲁·夏普（Andrew Sharpe）先生的话来说是："过去的模式是：劳资双方不在一起协商共同解决问题，而是集体讨价还价。80 年代新模式也有讨价还价，但是有合作关系，例如劳资双方坐在一起共同讨论培训、人力资源开发等问题。"现在加拿大政府部门是以中立者的身份，设法使劳资双方平等参与和协商，主张求同存异，引导劳资双方考虑如何促进投资、促进创新、促进人力资源开发，关心职工收入和就业安全保障，加强产品质量管理，改进对顾客的服务，以及其他直接影响提高生产率的各种因素。另外，政府部门也很注意吸收各方面人士参加政策的制定，例如，把雇主和代表劳动者利益的工会和妇女代表召集起来讨论政策问题，在社区召集社区代表讨论解决社区范围内的就业问题，等等。

——进行长期预测与规划研究。在联邦总部有一个复杂的模型，可以预测 10 年的就业形势，并由政府指令 150 个大企业提供有关信息。这些企业相对稳定，但要定期更换少量企业在利用经济计量模型对未来就业趋势进行描述时，应指出各种职业的未来需求，如哪些职业需求会减少甚至消失，哪些职业会变得热门，将会出现哪些新的就业机会，等等，为企业、省和整个联邦政府进行人力资源规划时参考。但总的趋势应是：为迎接全球竞争的挑战，加快技术进步，提高国际竞争力，技术要求高的工作岗位将不断增加。

——提出教育和培训方案。这里教育主要是指学校正规教育，也包括成人再教育，据人力资源开发部资源顾问克里斯·阿伦斯（Chris Ahrens）先生介绍，加拿大的高等教育由联邦政府提供经费，中等和初级教育由各省负责。初、中级教育是加拿大基础教育的重要组成部分。除了正规教育系统之外，加拿大政府越来越重视形成技能的职业培训，并把它看成是人力资源开发的一个十分重要的方面。因此，如何推动产业进行人力资源开发已成为加拿大的一个重要政策问题。产业培训活动在公司和公共政策的议事日程上，正越来越占有重要的地位。

——提供劳动力市场信息与咨询服务。劳动力市场信息由政府所属的劳动力市场信息中心负责提供，它负责信息的分类、收集、分析、加工、处理和扩散。加拿大已建立了广泛的地方信息网。通过所建立的信息系统和经济计量模型，可以进行劳动力市场的分析、职业预测、培训计划，向联邦及省政府提供各种政策建议，并通过全国约500个就业中心，为劳动者、家庭和企业提供就业咨询。

——实施就业保险和社会安全保障，兼顾效率和公平。市场经济要求所有生产要素进入市场，劳动力要素也要进入市场，以市场机制来优化劳动力配置，从而达到尽可能大的社会效益，这被称之为市场经济的效率效应。由于市场经济是一种竞争型经济，因而在市场竞争中必然出现优胜劣汰，并通过竞争拉开人们收入差距。对自由市场经济体制来说分配效率是至关重要的，但它又不能保证分配的公正性，所以，对低收入群体来说，社会补贴是绝对必要的。为了实现社会的公平，需要政府调节收入分配关系，防止两极分化。政府对弱者需要给予扶持和保障，给予就业指导和培训，实施失业保险、养老保险和最低工资等措施。这即是维护社会公平原则，这一原则的实施将有利于社会的稳定，也有利于经济持续发展。

二　重视教育与培训，提高国际竞争能力

抓教育培训是加拿大人力资源开发部的主要工作之一。在这方面，他们抓两项主要工作：一是为大学和技术教育提供资金；二是扫盲。克里斯·阿伦斯先生说：“劳动力大军应该由受到良好教育的人组成。过去一段时期曾有30%的学生退学，这些退学的人就只能到那些劳动技能要求不高、

技术含量较低的产业去找工作，例如伐木工人，只要四肢发达就行了。现阶段的工作技术要求越来越高，仅仅能识字已经不够用了。”在加拿大，高等教育主要由联邦提供经费，而中等和初等教育由省负责。根据宪法，省一级有权开办各级教育，在人力资源开发上，省一级具有关键作用。

在加拿大，联邦政府和省政府共同负责培训的工作。联邦政府提供培训费，出资买设备、为开设课程提供经费等。

从组织形式上讲，培训形式有下述三种：（1）有计划的培训；（2）雇主提出的培训；（3）委托教育部门进行培训。培训计划的实施由就业办公室负责。另外，社区组织与就业委员会合作，也对社区内的失业者进行培训。一些年轻人，在中学教育时辍学，其中有些人不愿再上正规学校接受教育（这部分人约占20%），而想找工作挣钱，可由社区组织培训。例如，超级市场招收营业员，上岗前需培训3—4周，学习使用收费机、上货、肉类与蔬菜的保鲜，等等。

培训分为失业者培训和在职培训。失业者培训的对象是青年人占多数。据波伊森（Poisson）先生讲，受培训者约有50%能找到工作。当然，受训者的就业率与受培训的课程有关，如技能培训就业率就较高，扫盲型培训就业率就较低。据加方介绍，加拿大每年接受约25万移民，他们多数是一些加拿大人的亲戚，或者自称是难民的人，有技术的移民很少，只有1.5万人，仅占移民总数的6%。加拿大政府现在也比较注意对这部分人进行教育、培训，以帮助他们较快地找到工作。

在职培训的种类又有：保健、安全培训、新职工教育培训、计算机知识培训、环境知识培训、管理培训、销售培训、技术设备知识培训、专业培训、学徒培训、扫盲培训以及其他培训。受训者每年人均培训一周。对于那些高级技术人员也可请专家、学者来讲课，或送到大学进行提高技能与强化管理培训。据加拿大劳动力市场和生产率中心的桑特斯（Sangtes）先生介绍：“大中型企业从事培训的比例较高，而且往往是开展培训的公司要求进行更多的培训，不进行培训的公司反倒积极性不高。”这说明培训确实使企业获益，它能提高公司的生产率和竞争能力，所以，加拿大的一些公司愿意出钱资助一些研究单位与组织，对他们公司人力资源开发和管理的实践进行调查研究。大量数据表明，在实践中进行人力资源开发、接受培训的个人和提供培训的雇主都可以从劳动生产率的提高中获益。

三 经济增长靠科技，科技呼唤人才

日趋激烈的国际竞争，全球经济的巨大变化和不断加速的技术进步已对加拿大的人力资源开发政策产生了莫大的影响。正如皇后大学和渥太华大学的人力资源研究项目负责人克巴切曼（Batcherman）先生说的那样："加拿大的经济正在从以能源为中心的经济转向以服务业为中心的经济，以适应全球经济的巨大变化。"他所指的服务业为主的经济是以信息产业为基础的高科技经济。这种变化对教育和培训方向具有重大影响。当就业结构逐渐倾向于要求更高的技术时，人力资源的开发就变得越来越重要，从个人角度讲，在劳动力市场上成功与否将更加取决于是否掌握了足够的技术，受过较好教育的劳动者必将使那些没有受过足够教育的人处于更加不利的竞争地位。企业只有依靠持续的培训和再培训，才能满足其不断进步的技术需求，工人才能最大限度地发挥才能，企业才能在日趋激烈的竞争环境中得以生存和不断发展。企业的成功又可为人才成长提供更好的机会，通过教育和培训使每个人通过发挥他们的潜力，改善他们的生活质量。北方通讯公司下属的贝尔北方研究公司（BNR）副总裁刚萨雷斯（Gonzalez）女士及其助手 Cozyn 先生向我们介绍说，BNR 非常重视人力资源开发和管理。他们认为，BNR 的发展离不开技术进步、技术创新，而技术进步与创新又主要依靠人，因此，他们的用人标准与原则就是：用最好的人，最有能力的人。他们选择人才的途径有三：（1）高等学府，1993 年招聘了 320 人，76% 来自名牌大学，60% 的人有硕士学位，7% 的人有博士学位；（2）从别的公司招有经验的人，这部分人数约 380 人，主要通过报纸等媒介招聘；（3）通过有关系的其他公司调入，公司对调入人员一律进行入公司前教育与培训，尽管有的人进入公司前已经接受了培训。上班第一天，就带他们参观公司，让他们了解公司情况，然后进行技能培训，使雇员从一开始，就知道如何进行工作，怎样才能工作得更好，要学会使用公司的设备，要教育他们严格保密，这是因为，他们公司是世界闻名的高技术公司。公司还根据情况及时提供专业培训，请公司内外教授、专家授课、用电脑自学、进行质量培训、送出去脱产培训等。此外，公司还进行一般培训和终生培训。公司特别注意雇员充分发挥潜力，让他们掌握业务，理解合作的价值，与领导对话，注重个人愿望，关心他们的发展：或从管理上发展或从专业上发展，为此公司还建立了一套评价体系。公司还有一套奖励制度，奖励由内、外部竞争机制和个人表现来定，工资与工作内容、经历和职位有关。此外，公司还创造促进生产率的工作环境，物质环境为雇员研究开发提供好的条件；精神环境可提供和谐的工作气氛，等等。

为迎接全球的挑战，加拿大有关方面，包括政府部门、大学、研究机构、企业、劳动者都认识到，必须努力制定和实施一个战略性的人力资源开发计划。这是因为，当今国民经济发展速度与发展质量都与人力因素联系在一起。每个国家都在对包括资本和技术在内的生产要素进行投资，而这些投资要获取高额收益则又要求具备技术和知识的人们去开拓、去发展、去创造高附加值、高生产率。

四　提供劳力市场信息，开展就业咨询服务

加拿大联邦政府和各省府合作对发展和健全劳力市场投入了大量的人力、物力、财力，先后在全国建立了500多个就业服务中心，中心任务一是提供失业保险，为失业者提供临时的失业救济；二是提供就业咨询、就业信息，帮助失业者就业；三是推进行动计划，组织培训，促进劳动力流动，创造新的就业机会，等等。

地方政府设有信息管理机构，收集和提供数据，建有数据库联网系统，可做到数据共享。另外，劳动力市场信息系统可被联邦政府用来对劳动力市场进行干预，其干预形式包括：失业保险、培训、提供工作岗位、设置国家就业机构，以及举办以妇女、青年、老年人、少数民族和残疾人等为对象的特殊咨询服务。

按加拿大法律，雇员和雇主都必须交付保险金，每年约200亿加元。这笔基金一部分用在经济衰退时的投入，以刺激经济。过去主要用来帮助失业者，为他们发放失业救济金。现在还用于失业者的培训和教育，使他们易于找到工作，现加拿大人口2700万，劳动力1350万人，失业人口160

万，失业率 11.6%。一般来说，失业从第三周起领失业救济金，但最多不超过工资的 57%，平均为 425 加元。50 周以后停发失业救济金，进入社会福利计划，领取社会保险金，且主要由各省负责，联邦政府只负责 30%—40%。所以每年大约要发放 3000 万—4000 万张支票。

由于近年来加拿大失业率居高不下，加拿大政府非常重视职业预测和就业咨询。人力资源开发部有一个复杂的经济计量模型，其任务之一是预测未来十年的就业形势，对未来职业的变化趋势予以描述。例如，未来哪些职业的需求将要增加，会出现什么新的职业，哪些职业将要衰落或消失，等等，并将其分析结果提供给联邦及省政府、企业，以及教育部门参考。这种信息同样可提供学生选择专业，以供毕业后寻找工作时参考。

劳动力市场信息系统可向家庭、企业及国际投资者提供就业咨询和职业信息。以前人们寻找工作都去查找出版物，或到就业中心的墙上看贴出的纸条，现在可以通过计算机终端，很容易查到所需信息。企业主如想招聘雇员，电脑终端就可提供求职者的资历、教育背景等各种信息。对于那些在职者可从中获取职业转移、工作转移的信息，以便为自己设计再教育、再培训，或获得更加满意的工作。

劳动力市场信息系统使社会上的劳动力供需双方及时沟通。求职者较快地找到职业，公司、单位能及时招聘到所需人员，及时补充到岗位上去。这样就可较好地做到人尽其才，优化劳动力结构，做到人力资源的合理配置和高效利用。

政府对劳动力市场的干预行动，可起到维护社会公平和稳定的作用。为失业者提供失业保险金可保证他们最低标准的衣食住行；为失业者提供就业咨询和服务，可使有能力的人尽快找到工作；为不满意自己工作和职业的人提供咨询，可提供其选择的机会，从而得到满意的工作和较好的收入。

上述活动表明，加拿大政府对人力资源开发的管理是卓有成效的。这些活动，促进了劳动力的流动，劳动者可选择最适合自己的职业，并为能获得这种职业去努力提高自己的业务素质。从微观上讲，劳动者本身可提高自己的劳动技能，为从低收入的职业转入高收入的职业创造条件，劳动力的流动又促进了劳动者个体之间技术知识和劳动经验的传播和交流。从宏观上讲，上述活动都意味着社会劳动者素质的不断提高，使越来越多的人从事技术更复杂，水平更先进的职业。整个社会的劳动者也会形成一种由低级向高级、简单向复杂的不可阻挡的进步趋势，知识、技能和经验的传播与交流也将促使全社会劳动者的素质不断提高。

五 重视信息质量，健全信息保证体系

在加拿大提供信息的主要部门是国家统计局。据加拿大学者介绍，加拿大国家统计局是工作效率最高的政府部门。的确我们一到加拿大统计局的大楼，就感觉到这里的工作秩序井井有条、制度严密、进出有序。据劳动处处长 Thompson 先生介绍，该局是中央政府的一个重要部门，在政治上保持“中性”。他们的任务一方面是向市民反映政府在教育、劳动市场等方面的工作情况；另一方面是收集、加工、处理各种信息、数据，并依这些信息、数据对社会、经济发展情况进行测算。

按加拿大联邦立法规定，企业和个人有义务回答统计局的各种调查和问卷，这是一项强制性的义务，公民必须予以配合，谁不合作谁就会有被起诉的危险。例如，上次人口普查时，就有 45 人，由于不合作而被起诉，由社会传播媒介予以曝光，以引起人们的高度重视。当然，他们并不希望用强迫性的方式来工作，而希望用合作的方式进行各种调查，这也是信息来源的可靠保证。

他们在统计工作中非常重视信息质量，既注意保密，也注意统计数据的高质量。他们介绍说，人力资源的信息来源主要有两个：一个是每日的加拿大劳动力市场的抽样调查；另一个是五年一次的人口普查。每月劳动力市场的抽样调查，主要是家计调查，需要时也进行企业调查。家计调查的内容包括：就业数据、失业数据、非劳动力方面的信息、全日制和半日制工作的信息，等等。加拿大全国约有 1050 万个家庭，每次抽样 5.5 万个家庭。调查方式先是面对面问答，然后用电话调查。

企业调查的信息比较详细，调查内容包括：雇员人数、工资、工时、津贴、补贴，等等。一些大企业（200 人以上的企业）长期跟踪调查，小企业一般 12 个月后更换。

除此之外，还要进行补充性调查，也是每日进行一次。调查内容包括：教育、培训、保健、工作环境、培养水平种类、资方给劳动者的帮助，等等。

由于抽样调查只包括一小部分人口的情况，而一些边远、人口稀少地区的数据将很难获得。这部分人口的数据只能依靠人口普查来补充。人口普查每五年一次，准备工作需一年时间。

加拿大国家统计局配备了先进的计算机系统。政府工作人员多经过较为严格的挑选，人员也比较精干。根据加拿大公务员制度，每年考试一次，招聘工作人员，录取时不用姓名，而只用号码。对公务员要求政治上保持中立，不能倾向和参与任何政党的活动。他们必须执行政府政策，工作上有自主权。所以，一般认为，国家统计局的工作要求是比较高的。例如，每月的抽样调查，在三个星期内必须公布调查结果。

统计局把收集、整理出来的数据，除了供自己研究、分析之外，也把一些基础数据有偿转让给企业和研究机构等。各种信息、数据都整理在磁盘上，用户购买数据以后，就可直接到计算机上操作使用，非常方便。如加拿大工商研究院的预测分析组，他们建立的庞大的770个方程，2000个变量的经济计量模型，其所用数据主要来自加拿大国家统计局。该课题组组长保罗·帕比（Paul Parby）先生对加拿大统计局提供的信息质量十分满意，对统计局的工作也大为赞赏。

综上，我们这次交流是广泛的，讨论问题是和谐的，考察是富有成果的。通过这次交流访问，至少在以下10个方面或观点对我国人力资源开发的研究与管理是有借鉴意义的：

1. 在劳力市场研究与劳力市场趋势研究上，如劳力按市场需求供应的观点，劳力市场信息与客户要求相一致的观点，就业咨询与就业选择相协调的观点等。

2. 在劳力培训与培训制度上，如他们采用的目标培训法：为就业而培训，为提高工作质量而培训，为提高效率而培训，为提高人员素质而培训等。

3. 在劳力培训中培养三种精神，如合作精神（国家与企业合作，企业与国家、部门合作，企业的劳资合作，企业之间的合作），参与精神（参与企业质量管理，参与企业外向发展，参与企业战略制定），竞争精神（国家之间竞争，公司、企业之间竞争，个人之间竞争）等。

4. 在就业政策上，如把产业发展、技术发展、就业可能结合起来的思想等。

5. 把劳力市场研究与生产率研究结合起来进行双向研究的思路等。

6. 把人力资源的研究纳入经济领域、促进经济发展的观点，人力资源具有替代作用、增值作用的观点等。

7. 制定高附加价值战略、高生产率战略的思想对中国有重要参考价值，因为中国目前的经济发展虽然速度较高、发展较快，但多为高投入型、数量型、低附加价值型、低生产率型。

8. 鼓励公司、企业革新、创新，推动革新、创新，并采取一系列措施、制度保证革新、创新的观点和做法也是非常明智的，他们认为，在未来经济社会发展中将主要依靠技术进步，而技术进步的快与慢将主要决定革新、创新的速度与频率。

9. 引进的技术、设备应适应本国、本部门（本企业）生产率体系、技术体系、人力资源管理体系的做法与经验，对中国很有现实意义，当今中国引进后的消化、吸收工作很差，“引进什么样现在还是什么样”状况可说是比比皆是。

10. 公司、企业除有良好的工作环境、生产环境外，还需有促进生产率提高的环境、情感环境，等等。

（考察团成员还有李京文、张国初、潘小松。本报告由笔执笔）

加快 CDMA 商用网建设促进我国移动通信的高速健康发展

目前，CDMA 试验已先后在北京、上海、广州、西安 4 个城市顺利完成。试验结果证明，CDMA 技术是先进的、成熟的，并显示出一系列优于 GSM 的突出特点，如频谱利用率高、容量大、覆盖范围广、话音清晰、接通率高、掉话率低、保密性强、网络建设成本低、电磁兼容性好、系统规划简单、模数过渡容易等。特别值得指出的是，它的发射功率极低，从根本上消除了辐射之害。近几年，我国移动通信发展迅猛，两个蜂窝移动通信网（TACS 网和 GSM 网）均已形成相当规模，而且市场需求极为旺盛。我们经过调查研究，同技术专家、经济学家、市场学家和产业界、商界人士进行了探讨，又查阅了国内外文献和 4 个中心城市试验网的数据，现提出如下建议。

一　放行 CDMA，用公平竞争的办法促进移动通信的高速、健康发展

我国自 1987 年引入蜂窝移动通信技术以来，十年间移动通信用户年均增幅高达 150% 以上，1997 年年底，全国移动通信用户已达 1323 万户，预计 2000 年将超过 4000 万户。在这种市场需求剧增的情况下，如何既保障供给，又带给广大消费者优质的服务、合理的价格？最有效的办法就是通过竞争繁荣电信，使消费者得到周到的服务。近几年正是竞争促进了移动通信的发展，使广大移动通信用户得到了实实在在的经济实惠，获得了较好的服务质量，增加了满意度。如果没有“联通”的出现与参与竞争，我国移动通信就不会有如此蓬勃发展的局面，更不会有今天的手机价格。当然，现今中国电信业全面竞争、公平竞争的局面远未形成，破除垄断、保护竞

争的任务仍很艰巨。

在发展 CDMA 问题上，让 CDMA 进入我国移动通信参与竞争，符合技术发展规律，对推动信息技术进步、进行技术创新积累、占领技术前沿、平衡过渡至第三代移动通信技术是一种必然的选择。这是由于 CDMA 是先进于 GSM 的技术，而且在中国 4 个城市的试验非常成功，测试结果非常理想。在这种情况下，我们建议，放行 CDMA，加快商用网的建设，在建设中加强技术储备与积累，吸取 GSM 虽形成了庞大规模的移动通信网，但基站设施与用户手机全部从外国进口（即使少量国内制造也实属国外散件国内组装）的局面，让两种制式在技术上、市场上相互竞争，在竞争中使我国的移动通信技术向着新的高度迈进，并为中国的经济增长提供更先进的信息手段，让中国的广大消费者在激烈的市场竞争中得到更多的选择、更满意的服务。

二 加快 CDMA 商用化进程，节约昂贵的频谱资源

频谱资源是有限的、昂贵的。美国 FCC 只靠拍卖频谱资源就为财政创收 200 多亿美元。因此，必须建立“频谱有价”的观念，既不应无偿使用，也不应低效利用。

在发展移动通信上同样要走节约频谱资源的新路。我国虽然移动通信发展很快，但移动电话的普及率仍很低，到 1997 年年底只有 1% 左右（同期北欧诸国如芬兰、瑞典、挪威、丹麦达 25%—30%，香港地区目前已超过 35%）。我国市场发展空间非常巨大。在发展中必将出现容量猛增、信道拥塞，频谱资源短缺等现象，尤其在一些经济发达、人口密集的城市和地区频谱资源将日趋紧张，这就要求用一种更先进的节约频谱资源的新技术，使其有效利用、高效利用。根据香港“和记”和韩国已经开通网络的实际测算，CDMA 的容量是 GSM 的 4—8 倍。如 CDMA 投资基站比 GSM 可减少 1/3，其他配套也相应节约很多。在我国频谱资源有限、特别是高楼林立、人口密度大的城市频谱资源日趋紧张与昂贵的情况下，选择节约频谱资源的 CDMA 技术是明智之举。据预测，到 2000 年我国移动电话将增至 4000 万户或更多，在庞大市场冲击下，只靠频谱利用率不高的 GSM 的发展，既

不能满足发展需要，又浪费了频谱资源。这里说的浪费，一是GSM利用上的浪费，二是国家无委会在频谱划分、分配和指配上的浪费。

应该指出的是，有些外国公司和一些专家建议中国暂不发展CDMA，想一步到位发展第三代（WCDMA）移动通信，这是不现实的。因为没有一定的技术积累和技术储备想一下子就得到一个宽带的WCDMA，这实际上是不科学的，也难以行得通。在信息技术迅猛发展的今天，时间是非常宝贵的。我国要走发展移动通信的新路，节约频谱资源将是必然的趋势。

三　大力发展“绿色手机”，消除辐射之害

随着移动通信的快速发展与逐步普及，人们广泛关注与担心使用手机是否因辐射伤害身体，甚至导致脑癌。据专家们研究，GSM的发射功率高达2瓦，毫无疑问手机使用者必受辐射之害。为此，人们渴望出现无辐射之害的新型移动通信。据广东、北京等CDMA商用试验网的测试结果，CDMA手机的发射功率一般不到1毫瓦，即只有GSM的1/2000。因此，大力发展CDMA“绿色手机”，不仅对推进我国经济发展具有重要意义，而且对手机使用者的身心健康也具有极好的保护作用。

四　增加CDMA的投资力度，扩大内需拉动经济增长

CDMA是美国成功开发并且在全球运营的先进成熟的移动通信技术，也是国际（包括亚太地区）标准的技术，已遍布32个国家和地区，有70多个运营商、1200多万用户。根据我国旺盛的市场需求，不仅可以吸收大量境外资金（据有关学者估计近1—2年内就可高达数十亿美元），增加移动通信的投资力度，还可以带来十余万个就业机会。因此，加强CDMA商业网的建设，迅速开通和不断扩大覆盖CDMA业务，是扩大内需、开辟新的经济增长的重要途径。

五　“用市场换技术”，抓住机遇、合理规划

中国电信市场是全球最大的市场，而且到下个世纪初又是发展通信技

术和信息产业的黄金时期。现在许多外商急于打入中国电信市场。在这种情况下，我们完全可以用我国庞大的电信市场去换取成熟了的被认为是移动通信主导方向的 CDMA 技术。1998 年全球 CDMA 的商用化将进入高潮，有人预料，它在美国、日本将达到高峰，全球增长率将高达 250%，用户将超过 2000 万户。香港“和记”CDMA 发展速度尤快，从 1997 年 1 月的 5 万用户发展至 1998 年年底将达到 40 万户。因此，中国 CDMA 在世界发展的大趋势下也应迅速商用化，在商用化过程中，消化、吸收、创新，为建立第三代 CDMA 数字移动通信创造条件，从而建立和发展中国自己的 CDMA 通信产业。

在我国随着市场经济的发展和国际经济的接轨，作为最方便最灵活的通信方式移动电话的发展速度将是难以估计的，我们不可能也无法按过去的计划经济模式加以限制。经济的高速发展需要通信业的强大带动与冲击，人们生活质量的提高也需要个人通信业的发展与优质的服务。为满足巨大的市场需求，选择公认为先进的、高效的、无辐射的、可新旧系统间平稳过渡到下一代的 CDMA 技术，既不应理解为重复建设，也不能看做是对民族工业的扼杀，应理解为市场发展的需要，技术发展的需要，频谱资源高效利用的需要，也是投资高回报的需要。这种满足需要的本身就是发展，并在发展中达到规模效益、积累经验、储备技术，充分利用境外资金与外联渠道使民族通信制造业与国际经济接轨，并学会在激烈的国际竞争中生存与发展，学会在复杂的国际环境中保护自己的市场与市场份额，通过逐渐开放国内市场换取进入国际市场。

在发展 CDMA 的政策上，似应将近期目标与远期目标结合起来。这里所说的近期目标就是抓住旺盛的通信市场，通过 CDMA 的引进合作求得自身的发展，在滚动发展中通过创新缩短与发达国家的技术差距；远期目标就是选取与跟踪国外同行业发展目标宽带 CDMA，实施全面赶超，并建立自己的民族的第三代移动通信业。

（原载《中国社会科学院要报》1997 年 8 月 12 日。报告由笔者执笔）

开放电信市场宜早不宜迟

编者按　我院信息基础结构与经济发展研究中心于4月上旬对香港地区电信政策与管理进行了专题考察。调研组在其“政策研究报告”中指出，香港经济的成功是与电信业的先进发达与网络的星罗棋布密不可分的。在借鉴香港发展电信业经验的基础上，该报告就迅速发展我国电信业、寻求新的经济增长源，变传统的依靠大量资金投入的经济增长方式为现代化的依靠信息化程度不断提高的增长模式，提出了如下政策建议。

一　电信业应超常规发展——政策再倾斜

我国电信业必须超常规发展。这是因为：一是电信业的发达必然带来经济的高效运转、生产要素的合理流动，而“高效运转”、“要素合理流动”正是我国当前转变经济增长方式的要害；二是电信业的发展可带动一大批产业的发展，它不仅可为社会提供更多的就业机会，而且更主要的是对传统服务业进行了一次大改组、大调整，把许多社会性服务变成了信息化、便携化服务；三是将传统的经济发展变为超常规型，将经济增长由物资资源密集型转向信息资源密集型。因此，建议对于电信业的发展予以更大的政策倾斜，包括在产业发展政策，利用外资、引进技术政策，电信市场开放政策，融资政策等方面予以倾斜。

二　促进全面竞争——势在必行

我国近十年电信业取得了空前发展和长足进步，特别自1993年开放部分电信业务、1994年建立“联通”以后，我国电信领域已发生较大变化，竞争促进发展的威力已开始显现。但是，全面竞争的格局尚未形成，电信基础设施仍十分薄弱，东、中、西部差距较大；通信网络建议仍相当落后，运行质量和接收效果不甚理想；电话普及率仍很低，装机时间、价格与服务质量用户时有不满，等等。

为改变这种状态，一个卓有成效的措施就是打破行业垄断、鼓励集团竞争，用竞争的办法加强我国的电信基础建设，开辟新的经济增长点；用竞争的办法大力发展中、西部地区的电信业，促进那里的经济发展，缩小与东部地区的经济差距；用竞争的办法加快通信网络建设，提高运行质量与运行效率；用竞争的办法改善服务质量，增加广大用户的信任感与满意度。

应该指出的是，过去我们一提竞争就必须是“你死我活”、“有我无你”，其实这种看法是不科学的。因为市场经济本身就是一种竞争性经济。在市场经济中，竞争既是“生存之宝”，也是“发展之源”，没有竞争，发展就是一句空话。诚然，竞争是要费力气、伤脑筋的。如果服务价格不甚合理、服务质量下降、承诺不能履行，那就必然在激烈的竞争中败下阵来，成为失败者；相反，如果善于挖掘潜力、降低成本，善于经营、改善服务，提出承诺、履行诺言，就一定会在竞争中立于不败之地。作为政府部门和管理部门的一项重要任务就是提供竞争的法规与政策，提供竞争的环境与条件，以保证竞争的公平性、合理性，并善于用竞争的办法与手段去刺激发展、促进发展。

三　开放电信市场——宜早不宜迟

在港期间，许多专家、学者和友好人士都建议我国尽早开放电信市场。他们的理由主要有两条：一是当今世界电信业发展速度迅猛，设备更新换代的速度奇快，如不迎头发展、不参与世界电信大市场的竞争、不紧跟世界电信技术、不适应世界电信发展环境，必将差距越拉越大，而且这种在信息化发展上的差距将几倍于、几十倍于，甚至上百倍于物质产业技术部门的差距，这种差距一旦被拉大，对经济、社会的影响将是巨大的，甚至是难以挽回的。二是电信业带动度高、附加价值高，它可替代物质资源不足、能源资源不足，可大量节约资金，还可大量提供就业机会。

在我国确实有些人认为，目前中国开放电信市场的条件尚不成熟。

我们认为，条件是相对的，现在的条件比80年代初深圳、珠海、厦门、汕头等特区的开放条件要好得多，比80年代末海南建省辟为特区的条件也要好得多。如果那时特区不开放、上海浦东也不开放，就不会有现在这么好的经济形势和发展水平，上述特区也不会发展这么快。我们代表团在香港地区曾访问了亚太卫星天波和中国国际网络传讯等三家中资控股公司。其中亚太卫星公司资产已从1992年成立时的几千万美元发展至数亿美元，该公司已于1996年12月完成了全球股份发售，并在纽约和香港证券交易所同时上市。中国国际网络传讯公司是新华通讯社驻港公司控股的一家公司，天波公司是邮电部下属公司，它们都在电信的竞争中生存下来并取得较快发展。中国电信市场开放是中国改革开放政策决定的，是我国国民经济持续、高速发展的需要，是人民生活质量不断提高的需要，是不可逆转的，而且越早开放对我国的经济发展和经济增长方式的转变就越有利。

四 进行电信市场“开放试点”——利大于弊

在条件较好的东部沿海地区，可直接在当地政府和有关部门的指导下有序地开放电信市场。在中、西部地区采取“开放试点”的办法：先选择一个省（或市）进行试点，采用“合资”的办法进行电信基础设施的建设，然后联合管理、共同经营、参与竞争。合资形式可多种多样，如国有与国有合资、国有与民营合资、国有与集体合资、地方与民营合资、中外合资、中外合作等，在一些地区（如西部某些省市）也可采用境外独资的办法，以加快电信业的发展。这种试点若获成功便可在中、西部各省、市推广。这样既解决一些欠发达地区发展电信业的资金短缺问题，为这些地区的经济腾飞注入活力，带来生机，又可通过“独资”或“合资”等途径引进和借鉴境外电信公司的先进经营模式与管理经验，以提高我国电信全行业的效率与效益。

进行电信市场“开放试点”，有人担心会挫伤国有（或民族）电信业的发展积极性。实际上，它不仅不会挫伤国有电信业的发展积极性；相反，既可减轻国有电信业在欠发达地区发展电信业因资金不足而带来的巨大压力，又可充分利用外资、引进迅猛发展的电信技术，为加快发展我国电信业、缩小与世界电信业发展的差距，并为促进我国经济发展、建立新的经济增长点走出一条新路，也为我国电信体制改革探索出一种新的模式。当然，既然是“试点”，就应允许失败，并在失败中总结经验教训。若“试点”成功，这将对试点地区电信业的发展和地区经济起飞带来新的契机。

发展电信业是需要大量资金投入的。比如，“八五”期间邮电业务总量增长 3.84 倍，可资金投入量却增长 8.28 倍，这样大的资金投入量只靠一两个部门的资金积累或单靠国家拨款是远远不够的。要解决这一问题，最根本的是靠国家的扶植政策、倾斜政策和大环境的改革开放政策。进行电信市场“开放试点”，必将对国内电信市场产生巨大影响，也必将对我国提高综合国力、提高社会生产率、提高广大民众生活质量起到重要作用。

（原载《中国社科会科学院要报》1997 年 6 月 7 日。此报告由笔者执笔）

加快有线电视网络产业化是尽快实现“十五”规划、推进社会信息化的迫切要求

——发展我国有线电视网络与社会信息化的政策建议(上)

编者按　我院信息基础结构与经济发展中心，在国家广电总局的支持和配合下，对有关城市的有线电视网络进行了深入调研，收集了大量材料和数据，并参考了一些发达国家与发展中国家的政策措施，经过为期一年的研究，完成了题为《有线电视网络与社会信息化》的研究报告。现将其中的对策建议内容分两期摘报。

一　有线电视网络是实现社会信息化的核心力量

电视是我国居民获取信息的最重要的渠道。目前，我国电视机保有量已超过3.5亿台，有线电视用户8450万。据中国农村家电市场联合调查研究课题组对14个省市2万个农村居民家庭的专项调查，电视是农村消费者主要信息传播媒体，我国农村电视普及率已高达95.2%。据专家估计，我国城市的电视普及率为113%，城市居民日均收看电视的时间为4—5小时。可以肯定，我国居民的电视普及率要明显高于微机的普及率，收看电视的时间要明显高于上网的时间。

当前我国电视主要进行新闻和娱乐信息的传播，对教育、商务和政务信息的传播、开发及利用还很不够，特别是有线网络的频率资源的闲置率很高。传送电视节目最多的地区虽已达到47套，但频率资源利用率尚不到50%。因此，开发利用有线电视网络的潜力巨大。充分发挥有线电视普及

率高、频道资源充裕、形式生动活泼的优势，不仅可以大力推进我国社会信息化的深度与广度，还可大大加快我国信息化进程，使更加丰富的信息进入平常百姓家，提高人民群众的生活质量。

在我国，电视被视为特殊产业，肩负宣传党和国家的方针政策与思想教育的功能，属政府专营范畴，这一点不容置疑。但同时，有线电视网络的潜力远未发挥，许多功能尚未开发，在实现“十五”规划、推进社会信息化方面，有线电视网络可作出更为巨大的贡献。如果每户每月利用有线电视网络增加100元的信息消费，这个产业每年可增加营业收入1000亿元，以2000年的GDP总量89404亿为基数计算，就将带动经济增长1.1个百分点。因此，有线电视网络进入增值电信业务领域宜早不宜迟，有线电视网络的产业化也应尽快实施。

二　选择合理的有线电视网络市场结构，尽快实现资产的整合

就全国而言，只允许一家有线电视网络公司存在是不现实的，但同时存在3000多家独立的有线电视网络运营者的状况也是极不合理的。就本地有线网络传输资产的整合而言，应该从业务提供的集约优势、资本市场的认可度，以及网络资产整合的难易等三个方面加以考虑。

有线网络扩展业务的经营应充分考虑规模效益。一家拥有100万用户的有线网公司与一家只有5万用户的有线网络公司在进行设备采购、内容分销、广告征订中的地位是完全不同的，经营成本也相差极大。同样，投资者只会对大规模的网络公司产生投资意向，而对小型网络公司缺乏投资热情。因此，不同规模网络公司的融资成本将有很大差异。当然，也不是网络规模越大越好。因此，既不能使全国的有线网络资产整合成一家网络公司形成新的垄断，也不应形成地区分割、各自为政多家经营局面。

建议全国有线网络市场结构采取二级所有、三级运营模式。二级所有，是指整个网络公司分成全国骨干网络公司和本地有线网络控股公司。全国的骨干网公司负责从中央到地方以及跨城市的节目和业务的传送；本地有线网络控股公司负责各地分配网的建设和投资，并拥有本地网络的部分股

权。三级运营，是指全国骨干网络公司负责全国性业务的经营；本地网络控股公司负责具有共性业务的开发和对本地网络运营公司的资本、技术、内容、业务支持；本地网络运营公司肩负用户管理和用户服务。

按现行有线电视用户8450万计，假定在未来三年内，60%是潜在数据或扩展业务的用户。这样，需要整合的网络用户大约是5070万，以每户600元从现有有线网络资产所有人处收购50%股权计算，需要资金304.2亿元。如果所有这些用户由一家公司收购，显然不现实。我们认为，若以一家上市公司为依托，未来三年，通过发行股票或扩股融资40亿—50亿元，在财务上是可行的。因此，在有线整合上，可以采取由6家或7家本地网络控股公司形成的市场结构，即最终允许有6家或7家上市公司（或批准6家或7家广电部门控股的公司上市）获准收购本地有线网络资产。这些公司可以跨地区进行有线电视网络的收购。这样既有利于形成有效的竞争局面，又有利于有线电视网络资产的整合。

全国性有线网络公司可考虑以现有的国家广电总局网络中心为基础组建，本地有线网络控股公司参股。这样就形成了上下一体的全国有线网络的公司化运营体制。

三　发展以视频服务为主的新业务，将为有线电视网络的增值带来无限空间

目前，大部分有线电视网络运营者认为有线电视网络的增值空间在宽带互联网接入服务的观点是片面的。与其他宽带互联网接入技术相比，基于有线电视网络的电缆调制解调技术没有明显的优势。以计算机局域网形式提供宽带接入的方式成本最低，技术最成熟；电信部门的ADSL技术和宽带无线接入方式也会对HFC加电缆调制解调器的接入方式产生强有力的竞争。但有线电视网络应紧紧抓住电视和宽带两个优势。在我国，电视的普及率远大于计算机的普及率，电视机更容易被普通消费者接受。另外，一场以提高电视机的清晰度为重点的新一轮电视技术的创新已经开始。发展用电视机作为用户设备的新业务将是有线电视增值业务的重点。专业电视频道、按次付费电视、视频点播等以视频为主的业务将使有线电视网络经

营者具有无可比拟的优势。

四　明确界定专营业务与竞争业务的业务范围是发展有线电视网络产业的保障

有线网络产业要发展，必须在政策上给予明确的市场空间，明确哪些业务采用竞争性市场结构来提供，哪些业务只能采用国家垄断的方式来提供。内容与网络应该分开管理，强化对内容制作和播出的监管，放松对网络传输的管制。互联网接入是对内资开放的业务，信息产业部应给予有线网络传输公司和其他传输公司同样的政策环境与竞争地位。在有线网络公司完成公司化改造，符合电信管理条例的有关规定后，通信管理部门不应限制有线网络公司进入数据业务市场，网络经营许可证的发放应坚持技术中性的原则，不应限制有线网络公司的技术路线选择。

交互电视、付费电视等有线电视扩展业务的经营许可，应加快研究管理办法。凡是制、播可以分离的内容，或制、播不是由同一机构完成的内容，应该采用竞争性的市场结构来提供。内容的审查和监管可以在获得制作许可的过程中进行，如教育、商务、体育、社会服务等信息内容；在传统媒体一些制、播不能分离的内容，如新闻或是涉及党的方针政策的内容，则应由政府垄断提供。为确保这些信息内容的覆盖面，政府应明确要求，所有的网络传输公司必须为政府信息提供免费传输通道。

（原载《中国社会科学院要报》2001 年 7 月 12 日、16 日（上、下连载）。本报告由笔者执笔）

推进我国有线电视网络与社会信息化发展的政策建议

——发展我国有线电视网络与社会信息化的政策建议（下）

一　尽快制定符合社会主义市场经济规律、有利于有线网络产业化的方针政策

有线网络的产业化应按照市场经济规律办事，建立竞争性的市场结构。对于暂时不能产业化的业务，依然采取政府专营的方式提供服务。

二　加快改革步伐，尽快实现“政企分开”

目前，广电总局既承担着广播电视行业的行政管理，又实际经营着广播电视事业。伴随着有线网络的产业化，广播电视行政主管机关应该与公司化运作机构分开。作为过渡，以事业发展的一部分广播电视业务，应继续由广电总局所属单位运营。但要实现事业与企业的分开，事业单位应严格按照非盈利目标来管理。

三　尽快研究和制定有助于语音、数据和图像传输“三网融合”的管理新体制

技术进步正在促进话音、数据和媒体的融合，在管理体制上，必须对

现行的将电话、传媒分开管理的体制进行重新研究。建议国务院成立专门机构，尽快研究和协调涉及业务融合的政策法规与管理机制，改革现行的信息网络与媒体分开管制的体制，建立综合管理、监理机构。

四　重构有线网络市场结构

有线网络资源市场和广播电视节目业务市场，仍然可以维持现有的市场结构，由各地的有线网络中心或公司垄断经营。但应允许 6 家或 7 家（在全国范围内）本地有线网络传输公司（通过许可证管理）以市场手段收购现有网络产业的部分股权，获得非广播电视频道的经营权。频道的管理仍然属于各级广播电视管理部门，频道开通时，应报批相关材料，获准开播。但在业务层面上，在有偿使用频道资源的基础上，应允许多家公司竞争，为消费者提供丰富的信息服务和电子商务业务。

五　尽快研究出台网络资产整合的指导性政策

有线网络资产必须整合，否则不具有网络规模效益，运营者也没有市场竞争力。为确保资产整合后能够有效发挥作用，保护地方有线网络公司的积极性，确保他们以饱满的热情参与网络整合和业务市场竞争，必须坚持以市场经济手段为主实施整合。国家应尽快出台相关政策，消除一部分人的模糊认识，规范市场行为，推动有线网络的整合。

六　给予有线网络公司更多的经营自主权

在扩展业务方面，应允许有线电视网络公司进行更多的尝试。在建立有线网络公司频道使用审查制度的基础上，要鼓励有线网络公司充分利用闲置的频道开展各种扩展业务。对节目内容的审查，可通过制作环节进行，对开展电子商务方面的尝试要给予鼓励。

七　尽快明确与制定有线电视网络进入互联网接入市场的政策

有线网络进入互联网接入市场，有利于互联网市场的繁荣，有利于骨干网的业务发展。在一些城市，有线网络公司已经具备对外提供互联网接入服务的基本条件，通信管理部门应允许有线网络公司的市场准入，提供宽松的市场环境。

八　严格界定数字化信息内容的专营范围

对数字化信息的内容，应从政策上给予严格界定。凡不属于政府专营的内容，应允许有线网络公司在市场竞争条件下运营。属于政府专营的内容，仍然保留在政府严格控制之下。制、播一体的新闻节目、涉及时事政治、方针政策等内容，应由政策授权的广播电视机构播出和管理。凡制、播可以分离或制、播本来就是分离的电视节目，已经过内容审查的电影、电视剧等娱乐性节目，则可由多家公司制作，并可由多家公司播出。制作和播出可以实行许可证管理制度。获得电视节目传输经营许可的公司，必须承担政府信息的免费传输义务，确保党和国家方针政策播出的覆盖率。

九　抓紧研究出台基于数字电视、互动电视平台的数字业务的分类管理办法

应对有线电视网络的扩展业务进行分类，鼓励发展电子商务，在政策规范基础上发展付费电视业务、专业电视频道业务、交互电视业务等，对不同类型的业务分别采取不同的管理办法，促进有线电视网络及相关产业的发展，繁荣社会主义的信息服务市场。

香港电讯政策与管理考察

——情况、经验与借鉴

应香港大学亚洲研究中心的邀请，中国社会科学院信息基础结构与经济发展研究中心（CIIED）代表团于1997年3月30日至4月16日赴港进行了专题考察与调研。在港期间，先后与香港大学、香港中文大学、香港科技大学、香港电讯、香港新电讯、和记广讯、数码通电讯、亚太通信卫星、亚太讯息、香港科技中心、中国国际网络传讯公司、天波通信公司、香港电讯管理局（OFTA）、香港电讯客户协会、机构发展顾问公司、经济导报社，以及内地驻港的一些综合经济部门等63位学者、教授、高级管理人员、市场策略与政策研制资深专家进行了座谈、交流、讨论；参观了香港电讯的多媒体（演示）和电讯堡、香港中文大学的计算中心和知名度很高的HAR－NET网络、香港大学的电脑网络专线Law On－Line、中国国际网络传讯公司的“国中网”、亚太通信卫星公司的地面接收站；出席了香港大学亚洲研究中心专为我团组织的“香港电讯政策与管理”的小型研讨会。在港调研期间，我们还多次应邀介绍了我国近几年的体制改革情况、邮电政企分开的进展，坦诚地回答了香港朋友、同行提出的有关问题，并就许多双方感兴趣的问题进行了有益的讨论。由于赴港前我们在业务上进行了认真的准备，加之香港大学、香港电讯、天波公司等对我们的调研进行了精心安排，所以此次调研收获较大，对香港电讯政策与管理在多角度、多层次上进行了调研、座谈、讨论，使调研的问题既有一定的广度，又有一定的深度；既有专家学者的看法与评论，又有不同层次管理人员的实践与总结，对我们CIIED以后的研究项目、研究活动颇有裨益。现将考察汇成下述几个主要问题。

一　电讯业的高度发展带来全港经济的活力与繁荣

香港各界人士——不论是学术界，还是实业界，不论是专家、教授，还是公司老板、职员——都一致认为，香港之所以能成为世界重要的国际金融、贸易、信息、航运、旅游中心，其中最重要的一条就是因为香港拥有全球最先进、最发达的电讯设施与服务网络。香港电讯管理局的领导向我们介绍说，在香港这块只有1092平方公里的土地上（仅为深圳总面积的1/2），高效率地运转着庞大的经济规模与频繁的经济活动。当今的香港已是世界上第一大集装箱港、第三大金融中心、第四大黄金市场、第五大外贸市场、第七大股票市场；人均国民生产总值（GNP）已超过英国、加拿大、澳大利亚、意大利，位居世界第六位，人均旅游收入居世界第二位（仅次于新加坡），已成为名副其实的世界经济信息的集散中心和发散中心，每时每刻都在生产与消费大量的经济信息、不断开发显露的与潜在的信息市场。香港许多学者谈到在香港这块弹丸之地上能容纳这么大的经济规模，而且至今经济充满活力，一个极其重要的因素就是高度发达的电讯业。

（一）先进发达的电讯基础设施

在港考察期间，无论何时何地，我们都能感觉到电讯基础设施的先进与发达，无论是繁华的商业地段，还是人们的休闲娱乐场所，无论是高级酒店，还是窄小的家庭餐馆，不论是在林立的高楼群，还是在隧道地铁，无论是政府办公大楼，还是教育科研机构……都意识到现代社会神经系统——通信业的巨大贡献。难怪数以千计的跨国公司都选择香港作为开拓亚洲市场、中国内地市场的跳板。据有的学者估计，每6家跨国公司在亚洲与中国内地的投资，就有5家是凭着香港极其发达的通信设施来的。当然，先进发达的电讯基础设施建设也不是一朝一夕完成的，它是二十多年香港人的勤劳智慧的结晶。香港电讯的朋友向我们介绍说“香港1号”卫星通信天线启用是1969年，它首次为中国香港提供国际电视的传递与接收；1985年开始使用光缆传送电视影像；1988年第一条中国香港与广州的陆地光缆启用；1990年第一条连接中国香港与日本、韩国的海底光缆启用；

1993 年香港地区全面实现电信网络数字化；1996 年开始兴建连接东南亚国家、中东和欧洲的海底光缆工程。

（二）迅速发展的通讯网络

香港电讯的管理人员向我们介绍说，如今香港国际通信以拥有两个卫星地球站、6 条海底国际光缆和两条陆上过境光缆，连接全球各主要通信网络。另外，香港电讯还特别注重电话网络的建设，如香港从 1992 年起，所有的新建楼宇都事先安装好电话线和电话标准插座，新入住的住户只要买个话机插进标准插座便可通话。这就是建设规划部门按政府发展政策、公屋建设计划、需求分布、人口数据等资料进行的通讯网络建设，它有效地避免了城市建设与客户需求的脱节，遏制了通信线路的重复建设。香港电讯认为，网络建设不好、网络运行质量不高，其后果是不堪设想的。

（三）竞争激烈的固定电讯网络

随着香港电话有限公司的本地业务专管权于 1995 年 6 月 30 日结束，本公司同新世界电话有限公司、香港新电讯有限公司、和记广讯有限公司等 4 家分别获权以竞争形式营办固定电讯服务，包括本地电话、国际电话、传真与数据服务等。由于 4 家相互竞争，客户便可在自由选择中获益：如用户可选择服务较好的、价格较低（合理）的、安装电话时间较短的、迁址后或转换电话公司后仍保留原有电话号码的、效率高且又不间断基本服务的，等等。现在香港电话线可随时供用户申请、租用，用户只需交月固定租金（个人用户月租金只 65 港元，商业用户 98 港元）便可在香港境内无数次、不限时地使用。现全港电话拥有量已超过 420 万户，电话线路已超过 330 万条，电话普及率已高达 67%，每两人就拥有一条电话线，已使香港成为世界上电话密度最高的地区之一；传真线路已逾 30 万条，约每月增长 2000 条以上。通过这些网络、电脑、传真，使香港与外埠的联系节奏加快，既节省了时间，又节约了大量资金。

（四）优质可靠的国际电讯服务

目前，在香港可直接拨通 230 个国家和中国内地 1200 个城市。按香港国际电讯专营牌照的规定（专营权至 2006 年 9 月），它负责提供若干对外线路服务，包括对外公共电话服务、图文传真、数据及电视传送和接收、本港与国际专用电报及电报服务、国际专用线路，以及本港船岸和地空的通讯，提供电子邮件、接驳资料库、视像会议等多项电讯服务。对其他 3 家固定电讯网络营办商，均可接拨至香港国际电讯的国际接收传播站，允许他们回拨服务，也允许他们建造虚拟专用网络、分销国际专用线路，以提供图文传真及数据服务，客户不论使用哪个营办商的服务，均可轻易获得优质可靠的各类国际电讯服务。

（五）普及率极高的移动电话

香港电讯管理局助理总监区文浩先生向我们介绍说，1986 年，香港成为第一批在世界上拥有移动电话的城市，当年客户只有 1 万户，但到 1990 年已突破 10 万户，近两年来，由于经营移动电话的 4 家公司竞争激烈，收费下降，手机降价，加之各公司相继推出优质服务项目，因此，客户量增长很快。目前移动电话总数已高达 130 万户，每 5 人就有一部移动电话，普及率达 20%。在港期间，不论在汽车里，还是轮船上，也不论在地上，还是在地下（地铁里），随处可见人们在打电话，可以肯定地说，移动电话在今后 3—5 年内仍将以高速度增长，它将越来越成为人们不可缺少的生活必需品。

（六）仍受欢迎的无线寻呼

据香港电讯管理局助理总监区文浩先生介绍说，香港无线寻呼客户已达 111 万，其普及率高达 18%，即每百人中就有 18 人使用寻呼机，为全球之冠（同期新加坡普及率为 17%，中国台湾为 6%）。与移动电话相比，虽增长速度较慢，但此业务仍受欢迎。现全港已有 31 个持牌寻呼服务营办商，经营 71 条频道。

（七）提供多种多样的增值服务

包括电子信箱、数据通信、存储转发传真服务，在香港回拨服务也属增值业务。据香港电讯管理局介绍，他们已发增值服务的牌照 169 家，可提供回拨业务的14家，提供国际电脑网络服务的已超过100家。在香港许多人都认为，电脑网络服务的前景十分广阔，增值服务项目多种多样，客户使用方便灵活、选择性大、信息量大而广。因此，一种观点认为，在未来电讯发展中，人们将越来越倾向电脑，“电脑将打败电话”。

此外，香港在郊区公园、海滩、浴场等处均安装有免费紧急求助电话服务，这种电话只有听筒，没有拨号盘，使用者只需轻轻地按下电钮就可将求助信号传送到最近警察署；有专为伤残人设计的收费电话；还开通了“国际电话传译”、“直拨海外话务员”等业务。

二 独家垄断转向多家竞争

香港电讯业竞争态势的形成是从1995年7月1日开始的。在此前，香港本地公共电话服务均由香港电话公司专营。自1995年7月1日起，香港电讯管理局发出了4个固定电讯网络服务（FTNS）牌照，即除原有的香港电话公司外，新加入此业务的营办商有：和记广讯有限公司、香港新电讯有限公司和新世界电话有限公司，服务牌照的有效期为15年，可续期15年。据香港电讯管理局区先生介绍，他们放开的预期目的就是以竞争形式出现，在创新服务、满足客户要求和收费方面让消费者在自由选择中受益。自那以后，4家营办商在电话服务、公共交换式图文传真和数据服务等方面开始了越来越激烈的竞争。

（一）建立竞争新观念

对于香港电讯公司而言，不论本地电话业务，还是国际电话业务，过去都是他们专营，没有任何压力、没有竞争观念，可现在却不一样了，正如他们的行政副总裁阮纪堂先生所说，“那时我们专营，没有竞争，没有必要去考虑多占领市场、提高市场占有率，也没有动力去改善服务、提高服务质量。可是现在却完全不同了，竞争那么激烈，对手那么强大，没有一套强有力的办法和措施，就很难维持，更谈不上发展了”。他还说：“对付竞争是很费力气的，也是很辛苦的，不研究市场动态、市场变化，不研究竞争对手是不行的，是会败下阵来的。竞争取胜不是靠原有的地盘、势力，而是现代经营诀窍、现代管理技术……”其他获得“牌照”的3家营办商也清楚地知道，他们要在激烈的竞争中站稳脚跟并得以生存和发展，也绝不是轻而易举的事。他们知道，竞争对手是强大的，基础是雄厚的，他们必须建立竞争新观念、现代竞争意识，要善于在竞争中生存、竞争中发展。其实，不论是香港电讯公司，还是和记、新电讯、新世界公司，他们都十分清楚，市场经济本身就是一种竞争性经济，就是优胜劣汰，市场机制就是竞争机制，在迅猛发展与竞争激烈的电讯市场中，他们必须有新的发展思路、新的产品构思、新的系统服务，必须有创新。香港新电讯常务总监张东林先生向我们介绍说，他们公司的标志是一个和平鸽，代表自由，提供各种自由选择的方案（如价格选择、服务方式选择等），蓝色代表电讯，红色代表创意，即在激烈的电讯发展中要有创新地开发与服务。

（二）开拓竞争新模式

香港在本地网络引入竞争的做法上开拓了新模式、引进了新方法：（1）中国香港采用的模式与世界其他国家（如英国、美国、日本、澳大利亚等）不同，它首先开放本地电讯市场，由中国香港电话公司独家专营转向与和记、新电讯、新世界等4家联合经营，国外一些国家的做法是先开放长途电话和国际电话市场。（2）香港采用公开发牌照（即4家获得牌照）的方式，而不采用投标方式建立“第2网络”，由于其他3个新营办商均承诺在交换系统与基础设施方面进行投资，因此，香港不搞“两网”之争。（3）香港电讯管理局（OFTA）一方面提供竞争的环境与条件，另一方面提供竞争的法规与政策。OFTA的管理人员向我们介绍说，在固定电讯网络服务牌照上已载有多条保障竞争的条款，包括网络互联、电话号码可携性及对占优营办商（指香港电话公司）的限制等条款，以确保香港电话公司和其他3家固定电讯网络服务营办商之间的公平竞争；（4）对占优营办商的限制，这是OFTA的一种特殊政策，它是基于消费者利益不因占优势的营办商对市场的影响力而受损，即在香港电话公司的牌照上写入额外限制内容，如新营办商可自由给予消费者折扣，但香港电话公司在未取得OFTA的批准前不得向消费者提供折扣，这就防止了香港电话公司利用自己在市场上影响力和凭价格优势将竞争对手摒弃出市场。当然对这一限制香港电话公司认为是很不公平的；（5）对移动电话限制较松、寻呼服务管制最少，因而发展较快，且有相当的增长潜力。移动电话的人口普及率已达20%，居世界领先水平，寻呼机用户已达112万即每5个人便有1人使用寻呼服务。

（三）扩充竞争范围

香港电讯业竞争之波涛虽然1995年才兴起，但由于电讯业的迅猛发展、信息高速公路的呐喊、港岛内外的压力，以及香港生活质量提高的要求，香港电讯业的竞争愈演愈烈，范围越来越大。开始竞争范围主要是本地固定电讯网络服务、移动通讯服务、寻呼服务、国际电话服务（主要是回拨业务）等，包括电子信箱、存储转发传真服务及电子数据交换服务等，现全港国际增值电讯网络服务营办商数目已由1995年的41家增至1996年的96家，发展速度相当可观；国际电脑网络，其上网服务的增长速度更是让人难以置信，持牌上网服务公司已由1995年的11家发展至1996年的67家，在香港，市民可透过公共交换电话网络或专用线路电脑接拨至国际电脑网络，然后通过本港设立的国际电脑网络交换机得到各种信息；（3）互动式多媒体服务，这是近年新开发的新型电讯业务。在香港电讯IMS（互动式多媒体服务）公司的演示厅里，拓展部总经理邢珠迪小姐在给我们介绍后，将我们送上“网上行”。她打开电脑、操作鼠标，使我们在网上不仅可以得到香港的各种商务信息、财经情报，还可以通过专栏查阅本港和国际报刊、阅读当日新闻和时事评论，更为方便的是可以通过电脑买到“惠康”连锁超市的数千个品种的商品、享受上门服务，如果你愿意的话，还可自行选择收看各类影视节目。

（四）各施竞争绝招

在多家竞争中谁能取胜、谁能争得客户，这就要看各电讯公司在竞争中所施的绝招。在港考察期间，我们的确发现各电讯公司都有一套办法，可说是各有绝招，比如：（1）“香港电讯”为解决装机、查询、报障等电讯业务，推出了客户综合服务热线“1000”，只要你走进公用电话亭，不用投币就可拨通“1000”。随后就会听见一个亲切的声音引导你办理装、查、报等各项电讯业务，这项被称之为“客户服务一线通”的服务确实成效显著，它赢得了客户，拉近了客户与“香港电讯”的距离。（2）“香港电讯”为有效阻止骚扰电话的产生，推出了“来电显示”业务；这一业务可帮助客户准确地获得“谁曾来电”的信息，为客户消除了一大隐患，也为香港警方破案提供了可靠的依据。（3）“和记电讯”推出的移动电话“新干线”数码网络，覆盖全港、遍及各大商场、娱乐场所、行车隧道及地铁沿线，可获得成功率极高的对话；他们创新推出的“夜倾松”时间，每分钟通话费仅为0.6港元，为全港最低；他们推出的“和记客户连心”互通业务每分钟通话费仅为0.9港元（与非和记客户间通话费为1.2港元）。（4）“香港新电讯”推出了一系列的“一对一”服务，如“一对一数据传输服务”、“一对一传真服务”、“一对一声讯纵横”、“一对一讯息通”等。

（五）竞争促进发展

香港科技大学资讯与管理系米勒博士在系统研究了美国电讯市场从垄断（贝尔公司垄断70年）到竞争的历史后，他得出的结论是：“结束垄断必将带来飞速发展。”他的这一结论从香港自1995年7月1日结束垄断后的电讯市场形势完全吻合。

1. 香港电讯行政副总裁阮纪堂先生告诉我们，在其他3家公司进入后，虽市场占有率下降30%（由100%降到70%），但整个公司还是发展的，IDD业务也是增长的，也就是说，竞争没有影响香港电讯的利润，反而使公司利润增加了10%。OFTA的报告说，自1995年7月至1996年3月，即开放固定网络市场后的9个月，电讯管理局认真研究了香港电话公司58份有关新服务/修订收费建议书，结果是比1994—1995年增加了5成，表明已将竞争压力转变为提供新服务的动力。

2. 和记电讯公司是提供GSM、CDMA及PCS三大网络的公司。其中GSM数码网络于1995年5月推出，现客户已逾27万，自动漫游覆盖30多个国家、200多个城市；CDMA网络1995年10月推出（今年3月已将发展成熟CDMA网络命名为“新干线”），现有客户已逾7万，并于今年1月推出全球自动漫游服务，现已覆盖美国、加拿大若干城市；PCS网络今年3月推出，现有发射站200个，覆盖全港各主要地区；寻呼市场占有率已逾40%。另外，固定网络业务（包括回拨业务和固定网络通讯服务）也在激烈的竞争中得到较大发展。

3. “数码通”（移动电话）仅用3年半的时间，市场占有率就已达到26%，客户1993年6月只有7836户，1994年6月就达到55784户，1995年6月为112699户，1996年6月为212616户，到1996年12月已有客户320888户。现该公司已实现34个国家的自动漫游，在中国邮电部所有GSM网络实现了自动漫游。

4. 其他公司，如香港新电讯、新世界也都在竞争中得到了发展。

三 生产经营为主转向服务为主

在电讯业高度发达的香港，人们不仅对电讯基础设施建设要求十分完备，对电讯业服务的要求也非常挑剔，他们既要求高质高效，又要求方便快捷。在激烈的竞争中，谁能抓住客户的这一消费心理，谁能满足客户的需求（甚至是特殊需求），谁就能赢得客户、占领市场，就能在市场竞争中立于不败之地。因此，做好服务赢得用户势必成为各公司的战略核心。

（一）传统观念的改变

香港电讯郑嘉亨先生向我们介绍说，香港电讯为迎接“竞争”的挑战，实行了两个传统观念的转变：一是由经营为主的模式转变为服务为主的模式；二是由业务管理为基础的模式转变为服务为基础的模式。实行上述两个转变的根本原因：（1）现代企业发展的需要。传统观念认为，企业发展的源泉在于经营，社会发展的源泉在于经济规模的扩大。现在看来这是一个不科学、不可取的观念。因为人是生产者、经营者，也是消费者、服务对象，是永无止境的发展的源泉，所以对电讯企业来讲“一切业务围绕客户进行”、“一切工作以客户的满意程度作为评价标准”是取胜的法宝；（2）“港人”生活质量提高的需要。在信息产业高度发达的香港，人们要求用信息服务的意识非常强，他们要求快速、便捷、高质量。正如许多香港人所说的，香港人工作节奏快、效率高，但强度大、精神高度紧张，因此，下班后需要放松放松、享受享受、积蓄精力、备战明天。这样，“一线通服务”、“综合热线服务”、“无障碍服务”、“24小时服务”等，必然是最受客户欢迎的。

（二）客户说了算

香港电讯客户协会主席陈玉强先生向我们介绍说，香港客户组织在电讯业竞争中起了非常重要的作用，使“香港电讯”在赢得客户中受益匪浅。

1. 集装机、查账、维修、障碍等为一体的“综合1000”就是客户的意见，它原是按组分类服务，如住宅客户营销专线号码为1000，商业客户营销专线为1028，账单查询专线为2710，维修服务专线为019等，可在实施过程中，客户无法记住这么多号码，很不方便，后经过技术攻关才推出了“综合1000”。

2. 为适应香港居民和企事业频繁迁居、迁址的需要，香港电讯推出了“同一号码终身享用”的服务，即无论居民迁居到哪儿、企事业单位如何变化办公地点，他们均可以连同电话号码一起迁走。据介绍，这也是客户反映的意见。

正如香港电讯管理局王锡基局长说的那样，电讯管理局的宗旨是“以客户为主、一切为用户服务”，因此，客户的意见、客户的投诉、客户的呼声都会引起重视，哪怕是客户的“异想天开”、“一闪念”，都要认真倾听，因为这里就有真知灼见、就有打开“效益大门”的金钥匙。

（三）用高质量赢得客户

香港电讯客户协会主席陈玉强先生把客户的要求总结为一句话：“用最简单的通讯方式得到更多的信息、更好的服务。”这确实是众多客户对服务质量要求最明确、最简要的表述。的确，在电讯市场开放初期，人们把“价格低廉”作为首选，各电讯企业也多在价格上大做文章，瞬间，名目繁多的价格招牌弄得香港市民不知所措，难以在消费选择中定夺。诚然，某些公司由此而得益，也争取了一些客户。但随着科学技术的高速发展，人们对生活质量有了更高的要求，对时间价值有了更高的评价，因而，大多数的电讯客户把服务要求转向服务信誉、方便客户、满意程度上，出现了“有钱难买满意”的“新的观念”，要求“一线灵”服务。在“用高质量服务赢得客户”的呼声中，各电讯公司相继出现“服务绝招”、“推销窍门”。

比如，“香港电讯”推出的“1000综合热线”、“来电显示”、赛马时节的“特殊需求”服务；对于移动通信，首先在基础设施建设上打开“通讯黑洞”（隧道、地铁不通话盲区称之黑洞），然后入网上台享受各种服务；“和记”采用的“夜倾松”服务、“和记客户心连心”服务；“香港新电讯”采用的“一对一服务”等服务，均堪称高质量服务、一流服务。上述公司都在这些服务绝招中赢得了各自的客户。

（四）服务决胜市场

香港电讯行政副总裁阮纪堂先生很有感触地说，“香港电讯业以前我公司专营，那时没有必要，也没有动力去改善服务，提高服务质量，现在不同了，竞争这么激烈，不改善服务就无法取胜市场”。香港大学亚洲研究中心电讯研究项目主任 J. Ure 博士认为，其他 3 家电讯公司（指“和记”、“香港新电讯”、“新世界”）在与香港电讯的竞争中，决胜的关键是用服务留住客户。在这方面香港电讯的做法值得借鉴。首先，香港电讯在600多万市民面前许下承诺：7 天内安装住宅电话，5 天内安装商业电话，翌日维修电话，新购移动电话 1 小时内接通，4 小时内维修好移动电话和寻呼机，等等，为完成上述承诺，又推出“速势保证”，即承诺不按时兑现，客户可获得现金补偿，如安装、维修电话每拖一日，免收一个月电话费，逾时接拨移动电话，在账单上扣除200元的服务费，维修超过4小时，客户可免费借出一部移动电话（或寻呼机）；为实施“速势保证”，他们认为关键是提高服务人员素质。于是他们一方面开展人员素质培训，另一方面招聘高校大学生、研究生和有丰富营销、服务经验的人加盟服务行列，建立强大的服务队伍。据“香港电讯”介绍，他们把 1/3 以上的人放到服务第一线，这一措施果真见效。根据他们对服务指标的统计：住宅电话在 7 天内安装的成功率1995 年 11 月达到 99.7%；同期维修成功率达到 99.9%，商业电话安装成功率达到99%，新购移动电话在一小时内接通率为 97.6%……另据介绍，“客户热线 1000”每月接听 1000 多万次，每天就达 30 万— 40 万次。正因为有这样的高标准、高质量的服务体系，香港电讯才一直在严峻的竞争形势下保持了自己在市场上的优势地位，使自己一次又一次地做了赢家。

四　电讯业的发展对其他产业的冲击

随着电讯业的蓬勃发展、Internet（国际互联网）的逐渐普及和IMS（互动式多媒体服务）进入家庭，必将对其他产业的发展，以及人们的生活方式带来全面冲击和巨大影响。

（一）网络发展的巨大影响

香港中文大学计算中心郑志豪先生向我们介绍说，香港的Internet是从1991年9月开始的，当时由香港中文大学租用64Kbps卫星信道与美国国家宇航局Ames实验室进行连接，并正式接入Internet。1993年香港开始向公众提供Internet商业接入服务，开始提供此项业务的公司是HKsupernet和HKIGS。到目前为止全港已有96家公司获得经营Internet许可证，Internet用户已超过20多万。其中，香港电讯INS公司已拥有用户7.3万，占全港40%的市场份额，最大的非经营性学术研究网络是香港中文大学的HARNET，它连接香港6所大学和6家研究机构，各大学又将网络接入学生宿舍和教室，免费为学生服务，估计该用户已超过4万。应该说，香港Internet的发展对香港的社会进步、经济增长，以及人们生活质量的提高均产生巨大影响。越来越多的公司、企业已获得高科技通讯手段给他们带来的机遇与效益，成千上万的居民开始享受信息社会给他们生活带来的方便与实惠。如香港电讯的IMS公司推出的“网上行”，不仅可以提供银行利率、股市行情等商业信息，还可提供电影索引、服务指南等生活信息；中国国际网络传讯公司推出的“香港1997网站”不仅可以系统地介绍香港历史、综合展示香港发展现状，还可即时报道与香港的海内外人士通过这一丰富的资料库了解香港；香港大学法律电脑网络专线可提供各类法律文件，等等，都是香港比较成功的信息服务提供商。所有这些都正在改变人们的生活方式、活动方式，也必将极大地影响着企业的经营管理方式、企业的行为。

（二）对传统知识产业部门的挑战

过去，中国曾有“秀才不出门，能知天下事”之说，但随着电子计算机进入千家万户（香港已有20%的家庭拥有电脑），Internet迅速普及，以及高科技通讯手段的大量涌现，必将使传统的教学形式、教学方法、教学内容面临极大的挑战。“学生不出屋，能读天下书”已是天经地义、不足为奇。对此，香港大学校长郑耀宗教授深信不疑，侃侃而谈。这不仅是因为他本身是一位电子工程学专家，而他又长期从事教学领导工作，因而，他集教授与领导于一身，谈得真实、实际，颇具说服力、感召力。

1. 网络教学势在必行。郑校长向我们介绍说，现香港大学有教师800—900人，在校学生1.3万人，其中本科9000多人，硕士研究生2000多人，博士研究生1000多人。每天人流量很大，教学用房、教学辅助与行政用房、各种仪器设备虽年年增加，但仍显不够，而且在科技日新月异的形势下，已越来越跟不上科技的发展，与社会经济发展对人才的要求越发拉开距离，所以，他正为加速网络建设而规划，预计两年左右时间把学校网络建设起来，然后实行网络教学，变目前的传统教学为互动式多媒体教学，成为新型高效的教学网络。

2. 学生的课程与论文将主要在电脑网络上完成。即学生入学后买一电脑，接入学校网络，并连Internet，通过网络学习和完成全部作业，只需定期到校出席讨论和接受辅导。

3. 教师把主要精力用于教学研究、更新与充实教学内容，并把研究成果陆续输入网络供学生学习与研究。

4. 学校和各学院领导将主要提供教学计划（充实与完善计划）、创造优异的学习环境、保证网络教学质量、进行教学监检。

（三）对传统服务业的冲击

IMS（互动式多媒体服务）是“香港电讯”近年来推出的新型电讯业务，它是根据人们对高新科技迫切需求的心理和现代生活节奏明显加快的特点而开拓的新的市场领域。这一市场领域改装对传统的服务业带来巨大冲击。IMS拓展部邢珠迪总经理向我们介绍说，他们公司今年7月份就可将多媒体服务送至居民家中，他们预计到1998年3月客户可达到10万，1999年客户将发展到25万。

1. IMS进入千家万户后，坐在家里通过操纵鼠标便可享受一系列多媒体服务，如家居银行、社区服务、缴费服务、资讯娱乐、教育培训、网络广告、工商指南等。那时，你将对信息时代的信息服务赞叹不止。

2. 把传统服务业包装成现代化的可移动性信息服务业，搞成像“麦当劳”连锁店一样的信息连锁服务。邢总经理向我们介绍说，他们公司与“惠康”连锁超市联合推出了首家“网上购物”，即坐在家中通过电脑选购3000多种日常生活用品，选好后有人登门送货。

3. 把影视娱乐、流动书店、阅读报刊、股市行情等各项服务集于网络，自由选择，使自己的业余时间丰富多彩，既可休闲又能发展。

五 香港电讯考察后的启示

此次考察给我们留下深刻印象的是：在香港这块只有1092平方公里土地上高效运转着庞大的经济系统和效率极高的经济活动，而且至今经济充满活力、发展前景仍然看好。这里一个极其重要的原因就是香港有高度发达的电讯基础设施和优质可靠的电讯服务业。香港之所以成为世界上名副其实的金融贸易中心、股票交易中心、航运旅游中心，就是因为它每时每刻都在生产和消费大量的社会、经济信息，不断地开发显露的、潜在的电讯服务市场。在香港不论是企业界，还是学术界；不论是政界，还是产业界，不论是内地在港的独资（或合资）公司，还是国外投资者，都一致认为，香港经济的成功与香港“神经系统”——电讯业的先进发达与网络的星罗棋布密不可分（这里并不否认还有其他因素）。现在看来，香港的这一经验不仅普遍适用，而且已成为世界各国“超常规发展走捷径”的必由之路。

为迅速发展我国电讯业、寻求新的经济增长源，变传统的依靠大量资金投入的经济增长方式为现代的依靠信息化程度不断提高的增长模式，我们提出如下政策建议：

（一）电讯业应超常规发展——政策再倾斜

香港高度发达的电讯业给我们的重要启示是：在现代的国度里没有发达的电讯业就无从谈起社会进步、经济繁荣、生活质量的提高，外国投资者选择的一个重要条件也是电讯业的发达程度。对此近些年我国电讯业增长速度较快的主要原因还是由于“基数小”、“底子薄”。这与国内经济转型的要求相比，与通信业本身的“带动”、“辐射”、“波及”作用相比，与世界各国的通信技术高速发展相比，还有较大差距，因此，我国电讯业必须超常规发展。这是因为：一是电讯业的发达必然带来经济的“高效运转”、“要素合理流动”正是我国当前转变经济增长方式的要害。二是电讯业的发展可带动一大批产业的发展，它不仅可为社会提供更多的就业机会，而且更主要是对传统服务业进行了一次大改组、大调整，把许多服务业包装成可移动性，把社会性服务变成了信息化、便携化服务。三是将传统的经济发展变为超常规型，将经济增长由物资资源密集型转向信息资源密集型。因此，我们建议，对于电讯业的发展必须予以更大的政策倾斜，包括在产业发展政策上予以倾斜，在利用外资，引进技术政策上予以倾斜，在电讯市场开放政策上予以倾斜，在融资政策上予以倾斜，等等。

（二）促进全面竞争——势在必行

目前在美国、日本、英国等发达国家的经济增长中，约50%的增加值来自信息产业，从事信息产业的社会劳动力已占50%以上。因此，信息产业已成为发达国家的支柱产业和经济增长的巨大动力。到本世纪末，信息产业成为世界第一大产业将毋庸置疑。这是因为在经济发展中，信息的可替代性越来越强，它可替代能源、原材料等物资型投入，而通过增大信息含量的办法实现产业价值、通过信息渗透的办法实现增长；它可逐渐改变经济增长源——从生产型到服务型、从物资型到信息型。在这种迅猛发展的信息化过程中（据5月26日《北京科技报》报道，1997年全球信息化产业增长率将高达70%），加快我国电讯业的发展占有极其重要的地位。不可否认，我国近十年来电讯业取得了空前发展和长足进步，特别自1993年开放部分电讯业务、1994年建立“联通”以后，我国电讯领域已发生较大变化，竞争促进发展的威力已开始显现。但应指出，全面竞争格局尚未形成，我们的电讯设施仍十分薄弱，且东、中、西部差距较大；通讯网络建设仍相当落后，且运行质量和接收效果不甚理想；电话普及率仍很低，且装机时间、价格与服务质量用户时有不满，等等。为改变这种状况，加速电讯基础设施建设、启动经济发展的现代车轮、缩小东、中、西部发展差距，一个卓有成效的措施就是打破行业垄断、鼓励集团竞争，用竞争的办法加强我国的电讯基础建设，开辟新的经济增长点；用竞争的办法大力发展中、西部地区的电讯业，促进那里的经济发展，缩小与东部地区的经济差距；用竞争的办法加快通讯网络建设，提高运行质量与运行效率；用竞争的办法改善服务质量，增强广大用户的信任感与满意度。这里应该指出的是，过去我们一提竞争就必须是“你死我活”、“有我无你”，其实这种看法是不科学的。因为市场经济本身就是一种竞争性经济，就是优胜劣汰，市场机制就是竞争机制。在市场经济中，竞争既是“生存之宝”，也是“发展之源”，没有竞争，发展就是一句空话。诚然，竞争是要费力气、伤脑筋的。如果服务价格不甚合理、服务质量下降、承诺不能履行，那就必然在激烈的竞争中败下阵来，成为失败者。相反，如果善于挖掘潜力、降低成本，善于经营、改善服务，提出承诺、履行诺言，就一定会在竞争中立于不败之地。作为政府部门和管理部门的一项重要任务就是提供竞争的法规与政策，提供竞争的环境与条件，以保证竞争的公平性、合理性，并善于用竞争的办法与手段去刺激发展、促进发展。

（三）开放电讯市场——宜早不宜迟

在港期间，许多专家、学者和友好人士都建议我国尽早开放电讯市场，他们的理由主要有两条：一是当今世界电讯业发展速度奇快、设备更新换代速度奇快，如不迎头发展、不参与世界电讯大市场的竞争、不跟踪世界电讯技术、不适应世界电讯发展环境，差距必将越拉越大，而且这种在信息化发展上的差距将几倍于、几十倍于，甚至上百倍于物质产业技术部门的差距，这种差距一旦拉大，对经济、社会的影响将是巨大的，甚至是难以挽回的。二是电讯业带动度高、附加价值高，它可替代物质资源不足、能源资源不足，可大量节约资金，还可大量提供就业机会，这对于中国矿物资源、生物资源相对不足、人均占有量相对低度下的国家来说，无疑是发展越快越好，电讯市场越发达越好。我国当前国有企业职工“下岗”与“再就业”的压力大，何不以此为契机，为经济提供新的增长源、为下岗职工再就业提供新的机会！在我国确有些人认为，目前中国开放电讯市场的条件尚不成熟……我并不这样认为，因为条件是相对的，现在的条件比80年代初深圳、珠海、厦门、汕头等四个特区的开放条件要好得多，比80年代末海南建省辟为特区的条件也要好得多，如果那时深圳、珠海、厦门、汕头等特区不开放、海南特区不开放、上海浦东也不开放，我们就不会有现在这么好的经济形势和发展水平，上述特区也不会发展这么快。我们代表团在香港曾访问了亚太卫星、天波和中国国际网络传讯三家中资控股公司，他们分别向我们介绍了此三家公司在香港激烈竞争中生存和发展的情况。我们非常高兴地得知，这三家中方控股公司都发展很快、形势很好、前景乐观。其中，亚太卫星公司资产已从1992年成立时的几千万美元发展至数亿美元，该公司已于1996年12月完成了全球股份发售，并已在纽约和香港证券交易所同时上市。中国国际网络传讯公司是新华通讯社驻港公司控股的一家公司，天波公司是邮电部下属公司，他们都在电讯市场的竞争中生存了下来，并取得了较快的发展。因此，我们认为，中国电讯市场开放是中国改革开放政策决定了的，是我国国民经济持续、高速发展的需要，是人民生活质量不断提高的需要，是不可逆转的，而且，越早开放对我国的经济发展和经济增长方式的转变就越有利。

（四）进行电讯市场“开放试点”——利大于弊

我国电讯市场如何开放是国内外各界关心的问题。我们认为，在条件较好的东部沿海地区，可直接在当地政府和有关部门的指导下有序地开放电讯市场。对于中、西部地区我们建议先采取“开放试点”的办法：先选择一个省（市）进行试点，采用（合资）的办法进行电讯基础设施的建设，然后联合管理、共同经营、参与竞争。合资形式可以多种多样，如国有与国有合资、国有与民营合资、国有与集体合资、地方与民营合资、中外合资、中外合作等诸多形式，在一些地区（如西部某些省市）也可采用境外独资的办法，以加快电讯业的发展。这种试点若获成功便可在中、西部各省、市推广。这样既解决一些欠发达地区发展电讯业的资金短缺问题，为这些地区的经济腾飞注入活力，带来生机，又可通过“独资”或“合资”等途径引进和借鉴境外电讯公司的先进的经营模式与管理经验，以提高我国电讯全行业的效率与效益。也可能有人会担心，这样的开放试点会不会挫伤国有（或民族）电讯业的发展积极性？我们认为，不仅不会挫伤国有电讯业的发展积极性；相反，它既可减轻国有电讯业在欠发达地区发展电讯业因资金不足而带来的巨大压力，又可充分利用外资、引进迅猛发展的电讯技术，为加快发展我国电讯业、缩小与世界电讯业发展的差距，并为促进我国经济发展、建立新的经济增长点走出一条新路，也为我国电讯体制改革探索新的模式。进行电讯市场“开放试点”的确是一件新鲜事儿，过去我国没有过，能否成功很难定论，但既然是“试点”，就应允许失败，并可在失败中总结经验教训。若“试点”成功，这将对试点地区电讯业的发展和地区经济起飞带来新的契机。

我们知道，发展电讯业是需要大量资金投入的，比如，“八五”期间邮电业务总量增长 3. 84 倍，可资金投入量却增长 8. 28 倍，这样大的资金投入量只靠一两个部门的资金积累或单靠国家拨款是远远不够的。要解决这一问题，最根本的是靠国家的扶植政策、靠倾斜政策、靠大环境的改革开放政策。毫无疑问，进行电讯市场“开放试点”必将对国内外电讯市场产生巨大影响，也必将对我国综合国力的提高、对我国社会生产率的提高、对我国广大民众生活质量的提高起重要作用。

（原载《信息化与经济发展》1997 年第 1—2 期合刊。本报告由我执笔）